压力管道设计与施工常用标准规范手册

第一篇　法律法规

中国石油化工集团有限公司配管设计技术中心站　编

中国石化出版社
HTTP://WWW.SINOPEC-FRESS.COM

图书在版编目(CIP)数据

压力管道设计与施工常用标准规范手册. 第一篇，法律法规 / 中国石油化工集团有限公司配管设计技术中心站编. —北京：中国石化出版社，2022.9
ISBN 978-7-5114-6816-1

Ⅰ. ①压… Ⅱ. ①中… Ⅲ. ①压力管道-管线设计-标准-汇编-中国 ②压力管道-管道施工-标准-汇编-中国 ③压力管道-安全技术-法规-汇编-中国 Ⅳ. ①U17-65②D922.549

中国版本图书馆 CIP 数据核字（2022）第 145824 号

中国石化出版社出版发行
地址:北京市东城区安定门外大街 58 号
邮编:100011　电话:(010)57512500
读者服务部电话:(010)57512575
标准编辑部电话:(010)57512451
http://www.sinopec-press.com
E-mail:press@sinopec.com
北京富泰印刷有限责任公司印刷
全国各地新华书店经销
*
880×1230 毫米 16 开本 29.5 印张 880 千字
2023 年 3 月第 1 版　2023 年 3 月第 1 次印刷
定价:272.00 元

前　　言

为适应压力管道设计新形势的要求，规范压力管道设计、校核和审批人员的培训和考核工作，国家市场监督管理总局委托中国石油化工股份有限公司工程建设管理部负责组织编写了《全国压力管道设计和审批人员培训教材》(以下简称《培训教材》)。《培训教材》出版以来，在石油、石油化工、化工、机械、电力、冶金、市政等行业得到广泛使用，发挥了积极作用，可满足和适应压力管道设计许可(或换证)的设计、校核和审批人员培训、考核的需要。

为深入贯彻《中华人民共和国标准化法》，加强压力管道设计和施二的标准化，并配合《培训教材》的学习和相关设计、校核和审批人员的培训和考核工作，汇集了有关压力管道的法律和法规，以及现行国家标准和行业标准，汇编成《压力管道设计与施工常用标准规范手册》(以下简称《手册》)。

《手册》分为五篇，各篇内容如下：

第一篇　法律法规

第二篇　GA 类长输管道

第三篇　GB 类公用管道

第四篇　工业管道—GC 类工艺管道

第五篇　工业管道—GCD 类动力管道

《手册》汇编收集的标准为现行国家标准和行业标准，仅汇编标准正文，条文说明省略，读者在使用这些标准时，其属性以《手册》标明的年版为准(标准正文“引用标准”中标准的属性请读者查对)。条文说明部分请查阅原标准的“条文说明”。

鉴于《手册》收录的标准发布年代不尽相同，汇编时对标准所用计量单位、符号、格式未做改动；标准发布后的有关“修改单”附在标准正文的后面。

《手册》可供石油、石油化工、化工、机械、电力、冶金、市政等行业的压力管道设计单位的设计人员使用。

《手册》编写人员：丘　平　张德姜　许　丹　陈永亮

中国石油化工集团有限公司配管设计技术中心站

目　　录

中华人民共和国安全生产法

（2002年6月29日第九届全国人民代表大会常务委员会第二十八次会议通过　根据2009年8月27日第十一届全国人民代表大会常务委员会第十次会议《关于修改部分法律的决定》第一次修正　根据2014年8月31日第十二届全国人民代表大会常务委员会第十次会议《关于修改〈中华人民共和国安全生产法〉的决定》第二次修正　根据2021年6月10日第十三届全国人民代表大会常务委员会第二十九次会议《关于修改〈中华人民共和国安全生产法〉的决定》第三次修正）

目　录

第一章　总　　则

第一条　为了加强安全生产工作，防止和减少生产安全事故，保障人民群众生命和财产安全，促进经济社会持续健康发展，制定本法。

第二条　在中华人民共和国领域内从事生产经营活动的单位（以下统称生产经营单位）的安全生产，适用本法；有关法律、行政法规对消防安全和道路交通安全、铁路交通安全、水上交通安全、民用航空安全以及核与辐射安全、特种设备安全另有规定的，适用其规定。

第三条　安全生产工作坚持中国共产党的领导。

安全生产工作应当以人为本，坚持人民至上、生命至上，把保护人民生命安全摆在首位，树牢安全发展理念，坚持安全第一、预防为主、综合治理的方针，从源头上防范化解重大安全风险。

安全生产工作实行管行业必须管安全、管业务必须管安全、管生产经营必须管安全，强化和落实生产经营单位主体责任与政府监管责任，建立生产经营单位负责、职工参与、政府监管、行业自律和社会监督的机制。

第四条　生产经营单位必须遵守本法和其他有关安全生产的法律、法规，加强安全生产管理，建立健全全员安全生产责任制和安全生产规章制度，加大对安全生产资金、物资、技术、人员的投入保障力度，改善安全生产条件，加强安全生产标准化、信息化建设，构建安全风险分级管控和隐患排查治理双重预防机制，健全风险防范化解机制，提高安全生产水平，确保安全生产。

平台经济等新兴行业、领域的生产经营单位应当根据本行业、领域的特点，建立健全并落实全员安全生产责任制，加强从业人员安全生产教育和培训，履行本法和其他法律、法规规定的有关安全生产义务。

第五条　生产经营单位的主要负责人是本单位安全生产第一责任人，对本单位的安全生产工作全面负责。其他负责人对职责范围内的安全生产工作负责。

第六条　生产经营单位的从业人员有依法获得安全生产保障的权利，并应当依法履行安全生产方面的义务。

第七条　工会依法对安全生产工作进行监督。

生产经营单位的工会依法组织职工参加本单位安全生产工作的民主管理和民主监督，维护职工在安全生产方面的合法权益。生产经营单位制定或者修改有关安全生产的规章制度，应当听取工会的意见。

第八条 国务院和县级以上地方各级人民政府应当根据国民经济和社会发展规划制定安全生产规划，并组织实施。安全生产规划应当与国土空间规划等相关规划相衔接。

各级人民政府应当加强安全生产基础设施建设和安全生产监管能力建设，所需经费列入本级预算。

县级以上地方各级人民政府应当组织有关部门建立完善安全风险评估与论证机制，按照安全风险管控要求，进行产业规划和空间布局，并对位置相邻、行业相近、业态相似的生产经营单位实施重大安全风险联防联控。

第九条 国务院和县级以上地方各级人民政府应当加强对安全生产工作的领导，建立健全安全生产工作协调机制，支持、督促各有关部门依法履行安全生产监督管理职责，及时协调、解决安全生产监督管理中存在的重大问题。

乡镇人民政府和街道办事处，以及开发区、工业园区、港区、风景区等应当明确负责安全生产监督管理的有关工作机构及其职责，加强安全生产监管力量建设，按照职责对本行政区域或者管理区域内生产经营单位安全生产状况进行监督检查，协助人民政府有关部门或者按照授权依法履行安全生产监督管理职责。

第十条 国务院应急管理部门依照本法，对全国安全生产工作实施综合监督管理；县级以上地方各级人民政府应急管理部门依照本法，对本行政区域内安全生产工作实施综合监督管理。

国务院交通运输、住房和城乡建设、水利、民航等有关部门依照本法和其他有关法律、行政法规的规定，在各自的职责范围内对有关行业、领域的安全生产工作实施监督管理；县级以上地方各级人民政府有关部门依照本法和其他有关法律、法规的规定，在各自的职责范围内对有关行业、领域的安全生产工作实施监督管理。对新兴行业、领域的安全生产监督管理职责不明确的，由县级以上地方各级人民政府按照业务相近的原则确定监督管理部门。

应急管理部门和对有关行业、领域的安全生产工作实施监督管理的部门，统称负有安全生产监督管理职责的部门。负有安全生产监督管理职责的部门应当相互配合、齐抓共管、信息共享、资源共用，依法加强安全生产监督管理工作。

第十一条 国务院有关部门应当按照保障安全生产的要求，依法及时制定有关的国家标准或者行业标准，并根据科技进步和经济发展适时修订。

生产经营单位必须执行依法制定的保障安全生产的国家标准或者行业标准。

第十二条 国务院有关部门按照职责分工负责安全生产强制性国家标准的项目提出、组织起草、征求意见、技术审查。国务院应急管理部门统筹提出安全生产强制性国家标准的立项计划。国务院标准化行政主管部门负责安全生产强制性国家标准的立项、编号、对外通报和授权批准发布工作。国务院标准化行政主管部门、有关部门依据法定职责对安全生产强制性国家标准的实施进行监督检查。

第十三条 各级人民政府及其有关部门应当采取多种形式，加强对有关安全生产的法律、法规和安全生产知识的宣传，增强全社会的安全生产意识。

第十四条 有关协会组织依照法律、行政法规和章程，为生产经营单位提供安全生产方面的信息、培训等服务，发挥自律作用，促进生产经营单位加强安全生产管理。

第十五条 依法设立的为安全生产提供技术、管理服务的机构，依照法律、行政法规和执业准则，接受生产经营单位的委托为其安全生产工作提供技术、管理服务。

生产经营单位委托前款规定的机构提供安全生产技术、管理服务的，保证安全生产的责任仍由本单位负责。

第十六条 国家实行生产安全事故责任追究制度，依照本法和有关法律、法规的规定，追究生产安全事故责任单位和责任人员的法律责任。

第十七条 县级以上各级人民政府应当组织负有安全生产监督管理职责的部门依法编制安全生产权力和责任清单，公开并接受社会监督。

第十八条 国家鼓励和支持安全生产科学技术研究和安全生产先进技术的推广应用，提高安全生产水平。

第十九条 国家对在改善安全生产条件、防止生产安全事故、参加抢险救护等方面取得显著成绩的单位和个人，给予奖励。

第二章 生产经营单位的安全生产保障

第二十条 生产经营单位应当具备本法和有关法律、行政法规和国家标准或者行业标准规定的安全生产条件；不具备安全生产条件的，不得从事生产经营活动。

第二十一条 生产经营单位的主要负责人对本单位安全生产工作负有下列职责：

（一）建立健全并落实本单位全员安全生产责任制，加强安全生产标准化建设；

（二）组织制定并实施本单位安全生产规章制度和操作规程；

（三）组织制定并实施本单位安全生产教育和培训计划；

（四）保证本单位安全生产投入的有效实施；

（五）组织建立并落实安全风险分级管控和隐患排查治理双重预防工作机制，督促、检查本单位的安全生产工作，及时消除生产安全事故隐患；

（六）组织制定并实施本单位的生产安全事故应急救援预案；

（七）及时、如实报告生产安全事故。

第二十二条 生产经营单位的全员安全生产责任制应当明确各岗位的责任人员、责任范围和考核标准等内容。

生产经营单位应当建立相应的机制，加强对全员安全生产责任制落实情况的监督考核，保证全员安全生产责任制的落实。

第二十三条 生产经营单位应当具备的安全生产条件所必需的资金投入，由生产经营单位的决策机构、主要负责人或者个人经营的投资人予以保证，并对由于安全生产所必需的资金投入不足导致的后果承担责任。

有关生产经营单位应当按照规定提取和使用安全生产费用，专门用于改善安全生产条件。安全生产费用在成本中据实列支。安全生产费用提取、使用和监督管理的具体办法由国务院财政部门会同国务院应急管理部门征求国务院有关部门意见后制定。

第二十四条 矿山、金属冶炼、建筑施工、运输单位和危险物品的生产、经营、储存、装卸单位，应当设置安全生产管理机构或者配备专职安全生产管理人员。

前款规定以外的其他生产经营单位，从业人员超过一百人的，应当设置安全生产管理机构或者配备专职安全生产管理人员；从业人员在一百人以下的，应当配备专职或者兼职的安全生产管理人员。

第二十五条 生产经营单位的安全生产管理机构以及安全生产管理人员履行下列职责：

（一）组织或者参与拟订本单位安全生产规章制度、操作规程和生产安全事故应急救援预案；

（二）组织或者参与本单位安全生产教育和培训，如实记录安全生产教育和培训情况；

（三）组织开展危险源辨识和评估，督促落实本单位重大危险源的安全管理措施；

（四）组织或者参与本单位应急救援演练；

（五）检查本单位的安全生产状况，及时排查生产安全事故隐患，提出改进安全生产管理的建议；

（六）制止和纠正违章指挥、强令冒险作业、违反操作规程的行为；

（七）督促落实本单位安全生产整改措施。

生产经营单位可以设置专职安全生产分管负责人，协助本单位主要负责人履行安全生产管理职责。

第二十六条 生产经营单位的安全生产管理机构以及安全生产管理人员应当恪尽职守，依法履行职责。

生产经营单位作出涉及安全生产的经营决策，应当听取安全生产管理机构以及安全生产管理人员的意见。

生产经营单位不得因安全生产管理人员依法履行职责而降低其工资、福利等待遇或者解除与其订立的劳动合同。

危险物品的生产、储存单位以及矿山、金属冶炼单位的安全生产管理人员的任免，应当告知主管的负有安全生产监督管理职责的部门。

第二十七条 生产经营单位的主要负责人和安全生产管理人员必须具备与本单位所从事的生产经营活动相应的安全生产知识和管理能力。

危险物品的生产、经营、储存、装卸单位以及矿山、金属冶炼、建筑施工、运输单位的主要负责人和安全生产管理人员，应当由主管的负有安全生产监督管理职责的部门对其安全生产知识和管理能力考核合格。考核不得收费。

危险物品的生产、储存、装卸单位以及矿山、金属冶炼单位应当有注册安全工程师从事安全生产管理工作。鼓励其他生产经营单位聘用注册安全工程师从事安全生产管理工作。注册安全工程师按专业分类管理，具体办法由国务院人力资源和社会保障部门、国务院应急管理部门会同国务院有关部门制定。

第二十八条 生产经营单位应当对从业人员进行安全生产教育和培训，保证从业人员具备必要的安全生产知识，熟悉有关的安全生产规章制度和安全操作规程，掌握本岗位的安全操作技能，了解事故应急处理措施，知悉自身在安全生产方面的权利和义务。未经安全生产教育和培训合格的从业人员，不得上岗作业。

生产经营单位使用被派遣劳动者的，应当将被派遣劳动者纳入本单位从业人员统一管理，对被派遣劳动者进行岗位安全操作规程和安全操作技能的教育和培训。劳务派遣单位应当对被派遣劳动者进行必要的安全生产教育和培训。

生产经营单位接收中等职业学校、高等学校学生实习的，应当对实习学生进行相应的安全生产教育和培训，提供必要的劳动防护用品。学校应当协助生产经营单位对实习学生进行安全生产教育和培训。

生产经营单位应当建立安全生产教育和培训档案，如实记录安全生产教育和培训的时间、内容、参加人员以及考核结果等情况。

第二十九条 生产经营单位采用新工艺、新技术、新材料或者使用新设备，必须了解、掌握其安全技术特性，采取有效的安全防护措施，并对从业人员进行专门的安全生产教育和培训。

第三十条 生产经营单位的特种作业人员必须按照国家有关规定经专门的安全作业培训，取得相应资格，方可上岗作业。

特种作业人员的范围由国务院应急管理部门会同国务院有关部门确定。

第三十一条 生产经营单位新建、改建、扩建工程项目（以下统称建设项目）的安全设施，必须与主体工程同时设计、同时施工、同时投入生产和使用。安全设施投资应当纳入建设项目概算。

第三十二条 矿山、金属冶炼建设项目和用于生产、储存、装卸危险物品的建设项目，应当按照国家有关规定进行安全评价。

第三十三条 建设项目安全设施的设计人、设计单位应当对安全设施设计负责。

矿山、金属冶炼建设项目和用于生产、储存、装卸危险物品的建设项目的安全设施设计应当按照国家有关规定报经有关部门审查，审查部门及其负责审查的人员对审查结果负责。

第三十四条 矿山、金属冶炼建设项目和用于生产、储存、装卸危险物品的建设项目的施工单位必须按照批准的安全设施设计施工，并对安全设施的工程质量负责。

矿山、金属冶炼建设项目和用于生产、储存、装卸危险物品的建设项目竣工投入生产或者使用前，应当由建设单位负责组织对安全设施进行验收；验收合格后，方可投入生产和使用。负有安全生产监督管理职责的部门应当加强对建设单位验收活动和验收结果的监督核查。

第三十五条 生产经营单位应当在有较大危险因素的生产经营场所和有关设施、设备上，设置明显的安全警示标志。

第三十六条 安全设备的设计、制造、安装、使用、检测、维修、改造和报废，应当符合国家标准或者行业标准。

生产经营单位必须对安全设备进行经常性维护、保养，并定期检测，保证正常运转。维护、保养、检测应当作好记录，并由有关人员签字。

生产经营单位不得关闭、破坏直接关系生产安全的监控、报警、防护、救生设备、设施，或者篡改、隐瞒、销毁其相关数据、信息。

餐饮等行业的生产经营单位使用燃气的，应当安装可燃气体报警装置，并保障其正常使用。

第三十七条 生产经营单位使用的危险物品的容器、运输工具，以及涉及人身安全、危险性较大的海洋石油开采特种设备和矿山井下特种设备，必须按照国家有关规定，由专业生产单位生产，并经具有专业资质的检测、检验机构检测、检验合格，取得安全使用证或者安全标志，方可投入使用。检测、检验机构对检测、检验结果负责。

第三十八条 国家对严重危及生产安全的工艺、设备实行淘汰制度，具体目录由国务院应急管理部门会同国务院有关部门制定并公布。法律、行政法规对目录的制定另有规定的，适用其规定。

省、自治区、直辖市人民政府可以根据本地区实际情况制定并公布具体目录，对前款规定以外的危及生产安全的工艺、设备予以淘汰。

生产经营单位不得使用应当淘汰的危及生产安全的工艺、设备。

第三十九条 生产、经营、运输、储存、使用危险物品或者处置废弃危险物品的，由有关主管部门依照有关法律、法规的规定和国家标准或者行业标准审批并实施监督管理。

生产经营单位生产、经营、运输、储存、使用危险物品或者处置废弃危险物品，必须执行有关法律、法规和国家标准或者行业标准，建立专门的安全管理制度，采取可靠的安全措施，接受有关主管部门依法实施的监督管理。

第四十条 生产经营单位对重大危险源应当登记建档，进行定期检测、评估、监控，并制定应急预案，告知从业人员和相关人员在紧急情况下应当采取的应急措施。

生产经营单位应当按照国家有关规定将本单位重大危险源及有关安全措施、应急措施报有关地方人民政府应急管理部门和有关部门备案。有关地方人民政府应急管理部门和有关部门应当通过相关信息系统实现信息共享。

第四十一条 生产经营单位应当建立安全风险分级管控制度，按照安全风险分级采取相应的管控措施。

生产经营单位应当建立健全并落实生产安全事故隐患排查治理制度，采取技术、管理措施，及时发现并消除事故隐患。事故隐患排查治理情况应当如实记录，并通过职工大会或者职工代表大会、信息公示栏等方式向从业人员通报。其中，重大事故隐患排查治理情况应当及时向负有安全生产监督管理职责的部门和职工大会或者职工代表大会报告。

县级以上地方各级人民政府负有安全生产监督管理职责的部门应当将重大事故隐患纳入相关信息系统，建立健全重大事故隐患治理督办制度，督促生产经营单位消除重大事故隐患。

第四十二条 生产、经营、储存、使用危险物品的车间、商店、仓库不得与员工宿舍在同一座建筑物内，并应当与员工宿舍保持安全距离。

生产经营场所和员工宿舍应当设有符合紧急疏散要求、标志明显、保持畅通的出口、疏散通道。禁止占用、锁闭、封堵生产经营场所或者员工宿舍的出口、疏散通道。

第四十三条 生产经营单位进行爆破、吊装、动火、临时用电以及国务院应急管理部门会同国务院有关部门规定的其他危险作业，应当安排专门人员进行现场安全管理，确保操作规程的遵守和安全措施的落实。

第四十四条 生产经营单位应当教育和督促从业人员严格执行本单位的安全生产规章制度和安全操作规程；并向从业人员如实告知作业场所和工作岗位存在的危险因素、防范措施以及事故应急措施。

生产经营单位应当关注从业人员的身体、心理状况和行为习惯，加强对从业人员的心理疏导、精神慰藉，严格落实岗位安全生产责任，防范从业人员行为异常导致事故发生。

第四十五条 生产经营单位必须为从业人员提供符合国家标准或者行业标准的劳动防护用品，并监督、教育从业人员按照使用规则佩戴、使用。

第四十六条 生产经营单位的安全生产管理人员应当根据本单位的生产经营特点，对安全生产状况进行经常性检查；对检查中发现的安全问题，应当立即处理；不能处理的，应当及时报告本单位有关负责人，有关负责人应当及时处理。检查及处理情况应当如实记录在案。

生产经营单位的安全生产管理人员在检查中发现重大事故隐患，依照前款规定向本单位有关负责人报告，有关负责人不及时处理的，安全生产管理人员可以向主管的负有安全生产监督管理职责的部门报告，接到报告的部门应当依法及时处理。

第四十七条 生产经营单位应当安排用于配备劳动防护用品、进行安全生产培训的经费。

第四十八条 两个以上生产经营单位在同一作业区域内进行生产经营活动，可能危及对方生产安全的，应当签订安全生产管理协议，明确各自的安全生产管理职责和应当采取的安全措施，并指定专职安全生产管理人员进行安全检查与协调。

第四十九条 生产经营单位不得将生产经营项目、场所、设备发包或者出租给不具备安全生产条件或者相应资质的单位或者个人。

生产经营项目、场所发包或者出租给其他单位的，生产经营单位应当与承包单位、承租单位签订专门的安全生产管理协议，或者在承包合同、租赁合同中约定各自的安全生产管理职责；生产经营单位对承包单位、承租单位的安全生产工作统一协调、管理，定期进行安全检查，发现安全问题的，应当及时督促整改。

矿山、金属冶炼建设项目和用于生产、储存、装卸危险物品的建设项目的施工单位应当加强对施工项目的安全管理，不得倒卖、出租、出借、挂靠或者以其他形式非法转让施工资质，不得将其承包的全部建设工程转包给第三人或者将其承包的全部建设工程支解以后以分包的名义分别转包给第三人，不得将工程分包给不具备相应资质条件的单位。

第五十条 生产经营单位发生生产安全事故时，单位的主要负责人应当立即组织抢救，并不得在事故调查处理期间擅离职守。

第五十一条 生产经营单位必须依法参加工伤保险，为从业人员缴纳保险费。

国家鼓励生产经营单位投保安全生产责任保险；属于国家规定的高危行业、领域的生产经营单位，应当投保安全生产责任保险。具体范围和实施办法由国务院应急管理部门会同国务院财政部门、国务院保险监督管理机构和相关行业主管部门制定。

第三章 从业人员的安全生产权利义务

第五十二条 生产经营单位与从业人员订立的劳动合同，应当载明有关保障从业人员劳动安全、防止职业危害的事项，以及依法为从业人员办理工伤保险的事项。

生产经营单位不得以任何形式与从业人员订立协议，免除或者减轻其对从业人员因生产安全事故伤亡依法应承担的责任。

第五十三条 生产经营单位的从业人员有权了解其作业场所和工作岗位存在的危险因素、防范措施及事故应急措施，有权对本单位的安全生产工作提出建议。

第五十四条 从业人员有权对本单位安全生产工作中存在的问题提出批评、检举、控告；有权拒绝违章指挥和强令冒险作业。

生产经营单位不得因从业人员对本单位安全生产工作提出批评、检举、控告或者拒绝违章指挥、强令冒险作业而降低其工资、福利等待遇或者解除与其订立的劳动合同。

第五十五条 从业人员发现直接危及人身安全的紧急情况时，有权停止作业或者在采取可能的应急措施后撤离作业场所。

生产经营单位不得因从业人员在前款紧急情况下停止作业或者采取紧急撤离措施而降低其工资、福利等待遇或者解除与其订立的劳动合同。

第五十六条 生产经营单位发生生产安全事故后，应当及时采取措施救治有关人员。

因生产安全事故受到损害的从业人员，除依法享有工伤保险外，依照有关民事法律尚有获得赔偿的权利的，有权提出赔偿要求。

第五十七条 从业人员在作业过程中，应当严格落实岗位安全责任，遵守本单位的安全生产规章制度和操作规程，服从管理，正确佩戴和使用劳动防护用品。

第五十八条 从业人员应当接受安全生产教育和培训，掌握本职工作所需的安全生产知识，提高安全生产技能，增强事故预防和应急处理能力。

第五十九条 从业人员发现事故隐患或者其他不安全因素，应当立即向现场安全生产管理人员或者本单位负责人报告；接到报告的人员应当及时予以处理。

第六十条 工会有权对建设项目的安全设施与主体工程同时设计、同时施工、同时投入生产和使用进行监督，提出意见。

工会对生产经营单位违反安全生产法律、法规，侵犯从业人员合法权益的行为，有权要求纠正；发现生产经营单位违章指挥、强令冒险作业或者发现事故隐患时，有权提出解决的建议，生产经营单位应当及时研究答复；发现危及从业人员生命安全的情况时，有权向生产经营单位建议组织从业人员撤离危险场所，生产经营单位必须立即作出处理。

工会有权依法参加事故调查，向有关部门提出处理意见，并要求追究有关人员的责任。

第六十一条 生产经营单位使用被派遣劳动者的，被派遣劳动者享有本法规定的从业人员的权利，并应当履行本法规定的从业人员的义务。

第四章　安全生产的监督管理

第六十二条 县级以上地方各级人民政府应当根据本行政区域内的安全生产状况，组织有关部门按照职责分工，对本行政区域内容易发生重大生产安全事故的生产经营单位进行严格检查。

应急管理部门应当按照分类分级监督管理的要求，制定安全生产年度监督检查计划，并按照年度监督检查计划进行监督检查，发现事故隐患，应当及时处理。

第六十三条 负有安全生产监督管理职责的部门依照有关法律、法规的规定，对涉及安全生产的事项需要审查批准(包括批准、核准、许可、注册、认证、颁发证照等，下同)或者验收的，必须严格依照有关法律、法规和国家标准或者行业标准规定的安全生产条件和程序进行审查；不符合有关法律、法规和国家标准或者行业标准规定的安全生产条件的，不得批准或者验收通过。对未依法取得批准或者验收合格的单位擅自从事有关活动的，负责行政审批的部门发现或者接到举报后应当立即予以取缔，并依法予以处理。对已经依法取得批准的单位，负责行政审批的部门发现其不再具备安全生产条件的，应当撤销原批准。

第六十四条 负有安全生产监督管理职责的部门对涉及安全生产的事项进行审查、验收，不得收取费用；不得要求接受审查、验收的单位购买其指定品牌或者指定生产、销售单位的安全设备、器材或者其他产品。

第六十五条 应急管理部门和其他负有安全生产监督管理职责的部门依法开展安全生产行政执法工作，对生产经营单位执行有关安全生产的法律、法规和国家标准或者行业标准的情况进行监督检查，行使以下职权：

（一）进入生产经营单位进行检查，调阅有关资料，向有关单位和人员了解情况；

（二）对检查中发现的安全生产违法行为，当场予以纠正或者要求限期改正；对依法应当给予行政处罚的行为，依照本法和其他有关法律、行政法规的规定作出行政处罚决定；

（三）对检查中发现的事故隐患，应当责令立即排除；重大事故隐患排除前或者排除过程中无法保证安全的，应当责令从危险区域内撤出作业人员，责令暂时停产停业或者停止使用相关设施、设备；重大事故隐患排除后，经审查同意，方可恢复生产经营和使用；

（四）对有根据认为不符合保障安全生产的国家标准或者行业标准的设施、设备、器材以及违法生产、储存、使用、经营、运输的危险物品予以查封或者扣押，对违法生产、储存、使用、经营危险物品的作业场所予以查封，并依法作出处理决定。

监督检查不得影响被检查单位的正常生产经营活动。

第六十六条 生产经营单位对负有安全生产监督管理职责的部门的监督检查人员（以下统称安全生产监督检查人员）依法履行监督检查职责，应当予以配合，不得拒绝、阻挠。

第六十七条 安全生产监督检查人员应当忠于职守，坚持原则，秉公执法。

安全生产监督检查人员执行监督检查任务时，必须出示有效的行政执法证件；对涉及被检查单位的技术秘密和业务秘密，应当为其保密。

第六十八条 安全生产监督检查人员应当将检查的时间、地点、内容、发现的问题及其处理情况，作出书面记录，并由检查人员和被检查单位的负责人签字；被检查单位的负责人拒绝签字的，检查人员应当将情况记录在案，并向负有安全生产监督管理职责的部门报告。

第六十九条 负有安全生产监督管理职责的部门在监督检查中，应当互相配合，实行联合检查；确需分别进行检查的，应当互通情况，发现存在的安全问题应当由其他有关部门进行处理的，应当及时移送其他有关部门并形成记录备查，接受移送的部门应当及时进行处理。

第七十条 负有安全生产监督管理职责的部门依法对存在重大事故隐患的生产经营单位作出停产停业、停止施工、停止使用相关设施或者设备的决定，生产经营单位应当依法执行，及时消除事故隐患。生产经营单位拒不执行，有发生生产安全事故的现实危险的，在保证安全的前提下，经本部门主要负责人批准，负有安全生产监督管理职责的部门可以采取通知有关单位停止供电、停止供应民用爆炸物品等措施，强制生产经营单位履行决定。通知应当采用书面形式，有关单位应当予以配合。

负有安全生产监督管理职责的部门依照前款规定采取停止供电措施，除有危及生产安全的紧急情形外，应当提前二十四小时通知生产经营单位。生产经营单位依法履行行政决定、采取相应措施消除事故隐患的，负有安全生产监督管理职责的部门应当及时解除前款规定的措施。

第七十一条 监察机关依照监察法的规定，对负有安全生产监督管理职责的部门及其工作人员履行安全生产监督管理职责实施监察。

第七十二条 承担安全评价、认证、检测、检验职责的机构应当具备国家规定的资质条件，并对其作出的安全评价、认证、检测、检验结果的合法性、真实性负责。资质条件由国务院应急管理部门会同国务院有关部门制定。

承担安全评价、认证、检测、检验职责的机构应当建立并实施服务公开和报告公开制度，不得租借资质、挂靠、出具虚假报告。

第七十三条 负有安全生产监督管理职责的部门应当建立举报制度，公开举报电话、信箱或者电子邮件地址等网络举报平台，受理有关安全生产的举报；受理的举报事项经调查核实后，应当形成书面材料；需要落实整改措施的，报经有关负责人签字并督促落实。对不属于本部门职责，需要由其他有关部门进行调查处理的，转交其他有关部门处理。

涉及人员死亡的举报事项，应当由县级以上人民政府组织核查处理。

第七十四条 任何单位或者个人对事故隐患或者安全生产违法行为，均有权向负有安全生产监督管理职责的部门报告或者举报。

因安全生产违法行为造成重大事故隐患或者导致重大事故，致使国家利益或者社会公共利益受到侵害的，人民检察院可以根据民事诉讼法、行政诉讼法的相关规定提起公益诉讼。

第七十五条 居民委员会、村民委员会发现其所在区域内的生产经营单位存在事故隐患或者安全生产违法行为时，应当向当地人民政府或者有关部门报告。

第七十六条 县级以上各级人民政府及其有关部门对报告重大事故隐患或者举报安全生产违法行为的有功人员，给予奖励。具体奖励办法由国务院应急管理部门会同国务院财政部门制定。

第七十七条 新闻、出版、广播、电影、电视等单位有进行安全生产公益宣传教育的义务，有对违反安全生产法律、法规的行为进行舆论监督的权利。

第七十八条 负有安全生产监督管理职责的部门应当建立安全生产违法行为信息库，如实记录生产经营单位及其有关从业人员的安全生产违法行为信息；对违法行为情节严重的生产经营单位及其有关从业人员，应当及时向社会公告，并通报行业主管部门、投资主管部门、自然资源主管部门、生态环境主管部门、证券监督管理机构以及有关金融机构。有关部门和机构应当对存在失信行为的生产经营单位及其有关从业人员采取加大执法检查频次、暂停项目审批、上调有关保险费率、行业或者职业禁入等联合惩戒措施，并向社会公示。

负有安全生产监督管理职责的部门应当加强对生产经营单位行政处罚信息的及时归集、共享、应用和公开，对生产经营单位作出处罚决定后七个工作日内在监督管理部门公示系统予以公开曝光，强化对违法失信生产经营单位及其有关从业人员的社会监督，提高全社会安全生产诚信水平。

第五章　生产安全事故的应急救援与调查处理

第七十九条 国家加强生产安全事故应急能力建设，在重点行业、领域建立应急救援基地和应急救援队伍，并由国家安全生产应急救援机构统一协调指挥；鼓励生产经营单位和其他社会力量建立应急救援队伍，配备相应的应急救援装备和物资，提高应急救援的专业化水平。

国务院应急管理部门牵头建立全国统一的生产安全事故应急救援信息系统，国务院交通运输、住房和城乡建设、水利、民航等有关部门和县级以上地方人民政府建立健全相关行业、领域、地区的生产安全事故应急救援信息系统，实现互联互通、信息共享，通过推行网上安全信息采集、安全监管和监测预警，提升监管的精准化、智能化水平。

第八十条 县级以上地方各级人民政府应当组织有关部门制定本行政区域内生产安全事故应急救援预案，建立应急救援体系。

乡镇人民政府和街道办事处，以及开发区、工业园区、港区、风景区等应当制定相应的生产安全事故应急救援预案，协助人民政府有关部门或者按照授权依法履行生产安全事故应急救援工作职责。

第八十一条 生产经营单位应当制定本单位生产安全事故应急救援预案，与所在地县级以上地方人民政府组织制定的生产安全事故应急救援预案相衔接，并定期组织演练。

第八十二条 危险物品的生产、经营、储存单位以及矿山、金属冶炼、城市轨道交通运营、建筑施工单位应当建立应急救援组织；生产经营规模较小的，可以不建立应急救援组织，但应当指定兼职的应急救援人员。

危险物品的生产、经营、储存、运输单位以及矿山、金属冶炼、城市轨道交通运营、建筑施工单位应当配备必要的应急救援器材、设备和物资，并进行经常性维护、保养，保证正常运转。

第八十三条 生产经营单位发生生产安全事故后，事故现场有关人员应当立即报告本单位负责人。

单位负责人接到事故报告后，应当迅速采取有效措施，组织抢救，防止事故扩大，减少人员伤亡和财产损失，并按照国家有关规定立即如实报告当地负有安全生产监督管理职责的部门，不得隐瞒不报、谎报或者迟报，不得故意破坏事故现场、毁灭有关证据。

第八十四条 负有安全生产监督管理职责的部门接到事故报告后，应当立即按照国家有关规定上报事故情况。负有安全生产监督管理职责的部门和有关地方人民政府对事故情况不得隐瞒不报、谎报或者迟报。

第八十五条 有关地方人民政府和负有安全生产监督管理职责的部门的负责人接到生产安全事故报告后，应当按照生产安全事故应急救援预案的要求立即赶到事故现场，组织事故抢救。

参与事故抢救的部门和单位应当服从统一指挥，加强协同联动，采取有效的应急救援措施，并根据事故救援的需要采取警戒、疏散等措施，防止事故扩大和次生灾害的发生，减少人员伤亡和财产损失。

事故抢救过程中应当采取必要措施，避免或者减少对环境造成的危害。

任何单位和个人都应当支持、配合事故抢救，并提供一切便利条件。

第八十六条 事故调查处理应当按照科学严谨、依法依规、实事求是、注重实效的原则，及时、准确地查清事故原因，查明事故性质和责任，评估应急处置工作，总结事故教训，提出整改措施，并对事故责任单位和人员提出处理建议。事故调查报告应当依法及时向社会公布。事故调查和处理的具体办法由国务院制定。

事故发生单位应当及时全面落实整改措施，负有安全生产监督管理职责的部门应当加强监督检查。

负责事故调查处理的国务院有关部门和地方人民政府应当在批复事故调查报告后一年内，组织有关部门对事故整改和防范措施落实情况进行评估，并及时向社会公开评估结果；对不履行职责导致事故整改和防范措施没有落实的有关单位和人员，应当按照有关规定追究责任。

第八十七条 生产经营单位发生生产安全事故，经调查确定为责任事故的，除了应当查明事故单位的责任并依法予以追究外，还应当查明对安全生产的有关事项负有审查批准和监督职责的行政部门的责任，对有失职、渎职行为的，依照本法第九十条的规定追究法律责任。

第八十八条 任何单位和个人不得阻挠和干涉对事故的依法调查处理。

第八十九条 县级以上地方各级人民政府应急管理部门应当定期统计分析本行政区域内发生生产安全事故的情况，并定期向社会公布。

第六章 法律责任

第九十条 负有安全生产监督管理职责的部门的工作人员，有下列行为之一的，给予降级或者撤职的处分；构成犯罪的，依照刑法有关规定追究刑事责任：

（一）对不符合法定安全生产条件的涉及安全生产的事项予以批准或者验收通过的；

（二）发现未依法取得批准、验收的单位擅自从事有关活动或者接到举报后不予取缔或者不依法予以处理的；

（三）对已经依法取得批准的单位不履行监督管理职责，发现其不再具备安全生产条件而不撤销原批准或者发现安全生产违法行为不予查处的；

（四）在监督检查中发现重大事故隐患，不依法及时处理的。

负有安全生产监督管理职责的部门的工作人员有前款规定以外的滥用职权、玩忽职守、徇私舞弊行为的，依法给予处分；构成犯罪的，依照刑法有关规定追究刑事责任。

第九十一条 负有安全生产监督管理职责的部门，要求被审查、验收的单位购买其指定的安全设备、器材或者其他产品的，在对安全生产事项的审查、验收中收取费用的，由其上级机关或者监察机关责令改正，责令退还收取的费用；情节严重的，对直接负责的主管人员和其他直接责任人员依法给予处分。

第九十二条 承担安全评价、认证、检测、检验职责的机构出具失实报告的，责令停业整顿，并处三万元以上十万元以下的罚款；给他人造成损害的，依法承担赔偿责任。

承担安全评价、认证、检测、检验职责的机构租借资质、挂靠、出具虚假报告的，没收违法所得；违法所得在十万元以上的，并处违法所得二倍以上五倍以下的罚款，没有违法所得或者违法所得不足十万元的，单处或者并处十万元以上二十万元以下的罚款；对其直接负责的主管人员和其他直接责任人员处五万元以上十万元以下的罚款；给他人造成损害的，与生产经营单位承担连带赔偿责任；构成犯罪的，依照刑法有关规定追究刑事责任。

对有前款违法行为的机构及其直接责任人员，吊销其相应资质和资格，五年内不得从事安全评价、认证、检测、检验等工作；情节严重的，实行终身行业和职业禁入。

第九十三条 生产经营单位的决策机构、主要负责人或者个人经营的投资人不依照本法规定保证安全生产所必需的资金投入，致使生产经营单位不具备安全生产条件的，责令限期改正，提供必需的资金；逾期未改正的，责令生产经营单位停产停业整顿。

有前款违法行为，导致发生生产安全事故的，对生产经营单位的主要负责人给予撤职处分，对个人经营的投资人处二万元以上二十万元以下的罚款；构成犯罪的，依照刑法有关规定追究刑事责任。

第九十四条 生产经营单位的主要负责人未履行本法规定的安全生产管理职责的，责令限期改正，处二万元以上五万元以下的罚款；逾期未改正的，处五万元以上十万元以下的罚款，责令生产经营单位停产停业整顿。

生产经营单位的主要负责人有前款违法行为，导致发生生产安全事故的，给予撤职处分；构成犯罪的，依照刑法有关规定追究刑事责任。

生产经营单位的主要负责人依照前款规定受刑事处罚或者撤职处分的，自刑罚执行完毕或者受处分之日起，五年内不得担任任何生产经营单位的主要负责人；对重大、特别重大生产安全事故负有责任的，终身不得担任本行业生产经营单位的主要负责人。

第九十五条 生产经营单位的主要负责人未履行本法规定的安全生产管理职责，导致发生生产安全事故的，由应急管理部门依照下列规定处以罚款：

（一）发生一般事故的，处上一年年收入百分之四十的罚款；

（二）发生较大事故的，处上一年年收入百分之六十的罚款；

（三）发生重大事故的，处上一年年收入百分之八十的罚款；

（四）发生特别重大事故的，处上一年年收入百分之一百的罚款。

第九十六条 生产经营单位的其他负责人和安全生产管理人员未履行本法规定的安全生产管理职责的，责令限期改正，处一万元以上三万元以下的罚款；导致发生生产安全事故的，暂停或者吊销其与安全生产有关的资格，并处上一年年收入百分之二十以上百分之五十以下的罚款；构成犯罪的，依照刑法有关规定追究刑事责任。

第九十七条 生产经营单位有下列行为之一的，责令限期改正，处十万元以下的罚款；逾期未改正的，责令停产停业整顿，并处十万元以上二十万元以下的罚款，对其直接负责的主管人员和其他直接责任人员处二万元以上五万元以下的罚款：

（一）未按照规定设置安全生产管理机构或者配备安全生产管理人员、注册安全工程师的；

（二）危险物品的生产、经营、储存、装卸单位以及矿山、金属冶炼、建筑施工、运输单位的主要负责人和安全生产管理人员未按照规定经考核合格的；

（三）未按照规定对从业人员、被派遣劳动者、实习学生进行安全生产教育和培训，或者未按照规定如实告知有关的安全生产事项的；

（四）未如实记录安全生产教育和培训情况的；

（五）未将事故隐患排查治理情况如实记录或者未向从业人员通报的；

（六）未按照规定制定生产安全事故应急救援预案或者未定期组织演练的；

（七）特种作业人员未按照规定经专门的安全作业培训并取得相应资格，上岗作业的。

第九十八条 生产经营单位有下列行为之一的，责令停止建设或者停产停业整顿，限期改正，并处十万元以上五十万元以下的罚款，对其直接负责的主管人员和其他直接责任人员处二万元以上五万元以下的罚款；逾期未改正的，处五十万元以上一百万元以下的罚款，对其直接负责的主管人员和其他直接责任人员处五万元以上十万元以下的罚款；构成犯罪的，依照刑法有关规定追究刑事责任：

（一）未按照规定对矿山、金属冶炼建设项目或者用于生产、储存、装卸危险物品的建设项目进行安全评价的；

（二）矿山、金属冶炼建设项目或者用于生产、储存、装卸危险物品的建设项目没有安全设施设计或者安全设施设计未按照规定报经有关部门审查同意的；

（三）矿山、金属冶炼建设项目或者用于生产、储存、装卸危险物品的建设项目的施工单位未按照批准的安全设施设计施工的；

（四）矿山、金属冶炼建设项目或者用于生产、储存、装卸危险物品的建设项目竣工投入生产或者使用前，安全设施未经验收合格的。

第九十九条 生产经营单位有下列行为之一的，责令限期改正，处五万元以下的罚款；逾期未改正的，处五万元以上二十万元以下的罚款，对其直接负责的主管人员和其他直接责任人员处一万元以上二万元以下的罚款；情节严重的，责令停产停业整顿；构成犯罪的，依照刑法有关规定追究刑事责任：

（一）未在有较大危险因素的生产经营场所和有关设施、设备上设置明显的安全警示标志的；

（二）安全设备的安装、使用、检测、改造和报废不符合国家标准或者行业标准的；

（三）未对安全设备进行经常性维护、保养和定期检测的；

（四）关闭、破坏直接关系生产安全的监控、报警、防护、救生设备、设施，或者篡改、隐瞒、销毁其相关数据、信息的；

（五）未为从业人员提供符合国家标准或者行业标准的劳动防护用品的；

（六）危险物品的容器、运输工具，以及涉及人身安全、危险性较大的海洋石油开采特种设备和矿山井下特种设备未经具有专业资质的机构检测、检验合格，取得安全使用证或者安全标志，投入使用的；

（七）使用应当淘汰的危及生产安全的工艺、设备的；

（八）餐饮等行业的生产经营单位使用燃气未安装可燃气体报警装置的。

第一百条 未经依法批准，擅自生产、经营、运输、储存、使用危险物品或者处置废弃危险物品的，依照有关危险物品安全管理的法律、行政法规的规定予以处罚；构成犯罪的，依照刑法有关规定追究刑事责任。

第一百零一条 生产经营单位有下列行为之一的，责令限期改正，处十万元以下的罚款；逾期未改正的，责令停产停业整顿，并处十万元以上二十万元以下的罚款，对其直接负责的主管人员和其他直接责任人员处二万元以上五万元以下的罚款；构成犯罪的，依照刑法有关规定追究刑事责任：

（一）生产、经营、运输、储存、使用危险物品或者处置废弃危险物品，未建立专门安全管理制度、未采取可靠的安全措施的；

（二）对重大危险源未登记建档，未进行定期检测、评估、监控，未制定应急预案，或者未告知应急措施的；

（三）进行爆破、吊装、动火、临时用电以及国务院应急管理部门会同国务院有关部门规定的其他危险作业，未安排专门人员进行现场安全管理的；

（四）未建立安全风险分级管控制度或者未按照安全风险分级采取相应管控措施的；

（五）未建立事故隐患排查治理制度，或者重大事故隐患排查治理情况未按照规定报告的。

第一百零二条 生产经营单位未采取措施消除事故隐患的，责令立即消除或者限期消除，处五万元以下的罚款；生产经营单位拒不执行的，责令停产停业整顿，对其直接负责的主管人员和其他直接责任人员处五万元以上十万元以下的罚款；构成犯罪的，依照刑法有关规定追究刑事责任。

第一百零三条 生产经营单位将生产经营项目、场所、设备发包或者出租给不具备安全生产条件或者相应资质的单位或者个人的，责令限期改正，没收违法所得；违法所得十万元以上的，并处违法所得二倍以上五倍以下的罚款；没有违法所得或者违法所得不足十万元的，单处或者并处十万元以上二十万元以下的罚款；对其直接负责的主管人员和其他直接责任人员处一万元以上二万元以下的罚款；导致发生生产安全事故给他人造成损害的，与承包方、承租方承担连带赔偿责任。

生产经营单位未与承包单位、承租单位签订专门的安全生产管理协议或者未在承包合同、租赁合同中明确各自的安全生产管理职责，或者未对承包单位、承租单位的安全生产统一协调、管理的，责令限期改正，处五万元以下的罚款，对其直接负责的主管人员和其他直接责任人员处一万元以下的罚款；逾期未改正的，责令停产停业整顿。

矿山、金属冶炼建设项目和用于生产、储存、装卸危险物品的建设项目的施工单位未按照规定对施工项目进行安全管理的，责令限期改正，处十万元以下的罚款，对其直接负责的主管人员和其他直接责任人员处二万元以下的罚款；逾期未改正的，责令停产停业整顿。以上施工单位倒卖、出租、出借、挂靠或者以其他形式非法转让施工资质的，责令停产停业整顿，吊销资质证书，没收违法所得；违法所得十万元以上的，并处违法所得二倍以上五倍以下的罚款，没有违法所得或者违法所得不足十万元的，单处或者并处十万元以上二十万元以下的罚款；对其直接负责的主管人员和其他直接责任人员处五万元以上十万元以下的罚款；构成犯罪的，依照刑法有关规定追究刑事责任。

第一百零四条 两个以上生产经营单位在同一作业区域内进行可能危及对方安全生产的生产经营活动，未签订安全生产管理协议或者未指定专职安全生产管理人员进行安全检查与协调的，责令限期改正，处五万元以下的罚款，对其直接负责的主管人员和其他直接责任人员处一万元以下的罚款；逾期未改正的，责令停产停业。

第一百零五条 生产经营单位有下列行为之一的，责令限期改正，处五万元以下的罚款，对其直接负责的主管人员和其他直接责任人员处一万元以下的罚款；逾期未改正的，责令停产停业整顿；构成犯罪的，依照刑法有关规定追究刑事责任：

（一）生产、经营、储存、使用危险物品的车间、商店、仓库与员工宿舍在同一座建筑内，或者与员工宿舍的距离不符合安全要求的；

（二）生产经营场所和员工宿舍未设有符合紧急疏散需要、标志明显、保持畅通的出口、疏散通道，或者占用、锁闭、封堵生产经营场所或者员工宿舍出口、疏散通道的。

第一百零六条 生产经营单位与从业人员订立协议，免除或者减轻其对从业人员因生产安全事故伤亡依法应承担的责任的，该协议无效；对生产经营单位的主要负责人、个人经营的投资人处二万元以上十万元以下的罚款。

第一百零七条 生产经营单位的从业人员不落实岗位安全责任，不服从管理，违反安全生产规章制度或者操作规程的，由生产经营单位给予批评教育，依照有关规章制度给予处分；构成犯罪的，依照刑法有关规定追究刑事责任。

第一百零八条 违反本法规定，生产经营单位拒绝、阻碍负有安全生产监督管理职责的部门依法实施监督检查的，责令改正；拒不改正的，处二万元以上二十万元以下的罚款；对其直接负责的主管人员和其他直接责任人员处一万元以上二万元以下的罚款；构成犯罪的，依照刑法有关规定追究刑事责任。

第一百零九条 高危行业、领域的生产经营单位未按照国家规定投保安全生产责任保险的，责令限期改正，处五万元以上十万元以下的罚款；逾期未改正的，处十万元以上二十万元以下的罚款。

第一百一十条 生产经营单位的主要负责人在本单位发生生产安全事故时，不立即组织抢救或者在事故调查处理期间擅离职守或者逃匿的，给予降级、撤职的处分，并由应急管理部门处上一年年收入百分之六十至百分之一百的罚款；对逃匿的处十五日以下拘留；构成犯罪的，依照刑法有关规定追究刑事责任。

生产经营单位的主要负责人对生产安全事故隐瞒不报、谎报或者迟报的，依照前款规定处罚。

第一百一十一条 有关地方人民政府、负有安全生产监督管理职责的部门，对生产安全事故隐瞒不报、谎报或者迟报的，对直接负责的主管人员和其他直接责任人员依法给予处分；构成犯罪的，依照刑法有关规定追究刑事责任。

第一百一十二条 生产经营单位违反本法规定，被责令改正且受到罚款处罚，拒不改正的，负有安全生产监督管理职责的部门可以自作出责令改正之日的次日起，按照原处罚数额按日连续处罚。

第一百一十三条 生产经营单位存在下列情形之一的，负有安全生产监督管理职责的部门应当提请地方人民政府予以关闭，有关部门应当依法吊销其有关证照。生产经营单位主要负责人五年内不得担任任何生产经营单位的主要负责人；情节严重的，终身不得担任本行业生产经营单位的主要负责人：

（一）存在重大事故隐患，一百八十日内三次或者一年内四次受到本法规定的行政处罚的；

（二）经停产停业整顿，仍不具备法律、行政法规和国家标准或者行业标准规定的安全生产条件的；

（三）不具备法律、行政法规和国家标准或者行业标准规定的安全生产条件，导致发生重大、特别重大生产安全事故的；

（四）拒不执行负有安全生产监督管理职责的部门作出的停产停业整顿决定的。

第一百一十四条 发生生产安全事故，对负有责任的生产经营单位除要求其依法承担相应的赔偿等责任外，由应急管理部门依照下列规定处以罚款：

（一）发生一般事故的，处三十万元以上一百万元以下的罚款；

（二）发生较大事故的，处一百万元以上二百万元以下的罚款；

（三）发生重大事故的，处二百万元以上一千万元以下的罚款；

（四）发生特别重大事故的，处一千万元以上二千万元以下的罚款。

发生生产安全事故，情节特别严重、影响特别恶劣的，应急管理部门可以按照前款罚款数额的二倍以上五倍以下对负有责任的生产经营单位处以罚款。

第一百一十五条 本法规定的行政处罚，由应急管理部门和其他负有安全生产监督管理职责的部门按照职责分工决定；其中，根据本法第九十五条、第一百一十条、第一百一十四条的规定应当给予民航、铁路、电力行业的生产经营单位及其主要负责人行政处罚的，也可以由主管的负有安全生产监督管理职责的部门进行处罚。予以关闭的行政处罚，由负有安全生产监督管理职责的部门报请县级以上人民政府按照国务院规定的权限决定；给予拘留的行政处罚，由公安机关依照治安管理处罚的规定决定。

第一百一十六条 生产经营单位发生生产安全事故造成人员伤亡、他人财产损失的，应当依法承担赔偿责任；拒不承担或者其负责人逃匿的，由人民法院依法强制执行。

生产安全事故的责任人未依法承担赔偿责任，经人民法院依法采取执行措施后，仍不能对受害人给予足额赔偿的，应当继续履行赔偿义务；受害人发现责任人有其他财产的，可以随时请求人民法院执行。

第七章 附 则

第一百一十七条 本法下列用语的含义：

危险物品，是指易燃易爆物品、危险化学品、放射性物品等能够危及人身安全和财产安全的物品。

重大危险源，是指长期地或者临时地生产、搬运、使用或者储存危险物品，且危险物品的数量等于或者超过临界量的单元（包括场所和设施）。

第一百一十八条 本法规定的生产安全一般事故、较大事故、重大事故、特别重大事故的划分标准由国务院规定。

国务院应急管理部门和其他负有安全生产监督管理职责的部门应当根据各自的职责分工，制定相关行业、领域重大危险源的辨识标准和重大事故隐患的判定标准。

第一百一十九条 本法自 2002 年 11 月 1 日起施行。

中华人民共和国特种设备安全法

发文机关：全国人民代表大会常务委员会
发布日期：2013.06.29
生效日期：2014.01.01
时效性：现行有效
文号：主席令第四号

中华人民共和国特种设备安全法
主席令第四号

《中华人民共和国特种设备安全法》已由中华人民共和国第十二届全国人民代表大会常务委员会第三次会议于2013年6月29日通过，现予公布，自2014年1月1日起施行。

中华人民共和国主席　习近平
2013年6月29日

中华人民共和国特种设备安全法

（2013年6月29日第十二届全国人民代表大会常务委员会第三次会议通过）

目　　录

第一章　总　　则

第一条　为了加强特种设备安全工作，预防特种设备事故，保障人身和财产安全，促进经济社会发展，制定本法。

第二条　特种设备的生产（包括设计、制造、安装、改造、修理）、经营、使用、检验、检测和特种设备安全的监督管理，适用本法。

本法所称特种设备，是指对人身和财产安全有较大危险性的锅炉、压力容器（含气瓶）、压力管道、电梯、起重机械、客运索道、大型游乐设施、场（厂）内专用机动车辆，以及法律、行政法规规定适用本法的其他特种设备。

国家对特种设备实行目录管理。特种设备目录由国务院负责特种设备安全监督管理的部门制定，报国务院批准后执行。

第三条 特种设备安全工作应当坚持安全第一、预防为主、节能环保、综合治理的原则。

第四条 国家对特种设备的生产、经营、使用，实施分类的、全过程的安全监督管理。

第五条 国务院负责特种设备安全监督管理的部门对全国特种设备安全实施监督管理。县级以上地方各级人民政府负责特种设备安全监督管理的部门对本行政区域内特种设备安全实施监督管理。

第六条 国务院和地方各级人民政府应当加强对特种设备安全工作的领导，督促各有关部门依法履行监督管理职责。

县级以上地方各级人民政府应当建立协调机制，及时协调、解决特种设备安全监督管理中存在的问题。

第七条 特种设备生产、经营、使用单位应当遵守本法和其他有关法律、法规，建立、健全特种设备安全和节能责任制度，加强特种设备安全和节能管理，确保特种设备生产、经营、使用安全，符合节能要求。

第八条 特种设备生产、经营、使用、检验、检测应当遵守有关特种设备安全技术规范及相关标准。

特种设备安全技术规范由国务院负责特种设备安全监督管理的部门制定。

第九条 特种设备行业协会应当加强行业自律，推进行业诚信体系建设，提高特种设备安全管理水平。

第十条 国家支持有关特种设备安全的科学技术研究，鼓励先进技术和先进管理方法的推广应用，对做出突出贡献的单位和个人给予奖励。

第十一条 负责特种设备安全监督管理的部门应当加强特种设备安全宣传教育，普及特种设备安全知识，增强社会公众的特种设备安全意识。

第十二条 任何单位和个人有权向负责特种设备安全监督管理的部门和有关部门举报涉及特种设备安全的违法行为，接到举报的部门应当及时处理。

第二章 生产、经营、使用

第一节 一般规定

第十三条 特种设备生产、经营、使用单位及其主要负责人对其生产、经营、使用的特种设备安全负责。

特种设备生产、经营、使用单位应当按照国家有关规定配备特种设备安全管理人员、检测人员和作业人员，并对其进行必要的安全教育和技能培训。

第十四条 特种设备安全管理人员、检测人员和作业人员应当按照国家有关规定取得相应资格，方可从事相关工作。特种设备安全管理人员、检测人员和作业人员应当严格执行安全技术规范和管理制度，保证特种设备安全。

第十五条 特种设备生产、经营、使用单位对其生产、经营、使用的特种设备应当进行自行检测和维护保养，对国家规定实行检验的特种设备应当及时申报并接受检验。

第十六条 特种设备采用新材料、新技术、新工艺，与安全技术规范的要求不一致，或者安全技术规范未作要求、可能对安全性能有重大影响的，应当向国务院负责特种设备安全监督管理的部门申报，由国务院负责特种设备安全监督管理的部门及时委托安全技术咨询机构或者相关专业机构进行技术评审，评审结果经国务院负责特种设备安全监督管理的部门批准，方可投入生产、使用。

国务院负责特种设备安全监督管理的部门应当将允许使用的新材料、新技术、新工艺的有关技术要求，及时纳入安全技术规范。

第十七条 国家鼓励投保特种设备安全责任保险。

第二节 生　产

第十八条 国家按照分类监督管理的原则对特种设备生产实行许可制度。特种设备生产单位应当具备下列条件，并经负责特种设备安全监督管理的部门许可，方可从事生产活动：

（一）有与生产相适应的专业技术人员；

（二）有与生产相适应的设备、设施和工作场所；

（三）有健全的质量保证、安全管理和岗位责任等制度。

第十九条 特种设备生产单位应当保证特种设备生产符合安全技术规范及相关标准的要求，对其生产的特种设备的安全性能负责。不得生产不符合安全性能要求和能效指标以及国家明令淘汰的特种设备。

第二十条 锅炉、气瓶、氧舱、客运索道、大型游乐设施的设计文件，应当经负责特种设备安全监督管理的部门核准的检验机构鉴定，方可用于制造。

特种设备产品、部件或者试制的特种设备新产品、新部件以及特种设备采用的新材料，按照安全技术规范的要求需要通过型式试验进行安全性验证的，应当经负责特种设备安全监督管理的部门核准的检验机构进行型式试验。

第二十一条 特种设备出厂时，应当随附安全技术规范要求的设计文件、产品质量合格证明、安装及使用维护保养说明、监督检验证明等相关技术资料和文件，并在特种设备显著位置设置产品铭牌、安全警示标志及其说明。

第二十二条 电梯的安装、改造、修理，必须由电梯制造单位或者其委托的依照本法取得相应许可的单位进行。电梯制造单位委托其他单位进行电梯安装、改造、修理的，应当对其安装、改造、修理进行安全指导和监控，并按照安全技术规范的要求进行校验和调试。电梯制造单位对电梯安全性能负责。

第二十三条 特种设备安装、改造、修理的施工单位应当在施工前将拟进行的特种设备安装、改造、修理情况书面告知直辖市或者设区的市级人民政府负责特种设备安全监督管理的部门。

第二十四条 特种设备安装、改造、修理竣工后，安装、改造、修理的施工单位应当在验收后三十日内将相关技术资料和文件移交特种设备使用单位。特种设备使用单位应当将其存入该特种设备的安全技术档案。

第二十五条 锅炉、压力容器、压力管道元件等特种设备的制造过程和锅炉、压力容器、压力管道、电梯、起重机械、客运索道、大型游乐设施的安装、改造、重大修理过程，应当经特种设备检验机构按照安全技术规范的要求进行监督检验；未经监督检验或者监督检验不合格的，不得出厂或者交付使用。

第二十六条 国家建立缺陷特种设备召回制度。因生产原因造成特种设备存在危及安全的同一性缺陷的，特种设备生产单位应当立即停止生产，主动召回。

国务院负责特种设备安全监督管理的部门发现特种设备存在应当召回而未召回的情形时，应当责令特种设备生产单位召回。

第三节　经　营

第二十七条 特种设备销售单位销售的特种设备，应当符合安全技术规范及相关标准的要求，其设计文件、产品质量合格证明、安装及使用维护保养说明、监督检验证明等相关技术资料和文件应当齐全。

特种设备销售单位应当建立特种设备检查验收和销售记录制度。

禁止销售未取得许可生产的特种设备，未经检验和检验不合格的特种设备，或者国家明令淘汰和已经报废的特种设备。

第二十八条 特种设备出租单位不得出租未取得许可生产的特种设备或者国家明令淘汰和已经报废的特种设备，以及未按照安全技术规范的要求进行维护保养和未经检验或者检验不合格的特种设备。

第二十九条 特种设备在出租期间的使用管理和维护保养义务由特种设备出租单位承担，法律另有规定或者当事人另有约定的除外。

第三十条 进口的特种设备应当符合我国安全技术规范的要求，并经检验合格；需要取得我国特种设备生产许可的，应当取得许可。

进口特种设备随附的技术资料和文件应当符合本法第二十一条的规定，其安装及使用维护保养说明、产品铭牌、安全警示标志及其说明应当采用中文。

特种设备的进出口检验，应当遵守有关进出口商品检验的法律、行政法规。

第三十一条 进口特种设备，应当向进口地负责特种设备安全监督管理的部门履行提前告知义务。

第四节 使 用

第三十二条 特种设备使用单位应当使用取得许可生产并经检验合格的特种设备。

禁止使用国家明令淘汰和已经报废的特种设备。

第三十三条 特种设备使用单位应当在特种设备投入使用前或者投入使用后三十日内，向负责特种设备安全监督管理的部门办理使用登记，取得使用登记证书。登记标志应当置于该特种设备的显著位置。

第三十四条 特种设备使用单位应当建立岗位责任、隐患治理、应急救援等安全管理制度，制定操作规程，保证特种设备安全运行。

第三十五条 特种设备使用单位应当建立特种设备安全技术档案。安全技术档案应当包括以下内容：

（一）特种设备的设计文件、产品质量合格证明、安装及使用维护保养说明、监督检验证明等相关技术资料和文件；

（二）特种设备的定期检验和定期自行检查记录；

（三）特种设备的日常使用状况记录；

（四）特种设备及其附属仪器仪表的维护保养记录；

（五）特种设备的运行故障和事故记录。

第三十六条 电梯、客运索道、大型游乐设施等为公众提供服务的特种设备的运营使用单位，应当对特种设备的使用安全负责，设置特种设备安全管理机构或者配备专职的特种设备安全管理人员；其他特种设备使用单位，应当根据情况设置特种设备安全管理机构或者配备专职、兼职的特种设备安全管理人员。

第三十七条 特种设备的使用应当具有规定的安全距离、安全防护措施。

与特种设备安全相关的建筑物、附属设施，应当符合有关法律、行政法规的规定。

第三十八条 特种设备属于共有的，共有人可以委托物业服务单位或者其他管理人管理特种设备，受托人履行本法规定的特种设备使用单位的义务，承担相应责任。共有人未委托的，由共有人或者实际管理人履行管理义务，承担相应责任。

第三十九条 特种设备使用单位应当对其使用的特种设备进行经常性维护保养和定期自行检查，并作出记录。

特种设备使用单位应当对其使用的特种设备的安全附件、安全保护装置进行定期校验、检修，并作出记录。

第四十条 特种设备使用单位应当按照安全技术规范的要求，在检验合格有效期届满前一个月向特种设备检验机构提出定期检验要求。

特种设备检验机构接到定期检验要求后，应当按照安全技术规范的要求及时进行安全性能检验。特种设备使用单位应当将定期检验标志置于该特种设备的显著位置。

未经定期检验或者检验不合格的特种设备，不得继续使用。

第四十一条 特种设备安全管理人员应当对特种设备使用状况进行经常性检查，发现问题应当立即处理；情况紧急时，可以决定停止使用特种设备并及时报告本单位有关负责人。

特种设备作业人员在作业过程中发现事故隐患或者其他不安全因素，应当立即向特种设备安全管理人员和单位有关负责人报告；特种设备运行不正常时，特种设备作业人员应当按照操作规程采取有效措施保证安全。

第四十二条 特种设备出现故障或者发生异常情况，特种设备使用单位应当对其进行全面检查，消除事故隐患，方可继续使用。

第四十三条 客运索道、大型游乐设施在每日投入使用前，其运营使用单位应当进行试运行和例行安全检查，并对安全附件和安全保护装置进行检查确认。

电梯、客运索道、大型游乐设施的运营使用单位应当将电梯、客运索道、大型游乐设施的安全使用说明、安全注意事项和警示标志置于易于为乘客注意的显著位置。

公众乘坐或者操作电梯、客运索道、大型游乐设施，应当遵守安全使用说明和安全注意事项的要求，服从有关工作人员的管理和指挥；遇有运行不正常时，应当按照安全指引，有序撤离。

第四十四条 锅炉使用单位应当按照安全技术规范的要求进行锅炉水(介)质处理，并接受特种设备检验机构的定期检验。

从事锅炉清洗，应当按照安全技术规范的要求进行，并接受特种设备检验机构的监督检验。

第四十五条 电梯的维护保养应当由电梯制造单位或者依照本法取得许可的安装、改造、修理单位进行。

电梯的维护保养单位应当在维护保养中严格执行安全技术规范的要求，保证其维护保养的电梯的安全性能，并负责落实现场安全防护措施，保证施工安全。

电梯的维护保养单位应当对其维护保养的电梯的安全性能负责；接到故障通知后，应当立即赶赴现场，并采取必要的应急救援措施。

第四十六条 电梯投入使用后，电梯制造单位应当对其制造的电梯的安全运行情况进行跟踪调查和了解，对电梯的维护保养单位或者使用单位在维护保养和安全运行方面存在的问题，提出改进建议，并提供必要的技术帮助；发现电梯存在严重事故隐患时，应当及时告知电梯使用单位，并向负责特种设备安全监督管理的部门报告。电梯制造单位对调查和了解的情况，应当作出记录。

第四十七条 特种设备进行改造、修理，按照规定需要变更使用登记的，应当办理变更登记，方可继续使用。

第四十八条 特种设备存在严重事故隐患，无改造、修理价值，或者达到安全技术规范规定的其他报废条件的，特种设备使用单位应当依法履行报废义务，采取必要措施消除该特种设备的使用功能，并向原登记的负责特种设备安全监督管理的部门办理使用登记证书注销手续。

前款规定报废条件以外的特种设备，达到设计使用年限可以继续使用的，应当按照安全技术规范的要求通过检验或者安全评估，并办理使用登记证书变更，方可继续使用。允许继续使用的，应当采取加强检验、检测和维护保养等措施，确保使用安全。

第四十九条 移动式压力容器、气瓶充装单位，应当具备下列条件，并经负责特种设备安全监督管理的部门许可，方可从事充装活动：

(一) 有与充装和管理相适应的管理人员和技术人员；

(二) 有与充装和管理相适应的充装设备、检测手段、场地厂房、器具、安全设施；

(三) 有健全的充装管理制度、责任制度、处理措施。

充装单位应当建立充装前后的检查、记录制度，禁止对不符合安全技术规范要求的移动式压力容器和气瓶进行充装。

气瓶充装单位应当向气体使用者提供符合安全技术规范要求的气瓶，对气体使用者进行气瓶安全使用指导，并按照安全技术规范的要求办理气瓶使用登记，及时申报定期检验。

第三章　检验、检测

第五十条 从事本法规定的监督检验、定期检验的特种设备检验机构，以及为特种设备生产、经营、使用提供检测服务的特种设备检测机构，应当具备下列条件，并经负责特种设备安全监督管理的部门核准，方可从事检验、检测工作：

（一）有与检验、检测工作相适应的检验、检测人员；

（二）有与检验、检测工作相适应的检验、检测仪器和设备；

（三）有健全的检验、检测管理制度和责任制度。

第五十一条 特种设备检验、检测机构的检验、检测人员应当经考核，取得检验、检测人员资格，方可从事检验、检测工作。

特种设备检验、检测机构的检验、检测人员不得同时在两个以上检验、检测机构中执业；变更执业机构的，应当依法办理变更手续。

第五十二条 特种设备检验、检测工作应当遵守法律、行政法规的规定，并按照安全技术规范的要求进行。

特种设备检验、检测机构及其检验、检测人员应当依法为特种设备生产、经营、使用单位提供安全、可靠、便捷、诚信的检验、检测服务。

第五十三条 特种设备检验、检测机构及其检验、检测人员应当客观、公正、及时地出具检验、检测报告，并对检验、检测结果和鉴定结论负责。

特种设备检验、检测机构及其检验、检测人员在检验、检测中发现特种设备存在严重事故隐患时，应当及时告知相关单位，并立即向负责特种设备安全监督管理的部门报告。

负责特种设备安全监督管理的部门应当组织对特种设备检验、检测机构的检验、检测结果和鉴定结论进行监督抽查，但应当防止重复抽查。监督抽查结果应当向社会公布。

第五十四条 特种设备生产、经营、使用单位应当按照安全技术规范的要求向特种设备检验、检测机构及其检验、检测人员提供特种设备相关资料和必要的检验、检测条件，并对资料的真实性负责。

第五十五条 特种设备检验、检测机构及其检验、检测人员对检验、检测过程中知悉的商业秘密，负有保密义务。

特种设备检验、检测机构及其检验、检测人员不得从事有关特种设备的生产、经营活动，不得推荐或者监制、监销特种设备。

第五十六条 特种设备检验机构及其检验人员利用检验工作故意刁难特种设备生产、经营、使用单位的，特种设备生产、经营、使用单位有权向负责特种设备安全监督管理的部门投诉，接到投诉的部门应当及时进行调查处理。

第四章 监督管理

第五十七条 负责特种设备安全监督管理的部门依照本法规定，对特种设备生产、经营、使用单位和检验、检测机构实施监督检查。

负责特种设备安全监督管理的部门应当对学校、幼儿园以及医院、车站、客运码头、商场、体育场馆、展览馆、公园等公众聚集场所的特种设备，实施重点安全监督检查。

第五十八条 负责特种设备安全监督管理的部门实施本法规定的许可工作，应当依照本法和其他有关法律、行政法规规定的条件和程序以及安全技术规范的要求进行审查；不符合规定的，不得许可。

第五十九条 负责特种设备安全监督管理的部门在办理本法规定的许可时，其受理、审查、许可的程序必须公开，并应当自受理申请之日起三十日内，作出许可或者不予许可的决定；不予许可的，应当书面向申请人说明理由。

第六十条 负责特种设备安全监督管理的部门对依法办理使用登记的特种设备应当建立完整的监督管理档案和信息查询系统；对达到报废条件的特种设备，应当及时督促特种设备使用单位依法履行报废义务。

第六十一条 负责特种设备安全监督管理的部门在依法履行监督检查职责时，可以行使下列职权：

（一）进入现场进行检查，向特种设备生产、经营、使用单位和检验、检测机构的主要负责人和其他有关人员调查、了解有关情况；

（二）根据举报或者取得的涉嫌违法证据，查阅、复制特种设备生产、经营、使用单位和检验、检测机构的有关合同、发票、账簿以及其他有关资料；

（三）对有证据表明不符合安全技术规范要求或者存在严重事故隐患的特种设备实施查封、扣押；

（四）对流入市场的达到报废条件或者已经报废的特种设备实施查封、扣押；

（五）对违反本法规定的行为作出行政处罚决定。

第六十二条 负责特种设备安全监督管理的部门在依法履行职责过程中，发现违反本法规定和安全技术规范要求的行为或者特种设备存在事故隐患时，应当以书面形式发出特种设备安全监察指令，责令有关单位及时采取措施予以改正或者消除事故隐患。紧急情况下要求有关单位采取紧急处置措施的，应当随后补发特种设备安全监察指令。

第六十三条 负责特种设备安全监督管理的部门在依法履行职责过程中，发现重大违法行为或者特种设备存在严重事故隐患时，应当责令有关单位立即停止违法行为、采取措施消除事故隐患，并及时向上级负责特种设备安全监督管理的部门报告。接到报告的负责特种设备安全监督管理的部门应当采取必要措施，及时予以处理。

对违法行为、严重事故隐患的处理需要当地人民政府和有关部门的支持、配合时，负责特种设备安全监督管理的部门应当报告当地人民政府，并通知其他有关部门。当地人民政府和其他有关部门应当采取必要措施，及时予以处理。

第六十四条 地方各级人民政府负责特种设备安全监督管理的部门不得要求已经依照本法规定在其他地方取得许可的特种设备生产单位重复取得许可，不得要求对已经依照本法规定在其他地方检验合格的特种设备重复进行检验。

第六十五条 负责特种设备安全监督管理的部门的安全监察人员应当熟悉相关法律、法规，具有相应的专业知识和工作经验，取得特种设备安全行政执法证件。

特种设备安全监察人员应当忠于职守、坚持原则、秉公执法。

负责特种设备安全监督管理的部门实施安全监督检查时，应当有二名以上特种设备安全监察人员参加，并出示有效的特种设备安全行政执法证件。

第六十六条 负责特种设备安全监督管理的部门对特种设备生产、经营、使用单位和检验、检测机构实施监督检查，应当对每次监督检查的内容、发现的问题及处理情况作出记录，并由参加监督检查的特种设备安全监察人员和被检查单位的有关负责人签字后归档。被检查单位的有关负责人拒绝签字的，特种设备安全监察人员应当将情况记录在案。

第六十七条 负责特种设备安全监督管理的部门及其工作人员不得推荐或者监制、监销特种设备；对履行职责过程中知悉的商业秘密负有保密义务。

第六十八条 国务院负责特种设备安全监督管理的部门和省、自治区、直辖市人民政府负责特种设备安全监督管理的部门应当定期向社会公布特种设备安全总体状况。

第五章　事故应急救援与调查处理

第六十九条 国务院负责特种设备安全监督管理的部门应当依法组织制定特种设备重特大事故应急预案，报国务院批准后纳入国家突发事件应急预案体系。

县级以上地方各级人民政府及其负责特种设备安全监督管理的部门应当依法组织制定本行政区域内特种设备事故应急预案，建立或者纳入相应的应急处置与救援体系。

特种设备使用单位应当制定特种设备事故应急专项预案，并定期进行应急演练。

第七十条　特种设备发生事故后，事故发生单位应当按照应急预案采取措施，组织抢救，防止事故扩大，减少人员伤亡和财产损失，保护事故现场和有关证据，并及时向事故发生地县级以上人民政府负责特种设备安全监督管理的部门和有关部门报告。

县级以上人民政府负责特种设备安全监督管理的部门接到事故报告，应当尽快核实情况，立即向本级人民政府报告，并按照规定逐级上报。必要时，负责特种设备安全监督管理的部门可以越级上报事故情况。对特别重大事故、重大事故，国务院负责特种设备安全监督管理的部门应当立即报告国务院并通报国务院安全生产监督管理部门等有关部门。

与事故相关的单位和人员不得迟报、谎报或者瞒报事故情况，不得隐匿、毁灭有关证据或者故意破坏事故现场。

第七十一条　事故发生地人民政府接到事故报告，应当依法启动应急预案，采取应急处置措施，组织应急救援。

第七十二条　特种设备发生特别重大事故，由国务院或者国务院授权有关部门组织事故调查组进行调查。

发生重大事故，由国务院负责特种设备安全监督管理的部门会同有关部门组织事故调查组进行调查。

发生较大事故，由省、自治区、直辖市人民政府负责特种设备安全监督管理的部门会同有关部门组织事故调查组进行调查。

发生一般事故，由设区的市级人民政府负责特种设备安全监督管理的部门会同有关部门组织事故调查组进行调查。

事故调查组应当依法、独立、公正开展调查，提出事故调查报告。

第七十三条　组织事故调查的部门应当将事故调查报告报本级人民政府，并报上一级人民政府负责特种设备安全监督管理的部门备案。有关部门和单位应当依照法律、行政法规的规定，追究事故责任单位和人员的责任。

事故责任单位应当依法落实整改措施，预防同类事故发生。事故造成损害的，事故责任单位应当依法承担赔偿责任。

第六章　法 律 责 任

第七十四条　违反本法规定，未经许可从事特种设备生产活动的，责令停止生产，没收违法制造的特种设备，处十万元以上五十万元以下罚款；有违法所得的，没收违法所得；已经实施安装、改造、修理的，责令恢复原状或者责令限期由取得许可的单位重新安装、改造、修理。

第七十五条　违反本法规定，特种设备的设计文件未经鉴定，擅自用于制造的，责令改正，没收违法制造的特种设备，处五万元以上五十万元以下罚款。

第七十六条　违反本法规定，未进行型式试验的，责令限期改正；逾期未改正的，处三万元以上三十万元以下罚款。

第七十七条　违反本法规定，特种设备出厂时，未按照安全技术规范的要求随附相关技术资料和文件的，责令限期改正；逾期未改正的，责令停止制造、销售，处二万元以上二十万元以下罚款；有违法所得的，没收违法所得。

第七十八条　违反本法规定，特种设备安装、改造、修理的施工单位在施工前未书面告知负责特种设备安全监督管理的部门即行施工的，或者在验收后三十日内未将相关技术资料和文件移交特种设备使用单位的，责令限期改正；逾期未改正的，处一万元以上十万元以下罚款。

第七十九条　违反本法规定，特种设备的制造、安装、改造、重大修理以及锅炉清洗过程，未经监督检验的，责令限期改正；逾期未改正的，处五万元以上二十万元以下罚款；有违法所得的，没收违法所得；情节严重的，吊销生产许可证。

第八十条　违反本法规定，电梯制造单位有下列情形之一的，责令限期改正；逾期未改正的，处一万元以上十万元以下罚款：

（一）未按照安全技术规范的要求对电梯进行校验、调试的；

（二）对电梯的安全运行情况进行跟踪调查和了解时，发现存在严重事故隐患，未及时告知电梯使用单位并向负责特种设备安全监督管理的部门报告的。

第八十一条 违反本法规定，特种设备生产单位有下列行为之一的，责令限期改正；逾期未改正的，责令停止生产，处五万元以上五十万元以下罚款；情节严重的，吊销生产许可证：

（一）不再具备生产条件、生产许可证已经过期或者超出许可范围生产的；

（二）明知特种设备存在同一性缺陷，未立即停止生产并召回的。

违反本法规定，特种设备生产单位生产、销售、交付国家明令淘汰的特种设备的，责令停止生产、销售，没收违法生产、销售、交付的特种设备，处三万元以上三十万元以下罚款；有违法所得的，没收违法所得。

特种设备生产单位涂改、倒卖、出租、出借生产许可证的，责令停止生产，处五万元以上五十万元以下罚款；情节严重的，吊销生产许可证。

第八十二条 违反本法规定，特种设备经营单位有下列行为之一的，责令停止经营，没收违法经营的特种设备，处三万元以上三十万元以下罚款；有违法所得的，没收违法所得：

（一）销售、出租未取得许可生产，未经检验或者检验不合格的特种设备的；

（二）销售、出租国家明令淘汰、已经报废的特种设备，或者未按照安全技术规范的要求进行维护保养的特种设备的。

违反本法规定，特种设备销售单位未建立检查验收和销售记录制度，或者进口特种设备未履行提前告知义务的，责令改正，处一万元以上十万元以下罚款。

特种设备生产单位销售、交付未经检验或者检验不合格的特种设备的，依照本条第一款规定处罚；情节严重的，吊销生产许可证。

第八十三条 违反本法规定，特种设备使用单位有下列行为之一的，责令限期改正；逾期未改正的，责令停止使用有关特种设备，处一万元以上十万元以下罚款：

（一）使用特种设备未按照规定办理使用登记的；

（二）未建立特种设备安全技术档案或者安全技术档案不符合规定要求，或者未依法设置使用登记标志、定期检验标志的；

（三）未对其使用的特种设备进行经常性维护保养和定期自行检查，或者未对其使用的特种设备的安全附件、安全保护装置进行定期校验、检修，并作出记录的；

（四）未按照安全技术规范的要求及时申报并接受检验的；

（五）未按照安全技术规范的要求进行锅炉水（介）质处理的；

（六）未制定特种设备事故应急专项预案的。

第八十四条 违反本法规定，特种设备使用单位有下列行为之一的，责令停止使用有关特种设备，处三万元以上三十万元以下罚款：

（一）使用未取得许可生产，未经检验或者检验不合格的特种设备，或者国家明令淘汰、已经报废的特种设备的；

（二）特种设备出现故障或者发生异常情况，未对其进行全面检查、消除事故隐患，继续使用的；

（三）特种设备存在严重事故隐患，无改造、修理价值，或者达到安全技术规范规定的其他报废条件，未依法履行报废义务，并办理使用登记证书注销手续的。

第八十五条 违反本法规定，移动式压力容器、气瓶充装单位有下列行为之一的，责令改正，处二万元以上二十万元以下罚款；情节严重的，吊销充装许可证：

（一）未按照规定实施充装前后的检查、记录制度的；

（二）对不符合安全技术规范要求的移动式压力容器和气瓶进行充装的。

违反本法规定，未经许可，擅自从事移动式压力容器或者气瓶充装活动的，予以取缔，没收违法充装的气瓶，处十万元以上五十万元以下罚款；有违法所得的，没收违法所得。

第八十六条 违反本法规定，特种设备生产、经营、使用单位有下列情形之一的，责令限期改正；逾期未改正的，责令停止使用有关特种设备或者停产停业整顿，处一万元以上五万元以下罚款：

（一）未配备具有相应资格的特种设备安全管理人员、检测人员和作业人员的；

（二）使用未取得相应资格的人员从事特种设备安全管理、检测和作业的；

（三）未对特种设备安全管理人员、检测人员和作业人员进行安全教育和技能培训的。

第八十七条 违反本法规定，电梯、客运索道、大型游乐设施的运营使用单位有下列情形之一的，责令限期改正；逾期未改正的，责令停止使用有关特种设备或者停产停业整顿，处二万元以上十万元以下罚款：

（一）未设置特种设备安全管理机构或者配备专职的特种设备安全管理人员的；

（二）客运索道、大型游乐设施每日投入使用前，未进行试运行和例行安全检查，未对安全附件和安全保护装置进行检查确认的；

（三）未将电梯、客运索道、大型游乐设施的安全使用说明、安全注意事项和警示标志置于易于为乘客注意的显著位置的。

第八十八条 违反本法规定，未经许可，擅自从事电梯维护保养的，责令停止违法行为，处一万元以上十万元以下罚款；有违法所得的，没收违法所得。

电梯的维护保养单位未按照本法规定以及安全技术规范的要求，进行电梯维护保养的，依照前款规定处罚。

第八十九条 发生特种设备事故，有下列情形之一的，对单位处五万元以上二十万元以下罚款；对主要负责人处一万元以上五万元以下罚款；主要负责人属于国家工作人员的，并依法给予处分：

（一）发生特种设备事故时，不立即组织抢救或者在事故调查处理期间擅离职守或者逃匿的；

（二）对特种设备事故迟报、谎报或者瞒报的。

第九十条 发生事故，对负有责任的单位除要求其依法承担相应的赔偿等责任外，依照下列规定处以罚款：

（一）发生一般事故，处十万元以上二十万元以下罚款；

（二）发生较大事故，处二十万元以上五十万元以下罚款；

（三）发生重大事故，处五十万元以上二百万元以下罚款。

第九十一条 对事故发生负有责任的单位的主要负责人未依法履行职责或者负有领导责任的，依照下列规定处以罚款；属于国家工作人员的，并依法给予处分：

（一）发生一般事故，处上一年年收入百分之三十的罚款；

（二）发生较大事故，处上一年年收入百分之四十的罚款；

（三）发生重大事故，处上一年年收入百分之六十的罚款。

第九十二条 违反本法规定，特种设备安全管理人员、检测人员和作业人员不履行岗位职责，违反操作规程和有关安全规章制度，造成事故的，吊销相关人员的资格。

第九十三条 违反本法规定，特种设备检验、检测机构及其检验、检测人员有下列行为之一的，责令改正，对机构处五万元以上二十万元以下罚款，对直接负责的主管人员和其他直接责任人员处五千元以上五万元以下罚款；情节严重的，吊销机构资质和有关人员的资格：

（一）未经核准或者超出核准范围、使用未取得相应资格的人员从事检验、检测的；

（二）未按照安全技术规范的要求进行检验、检测的；

（三）出具虚假的检验、检测结果和鉴定结论或者检验、检测结果和鉴定结论严重失实的；

（四）发现特种设备存在严重事故隐患，未及时告知相关单位，并立即向负责特种设备安全监督管理的部门报告的；

（五）泄露检验、检测过程中知悉的商业秘密的；

（六）从事有关特种设备的生产、经营活动的；

（七）推荐或者监制、监销特种设备的；

（八）利用检验工作故意刁难相关单位的。

违反本法规定，特种设备检验、检测机构的检验、检测人员同时在两个以上检验、检测机构中执业的，处五千元以上五万元以下罚款；情节严重的，吊销其资格。

第九十四条 违反本法规定，负责特种设备安全监督管理的部门及其工作人员有下列行为之一的，由上级机关责令改正；对直接负责的主管人员和其他直接责任人员，依法给予处分：

（一）未依照法律、行政法规规定的条件、程序实施许可的；

（二）发现未经许可擅自从事特种设备的生产、使用或者检验、检测活动不予取缔或者不依法予以处理的；

（三）发现特种设备生产单位不再具备本法规定的条件而不吊销其许可证，或者发现特种设备生产、经营、使用违法行为不予查处的；

（四）发现特种设备检验、检测机构不再具备本法规定的条件而不撤销其核准，或者对其出具虚假的检验、检测结果和鉴定结论或者检验、检测结果和鉴定结论严重失实的行为不予查处的；

（五）发现违反本法规定和安全技术规范要求的行为或者特种设备存在事故隐患，不立即处理的；

（六）发现重大违法行为或者特种设备存在严重事故隐患，未及时向上级负责特种设备安全监督管理的部门报告，或者接到报告的负责特种设备安全监督管理的部门不立即处理的；

（七）要求已经依照本法规定在其他地方取得许可的特种设备生产单位重复取得许可，或者要求对已经依照本法规定在其他地方检验合格的特种设备重复进行检验的；

（八）推荐或者监制、监销特种设备的；

（九）泄露履行职责过程中知悉的商业秘密的；

（十）接到特种设备事故报告未立即向本级人民政府报告，并按照规定上报的；

（十一）迟报、漏报、谎报或者瞒报事故的；

（十二）妨碍事故救援或者事故调查处理的；

（十三）其他滥用职权、玩忽职守、徇私舞弊的行为。

第九十五条 违反本法规定，特种设备生产、经营、使用单位或者检验、检测机构拒不接受负责特种设备安全监督管理的部门依法实施的监督检查的，责令限期改正；逾期未改正的，责令停产停业整顿，处二万元以上二十万元以下罚款。

特种设备生产、经营、使用单位擅自动用、调换、转移、损毁被查封、扣押的特种设备或者其主要部件的，责令改正，处五万元以上二十万元以下罚款；情节严重的，吊销生产许可证，注销特种设备使用登记证书。

第九十六条 违反本法规定，被依法吊销许可证的，自吊销许可证之日起三年内，负责特种设备安全监督管理的部门不予受理其新的许可申请。

第九十七条 违反本法规定，造成人身、财产损害的，依法承担民事责任。

违反本法规定，应当承担民事赔偿责任和缴纳罚款、罚金，其财产不足以同时支付时，先承担民事赔偿责任。

第九十八条 违反本法规定，构成违反治安管理行为的，依法给予治安管理处罚；构成犯罪的，依法追究刑事责任。

第七章　附　　则

第九十九条 特种设备行政许可、检验的收费，依照法律、行政法规的规定执行。

第一百条 军事装备、核设施、航空航天器使用的特种设备安全的监督管理不适用本法。

铁路机车、海上设施和船舶、矿山井下使用的特种设备以及民用机场专用设备安全的监督管理，房屋建筑工地、市政工程工地用起重机械和场（厂）内专用机动车辆的安装、使用的监督管理，由有关部门依照本法和其他有关法律的规定实施。

第一百零一条 本法自 2014 年 1 月 1 日起施行。

中华人民共和国石油天然气管道保护法

发文机关：全国人民代表大会常务委员会
发布日期：2010.06.25
生效日期：2010.10.01
时效性：现行有效
文号：主席令第三十号

中华人民共和国石油天然气管道保护法
中华人民共和国主席令第三十号

《中华人民共和国石油天然气管道保护法》已由中华人民共和国第十一届全国人民代表大会常务委员会第十五次会议于2010年6月25日通过，现予公布，自2010年10月1日起施行。

中华人民共和国主席　胡锦涛
2010年6月25日

中华人民共和国石油天然气管道保护法

（2010年6月25日第十一届全国人民代表大会常务委员会第十五次会议通过）

目　录

第一章　总　　则

第一条　为了保护石油、天然气管道，保障石油、天然气输送安全，维护国家能源安全和公共安全，制定本法。

第二条　中华人民共和国境内输送石油、天然气的管道的保护，适用本法。

城镇燃气管道和炼油、化工等企业厂区内管道的保护，不适用本法。

第三条　本法所称石油包括原油和成品油，所称天然气包括天然气、煤层气和煤制气。

本法所称管道包括管道及管道附属设施。

第四条　国务院能源主管部门依照本法规定主管全国管道保护工作，负责组织编制并实施全国管道发展规划，统筹协调全国管道发展规划与其他专项规划的衔接，协调跨省、自治区、直辖市管道保护的重大问题。国务院其他有关部门依照有关法律、行政法规的规定，在各自职责范围内负责管道保护的相关工作。

第五条　省、自治区、直辖市人民政府能源主管部门和设区的市级、县级人民政府指定的部门，依照本法规定主管本行政区域的管道保护工作，协调处理本行政区域管道保护的重大问题，指导、监督有关单位履行管道保护义务，依法查处危害管道安全的违法行为。县级以上地方人民政府其他有关部门依照有关法律、行政法规的规定，在各自职责范围内负责管道保护的相关工作。

省、自治区、直辖市人民政府能源主管部门和设区的市级、县级人民政府指定的部门，统称县级以上地方人民政府主管管道保护工作的部门。

第六条 县级以上地方人民政府应当加强对本行政区域管道保护工作的领导，督促、检查有关部门依法履行管道保护职责，组织排除管道的重大外部安全隐患。

第七条 管道企业应当遵守本法和有关规划、建设、安全生产、质量监督、环境保护等法律、行政法规，执行国家技术规范的强制性要求，建立、健全本企业有关管道保护的规章制度和操作规程并组织实施，宣传管道安全与保护知识，履行管道保护义务，接受人民政府及其有关部门依法实施的监督，保障管道安全运行。

第八条 任何单位和个人不得实施危害管道安全的行为。

对危害管道安全的行为，任何单位和个人有权向县级以上地方人民政府主管管道保护工作的部门或者其他有关部门举报。接到举报的部门应当在职责范围内及时处理。

第九条 国家鼓励和促进管道保护新技术的研究开发和推广应用。

第二章 管道规划与建设

第十条 管道的规划、建设应当符合管道保护的要求，遵循安全、环保、节约用地和经济合理的原则。

第十一条 国务院能源主管部门根据国民经济和社会发展的需要组织编制全国管道发展规划。组织编制全国管道发展规划应当征求国务院有关部门以及有关省、自治区、直辖市人民政府的意见。

全国管道发展规划应当符合国家能源规划，并与土地利用总体规划、城乡规划以及矿产资源、环境保护、水利、铁路、公路、航道、港口、电信等规划相协调。

第十二条 管道企业应当根据全国管道发展规划编制管道建设规划，并将管道建设规划确定的管道建设选线方案报送拟建管道所在地县级以上地方人民政府城乡规划主管部门审核；经审核符合城乡规划的，应当依法纳入当地城乡规划。

纳入城乡规划的管道建设用地，不得擅自改变用途。

第十三条 管道建设的选线应当避开地震活动断层和容易发生洪灾、地质灾害的区域，与建筑物、构筑物、铁路、公路、航道、港口、市政设施、军事设施、电缆、光缆等保持本法和有关法律、行政法规以及国家技术规范的强制性要求规定的保护距离。

新建管道通过的区域受地理条件限制，不能满足前款规定的管道保护要求的，管道企业应当提出防护方案，经管道保护方面的专家评审论证，并经管道所在地县级以上地方人民政府主管管道保护工作的部门批准后，方可建设。

管道建设项目应当依法进行环境影响评价。

第十四条 管道建设使用土地，依照《中华人民共和国土地管理法》等法律、行政法规的规定执行。

依法建设的管道通过集体所有的土地或者他人取得使用权的国有土地，影响土地使用的，管道企业应当按照管道建设时土地的用途给予补偿。

第十五条 依照法律和国务院的规定，取得行政许可或者已报送备案并符合开工条件的管道项目的建设，任何单位和个人不得阻碍。

第十六条 管道建设应当遵守法律、行政法规有关建设工程质量管理的规定。

管道企业应当依照有关法律、行政法规的规定，选择具备相应资质的勘察、设计、施工、工程监理单位进行管道建设。

管道的安全保护设施应当与管道主体工程同时设计、同时施工、同时投入使用。

管道建设使用的管道产品及其附件的质量，应当符合国家技术规范的强制性要求。

第十七条 穿跨越水利工程、防洪设施、河道、航道、铁路、公路、港口、电力设施、通信设施、市政设施的管道的建设，应当遵守本法和有关法律、行政法规，执行国家技术规范的强制性要求。

第十八条 管道企业应当按照国家技术规范的强制性要求在管道沿线设置管道标志。管道标志毁损或者安全警示不清的，管道企业应当及时修复或者更新。

第十九条 管道建成后应当按照国家有关规定进行竣工验收。竣工验收应当审查管道是否符合本法规定的管道保护要求，经验收合格方可正式交付使用。

第二十条 管道企业应当自管道竣工验收合格之日起六十日内，将竣工测量图报管道所在地县级以上地方人民政府主管管道保护工作的部门备案；县级以上地方人民政府主管管道保护工作的部门应当将管道企业报送的管道竣工测量图分送本级人民政府规划、建设、国土资源、铁路、交通、水利、公安、安全生产监督管理等部门和有关军事机关。

第二十一条 地方各级人民政府编制、调整土地利用总体规划和城乡规划，需要管道改建、搬迁或者增加防护设施的，应当与管道企业协商确定补偿方案。

第三章　管道运行中的保护

第二十二条 管道企业应当建立、健全管道巡护制度，配备专门人员对管道线路进行日常巡护。管道巡护人员发现危害管道安全的情形或者隐患，应当按照规定及时处理和报告。

第二十三条 管道企业应当定期对管道进行检测、维修，确保其处于良好状态；对管道安全风险较大的区段和场所应当进行重点监测，采取有效措施防止管道事故的发生。

对不符合安全使用条件的管道，管道企业应当及时更新、改造或者停止使用。

第二十四条 管道企业应当配备管道保护所必需的人员和技术装备，研究开发和使用先进适用的管道保护技术，保证管道保护所必需的经费投入，并对在管道保护中做出突出贡献的单位和个人给予奖励。

第二十五条 管道企业发现管道存在安全隐患，应当及时排除。对管道存在的外部安全隐患，管道企业自身排除确有困难的，应当向县级以上地方人民政府主管管道保护工作的部门报告。接到报告的主管管道保护工作的部门应当及时协调排除或者报请人民政府及时组织排除安全隐患。

第二十六条 管道企业依法取得使用权的土地，任何单位和个人不得侵占。

为合理利用土地，在保障管道安全的条件下，管道企业可以与有关单位、个人约定，同意有关单位、个人种植浅根农作物。但是，因管道巡护、检测、维修造成的农作物损失，除另有约定外，管道企业不予赔偿。

第二十七条 管道企业对管道进行巡护、检测、维修等作业，管道沿线的有关单位、个人应当给予必要的便利。

因管道巡护、检测、维修等作业给土地使用权人或者其他单位、个人造成损失的，管道企业应当依法给予赔偿。

第二十八条 禁止下列危害管道安全的行为：

（一）擅自开启、关闭管道阀门；

（二）采用移动、切割、打孔、砸撬、拆卸等手段损坏管道；

（三）移动、毁损、涂改管道标志；

（四）在埋地管道上方巡查便道上行驶重型车辆；

（五）在地面管道线路、架空管道线路和管桥上行走或者放置重物。

第二十九条 禁止在本法第五十八条第一项所列管道附属设施的上方架设电力线路、通信线路或者在储气库构造区域范围内进行工程挖掘、工程钻探、采矿。

第三十条 在管道线路中心线两侧各五米地域范围内，禁止下列危害管道安全的行为：

（一）种植乔木、灌木、藤类、芦苇、竹子或者其他根系深达管道埋设部位可能损坏管道防腐层的深根植物；

（二）取土、采石、用火、堆放重物、排放腐蚀性物质、使用机械工具进行挖掘施工；

（三）挖塘、修渠、修晒场、修建水产养殖场、建温室、建家畜棚圈、建房以及修建其他建筑物、构筑物。

第三十一条 在管道线路中心线两侧和本法第五十八条第一项所列管道附属设施周边修建下列建筑物、构筑物的，建筑物、构筑物与管道线路和管道附属设施的距离应当符合国家技术规范的强制性要求：

（一）居民小区、学校、医院、娱乐场所、车站、商场等人口密集的建筑物；

（二）变电站、加油站、加气站、储油罐、储气罐等易燃易爆物品的生产、经营、存储场所。

前款规定的国家技术规范的强制性要求，应当按照保障管道及建筑物、构筑物安全和节约用地的原则确定。

第三十二条 在穿越河流的管道线路中心线两侧各五百米地域范围内，禁止抛锚、拖锚、挖砂、挖泥、采石、水下爆破。但是，在保障管道安全的条件下，为防洪和航道通畅而进行的养护疏浚作业除外。

第三十三条 在管道专用隧道中心线两侧各一千米地域范围内，除本条第二款规定的情形外，禁止采石、采矿、爆破。

在前款规定的地域范围内，因修建铁路、公路、水利工程等公共工程，确需实施采石、爆破作业的，应当经管道所在地县级人民政府主管管道保护工作的部门批准，并采取必要的安全防护措施，方可实施。

第三十四条 未经管道企业同意，其他单位不得使用管道专用伴行道路、管道水工防护设施、管道专用隧道等管道附属设施。

第三十五条 进行下列施工作业，施工单位应当向管道所在地县级人民政府主管管道保护工作的部门提出申请：

（一）穿跨越管道的施工作业；

（二）在管道线路中心线两侧各五米至五十米和本法第五十八条第一项所列管道附属设施周边一百米地域范围内，新建、改建、扩建铁路、公路、河渠，架设电力线路，埋设地下电缆、光缆，设置安全接地体、避雷接地体；

（三）在管道线路中心线两侧各二百米和本法第五十八条第一项所列管道附属设施周边五百米地域范围内，进行爆破、地震法勘探或者工程挖掘、工程钻探、采矿。

县级人民政府主管管道保护工作的部门接到申请后，应当组织施工单位与管道企业协商确定施工作业方案，并签订安全防护协议；协商不成的，主管管道保护工作的部门应当组织进行安全评审，作出是否批准作业的决定。

第三十六条 申请进行本法第三十三条第二款、第三十五条规定的施工作业，应当符合下列条件：

（一）具有符合管道安全和公共安全要求的施工作业方案；

（二）已制定事故应急预案；

（三）施工作业人员具备管道保护知识；

（四）具有保障安全施工作业的设备、设施。

第三十七条 进行本法第三十三条第二款、第三十五条规定的施工作业，应当在开工七日前书面通知管道企业。管道企业应当指派专门人员到现场进行管道保护安全指导。

第三十八条 管道企业在紧急情况下进行管道抢修作业，可以先行使用他人土地或者设施，但应当及时告知土地或者设施的所有权人或者使用权人。给土地或者设施的所有权人或者使用权人造成损失的，管道企业应当依法给予赔偿。

第三十九条 管道企业应当制定本企业管道事故应急预案，并报管道所在地县级人民政府主管管道保护工作的部门备案；配备抢险救援人员和设备，并定期进行管道事故应急救援演练。

发生管道事故，管道企业应当立即启动本企业管道事故应急预案，按照规定及时通报可能受到事故危害的单位和居民，采取有效措施消除或者减轻事故危害，并依照有关事故调查处理的法律、行政法规的规定，向事故发生地县级人民政府主管管道保护工作的部门、安全生产监督管理部门和其他有关部门报告。

接到报告的主管管道保护工作的部门应当按照规定及时上报事故情况，并根据管道事故的实际情况组织采取事故处置措施或者报请人民政府及时启动本行政区域管道事故应急预案，组织进行事故应急处置与救援。

第四十条 管道泄漏的石油和因管道抢修排放的石油造成环境污染的，管道企业应当及时治理。因第三人的行为致使管道泄漏造成环境污染的，管道企业有权向第三人追偿治理费用。

环境污染损害的赔偿责任，适用《中华人民共和国侵权责任法》和防治环境污染的法律的有关规定。

第四十一条 管道泄漏的石油和因管道抢修排放的石油，由管道企业回收、处理，任何单位和个人不得侵占、盗窃、哄抢。

第四十二条 管道停止运行、封存、报废的，管道企业应当采取必要的安全防护措施，并报县级以上地方人民政府主管管道保护工作的部门备案。

第四十三条 管道重点保护部位，需要由中国人民武装警察部队负责守卫的，依照《中华人民共和国人民武装警察法》和国务院、中央军事委员会的有关规定执行。

第四章 管道建设工程与其他建设工程相遇关系的处理

第四十四条 管道建设工程与其他建设工程的相遇关系，依照法律的规定处理；法律没有规定的，由建设工程双方按照下列原则协商处理，并为对方提供必要的便利：

（一）后开工的建设工程服从先开工或者已建成的建设工程；

（二）同时开工的建设工程，后批准的建设工程服从先批准的建设工程。

依照前款规定，后开工或者后批准的建设工程，应当符合先开工、已建成或者先批准的建设工程的安全防护要求；需要先开工、已建成或者先批准的建设工程改建、搬迁或者增加防护设施的，后开工或者后批准的建设工程一方应当承担由此增加的费用。

管道建设工程与其他建设工程相遇的，建设工程双方应当协商确定施工作业方案并签订安全防护协议，指派专门人员现场监督、指导对方施工。

第四十五条 经依法批准的管道建设工程，需要通过正在建设的其他建设工程的，其他工程建设单位应当按照管道建设工程的需要，预留管道通道或者预建管道通过设施，管道企业应当承担由此增加的费用。

经依法批准的其他建设工程，需要通过正在建设的管道建设工程的，管道建设单位应当按照其他建设工程的需要，预留通道或者预建相关设施，其他工程建设单位应当承担由此增加的费用。

第四十六条 管道建设工程通过矿产资源开采区域的，管道企业应当与矿产资源开采企业协商确定管道的安全防护方案，需要矿产资源开采企业按照管道安全防护要求预建防护设施或者采取其他防护措施的，管道企业应当承担由此增加的费用。

矿产资源开采企业未按照约定预建防护设施或者采取其他防护措施，造成地面塌陷、裂缝、沉降等地质灾害，致使管道需要改建、搬迁或者采取其他防护措施的，矿产资源开采企业应当承担由此增加的费用。

第四十七条 铁路、公路等建设工程修建防洪、分流等水工防护设施，可能影响管道保护的，应当事先通知管道企业并注意保护下游已建成的管道水工防护设施。

建设工程修建防洪、分流等水工防护设施，使下游已建成的管道水工防护设施的功能受到影响，需要新建、改建、扩建管道水工防护设施的，工程建设单位应当承担由此增加的费用。

第四十八条 县级以上地方人民政府水行政主管部门制定防洪、泄洪方案应当兼顾管道的保护。

需要在管道通过的区域泄洪的，县级以上地方人民政府水行政主管部门应当在泄洪方案确定后，及时将泄洪量和泄洪时间通知本级人民政府主管管道保护工作的部门和管道企业或者向社会公告。主管管道保护工作的部门和管道企业应当对管道采取防洪保护措施。

第四十九条 管道与航道相遇，确需在航道中修建管道防护设施的，应当进行通航标准技术论证，并经航道主管部门批准。管道防护设施完工后，应经航道主管部门验收。

进行前款规定的施工作业，应当在批准的施工区域内设置航标，航标的设置和维护费用由管道企业承担。

第五章 法律责任

第五十条 管道企业有下列行为之一的，由县级以上地方人民政府主管管道保护工作的部门责令限期改正；逾期不改正的，处二万元以上十万元以下的罚款；对直接负责的主管人员和其他直接责任人员给予处分：

（一）未依照本法规定对管道进行巡护、检测和维修的；

（二）对不符合安全使用条件的管道未及时更新、改造或者停止使用的；

（三）未依照本法规定设置、修复或者更新有关管道标志的；

（四）未依照本法规定将管道竣工测量图报人民政府主管管道保护工作的部门备案的；

（五）未制定本企业管道事故应急预案，或者未将本企业管道事故应急预案报人民政府主管管道保护工作的部门备案的；

（六）发生管道事故，未采取有效措施消除或者减轻事故危害的；

（七）未对停止运行、封存、报废的管道采取必要的安全防护措施的。

管道企业违反本法规定的行为同时违反建设工程质量管理、安全生产、消防等其他法律的，依照其他法律的规定处罚。

管道企业给他人合法权益造成损害的，依法承担民事责任。

第五十一条 采用移动、切割、打孔、砸撬、拆卸等手段损坏管道或者盗窃、哄抢管道输送、泄漏、排放的石油、天然气，尚不构成犯罪的，依法给予治安管理处罚。

第五十二条 违反本法第二十九条、第三十条、第三十二条或者第三十三条第一款的规定，实施危害管道安全行为的，由县级以上地方人民政府主管管道保护工作的部门责令停止违法行为；情节较重的，对单位处一万元以上十万元以下的罚款，对个人处二百元以上二千元以下的罚款；对违法修建的建筑物、构筑物或者其他设施限期拆除；逾期未拆除的，由县级以上地方人民政府主管管道保护工作的部门组织拆除，所需费用由违法行为人承担。

第五十三条 未经依法批准，进行本法第三十三条第二款或者第三十五条规定的施工作业的，由县级以上地方人民政府主管管道保护工作的部门责令停止违法行为；情节较重的，处一万元以上五万元以下的罚款；对违法修建的危害管道安全的建筑物、构筑物或者其他设施限期拆除；逾期未拆除的，由县级以上地方人民政府主管管道保护工作的部门组织拆除，所需费用由违法行为人承担。

第五十四条 违反本法规定，有下列行为之一的，由县级以上地方人民政府主管管道保护工作的部门责令改正；情节严重的，处二百元以上一千元以下的罚款：

（一）擅自开启、关闭管道阀门的；

（二）移动、毁损、涂改管道标志的；

（三）在埋地管道上方巡查便道上行驶重型车辆的；

（四）在地面管道线路、架空管道线路和管桥上行走或者放置重物的；

（五）阻碍依法进行的管道建设的。

第五十五条 违反本法规定，实施危害管道安全的行为，给管道企业造成损害的，依法承担民事责任。

第五十六条 县级以上地方人民政府及其主管管道保护工作的部门或者其他有关部门，违反本法规定，对应当组织排除的管道外部安全隐患不及时组织排除，发现危害管道安全的行为或者接到对危害管道安全行为的举报后不依法予以查处，或者有其他不依照本法规定履行职责的行为的，由其上级机关责令改正，对直接负责的主管人员和其他直接责任人员依法给予处分。

第五十七条 违反本法规定，构成犯罪的，依法追究刑事责任。

第六章 附 则

第五十八条 本法所称管道附属设施包括：

（一）管道的加压站、加热站、计量站、集油站、集气站、输油站、输气站、配气站、处理场、清管站、阀室、阀井、放空设施、油库、储气库、装卸栈桥、装卸场；

（二）管道的水工防护设施、防风设施、防雷设施、抗震设施、通信设施、安全监控设施、电力设施、管堤、管桥以及管道专用涵洞、隧道等穿跨越设施；

（三）管道的阴极保护站、阴极保护测试桩、阳极地床、杂散电流排流站等防腐设施；

（四）管道穿越铁路、公路的检漏装置；

（五）管道的其他附属设施。

第五十九条 本法施行前在管道保护距离内已建成的人口密集场所和易燃易爆物品的生产、经营、存储场所，应当由所在地人民政府根据当地的实际情况，有计划、分步骤地进行搬迁、清理或者采取必要的防护措施。需要已建成的管道改建、搬迁或者采取必要的防护措施的，应当与管道企业协商确定补偿方案。

第六十条 国务院可以根据海上石油、天然气管道的具体情况，制定海上石油、天然气管道保护的特别规定。

第六十一条 本法自2010年10月1日起施行。

特种设备安全监察条例

（2003年3月11日中华人民共和国国务院令第373号公布　根据2009年1月24日《国务院关于修改〈特种设备安全监察条例〉的决定》修订）

第一章　总　　则

第一条　为了加强特种设备的安全监察，防止和减少事故，保障人民群众生命和财产安全，促进经济发展，制定本条例。

第二条　本条例所称特种设备是指涉及生命安全、危险性较大的锅炉、压力容器(含气瓶，下同)、压力管道、电梯、起重机械、客运索道、大型游乐设施和场(厂)内专用机动车辆。

前款特种设备的目录由国务院负责特种设备安全监督管理的部门(以下简称国务院特种设备安全监督管理部门)制订，报国务院批准后执行。

第三条　特种设备的生产(含设计、制造、安装、改造、维修，下同)、使用、检验检测及其监督检查，应当遵守本条例，但本条例另有规定的除外。

军事装备、核设施、航空航天器、铁路机车、海上设施和船舶以及矿山井下使用的特种设备、民用机场专用设备的安全监察不适用本条例。

房屋建筑工地和市政工程工地用起重机械、场(厂)内专用机动车辆的安装、使用的监督管理，由建设行政主管部门依照有关法律、法规的规定执行。

第四条　国务院特种设备安全监督管理部门负责全国特种设备的安全监察工作，县以上地方负责特种设备安全监督管理的部门对本行政区域内特种设备实施安全监察(以下统称特种设备安全监督管理部门)。

第五条　特种设备生产、使用单位应当建立健全特种设备安全、节能管理制度和岗位安全、节能责任制度。

特种设备生产、使用单位的主要负责人应当对本单位特种设备的安全和节能全面负责。

特种设备生产、使用单位和特种设备检验检测机构，应当接受特种设备安全监督管理部门依法进行的特种设备安全监察。

第六条　特种设备检验检测机构，应当依照本条例规定，进行检验检测工作，对其检验检测结果、鉴定结论承担法律责任。

第七条　县级以上地方人民政府应当督促、支持特种设备安全监督管理部门依法履行安全监察职责，对特种设备安全监察中存在的重大问题及时予以协调、解决。

第八条　国家鼓励推行科学的管理方法，采用先进技术，提高特种设备安全性能和管理水平，增强特种设备生产、使用单位防范事故的能力，对取得显著成绩的单位和个人，给予奖励。

国家鼓励特种设备节能技术的研究、开发、示范和推广，促进特种设备节能技术创新和应用。

特种设备生产、使用单位和特种设备检验检测机构，应当保证必要的安全和节能投入。

国家鼓励实行特种设备责任保险制度，提高事故赔付能力。

第九条　任何单位和个人对违反本条例规定的行为，有权向特种设备安全监督管理部门和行政监察等有关部门举报。

特种设备安全监督管理部门应当建立特种设备安全监察举报制度，公布举报电话、信箱或者电子邮件地址，受理对特种设备生产、使用和检验检测违法行为的举报，并及时予以处理。

特种设备安全监督管理部门和行政监察等有关部门应当为举报人保密，并按照国家有关规定给予奖励。

第二章　特种设备的生产

第十条　特种设备生产单位，应当依照本条例规定以及国务院特种设备安全监督管理部门制订并公布的安全技术规范(以下简称安全技术规范)的要求，进行生产活动。

特种设备生产单位对其生产的特种设备的安全性能和能效指标负责，不得生产不符合安全性能要求和能效指标的特种设备，不得生产国家产业政策明令淘汰的特种设备。

第十一条　压力容器的设计单位应当经国务院特种设备安全监督管理部门许可，方可从事压力容器的设计活动。

压力容器的设计单位应当具备下列条件：

(一) 有与压力容器设计相适应的设计人员、设计审核人员；

(二) 有与压力容器设计相适应的场所和设备；

(三) 有与压力容器设计相适应的健全的管理制度和责任制度。

第十二条　锅炉、压力容器中的气瓶(以下简称气瓶)、氧舱和客运索道、大型游乐设施以及高耗能特种设备的设计文件，应当经国务院特种设备安全监督管理部门核准的检验检测机构鉴定，方可用于制造。

第十三条　按照安全技术规范的要求，应当进行型式试验的特种设备产品、部件或者试制特种设备新产品、新部件、新材料，必须进行型式试验和能效测试。

第十四条　锅炉、压力容器、电梯、起重机械、客运索道、大型游乐设施及其安全附件、安全保护装置的制造、安装、改造单位，以及压力管道用管子、管件、阀门、法兰、补偿器、安全保护装置等(以下简称压力管道元件)的制造单位和场(厂)内专用机动车辆的制造、改造单位，应当经国务院特种设备安全监督管理部门许可，方可从事相应的活动。

前款特种设备的制造、安装、改造单位应当具备下列条件：

(一) 有与特种设备制造、安装、改造相适应的专业技术人员和技术工人；

(二) 有与特种设备制造、安装、改造相适应的生产条件和检测手段；

(三) 有健全的质量管理制度和责任制度。

第十五条　特种设备出厂时，应当附有安全技术规范要求的设计文件、产品质量合格证明、安装及使用维修说明、监督检验证明等文件。

第十六条　锅炉、压力容器、电梯、起重机械、客运索道、大型游乐设施、场(厂)内专用机动车辆的维修单位，应当有与特种设备维修相适应的专业技术人员和技术工人以及必要的检测手段，并经省、自治区、直辖市特种设备安全监督管理部门许可，方可从事相应的维修活动。

第十七条　锅炉、压力容器、起重机械、客运索道、大型游乐设施的安装、改造、维修以及场(厂)内专用机动车辆的改造、维修，必须由依照本条例取得许可的单位进行。

电梯的安装、改造、维修，必须由电梯制造单位或者其通过合同委托、同意的依照本条例取得许可的单位进行。电梯制造单位对电梯质量以及安全运行涉及的质量问题负责。

特种设备安装、改造、维修的施工单位应当在施工前将拟进行的特种设备安装、改造、维修情况书面告知直辖市或者设区的市的特种设备安全监督管理部门，告知后即可施工。

第十八条　电梯井道的土建工程必须符合建筑工程质量要求。电梯安装施工过程中，电梯安装单位应当遵守施工现场的安全生产要求，落实现场安全防护措施。电梯安装施工过程中，施工现场的安全生产监督，由有关部门依照有关法律、行政法规的规定执行。

电梯安装施工过程中，电梯安装单位应当服从建筑施工总承包单位对施工现场的安全生产管理，并订立合同，明确各自的安全责任。

第十九条　电梯的制造、安装、改造和维修活动，必须严格遵守安全技术规范的要求。电梯制造单位委托或者同意其他单位进行电梯安装、改造、维修活动的，应当对其安装、改造、维修活动进行安全指导和监控。电梯的安装、改造、维修活动结束后，电梯制造单位应当按照安全技术规范的要求对电梯进行校验和调试，并对校验和调试的结果负责。

第二十条 锅炉、压力容器、电梯、起重机械、客运索道、大型游乐设施的安装、改造、维修以及场(厂)内专用机动车辆的改造、维修竣工后，安装、改造、维修的施工单位应当在验收后30日内将有关技术资料移交使用单位，高耗能特种设备还应当按照安全技术规范的要求提交能效测试报告。使用单位应当将其存入该特种设备的安全技术档案。

第二十一条 锅炉、压力容器、压力管道元件、起重机械、大型游乐设施的制造过程和锅炉、压力容器、电梯、起重机械、客运索道、大型游乐设施的安装、改造、重大维修过程，必须经国务院特种设备安全监督管理部门核准的检验检测机构按照安全技术规范的要求进行监督检验；未经监督检验合格的不得出厂或者交付使用。

第二十二条 移动式压力容器、气瓶充装单位应当经省、自治区、直辖市的特种设备安全监督管理部门许可，方可从事充装活动。

充装单位应当具备下列条件：

(一) 有与充装和管理相适应的管理人员和技术人员；

(二) 有与充装和管理相适应的充装设备、检测手段、场地厂房、器具、安全设施；

(三) 有健全的充装管理制度、责任制度、紧急处理措施。

气瓶充装单位应当向气体使用者提供符合安全技术规范要求的气瓶，对使用者进行气瓶安全使用指导，并按照安全技术规范的要求办理气瓶使用登记，提出气瓶的定期检验要求。

第三章 特种设备的使用

第二十三条 特种设备使用单位，应当严格执行本条例和有关安全生产的法律、行政法规的规定，保证特种设备的安全使用。

第二十四条 特种设备使用单位应当使用符合安全技术规范要求的特种设备。特种设备投入使用前，使用单位应当核对其是否附有本条例第十五条规定的相关文件。

第二十五条 特种设备在投入使用前或者投入使用后30日内，特种设备使用单位应当向直辖市或者设区的市的特种设备安全监督管理部门登记。登记标志应当置于或者附着于该特种设备的显著位置。

第二十六条 特种设备使用单位应当建立特种设备安全技术档案。安全技术档案应当包括以下内容：

(一) 特种设备的设计文件、制造单位、产品质量合格证明、使用维护说明等文件以及安装技术文件和资料；

(二) 特种设备的定期检验和定期自行检查的记录；

(三) 特种设备的日常使用状况记录；

(四) 特种设备及其安全附件、安全保护装置、测量调控装置及有关附属仪器仪表的日常维护保养记录；

(五) 特种设备运行故障和事故记录；

(六) 高耗能特种设备的能效测试报告、能耗状况记录以及节能改造技术资料。

第二十七条 特种设备使用单位应当对在用特种设备进行经常性日常维护保养，并定期自行检查。

特种设备使用单位对在用特种设备应当至少每月进行一次自行检查，并作出记录。特种设备使用单位在对在用特种设备进行自行检查和日常维护保养时发现异常情况的，应当及时处理。

特种设备使用单位应当对在用特种设备的安全附件、安全保护装置、测量调控装置及有关附属仪器仪表进行定期校验、检修，并作出记录。

锅炉使用单位应当按照安全技术规范的要求进行锅炉水(介)质处理，并接受特种设备检验检测机构实施的水(介)质处理定期检验。

从事锅炉清洗的单位，应当按照安全技术规范的要求进行锅炉清洗，并接受特种设备检验检测机构实施的锅炉清洗过程监督检验。

第二十八条 特种设备使用单位应当按照安全技术规范的定期检验要求，在安全检验合格有效期届满前1个月向特种设备检验检测机构提出定期检验要求。

检验检测机构接到定期检验要求后，应当按照安全技术规范的要求及时进行安全性能检验和能效测试。

未经定期检验或者检验不合格的特种设备，不得继续使用。

第二十九条 特种设备出现故障或者发生异常情况，使用单位应当对其进行全面检查，消除事故隐患后，方可重新投入使用。

特种设备不符合能效指标的，特种设备使用单位应当采取相应措施进行整改。

第三十条 特种设备存在严重事故隐患，无改造、维修价值，或者超过安全技术规范规定使用年限，特种设备使用单位应当及时予以报废，并应当向原登记的特种设备安全监督管理部门办理注销。

第三十一条 电梯的日常维护保养必须由依照本条例取得许可的安装、改造、维修单位或者电梯制造单位进行。

电梯应当至少每15日进行一次清洁、润滑、调整和检查。

第三十二条 电梯的日常维护保养单位应当在维护保养中严格执行国家安全技术规范的要求，保证其维护保养的电梯的安全技术性能，并负责落实现场安全防护措施，保证施工安全。

电梯的日常维护保养单位，应当对其维护保养的电梯的安全性能负责。接到故障通知后，应当立即赶赴现场，并采取必要的应急救援措施。

第三十三条 电梯、客运索道、大型游乐设施等为公众提供服务的特种设备运营使用单位，应当设置特种设备安全管理机构或者配备专职的安全管理人员；其他特种设备使用单位，应当根据情况设置特种设备安全管理机构或者配备专职、兼职的安全管理人员。

特种设备的安全管理人员应当对特种设备使用状况进行经常性检查，发现问题的应当立即处理；情况紧急时，可以决定停止使用特种设备并及时报告本单位有关负责人。

第三十四条 客运索道、大型游乐设施的运营使用单位在客运索道、大型游乐设施每日投入使用前，应当进行试运行和例行安全检查，并对安全装置进行检查确认。

电梯、客运索道、大型游乐设施的运营使用单位应当将电梯、客运索道、大型游乐设施的安全注意事项和警示标志置于易于为乘客注意的显著位置。

第三十五条 客运索道、大型游乐设施的运营使用单位的主要负责人应当熟悉客运索道、大型游乐设施的相关安全知识，并全面负责客运索道、大型游乐设施的安全使用。

客运索道、大型游乐设施的运营使用单位的主要负责人至少应当每月召开一次会议，督促、检查客运索道、大型游乐设施的安全使用工作。

客运索道、大型游乐设施的运营使用单位，应当结合本单位的实际情况，配备相应数量的营救装备和急救物品。

第三十六条 电梯、客运索道、大型游乐设施的乘客应当遵守使用安全注意事项的要求，服从有关工作人员的指挥。

第三十七条 电梯投入使用后，电梯制造单位应当对其制造的电梯的安全运行情况进行跟踪调查和了解，对电梯的日常维护保养单位或者电梯的使用单位在安全运行方面存在的问题，提出改进建议，并提供必要的技术帮助。发现电梯存在严重事故隐患的，应当及时向特种设备安全监督管理部门报告。电梯制造单位对调查和了解的情况，应当作出记录。

第三十八条 锅炉、压力容器、电梯、起重机械、客运索道、大型游乐设施、场(厂)内专用机动车辆的作业人员及其相关管理人员(以下统称特种设备作业人员)，应当按照国家有关规定经特种设备安全监督管理部门考核合格，取得国家统一格式的特种作业人员证书，方可从事相应的作业或者管理工作。

第三十九条 特种设备使用单位应当对特种设备作业人员进行特种设备安全、节能教育和培训，保证特种设备作业人员具备必要的特种设备安全、节能知识。

特种设备作业人员在作业中应当严格执行特种设备的操作规程和有关的安全规章制度。

第四十条 特种设备作业人员在作业过程中发现事故隐患或者其他不安全因素，应当立即向现场安全管理人员和单位有关负责人报告。

第四章 检验检测

第四十一条 从事本条例规定的监督检验、定期检验、型式试验以及专门为特种设备生产、使用、检验检测提供无损检测服务的特种设备检验检测机构，应当经国务院特种设备安全监督管理部门核准。

特种设备使用单位设立的特种设备检验检测机构，经国务院特种设备安全监督管理部门核准，负责本单位核准范围内的特种设备定期检验工作。

第四十二条 特种设备检验检测机构，应当具备下列条件：

（一）有与所从事的检验检测工作相适应的检验检测人员；

（二）有与所从事的检验检测工作相适应的检验检测仪器和设备；

（三）有健全的检验检测管理制度、检验检测责任制度。

第四十三条 特种设备的监督检验、定期检验、型式试验和无损检测应当由依照本条例经核准的特种设备检验检测机构进行。

特种设备检验检测工作应当符合安全技术规范的要求。

第四十四条 从事本条例规定的监督检验、定期检验、型式试验和无损检测的特种设备检验检测人员应当经国务院特种设备安全监督管理部门组织考核合格，取得检验检测人员证书，方可从事检验检测工作。

检验检测人员从事检验检测工作，必须在特种设备检验检测机构执业，但不得同时在两个以上检验检测机构中执业。

第四十五条 特种设备检验检测机构和检验检测人员进行特种设备检验检测，应当遵循诚信原则和方便企业的原则，为特种设备生产、使用单位提供可靠、便捷的检验检测服务。

特种设备检验检测机构和检验检测人员对涉及的被检验检测单位的商业秘密，负有保密义务。

第四十六条 特种设备检验检测机构和检验检测人员应当客观、公正、及时地出具检验检测结果、鉴定结论。检验检测结果、鉴定结论经检验检测人员签字后，由检验检测机构负责人签署。

特种设备检验检测机构和检验检测人员对检验检测结果、鉴定结论负责。

国务院特种设备安全监督管理部门应当组织对特种设备检验检测机构的检验检测结果、鉴定结论进行监督抽查。县以上地方负责特种设备安全监督管理的部门在本行政区域内也可以组织监督抽查，但是要防止重复抽查。监督抽查结果应当向社会公布。

第四十七条 特种设备检验检测机构和检验检测人员不得从事特种设备的生产、销售，不得以其名义推荐或者监制、监销特种设备。

第四十八条 特种设备检验检测机构进行特种设备检验检测，发现严重事故隐患或者能耗严重超标的，应当及时告知特种设备使用单位，并立即向特种设备安全监督管理部门报告。

第四十九条 特种设备检验检测机构和检验检测人员利用检验检测工作故意刁难特种设备生产、使用单位，特种设备生产、使用单位有权向特种设备安全监督管理部门投诉，接到投诉的特种设备安全监督管理部门应当及时进行调查处理。

第五章 监督检查

第五十条 特种设备安全监督管理部门依照本条例规定，对特种设备生产、使用单位和检验检测机构实施安全监察。

对学校、幼儿园以及车站、客运码头、商场、体育场馆、展览馆、公园等公众聚集场所的特种设备，特种设备安全监督管理部门应当实施重点安全监察。

第五十一条 特种设备安全监督管理部门根据举报或者取得的涉嫌违法证据，对涉嫌违反本条例规定的行为进行查处时，可以行使下列职权：

（一）向特种设备生产、使用单位和检验检测机构的法定代表人、主要负责人和其他有关人员调查、了解与涉嫌从事违反本条例的生产、使用、检验检测有关的情况；

（二）查阅、复制特种设备生产、使用单位和检验检测机构的有关合同、发票、账簿以及其他有关资料；

（三）对有证据表明不符合安全技术规范要求的或者有其他严重事故隐患、能耗严重超标的特种设备，予以查封或者扣押。

第五十二条 依照本条例规定实施许可、核准、登记的特种设备安全监督管理部门，应当严格依照本条例规定条件和安全技术规范要求对有关事项进行审查；不符合本条例规定条件和安全技术规范要求的，不得许可、核准、登记；在申请办理许可、核准期间，特种设备安全监督管理部门发现申请人未经许可从事特种设备相应活动或者伪造许可、核准证书的，不予受理或者不予许可、核准，并在1年内不再受理其新的许可、核准申请。

未依法取得许可、核准、登记的单位擅自从事特种设备的生产、使用或者检验检测活动的，特种设备安全监督管理部门应当依法予以处理。

违反本条例规定，被依法撤销许可的，自撤销许可之日起3年内，特种设备安全监督管理部门不予受理其新的许可申请。

第五十三条 特种设备安全监督管理部门在办理本条例规定的有关行政审批事项时，其受理、审查、许可、核准的程序必须公开，并应当自受理申请之日起30日内，作出许可、核准或者不予许可、核准的决定；不予许可、核准的，应当书面向申请人说明理由。

第五十四条 地方各级特种设备安全监督管理部门不得以任何形式进行地方保护和地区封锁，不得对已经依照本条例规定在其他地方取得许可的特种设备生产单位重复进行许可，也不得要求对依照本条例规定在其他地方检验检测合格的特种设备，重复进行检验检测。

第五十五条 特种设备安全监督管理部门的安全监察人员（以下简称特种设备安全监察人员）应当熟悉相关法律、法规、规章和安全技术规范，具有相应的专业知识和工作经验，并经国务院特种设备安全监督管理部门考核，取得特种设备安全监察人员证书。

特种设备安全监察人员应当忠于职守、坚持原则、秉公执法。

第五十六条 特种设备安全监督管理部门对特种设备生产、使用单位和检验检测机构实施安全监察时，应当有两名以上特种设备安全监察人员参加，并出示有效的特种设备安全监察人员证件。

第五十七条 特种设备安全监督管理部门对特种设备生产、使用单位和检验检测机构实施安全监察，应当对每次安全监察的内容、发现的问题及处理情况，作出记录，并由参加安全监察的特种设备安全监察人员和被检查单位的有关负责人签字后归档。被检查单位的有关负责人拒绝签字的，特种设备安全监察人员应当将情况记录在案。

第五十八条 特种设备安全监督管理部门对特种设备生产、使用单位和检验检测机构进行安全监察时，发现有违反本条例规定和安全技术规范要求的行为或者在用的特种设备存在事故隐患、不符合能效指标的，应当以书面形式发出特种设备安全监察指令，责令有关单位及时采取措施，予以改正或者消除事故隐患。紧急情况下需要采取紧急处置措施的，应当随后补发书面通知。

第五十九条 特种设备安全监督管理部门对特种设备生产、使用单位和检验检测机构进行安全监察，发现重大违法行为或者严重事故隐患时，应当在采取必要措施的同时，及时向上级特种设备安全监督管理部门报告。接到报告的特种设备安全监督管理部门应当采取必要措施，及时予以处理。

对违法行为、严重事故隐患或者不符合能效指标的处理需要当地人民政府和有关部门的支持、配合时，特种设备安全监督管理部门应当报告当地人民政府，并通知其他有关部门。当地人民政府和其他有关部门应当采取必要措施，及时予以处理。

第六十条 国务院特种设备安全监督管理部门和省、自治区、直辖市特种设备安全监督管理部门应当定期向社会公布特种设备安全以及能效状况。

公布特种设备安全以及能效状况，应当包括下列内容：

（一）特种设备质量安全状况；

（二）特种设备事故的情况、特点、原因分析、防范对策；

（三）特种设备能效状况；

（四）其他需要公布的情况。

第六章 事故预防和调查处理

第六十一条 有下列情形之一的，为特别重大事故：

（一）特种设备事故造成30人以上死亡，或者100人以上重伤（包括急性工业中毒，下同），或者1亿元以上直接经济损失的；

（二）600兆瓦以上锅炉爆炸的；

（三）压力容器、压力管道有毒介质泄漏，造成15万人以上转移的；

（四）客运索道、大型游乐设施高空滞留100人以上并且时间在48小时以上的。

第六十二条 有下列情形之一的，为重大事故：

（一）特种设备事故造成10人以上30人以下死亡，或者50人以上100人以下重伤，或者5000万元以上1亿元以下直接经济损失的；

（二）600兆瓦以上锅炉因安全故障中断运行240小时以上的；

（三）压力容器、压力管道有毒介质泄漏，造成5万人以上15万人以下转移的；

（四）客运索道、大型游乐设施高空滞留100人以上并且时间在24小时以上48小时以下的。

第六十三条 有下列情形之一的，为较大事故：

（一）特种设备事故造成3人以上10人以下死亡，或者10人以上50人以下重伤，或者1000万元以上5000万元以下直接经济损失的；

（二）锅炉、压力容器、压力管道爆炸的；

（三）压力容器、压力管道有毒介质泄漏，造成1万人以上5万人以下转移的；

（四）起重机械整体倾覆的；

（五）客运索道、大型游乐设施高空滞留人员12小时以上的。

第六十四条 有下列情形之一的，为一般事故：

（一）特种设备事故造成3人以下死亡，或者10人以下重伤，或者1万元以上1000万元以下直接经济损失的；

（二）压力容器、压力管道有毒介质泄漏，造成500人以上1万人以下转移的；

（三）电梯轿厢滞留人员2小时以上的；

（四）起重机械主要受力结构件折断或者起升机构坠落的；

（五）客运索道高空滞留人员3.5小时以上12小时以下的；

（六）大型游乐设施高空滞留人员1小时以上12小时以下的。

除前款规定外，国务院特种设备安全监督管理部门可以对一般事故的其他情形做出补充规定。

第六十五条 特种设备安全监督管理部门应当制定特种设备应急预案。特种设备使用单位应当制定事故应急专项预案，并定期进行事故应急演练。

压力容器、压力管道发生爆炸或者泄漏，在抢险救援时应当区分介质特性，严格按照相关预案规定程序处理，防止二次爆炸。

第六十六条 特种设备事故发生后，事故发生单位应当立即启动事故应急预案，组织抢救，防止事故扩大，减少人员伤亡和财产损失，并及时向事故发生地县以上特种设备安全监督管理部门和有关部门报告。

县以上特种设备安全监督管理部门接到事故报告，应当尽快核实有关情况，立即向所在地人民政府报告，并逐级上报事故情况。必要时，特种设备安全监督管理部门可以越级上报事故情况。对特别重大事故、重大事故，国务院特种设备安全监督管理部门应当立即报告国务院并通报国务院安全生产监督管理部门等有关部门。

第六十七条 特别重大事故由国务院或者国务院授权有关部门组织事故调查组进行调查。

重大事故由国务院特种设备安全监督管理部门会同有关部门组织事故调查组进行调查。

较大事故由省、自治区、直辖市特种设备安全监督管理部门会同有关部门组织事故调查组进行调查。

一般事故由设区的市的特种设备安全监督管理部门会同有关部门组织事故调查组进行调查。

第六十八条 事故调查报告应当由负责组织事故调查的特种设备安全监督管理部门的所在地人民政府批复，并报上一级特种设备安全监督管理部门备案。

有关机关应当按照批复，依照法律、行政法规规定的权限和程序，对事故责任单位和有关人员进行行政处罚，对负有事故责任的国家工作人员进行处分。

第六十九条 特种设备安全监督管理部门应当在有关地方人民政府的领导下，组织开展特种设备事故调查处理工作。

有关地方人民政府应当支持、配合上级人民政府或者特种设备安全监督管理部门的事故调查处理工作，并提供必要的便利条件。

第七十条 特种设备安全监督管理部门应当对发生事故的原因进行分析，并根据特种设备的管理和技术特点、事故情况对相关安全技术规范进行评估；需要制定或者修订相关安全技术规范的，应当及时制定或者修订。

第七十一条 本章所称的“以上”包括本数，所称的“以下”不包括本数。

第七章　法律责任

第七十二条 未经许可，擅自从事压力容器设计活动的，由特种设备安全监督管理部门予以取缔，处5万元以上20万元以下罚款；有违法所得的，没收违法所得；触犯刑律的，对负有责任的主管人员和其他直接责任人员依照刑法关于非法经营罪或者其他罪的规定，依法追究刑事责任。

第七十三条 锅炉、气瓶、氧舱和客运索道、大型游乐设施以及高耗能特种设备的设计文件，未经国务院特种设备安全监督管理部门核准的检验检测机构鉴定，擅自用于制造的，由特种设备安全监督管理部门责令改正，没收非法制造的产品，处5万元以上20万元以下罚款；触犯刑律的，对负有责任的主管人员和其他直接责任人员依照刑法关于生产、销售伪劣产品罪、非法经营罪或者其他罪的规定，依法追究刑事责任。

第七十四条 按照安全技术规范的要求应当进行型式试验的特种设备产品、部件或者试制特种设备新产品、新部件，未进行整机或者部件型式试验的，由特种设备安全监督管理部门责令限期改正；逾期未改正的，处2万元以上10万元以下罚款。

第七十五条 未经许可，擅自从事锅炉、压力容器、电梯、起重机械、客运索道、大型游乐设施、场(厂)内专用机动车辆及其安全附件、安全保护装置的制造、安装、改造以及压力管道元件的制造活动的，由特种设备安全监督管理部门予以取缔，没收非法制造的产品，已经实施安装、改造的，责令恢复原状或者责令限期由取得许可的单位重新安装、改造，处10万元以上50万元以下罚款；触犯刑律的，对负有责任的主管人员和其他直接责任人员依照刑法关于生产、销售伪劣产品罪、非法经营罪、重大责任事故罪或者其他罪的规定，依法追究刑事责任。

第七十六条 特种设备出厂时，未按照安全技术规范的要求附有设计文件、产品质量合格证明、安装及使用维修说明、监督检验证明等文件的，由特种设备安全监督管理部门责令改正；情节严重的，责令停止生产、销售，处违法生产、销售货值金额30%以下罚款；有违法所得的，没收违法所得。

第七十七条 未经许可，擅自从事锅炉、压力容器、电梯、起重机械、客运索道、大型游乐设施、场(厂)内专用机动车辆的维修或者日常维护保养的，由特种设备安全监督管理部门予以取缔，处1万元以上5万元以下罚款；有违法所得的，没收违法所得；触犯刑律的，对负有责任的主管人员和其他直接责任人员依照刑法关于非法经营罪、重大责任事故罪或者其他罪的规定，依法追究刑事责任。

第七十八条 锅炉、压力容器、电梯、起重机械、客运索道、大型游乐设施的安装、改造、维修的施工单位以及场(厂)内专用机动车辆的改造、维修单位，在施工前未将拟进行的特种设备安装、改造、维修情况书面告知直辖市或者设区的市的特种设备安全监督管理部门即行施工的，或者在验收后30日内未将有关技术资料移交锅炉、压力容器、电梯、起重机械、客运索道、大型游乐设施的使用单位的，由特种设备安全监督管理部门责令限期改正；逾期未改正的，处2000元以上1万元以下罚款。

第七十九条 锅炉、压力容器、压力管道元件、起重机械、大型游乐设施的制造过程和锅炉、压力容器、电梯、起重机械、客运索道、大型游乐设施的安装、改造、重大维修过程，以及锅炉清洗过程，未经国务院特种设备安全监督管理部门核准的检验检测机构按照安全技术规范的要求进行监督检验的，由特种设备安全监督管理部门责令改正，已经出厂的，没收违法生产、销售的产品，已经实施安装、改造、重大维修或者清洗的，责令限期进行监督检验，处5万元以上20万元以下罚款；有违法所得的，没收违法所得；情节严重的，撤销制造、安装、改造或者维修单位已经取得的许可，并由工商行政管理部门吊销其营业执照；触犯刑律的，对负有责任的主管人员和其他直接责任人员依照刑法关于生产、销售伪劣产品罪或者其他罪的规定，依法追究刑事责任。

第八十条 未经许可，擅自从事移动式压力容器或者气瓶充装活动的，由特种设备安全监督管理部门予以取缔，没收违法充装的气瓶，处10万元以上50万元以下罚款；有违法所得的，没收违法所得；触犯刑律的，对负有责任的主管人员和其他直接责任人员依照刑法关于非法经营罪或者其他罪的规定，依法追究刑事责任。

移动式压力容器、气瓶充装单位未按照安全技术规范的要求进行充装活动的，由特种设备安全监督管理部门责令改正，处2万元以上10万元以下罚款；情节严重的，撤销其充装资格。

第八十一条 电梯制造单位有下列情形之一的，由特种设备安全监督管理部门责令限期改正；逾期未改正的，予以通报批评：

（一）未依照本条例第十九条的规定对电梯进行校验、调试的；

（二）对电梯的安全运行情况进行跟踪调查和了解时，发现存在严重事故隐患，未及时向特种设备安全监督管理部门报告的。

第八十二条 已经取得许可、核准的特种设备生产单位、检验检测机构有下列行为之一的，由特种设备安全监督管理部门责令改正，处2万元以上10万元以下罚款；情节严重的，撤销其相应资格：

（一）未按照安全技术规范的要求办理许可证变更手续的；

（二）不再符合本条例规定或者安全技术规范要求的条件，继续从事特种设备生产、检验检测的；

（三）未依照本条例规定或者安全技术规范要求进行特种设备生产、检验检测的；

（四）伪造、变造、出租、出借、转让许可证书或者监督检验报告的。

第八十三条 特种设备使用单位有下列情形之一的，由特种设备安全监督管理部门责令限期改正；逾期未改正的，处2000元以上2万元以下罚款；情节严重的，责令停止使用或者停产停业整顿：

（一）特种设备投入使用前或者投入使用后30日内，未向特种设备安全监督管理部门登记，擅自将其投入使用的；

（二）未依照本条例第二十六条的规定，建立特种设备安全技术档案的；

（三）未依照本条例第二十七条的规定，对在用特种设备进行经常性日常维护保养和定期自行检查的，或者对在用特种设备的安全附件、安全保护装置、测量调控装置及有关附属仪器仪表进行定期校验、检修，并作出记录的；

（四）未按照安全技术规范的定期检验要求，在安全检验合格有效期届满前 1 个月向特种设备检验检测机构提出定期检验要求的；

（五）使用未经定期检验或者检验不合格的特种设备的；

（六）特种设备出现故障或者发生异常情况，未对其进行全面检查、消除事故隐患，继续投入使用的；

（七）未制定特种设备事故应急专项预案的；

（八）未依照本条例第三十一条第二款的规定，对电梯进行清洁、润滑、调整和检查的；

（九）未按照安全技术规范要求进行锅炉水（介）质处理的；

（十）特种设备不符合能效指标，未及时采取相应措施进行整改的。

特种设备使用单位使用未取得生产许可的单位生产的特种设备或者将非承压锅炉、非压力容器作为承压锅炉、压力容器使用的，由特种设备安全监督管理部门责令停止使用，予以没收，处 2 万元以上 10 万元以下罚款。

第八十四条 特种设备存在严重事故隐患，无改造、维修价值，或者超过安全技术规范规定的使用年限，特种设备使用单位未予以报废，并向原登记的特种设备安全监督管理部门办理注销的，由特种设备安全监督管理部门责令限期改正；逾期未改正的，处 5 万元以上 20 万元以下罚款。

第八十五条 电梯、客运索道、大型游乐设施的运营使用单位有下列情形之一的，由特种设备安全监督管理部门责令限期改正；逾期未改正的，责令停止使用或者停产停业整顿，处 1 万元以上 5 万元以下罚款：

（一）客运索道、大型游乐设施每日投入使用前，未进行试运行和例行安全检查，并对安全装置进行检查确认的；

（二）未将电梯、客运索道、大型游乐设施的安全注意事项和警示标志置于易于为乘客注意的显著位置的。

第八十六条 特种设备使用单位有下列情形之一的，由特种设备安全监督管理部门责令限期改正；逾期未改正的，责令停止使用或者停产停业整顿，处 2000 元以上 2 万元以下罚款：

（一）未依照本条例规定设置特种设备安全管理机构或者配备专职、兼职的安全管理人员的；

（二）从事特种设备作业的人员，未取得相应特种作业人员证书，上岗作业的；

（三）未对特种设备作业人员进行特种设备安全教育和培训的。

第八十七条 发生特种设备事故，有下列情形之一的，对单位，由特种设备安全监督管理部门处 5 万元以上 20 万元以下罚款；对主要负责人，由特种设备安全监督管理部门处 4000 元以上 2 万元以下罚款；属于国家工作人员的，依法给予处分；触犯刑律的，依照刑法关于重大责任事故罪或者其他罪的规定，依法追究刑事责任：

（一）特种设备使用单位的主要负责人在本单位发生特种设备事故时，不立即组织抢救或者在事故调查处理期间擅离职守或者逃匿的；

（二）特种设备使用单位的主要负责人对特种设备事故隐瞒不报、谎报或者拖延不报的。

第八十八条 对事故发生负有责任的单位，由特种设备安全监督管理部门依照下列规定处以罚款：

（一）发生一般事故的，处 10 万元以上 20 万元以下罚款；

（二）发生较大事故的，处 20 万元以上 50 万元以下罚款；

（三）发生重大事故的，处 50 万元以上 200 万元以下罚款。

第八十九条 对事故发生负有责任的单位的主要负责人未依法履行职责，导致事故发生的，由特种设备安全监督管理部门依照下列规定处以罚款；属于国家工作人员的，并依法给予处分；触犯刑律的，依照刑法关于重大责任事故罪或者其他罪的规定，依法追究刑事责任：

（一）发生一般事故的，处上一年年收入30%的罚款；

（二）发生较大事故的，处上一年年收入40%的罚款；

（三）发生重大事故的，处上一年年收入60%的罚款。

第九十条 特种设备作业人员违反特种设备的操作规程和有关的安全规章制度操作，或者在作业过程中发现事故隐患或者其他不安全因素，未立即向现场安全管理人员和单位有关负责人报告的，由特种设备使用单位给予批评教育、处分；情节严重的，撤销特种设备作业人员资格；触犯刑律的，依照刑法关于重大责任事故罪或者其他罪的规定，依法追究刑事责任。

第九十一条 未经核准，擅自从事本条例所规定的监督检验、定期检验、型式试验以及无损检测等检验检测活动的，由特种设备安全监督管理部门予以取缔，处5万元以上20万元以下罚款；有违法所得的，没收违法所得；触犯刑律的，对负有责任的主管人员和其他直接责任人员依照刑法关于非法经营罪或者其他罪的规定，依法追究刑事责任。

第九十二条 特种设备检验检测机构，有下列情形之一的，由特种设备安全监督管理部门处2万元以上10万元以下罚款；情节严重的，撤销其检验检测资格：

（一）聘用未经特种设备安全监督管理部门组织考核合格并取得检验检测人员证书的人员，从事相关检验检测工作的；

（二）在进行特种设备检验检测中，发现严重事故隐患或者能耗严重超标，未及时告知特种设备使用单位，并立即向特种设备安全监督管理部门报告的。

第九十三条 特种设备检验检测机构和检验检测人员，出具虚假的检验检测结果、鉴定结论或者检验检测结果、鉴定结论严重失实的，由特种设备安全监督管理部门对检验检测机构没收违法所得，处5万元以上20万元以下罚款，情节严重的，撤销其检验检测资格；对检验检测人员处5000元以上5万元以下罚款，情节严重的，撤销其检验检测资格，触犯刑律的，依照刑法关于中介组织人员提供虚假证明文件罪、中介组织人员出具证明文件重大失实罪或者其他罪的规定，依法追究刑事责任。

特种设备检验检测机构和检验检测人员，出具虚假的检验检测结果、鉴定结论或者检验检测结果、鉴定结论严重失实，造成损害的，应当承担赔偿责任。

第九十四条 特种设备检验检测机构或者检验检测人员从事特种设备的生产、销售，或者以其名义推荐或者监制、监销特种设备的，由特种设备安全监督管理部门撤销特种设备检验检测机构和检验检测人员的资格，处5万元以上20万元以下罚款；有违法所得的，没收违法所得。

第九十五条 特种设备检验检测机构和检验检测人员利用检验检测工作故意刁难特种设备生产、使用单位，由特种设备安全监督管理部门责令改正；拒不改正的，撤销其检验检测资格。

第九十六条 检验检测人员，从事检验检测工作，不在特种设备检验检测机构执业或者同时在两个以上检验检测机构中执业的，由特种设备安全监督管理部门责令改正，情节严重的，给予停止执业6个月以上2年以下的处罚；有违法所得的，没收违法所得。

第九十七条 特种设备安全监督管理部门及其特种设备安全监察人员，有下列违法行为之一的，对直接负责的主管人员和其他直接责任人员，依法给予降级或者撤职的处分；触犯刑律的，依照刑法关于受贿罪、滥用职权罪、玩忽职守罪或者其他罪的规定，依法追究刑事责任：

（一）不按照本条例规定的条件和安全技术规范要求，实施许可、核准、登记的；

（二）发现未经许可、核准、登记擅自从事特种设备的生产、使用或者检验检测活动不予取缔或者不依法予以处理的；

（三）发现特种设备生产、使用单位不再具备本条例规定的条件而不撤销其原许可，或者发现特种设备生产、使用违法行为不予查处的；

（四）发现特种设备检验检测机构不再具备本条例规定的条件而不撤销其原核准，或者对其出具虚假的检验检测结果、鉴定结论或者检验检测结果、鉴定结论严重失实的行为不予查处的；

（五）对依照本条例规定在其他地方取得许可的特种设备生产单位重复进行许可，或者对依照本条例规定在其他地方检验检测合格的特种设备，重复进行检验检测的；

（六）发现有违反本条例和安全技术规范的行为或者在用的特种设备存在严重事故隐患，不立即处理的；

（七）发现重大的违法行为或者严重事故隐患，未及时向上级特种设备安全监督管理部门报告，或者接到报告的特种设备安全监督管理部门不立即处理的；

（八）迟报、漏报、瞒报或者谎报事故的；

（九）妨碍事故救援或者事故调查处理的。

第九十八条 特种设备的生产、使用单位或者检验检测机构，拒不接受特种设备安全监督管理部门依法实施的安全监察的，由特种设备安全监督管理部门责令限期改正；逾期未改正的，责令停产停业整顿，处 2 万元以上 10 万元以下罚款；触犯刑律的，依照刑法关于妨害公务罪或者其他罪的规定，依法追究刑事责任。

特种设备生产、使用单位擅自动用、调换、转移、损毁被查封、扣押的特种设备或者其主要部件的，由特种设备安全监督管理部门责令改正，处 5 万元以上 20 万元以下罚款；情节严重的，撤销其相应资格。

第八章 附 则

第九十九条 本条例下列用语的含义是：

（一）锅炉，是指利用各种燃料、电或者其他能源，将所盛装的液体加热到一定的参数，并对外输出热能的设备，其范围规定为容积大于或者等于 30L 的承压蒸汽锅炉；出口水压大于或者等于 0.1MPa（表压），且额定功率大于或者等于 0.1MW 的承压热水锅炉；有机热载体锅炉。

（二）压力容器，是指盛装气体或者液体，承载一定压力的密闭设备，其范围规定为最高工作压力大于或者等于 0.1MPa（表压），且压力与容积的乘积大于或者等于 2.5MPa·L 的气体、液化气体和最高工作温度高于或者等于标准沸点的液体的固定式容器和移动式容器；盛装公称工作压力大于或者等于 0.2MPa（表压），且压力与容积的乘积大于或者等于 1.0MPa·L 的气体、液化气体和标准沸点等于或者低于 60℃液体的气瓶；氧舱等。

（三）压力管道，是指利用一定的压力，用于输送气体或者液体的管状设备，其范围规定为最高工作压力大于或者等于 0.1MPa（表压）的气体、液化气体、蒸汽介质或者可燃、易爆、有毒、有腐蚀性、最高工作温度高于或者等于标准沸点的液体介质，且公称直径大于 25mm 的管道。

（四）电梯，是指动力驱动，利用沿刚性导轨运行的箱体或者沿固定线路运行的梯级（踏步），进行升降或者平行运送人、货物的机电设备，包括载人（货）电梯、自动扶梯、自动人行道等。

（五）起重机械，是指用于垂直升降或者垂直升降并水平移动重物的机电设备，其范围规定为额定起重量大于或者等于 0.5t 的升降机；额定起重量大于或者等于 1t，且提升高度大于或者等于 2m 的起重机和承重形式固定的电动葫芦等。

（六）客运索道，是指动力驱动，利用柔性绳索牵引箱体等运载工具运送人员的机电设备，包括客运架空索道、客运缆车、客运拖牵索道等。

（七）大型游乐设施，是指用于经营目的，承载乘客游乐的设施，其范围规定为设计最大运行线速度大于或者等于 2m/s，或者运行高度距地面高于或者等于 2m 的载人大型游乐设施。

（八）场（厂）内专用机动车辆，是指除道路交通、农用车辆以外仅在工厂厂区、旅游景区、游乐场所等特定区域使用的专用机动车辆。

特种设备包括其所用的材料、附属的安全附件、安全保护装置和与安全保护装置相关的设施。

第一百条 压力管道设计、安装、使用的安全监督管理办法由国务院另行制定。

第一百零一条 国务院特种设备安全监督管理部门可以授权省、自治区、直辖市特种设备安全监督管理部门负责本条例规定的特种设备行政许可工作，具体办法由国务院特种设备安全监督管理部门制定。

第一百零二条 特种设备行政许可、检验检测，应当按照国家有关规定收取费用。

第一百零三条 本条例自 2003 年 6 月 1 日起施行。1982 年 2 月 6 日国务院发布的《锅炉压力容器安全监察暂行条例》同时废止。

市场监管总局办公厅关于特种设备行政许可有关事项的实施意见

（市监特设〔2019〕32号）

各省、自治区、直辖市及新疆生产建设兵团市场监管局(厅、委)，有关单位：

根据《市场监管总局关于特种设备行政许可有关事项的公告》(2019年第3号)、《市场监管总局关于发布〈特种设备生产和充装单位许可规则〉的公告》(2019年第22号)，《特种设备生产单位许可目录》《特种设备作业人员资格认定分类与项目》《特种设备检验检测人员资格认定项目》《特种设备生产和充装单位许可规则》等许可要求(以下称新许可要求)将于2019年6月1日起实施。经市场监管总局同意，现就有关事项提出以下意见。

一、关于新旧生产许可实施的过渡

1. 生产单位许可。2019年5月31日前(含5月31日，下同)发放的特种设备生产和充装单位许可证书继续在原许可范围和有效期内有效，许可到期前按新许可要求进行换证。

2. 已经受理的许可事项。2019年5月31日前已经完成现场鉴定评审(包括完成评审工作尚未出具报告或已在整改中)的许可事项(包括取证、换证、增项、变更下同)，6月1日后应当按新许可要求进行许可，对于受理项目符合《新旧生产单位许可项目对应表》(见附件1)中规定的原许可级别项目，可按表中新许可级别项目进行发证，否则发证机关应当根据具体情况对许可范围进行限制。对发证机关发生变动的许可项目，原受理机关应当将评审报告和许可建议结论书面通知变动后的许可实施机关，并通知申请单位向变动后的许可实施机关按新的许可要求补交申请。

对已经受理但未开展现场鉴定评审的且2019年6月1日后按规定仍由原许可实施机关实施的许可项目，应当按新许可要求进行评审和发证，发证要求同上。许可实施机关发生变化的，申请单位应当向变动后的许可实施机关重新申请，原许可程序终止。

3. 未受理的许可事项。对2019年5月31日前已经递交申请但未受理的许可事项，在6月1日后申请单位应当按新许可要求重新申请。其中，符合附件1规定项目的持证单位，可按换证申请，否则应当按新取证(或增项)申请。

4. 2019年6月1日后的申请。6月1日起，所有许可的申请、受理及许可证书的发放均应当按新许可要求执行。换证时如改换比原许可级别参数高的或许可范围变宽的，应当按新取证(或增项)进行申请。同一单位申请不同产品类别(或不同环节)的许可，应当分别向对应的许可实施机关提出申请。申请不同许可机关实施的锅炉、固定式压力容器、管子和阀门、安全阀和紧急切断阀、电梯和起重机械(桥式、门式、流动式、门座式)制造许可项目中的多个子项目时，可一并向层级高的许可实施机关提出申请。

5. 许可变更。原许可有效期内的同一产品类别、同一许可项目需增项的(含2019年6月1日后申请和6月1日前未完成鉴定评审的)，应当按新许可要求办理，原许可证应当一并换证。其中如有总局实施的，符合上款要求的申请单位应当向总局一并提出申请；对原由总局实施、按新许可要求由省级市场监管部门实施的许可项目，申请单位应当向省级市场监管部门提交增项与换证申请，并在取得证书后向总局提出注销有效期内的原证书。

对超大型起重机械、特殊类型电梯整机型式试验备案以及单位许可证中没有涵盖新的产品品种，且已经通过型式试验的，生产单位可将原许可证(包括备案证书)和型式试验资料一并向许可实施机关提出变更申请。许可实施机关依据新旧许可目录对应关系，对原许可证书进行变更。

6. 压力容器设计许可。2019年6月1日后，压力容器制造单位提交制造许可取证(换证、增项)

申请时，应当在申请书中明确是否设计压力容器。对不从事压力容器设计和仅设计本单位压力容器产品的制造单位，制造评审时鉴定评审机构应当对申请单位设计能力进行确认或评审，满足新许可规则要求的，颁发制造许可证书；具备所制造产品设计能力的，制造证书上无需注明；不具备所制造产品设计能力的，制造证书上注明“设计外委”；不完全具备所制造产品设计能力的，制造证书上按产品注明限制范围。制造单位的设计能力审查在制造许可取证(换证、增项)时进行，不单独按增项受理。

2019 年 6 月 1 日后取证(换证、增项)的压力容器设计单位或需要对外提供压力容器设计服务的制造单位，应当单独向总局提出压力容器设计许可申请。单独申请设计许可证的压力容器制造单位等同于设计单位，与其制造许可证书项目无关，在其取得的制造证书上注明“设计许可单独取证”。

具备压力容器设计能力或单独取得压力容器设计许可证的压力容器制造单位，可以设计与其制造级别相同的压力容器和与该级别压力容器相连接的工业管道(易燃易爆有毒介质除外)。

对目前同时持有设计许可证和制造许可证但有效期不同的制造单位，如果仅设计本单位制造的压力容器，制造单位可向原发证机关申请将其设计许可证有效期变更为与制造许可证有效期一致。

7. 超大型中低压容器现场制造许可。2019 年 6 月 1 日后，A3 级压力容器制造单位可以现场制造分片式超大型中低压容器(以下简称超大型容器)；其他现场制造超大型容器的单位，除具备 A2 级或 D 级压力容器制造资质外，还应当同时具备 A3 级压力容器制造的资源条件。2019 年 5 月 31 日前已有现场制造业绩的单位，换证时在证书上注明含现场制造。其他需要进行现场制造的单位，应当在首次现场制造时，由制造地监检机构确认其具备 A3 级压力容器制造的资源条件后出具报告，发证机关在证书上注明含现场制造。

二、关于自我声明承诺换证

8. 允许申请自我声明承诺换证的要求。按新许可要求进行换证时，符合附件 1 的项目，生产单位可申请自我声明承诺换证。在本许可周期内受到特种设备相关行政处罚，产品在本许可周期内发生特种设备事故或正在接受特种设备事故调查处理，监督抽查中发现问题被发证机关通报批评和需要进行整改，被举报或投诉正在接受调查，以及有逃避制造安装过程监督检验行为的或与许可范围相适应的生产业绩数量不满足要求的生产单位，不允许申请自我声明承诺换证。

9. 自我声明承诺换证的自评要求。自我声明承诺换证的单位应当对许可条件的规定要求进行自评，自评符合许可要求并进行自我承诺的，方可申请。总局负责实施许可项目的自评具体要求可在总局特种设备行政许可网页下载，省级市场监管部门可参考制订本级负责实施许可项目的自评要求。

三、关于特种设备作业人员和无损检测人员资格认定

10. 作业人员资格许可工作过渡期。根据《特种设备作业人员资格认定分类与项目》(以下简称《分类与项目》)调整和新版特种设备作业人员证的印制需要，设定 2019 年 6 月 1 日至 2019 年 12 月 31 日为过渡期。过渡期内，发证机关应当按照《分类与项目》颁发新版证书；暂不具备颁发新版证书条件的，发证机关可在 2019 年 12 月 31 日前按照《分类与项目》继续颁发旧版证书(即旧证书、新内容)。自 2020 年 1 月 1 日起，全部颁发新版证书。特种设备作业人员证书有效期按照《特种设备作业人员监督管理办法》规定执行。

对 2019 年 6 月 1 日前已受理尚未发证且申请作业项目资格许可已取消的，发证机关应当告知申请人因作业项目取消，不再发放证书。自 2019 年 6 月 1 日起，对已取消的作业项目不再复审，证书遗失、损毁的不再补发。特种设备使用单位应当按照《特种设备安全法》第十三条的规定，对取消作业项目资格许可的作业人员进行必要的安全教育和技能培训。

11. 作业人员新旧版证书转换。旧版证书在有效期内仍然有效，复审时应当更换新版证书。发证机关依据《分类与项目》并参照《特种设备作业人员证书换发对应表》(见附件 2)进行转换并颁发证书，对《分类与项目》中取消的作业项目不再换发证书。

12. 已受理的无损检测人员考核发证。2019 年 6 月 1 日前，总局已经受理的无损检测人员Ⅰ级、Ⅱ级(RT、UT、MT、PT)的资格申请，由总局负责完成其考核发证工作。

13. 考试机构和题库。发证机关应当将所确定的考试机构相关信息向社会公开发布，方便申请人参加考试。省级市场监管部门负责依据作业人员考试大纲，组织考试题库建设或者采用全国统一考试题库，并于2019年12月31日前启用新题库。

14. 发证信息上传。各省级市场监管部门应当负责将实施许可的特种设备作业人员和无损检测人员相关信息及时上传总局“特种设备人员数据库”，并在“全国特种设备公示信息查询平台”(www.cnse.gov.cn)同步公示，供公众查询。

四、其他

15. 无需许可的事项。对于按新许可要求无需进行许可且已经受理并未发放证书的项目，发证机关应当终止许可程序，并告知申请者不再纳入许可范围，提醒其加强管理。2019年6月1日后车用气瓶安装无需许可，车用气瓶安装监督检验机构应当按照《道路机动车辆生产企业及产品公告》或者当地政府及公安交通管理部门的有关规定和特种设备安全技术规范要求继续实施监督检验，使用登记机关应当对监督检验合格的车用气瓶办理使用登记。

16. 压力容器压力管道设计审核人员考试。鉴定评审机构开展压力容器压力管道设计条件和能力评审时，应当统一使用考试平台对被评审单位的设计审批人员进行现场考试，合格分数为70分。对已持有压力容器压力管道设计审批人员证的人员，继续按《质检总局办公厅关于承压特种设备安全监察工作有关问题意见的通知》(质检办特函〔2017〕1336号)执行。

17. 压力管道元件型式试验。在《特种设备型式试验机构核准规则》修订前，压力管道元件中的有色金属管、球墨铸铁管、金属与金属复合管，金属与金属复合管件，阻火器，其他非金属材料管与管件、非金属与非金属复合管、非金属与非金属复合管件、其他非金属阀门，分别由取得DGX(压力管道用钢管)、DYX(有缝管件、无缝管件)、DYX(阻火器)、DJX(压力管道用非金属管与管件)型式试验资格的特种设备检验检测机构按照相关安全技术规范和标准进行型式试验。

18. A级锅炉部件。原持有膜式水冷壁项目的单位可以制造各类膜片式的受热面。《特种设备生产单位许可目录》已把A级锅炉部件许可范围中的膜式水冷壁调整为膜式壁。

19. 机电类特种设备及其部件和安全保护装置。机电类特种设备，以及电梯、起重机、客运索道部件和安全保护装置等，不再进行型式试验备案，相关型式试验报告和型式试验证书上传特种设备型式试验公示平台(xssy. cpase. org. cn)进行公示，生产单位应当按照型式试验报告和型式试验证书确定的范围开展相应的生产活动。

20. 客运索道制造许可实施。客运架空索道、客运缆车制造许可过渡期1年，2020年6月1日起，从事客运架空索道、客运缆车制造的单位应当按新许可要求取得制造许可。对申请单位具有近5年内客运架空索道、客运缆车相应项目承建业绩，在2020年1月1日完成许可现场鉴定评审的，查验相应项目，对试制造样机不做要求。

21. 无动力类大型游乐设施制造许可。2019年5月31日前已经按照《机电类特种设备制造许可规则(试行)》(国质检锅〔2003〕174号)通过产品型式试验方式取得无动力类大型游乐设施制造许可的，原制造许可证于2020年6月1日失效。相关单位应当于2020年6月1日前按照新许可要求通过鉴定评审后取得相应许可证，方可继续从事相应制造活动。

附件：1. 新旧生产单位许可项目对应表
2. 特种设备作业人员证书换发对应表

国家市场监督管理总局办公厅
2019年5月27日

(此件公开发布)

附件 1

新旧生产单位许可项目对应表

许可种类	原许可级别	新许可级别
锅炉制造	A	A
	B	B
锅炉安装	锅炉安装改造 1 级	A
	锅炉安装改造 2 级	B
压力容器设计	SAD	压力容器分析设计
	A1	固定式压力容器规则设计（同时具备 A1、A2、A3，允许以自我声明承诺的方式换为固定式压力容器规则设计项目。）
	A2	
	A3	
	A4	
	D1	
	D2	
	C1	移动式压力容器规则设计（同时具备 C1、C2、C3，允许以自我声明承诺的方式换为移动式压力容器规则设计项目。）
	C2	
	C3	
压力容器制造	A1 超高压容器	A6
	A1 高压容器	A1
		A2
	A2、D1、D2	D
	A3	A3
	A4	A4
	A5	A5
	C1	C1
	C2 汽车罐车	C2 汽车罐车
	C2 长管拖车	C3 长管拖车
	C3 罐式集装箱	C2 罐式集装箱
	C3 管束式集装箱	C3 管束式集装箱
气瓶制造	B1	B1
	B2	B2
	B3	B3
	B4	B4
	B5	B5
压力管道设计	GA1（1）或 GA1（2）	GA1
	GA2	GA2
	GB1	GB1

许可种类	原许可级别	新许可级别
压力管道设计	GB2	GB2
	GC1(1)、GC1(2)或 GC1(3)	GC1
	GC2	GC2
	GD1	GCD
压力管道安装	GA1 甲	GA1
	GA2	GA2
	GB1	GB1
	GB2(1)	GB2
	GC1	GC1
	GC2	GC2
	GD1	GCD
气瓶阀门制造	PF1-PF8	气瓶阀门
安全阀制造	A1	A
爆破片装置制造	A	爆破片装置
压力管道元件制造（压力管道管件）	无缝钢管 A1	无缝钢管 A
	聚乙烯管 A1	聚乙烯管 A
	其他非金属材料管 A	其他非金属材料管 B
	钢制无缝管件(包括工厂预制弯管、有缝管坯制管件)A(1)、A(2)或 A(3)	无缝管件 B1
	钢制无缝管件(包括工厂预制弯管、有缝管坯制管件)B	无缝管件 B2
	钢制有缝管件(钢板制对焊管件)B1(1)或 B1(2)	有缝管件 B1
	钢制有缝管件(钢板制对焊管件)B2	有缝管件 B2
	锻制管件 B	锻制管件 B
	聚乙烯管件 A1(1)或 A1(2)	聚乙烯管件 B
压力管道元件制造（压力管道法兰）	钢制锻造法兰 B	钢制锻造法兰 B
压力管道元件制造（补偿器）	金属波纹膨胀节 A(1)	金属波纹膨胀节 B1
	金属波纹膨胀节 A(2)或 B	金属波纹膨胀节 B2
压力管道元件制造（元件组合装置）	燃气调压装置 A	燃气调压装置 B
	减温减压装置 B	减温减压装置 B
电梯制造	曳引驱动乘客电梯 A	曳引驱动乘客电梯(含消防员电梯)A1、A2
	曳引驱动乘客电梯 B、C	曳引驱动乘客电梯(含消防员电梯)B
	曳引驱动载货电梯 B、C	曳引驱动载货电梯和强制驱动载货电梯（含防爆电梯中的载货电梯）
	强制驱动载货电梯 B、C	
	自动扶梯 B、C	自动扶梯与自动人行道
	自动人行道 B、C	
	液压乘客电梯 B、C	液压驱动电梯
	液压载货电梯 B、C	
	杂物电梯 C	杂物电梯(含防爆电梯中的杂物电梯)

许可种类	原许可级别	新许可级别
电梯安装	A 级安装	曳引驱动乘客电梯（含消防员电梯）A2、曳引驱动载货电梯和强制驱动载货电梯（含防爆电梯中的载货电梯）、自动扶梯与自动人行道、液压驱动电梯、杂物电梯（含防爆电梯中的杂物电梯）
	A 级改造	
	A 级维修	
	B、C 级安装	曳引驱动乘客电梯（含消防员电梯）B、曳引驱动载货电梯和强制驱动载货电梯（含防爆电梯中的载货电梯）、自动扶梯与自动人行道、液压驱动电梯、杂物电梯（含防爆电梯中的杂物电梯）
	B、C 级改造	
	B、C 级维修	
大型游乐设施制造	观览车类 A	滑行和旋转类 A
	滑行车类 A	
	架空游览车类 A	
	陀螺类 A	
	飞行塔类 A	
	自控飞机类 A	
	转马类 A	
	滑道类 A	
	观览车类 B	滑行和旋转类 B
	滑行车类 B	
	架空游览车类 B	
	陀螺类 B	
	飞行塔类 B	
	自控飞机类 B 级	
	转马类 B	
	滑道类 B	
	赛车类	游乐车辆和无动力类
	小火车类	
	碰碰车类	
	水上游乐设施	水上游乐设施
大型游乐设施安装	A 级安装	滑行和旋转类 A 级、游乐车辆和无动力类、水上游乐设施
	A 级改造	
	B、C 级安装	滑行和旋转类 B 级、游乐车辆和无动力类、水上游乐设施
	B、C 级改造	
	维修	
客运索道制造	低位拖牵索道	客运拖牵索道
	高位拖牵索道	
	脱挂式拖牵索道	
客运索道安装	A 级安装	客运架空索道（脱挂抱索器索道、双线往复式索道、单线固定抱索器索道）、客运缆车、客运拖牵索道
	A 级改造	

许可种类	原许可级别	新许可级别
客运索道安装	B级安装	单线固定抱索器索道、客运拖牵索道
	B级改造	
	维修	
起重机械制造、安装、修理、改造	同时含有A级桥式起重机和A级门式起重机	A级桥式、门式起重机
	含有A级流动式起重机	A级流动式起重机
	含有A级门座式起重机	A级门座式起重机
	同时含有B级及以下桥式起重机和B级及以下门式起重机	B级桥式、门式起重机
	含有B级流动式起重机	B级流动式起重机
	含有B级门座式起重机	B级门座式起重机
	含有机械式停车设备	机械式停车设备
	含有塔式起重机、升降机	塔式起重机、升降机
	含有缆索式起重机	缆索式起重机
	含有桅杆式起重机	桅杆式起重机
场(厂)内专用机动车辆制造、修理、改造	有机动工业车辆(叉车)	机动工业车辆(叉车)
	含有非公路用旅游观光车辆(观光车、观光列车)	非公路用旅游观光车辆(观光车、观光列车)
起重机械安装(含修理)	同时含有A级桥式起重机和A级门式起重机	A级桥式、门式起重机
	原许可项目中含有A级门座式起重机	A级门座式起重机
	原许可项目中同时含有B级及以下桥式起重机和B级及以下门式起重机	B级桥式、门式起重机
	原许可项目中含有B级及以下门座式起重机	B级门座式起重机
	原许可项目中含有机械式停车设备	机械式停车设备
	原许可项目中同时含有塔式起重机、升降机	塔式起重机、升降机
	原许可项目中含有缆索式起重机	缆索式起重机
	原许可项目中含有桅杆式起重机	桅杆式起重机
场(厂)内专用机动车辆修理	原许可项目中含有机动工业车辆(叉车)	机动工业车辆(叉车)
	原许可项目中含有非公路用旅游观光车辆(观光车、观光列车)	非公路用旅游观光车辆(观光车、观光列车)

注：

1. 取得电梯中自动扶梯、自动人行道制造许可和大型游乐设施中水上游乐设施、无动力游乐设施制造许可的，换证时应进行鉴定评审，不允许申请自我声明承诺换证。

2. 取得A级乘客电梯制造许可和A级安装、改造、维修许可的，换取A1级证书时，换证时应进行鉴定评审，不允许申请自我声明承诺换证。

附件2

特种设备作业人员证书换发对应表

种类	原作业人员项目与代号		新作业人员项目与代号		说　明
	作业项目	项目代号	作业项目	项目代号	
特种设备相关管理	特种设备安全管理负责人	A1	特种设备安全管理	A	直接换发
	特种设备质量管理负责人	A2			
	锅炉压力容器压力管道安全管理	A3			
	电梯安全管理	A4			
	起重机械安全管理	A5			
	客运索道安全管理	A6			
	大型游乐设施安全管理	A7			
	场(厂)内专用机动车辆安全管理	A8			
锅炉作业	一级锅炉司炉	G1	工业锅炉司炉	G1	原一级锅炉司炉变更为工业锅炉司炉；原二、三级锅炉司炉依据持证人申请或实际操作锅炉情况，变更为工业锅炉司炉或电站锅炉司炉
	二级锅炉司炉	G2	工业锅炉司炉或电站锅炉司炉	G1 或 G2	
	三级锅炉司炉	G3			
	一级锅炉水质处理	G4	锅炉水处理	G3	直接换发
	二级锅炉水质处理	G5			
	锅炉能效作业	G6	取消		
压力容器作业	固定式压力容器操作	R1	快开门式压力容器操作	R1	依承诺具有实际快开门容器操作经验的持证人申请换发
	移动式压力容器充装	R2	移动式压力容器充装	R2	直接换发
	氧舱维护保养	R3	氧舱维护保养	R3	直接换发
气瓶作业	永久气体气瓶充装	P1	气瓶充装	P	直接换发
	液化气体气瓶充装	P2			
	溶解乙炔气瓶充装	P3			
	液化石油气瓶充装	P4			
	车用气瓶充装	P5			
压力管道作业	压力管道巡检维护	D1	取消		
	带压封堵	D2			
	带压密封	D3			
电梯作业	电梯机械安装维修	T1	电梯修理	T	直接换发
	电梯电气安装维修	T2			
	电梯司机	T3	取消		

种类	原作业人员项目与代号		新作业人员项目与代号		说　明
	作业项目	项目代号	作业项目	项目代号	
起重机械作业	起重机械机械安装维修	Q1	取消		
	起重机械电气安装维修	Q2			
	起重机械指挥	Q3	起重机指挥	Q1	直接换发
	桥门式起重机司机	Q4	起重机司机	Q2	直接换发，依据原持证项目根据新版《特种设备作业人员资格认定分类与项目》的规定标注限制范围
	塔式起重机司机	Q5			
	门座式起重机司机	Q6			
	缆索式起重机司机	Q7			
	流动式起重机司机	Q8			
	升降机司机	Q9			
	机械式停车设备司机	Q10	取消		
客运索道作业	客运索道安装	S1	客运索道修理	S1	直接换发
	客运索道维修	S2	客运索道修理	S1	直接换发。原客运索道维修(限电气维修)项目依据持证人申请可以同时换发客运索道修理、客运索道司机两个项目
	客运索道司机	S3	客运索道司机	S2	直接换发
	客运索道编索	S4	客运索道修理	S1	直接换发
大型游乐设施作业	大型游乐设施安装	Y1	大型游乐设施修理	Y1	直接换发
	大型游乐设施维修	Y2			
	大型游乐设施操作	Y3	大型游乐设施操作	Y2	直接换发。水上大型游乐设施操作与维修项目依据持证人申请可以同时可以换发大型游乐设施修理、操作两个项目
	水上大型游乐设施操作与维修	Y4			
场(厂)内专用机动车辆作业	车辆维修	N1	取消		
	叉车司机	N2	叉车司机	N1	直接换发
	搬运车牵引车推顶车司机	N3	取消		
	内燃观光车司机	N4	观光车和观光列车司机	N2	直接换发
	蓄电池观光车司机	N5			
安全附件维修作业	安全阀校验	F1	安全阀校验	F	直接换发
	安全阀维修	F2			
特种设备焊接作业	按照《特种设备焊接操作人员考核细则》执行				

市场监管总局关于特种设备行政许可优化准入服务和加强事中事后监管措施的公告

索引号：2019-1550628665910
主题分类：公示公告
文号：2019年第8号
所属机构：特种设备安全监察局
发文日期：2019年02月18日

为深入贯彻落实国务院在全国推行“证照分离”改革的要求，有效降低企业制度性交易成本，加强特种设备监管，经广泛征求意见，市场监管总局制定了《特种设备行政许可优化准入服务和加强事中事后监管的措施》(见附件1)，并对《特种设备作业人员考核规则》(TSG Z6001—2013)作为相应修订(见附件2)，现予公告。

本公告中市场监管总局负责实施的自我声明换证措施，自2019年6月1日起实施；其他特种设备行政许可事项相关措施，自2019年3月1日起实施。各省(自治区、直辖市)及以下特种设备安全监管部门负责实施的特种设备行政许可事项，由发证机关按要求尽快完善相关措施，向社会公布后实施。

市场监管总局
2019年2月18日

附件1 《特种设备行政许可优化准入服务和加强事中事后监管的措施》
附件2 《特种设备作业人员考核规则》(TSG Z6001—2013)(略)

附件 1

特种设备行政许可优化准入服务和加强事中事后监管的措施

一、特种设备行政许可优化准入服务的措施

（一）压缩审批时间和简化申请资料。特种设备生产单位（设计、制造、安装、修理、改造，下同）许可和检验检测机构核准审批发证时间进一步压缩 5 个工作日。特种设备生产单位许可取证申请资料简化为许可申请书，发证机关对营业执照实施在线核验。型式试验与监督检验不作为生产单位许可取证的前置条件，生产单位按照安全技术规范的要求，进行产品型式试验和监督检验。

（二）自我声明承诺换证。在本许可周期内未发生行政处罚、责任事故、质量安全问题和质量投诉未结案等情况，且满足相应许可条件中所规定生产业绩的生产单位，在许可证书有效期满前，采取自我声明承诺持续满足许可条件要求的方式申请直接换证，免除鉴定评审，但不得连续两个许可周期申请直接换证。不符合上述要求的特种设备生产单位，不得采取自我声明承诺的方式直接换证。

（三）简化特种设备作业人员换证手续。特种设备作业人员（含安全管理人员，下同）在资格证书有效期满前提交换证申请，发证机关核验通过后，直接办理换证。资格证书有效期逾期的，作业人员应重新申请取证。作业人员申请换证时所提供申请材料简化为换证申请表、作业人员证书（原件）、现用人单位出具的没有违章作业、未发生责任事故等不良记录证明。除焊接操作人员外，其他作业人员换证一律不需要考试。不再要求换证申请人员提供安全教育和培训证明、持续作业时间证明和体检报告。

（四）免收费。特种设备生产单位许可、检验检测机构核准及检验检测人员资格认定涉及的技术性服务工作，采取政府购买服务方式确定鉴定评审机构和人员考试机构，并委托其开展鉴定评审和检验检测人员考试，不对行政许可相对人收费。

（五）推广网上业务办理。推广特种设备行政许可网上业务办理，实行网上申请和审批，并在网上公示审批程序、受理条件、办理标准和办理进度。

二、加强事中事后监管的措施

（一）强化证后监督检查。加大生产单位监督检查力度。对有投诉举报和质量问题的企业进行重点检查，并通过“双随机、一公开”的方式逐步实现生产单位监督检查全覆盖，进一步加大抽查比例。对于作业人员，特种设备安全监督管理部门在开展特种设备现场监督检查时，依法抽查使用单位对其特种设备作业人员进行安全教育和技能培训的情况。

（二）强化监督检验。检验机构应严格按照相关安全技术规范的要求，在开展监督检验和型式试验时对持证生产单位的保持许可条件的情况进行检查，发现问题时应及时报发证机关。

（三）加大退出力度。对采取自我声明承诺申请直接换证的生产单位，如发现其提交的申请材料中有虚假内容的，发证机关应当依法作出撤销证书决定。对不再满足许可条件的持证单位，按有关法律法规的规定予以处理。

（四）信息公开。发证机关将证后监督抽查的结果依法向社会公开。对于因质量原因导致发生事故的生产单位和涉及行政处罚以及存在提供虚假信息等失信情况的单位纳入社会信用体系。

市场监管总局关于特种设备行政许可有关事项的公告

（2021 年第 41 号）

为深入贯彻落实国务院“放管服”改革要求，加强特种设备安全监管，经广泛征求意见，市场监管总局对《市场监管总局关于特种设备行政许可有关事项的公告》（2019 年第 3 号）中的《特种设备生产单位许可目录》《特种设备作业人员资格认定分类与项目》《特种设备检验检测人员资格认定项目》进行了修订和调整，同时，新制定了《特种设备检验、检测机构核准项目》，现一并予以公告。

以上目录和项目自 2022 年 6 月 1 日起实施，市场监管总局 2019 年第 3 号公告同时废止。

附件：1. 特种设备生产单位许可目录

2. 特种设备作业人员资格认定分类与项目

3. 特种设备检验检测人员资格认定项目

4. 特种设备检验、检测机构核准项目

国家市场监督管理总局

2021 年 11 月 30 日

附件1

特种设备生产单位许可目录

许可类别	项目	由总局实施的子项目	总局授权省级市场监管部门实施或由省级市场监管部门实施的子项目	备　注
设计单位许可	压力容器设计	压力容器分析设计(SAD)	1. 固定式压力容器规则设计 2. 移动式压力容器规则设计	1. 压力容器制造单位设计本单位制造的压力容器，无需单独取得设计许可(含分析设计)，在制造许可证上注明实际设计范围。无设计能力的压力容器制造单位应当将设计分包至持有相应设计许可的设计单位。 2. 申请分析设计许可的单位必须先取得规则设计许可
	压力管道设计	无	1. 长输管道(GA1、GA2) 2. 公用管道(GB1、GB2) 3. 工业管道(GC1、GC2、GCD)	许可参数级别见注一
制造单位许可	锅炉制造[含安装(散装锅炉除外)、修理、改造]	锅炉(A，不限具体产品范围)	1. 锅炉(A，限定A级锅炉部件、热水锅炉、余热锅炉、油田注汽炉、盘管锅炉、电加热锅炉等) 2. 锅炉(B)	许可参数级别见注二
	压力容器制造(含安装、修理、改造)	1. 固定式压力容器 (1)大型高压容器(A1) (2)超高压容器(A6) 2. 移动式压力容器铁路罐车(C1) 3. 氧舱(A5) 4. 气瓶 特种气瓶(纤维缠绕气瓶(B3))	1. 固定式压力容器 (1)其他高压容器(A2) (2)球罐(A3) (3)非金属压力容器(A4) (4)中、低压容器(D) 2. 移动式压力容器 (1)汽车罐车、罐式集装箱(C2) (2)长管拖车、管束式集装箱(C3) 3. 气瓶 (1)无缝气瓶(B1) (2)焊接气瓶(B2) (3)特种气瓶(低温绝热气瓶(B4)、内装填料气瓶(B5))	1. 固定式压力容器压力分级方法按照《固定式压力容器安全技术监察规程》执行。 2. 大型高压容器指内径大于或者等于2米的高压容器。 3. 超大型压力容器是指因直径过大无法整体通过公路、铁路运输的压力容器。从事超大型中低压非球形压力容器现场制造的单位，应取得相应级别的压力容器制造许可(许可证书注明含超大型中低压非球形压力容器现场制造)，持有A3级压力容器制造许可证的制造单位可以从事超大型中低压非球形压力容器现场制造。 4. 特种气瓶包括纤维缠绕气瓶(B3)、低温绝热气瓶(B4)、内装填料气瓶(B5)。 5. 覆盖关系：A1级覆盖A2、D级，A2、C1、C2级覆盖D级。 6. 取得A5级压力容器制造许可的单位可以制造与其产品配套的中低压压力容器

许可类别	项目	由总局实施的子项目	总局授权省级市场监管部门实施或由省级市场监管部门实施的子项目	备　注
制造单位许可	安全附件制造	爆破片装置	1. 安全阀(A、B) 2. 紧急切断阀(A、B) 3. 燃气气瓶阀门(不含车用燃气阀门)	1. 安全阀、紧急切断阀许可参数级别见注三。 2. 其他气瓶阀门只需通过型式试验
	压力管道元件制造	无	1. 压力管道管子(A、B) 2. 压力管道阀门(A1、A2、B) 3. 压力管道管件(无缝管件(B1、B2)、有缝管件(B1、B2)、锻制管件、聚乙烯管件) 4. 压力管道法兰(钢制锻造法兰) 5. 补偿器(金属波纹膨胀节(B1、B2)) 6. 元件组合装置	1. 同品种A级覆盖B级。 2. 压力管道元件许可参数级别见注三。 3. 只需通过型式试验的压力管道元件见注四
	境外特种设备制造	境外承压类特种设备实施制造许可制度： 1. 锅炉 2. 压力容器 3. 气瓶 4. 安全附件(安全阀、爆破片装置、紧急切断阀、燃气气瓶阀门) 5. 压力管道元件(压力管道管子、压力管道阀门)	无	1. 境外承压类特种设备制造许可参数级别、型式试验要求与境内相同。 2. 进口境外机电类特种设备(电梯、起重机械、客运索道、大型游乐设施、场(厂)内专用机动车辆)及其部件，在投入使用前应通过型式试验
	电梯制造(含安装、修理、改造)	曳引驱动乘客电梯(含消防员电梯)(A1)	1. 曳引驱动乘客电梯(含消防员电梯)(A2、B) 2. 曳引驱动载货电梯和强制驱动载货电梯(含防爆电梯中的载货电梯) 3. 自动扶梯与自动人行道 4. 液压驱动电梯 5. 杂物电梯(含防爆电梯中的杂物电梯)	许可参数级别见注五
	起重机械制造(含安装、修理、改造)	桥式、门式起重机(A)	1. 桥式、门式起重机(B) 2. 流动式起重机(A、B) 3. 门座式起重机(A、B) 4. 机械式停车设备 5. 塔式起重机、升降机 6. 缆索式起重机 7. 桅杆式起重机	许可参数级别见注六
	客运索道制造(含安装、修理、改造)	1. 客运架空索道(脱挂抱索器索道、双线往复式索道、单线固定抱索器索道) 2. 客运缆车 3. 客运拖牵索道	无	无

许可类别	项目	由总局实施的子项目	总局授权省级市场监管部门实施或由省级市场监管部门实施的子项目	备注
制造单位许可	场(厂)内专用机动车辆制造(含修理、改造)	无	1. 机动工业车辆(叉车) 2. 非公路用旅游观光车辆(观光车、观光列车)	观光车：额定载客人数(含驾驶人员)6~23 人、且最大运行速度≤30km/h； 观光列车：额定载客人数(含驾驶人员和安全员)≤72 人、且最大运行速度≤20km/h
	大型游乐设施制造(含安装、修理改造)	无	1. 滑行和旋转类(含游乐车辆和无动力类)(A、B) 2. 游乐车辆和无动力类 3. 水上游乐设施	许可参数级别见注七
安装改造修理单位许可	承压类特种设备安装、修理、改造	长输管道安装(含修理、改造)(GA1)	1. 锅炉安装(含修理、改造)(A、B) 2. 长输管道安装(含修理、改造)(GA2) 3. 公用管道安装(GB1、GB2) 4. 工业管道安装(GC1、GC2、GCD)	1. 锅炉安装许可参数级别见注二。 2. 压力管道安装许可参数级别见注一。 3. 固定式压力容器安装不单独进行许可，各类车用气瓶安装无需许可。 4. 可以从事压力容器、压力管道安装的生产单位资质规定见注八。 5. 压力容器改造和重大修理由取得相应级别制造许可的单位进行，不单独进行许可；A2 级压力容器制造单位可以修理和改造 A1 级大型高压容器。 6. 公用管道、工业管道改造和重大修理由取得相应级别安装许可的单位进行，不单独进行许可
	电梯安装(含修理)	无	1. 曳引驱动乘客电梯(含消防员电梯)(A1、A2、B) 2. 曳引驱动载货电梯和强制驱动载货电梯(含防爆电梯中的载货电梯) 3. 自动扶梯与自动人行道 4. 液压驱动电梯 5. 杂物电梯(含防爆电梯中的杂物电梯)	许可参数级别见注五
	起重机械安装(含修理)	无	1. 桥式、门式起重机(A、B) 2. 流动式起重机(A、B) 3. 门座式起重机(A、B) 4. 机械式停车设备 5. 塔式起重机、升降机 6. 缆索式起重机 7. 桅杆式起重机	许可参数级别见注六

许可类别	项目	由总局实施的子项目	总局授权省级市场监管部门实施或由省级市场监管部门实施的子项目	备　注
安装改造修理单位许可	客运索道安装（含修理）	无	1. 客运架空索道（脱挂抱索器索道、双线往复式索道、单线固定抱索器索道） 2. 客运缆车 3. 客运拖牵索道	
	大型游乐设施安装（含修理）	无	1. 滑行和旋转类（含游乐车辆和无动力类）（A、B） 2. 游乐车辆和无动力类 3. 水上游乐设施	许可参数级别见注七
	场（厂）内专用机动车辆修理	无	1. 机动工业车辆（叉车） 2. 非公路用旅游观光车辆（观光车、观光列车）	观光车：额定载客人数（含驾驶人员）6～23 人、且最大运行速度≤30km/h； 观光列车：额定载客人数（含驾驶人员和安全员）≤72 人、且最大运行速度≤20km/h
充装单位许可	移动式压力容器、气瓶充装	无	全部	

注一：压力管道设计、安装许可参数级别

许可级别	许可范围	备注
GA1	设计压力大于 4.0MPa（表压，下同）的长输输油输气管道	GA1 级覆盖 GA2 级
GA2	GA1 级以外的其他长输管道	—
GB1	燃气管道	—
GB2	热力管道	—
GC1	1. 输送《危险化学品目录》中规定的毒性程度为急性毒性类别 1 介质、急性毒性类别 2 气体介质和工作温度高于其标准沸点的急性毒性类别 2 液体介质的工艺管道； 2. 输送 GB 50160《石油化工企业设计防火规范》、GB 50016《建筑设计防火规范》中规定的火灾危险性为甲、乙类可燃气体或者甲类可燃液体（包括液化烃），并且设计压力大于或者等于 4.0MPa 的工艺管道； 3. 输送流体介质，并且设计压力大于或者等于 10.0MPa，或者设计压力大于或者等于 4.0MPa 且设计温度高于或者等于 400℃的工艺管道	GC1 级、GCD 级覆盖 GC2 级
GC2	1. GC1 级以外的工艺管道 2. 制冷管道	—
GCD	动力管道	—

注二：锅炉制造、安装许可参数级别

许可参数级别	许可范围(注)	备注
A	额定出口压力大于2.5MPa的蒸汽和热水锅炉	A级覆盖B级
B	额定出口压力小于等于2.5MPa的蒸汽和热水锅炉； 有机热载体锅炉。	

注：

1. A级锅炉制造许可范围还包括锅筒、集箱、蛇形管、膜式壁、锅炉范围内管道及管道元件、鳍片式省煤器，其他A级承压部件制造由上述制造许可覆盖，不单独进行许可。
2. B级许可范围的锅炉承压部件由持锅炉制造许可证的单位制造，不单独进行许可。
3. 锅炉制造单位可以安装本单位制造的锅炉(散装锅炉除外)。
4. 锅炉改造和修理，应由取得相应级别的锅炉安装资格的单位或相应级别的锅炉制造资格的单位进行，不单独进行许可。
5. 锅炉范围内管道可以由锅炉制造单位设计，也可以由取得GCD级压力管道设计许可的单位设计；锅炉范围内管道中使用的管件和元件组合装置(减温减压装置、流量计(壳体)、工厂化预制管段)，由相应级别的锅炉制造单位制造或者由取得相应压力管道元件制造许可的单位制造；锅炉范围内管道中使用的管子、阀门、补偿器等压力管道元件，由取得相应压力管道元件制造许可的单位制造。

注三：安全阀、紧急切断阀、压力管道元件制造许可参数级别

<table>
<tr><th rowspan="2">设备类别(品种)</th><th colspan="2">许可参数级别(除紧急切断阀外同品种A级覆盖B级)</th></tr>
<tr><th>A级</th><th>B级</th></tr>
<tr><td>安全阀</td><td>1. 公称压力大于或者等于10MPa且公称通径大于或者等于100mm的安全阀；
2. 公称压力大于或者等于4.0MPa且设计温度低于或者等于零下101℃的安全阀</td><td>其他安全阀</td></tr>
<tr><td>紧急切断阀</td><td>用于移动式压力容器上的紧急切断阀</td><td>其他紧急切断阀</td></tr>
<tr><td>压力管道管子
(无缝钢管、焊接钢管、非金属材料管)</td><td>1. 公称直径大于或者等于150mm且公称压力大于或者等于10MPa用于压力管道的无缝钢管
2. 公称直径大于或者等于800mm用于输送石油天然气的焊接钢管
3. 公称直径大于或者等于450mm用于输送燃气的聚乙烯管</td><td>除A级以外的其他无缝钢管、焊接钢管、聚乙烯管；非金属材料管中的其他非金属材料管。</td></tr>
<tr><td>压力管道阀门
(金属阀门)</td><td>A1：公称压力大于或者等于10MPa且公称直径大于或者等于300mm的金属阀门
A2：公称压力大于4.0MPa且设计温度低于或者等于零下101℃的金属阀门</td><td>公称压力大于4.0MPa且公称直径大于或者等于50mm的其他金属阀门。</td></tr>
<tr><td rowspan="2">压力管道管件
(无缝管件、有缝管件、锻制管件、聚乙烯管件)</td><td colspan="2">锻制管件、聚乙烯管件，不分级</td></tr>
<tr><td>—</td><td>B1：公称直径大于或者等于300mm且标准抗拉强度下限值大于540MPa的无缝管件、标准抗拉强度下限值大于540MPa的有缝管件；
B2：其他无缝管件、有缝管件</td></tr>
<tr><td>补偿器
(金属波纹膨胀节)</td><td>—</td><td>B1：公称压力大于或者等于4.0MPa且公称直径大于或者等于500mm的金属波纹膨胀节；
B2：其他金属波纹膨胀节</td></tr>
</table>

设备类别(品种)	许可参数级别(除紧急切断阀外同品种 A 级覆盖 B 级)	
	A 级	B 级
法兰(钢制锻造法兰)	钢制锻造法兰，不分级	
需要制造许可的元件组合装置	燃气调压装置、减温减压装置、流量计(壳体)、锅炉范围内管道和长输油气管道使用的工厂化预制管段。	

注：

1. 元件组合装置是指由管子、管件、阀门、法兰、补偿器、密封元件等压力管道元件组合(焊接、法兰连接等)在一起具备某种功能的装置，包括井口装置和采油树、节流压井管汇、燃气调压装置、减温减压装置、阻火器、流量计(壳体)、工厂化预制管段。不需要制造许可的元件组合装置仍需要进行制造监督检验或者通过型式试验。

2. 工厂化预制管段是指制造单位在工厂内根据施工设计图将压力管道元件焊接组装整体出厂的管道元件产品，包括：汇管、过滤器、分离器、凝水(气)缸、除污器、混合器、缓冲器、收发球筒、鹤管等，不包括在施工现场进行的管道预制。

注四：只需通过型式试验的压力管道元件

设备类别	需通过型式试验的设备品种(产品)
压力管道管子	无缝钢管(热扩)
	有色金属管
	球墨铸铁管
	复合管
压力管道管件	复合管件
	非金属管件(不包括聚乙烯管件)
压力管道阀门	金属阀门(公称压力小于或者等于 4.0MPa)
	非金属阀门
补偿器	旋转补偿器
	非金属膨胀节
压力管道密封元件	金属密封元件
	非金属密封元件
压力管道特种元件	防腐管道元件
压力管道特种元件(元件组合装置)	井口装置和采油树、节流压井管汇、阻火器

注五：电梯许可参数级别

设备类别	许可参数级别			备　注
	A1	A2	B	
曳引驱动乘客电梯(含消防员电梯)	额定速度>6.0m/s	2.5m/s<额定速度≤6.0m/s	额定速度≤2.5m/s	A1 级覆盖 A2 和 B 级，A2 级覆盖 B 级
曳引驱动载货电梯和强制驱动载货电梯(含防爆电梯中的载货电梯)	不分级			
自动扶梯与自动人行道	不分级			
液压驱动电梯	不分级			
杂物电梯(含防爆电梯中的杂物电梯)	不分级			

注六：起重机械许可参数级别

设备类别	许可参数级别		备注
	A	B	
桥式、门式起重机	200t 以上	200t 及以下(注)	A 级覆盖 B 级，岸边集装箱起重机、装卸桥纳入 A 级许可
流动式起重机	100t 以上	100t 及以下(注)	A 级覆盖 B 级
门座式起重机	40t 以上	40t 及以下(注)	A 级覆盖 B 级
机械式停车设备	不分级		
塔式起重机、升降机			
缆索式起重机			
桅杆式起重机			
注：t 是指额定起重量(吨)。			

注七：大型游乐设施许可参数级别

设备类别	许可参数级别		备注
	A	B	
滑行和旋转类（含游乐车辆和无动力类）	1. 滑行车类：运行速度≥50km/h，或轨道高度≥10m 2. 架空游览车类：轨道高度≥10m，或单车(列)承载人数≥40 人 3. 滑道类长度≥800m 4. 观览车类：高度≥50m，或单舱承载人数≥38 人 5. 陀螺类：倾角≥70°，或回转直径≥12m 6. 飞行塔类：运行高度≥30m，或承载人数≥40 人 7. 转马类：回转直径≥14m，或承载人数≥90 人 8. 自控飞机类：回转直径≥14m，或承载人数≥40 人	A 级以外的其他滑行和旋转类大型游乐设施	A 级覆盖 B 级，滑行和旋转类许可可以覆盖游乐车辆和无动力类大型游乐设施许可
游乐车辆和无动力类	赛车、小火车、碰碰车和无动力大型游乐设施，不分级		
水上游乐设施	不分级		

注八：可以从事压力容器、压力管道安装的生产单位资质规定

所持有的许可资质	从事压力容器安装	从事压力管道安装
锅炉安装许可证	可以安装压力容器(氧舱除外)，不受级别限制	可以安装与所安装锅炉直接相连接的压力管道
压力容器制造许可证	可以安装相应制造许可级别范围内的压力容器	可以安装与所安装压力容器直接相连接的压力管道
压力管道安装许可证	可以安装压力容器(氧舱除外)，不受级别限制	可以安装许可证书范围内的压力管道

附件2

特种设备作业人员资格认定分类与项目

序号	种类	作业项目	项目代号
1	特种设备安全管理	特种设备安全管理	A
2	锅炉作业	工业锅炉司炉	G1
		电站锅炉司炉(注1)	G2
		锅炉水处理	G3
3	压力容器作业	快开门式压力容器操作	R1
		移动式压力容器充装	R2
		氧舱维护保养	R3
4	气瓶作业	气瓶充装	P
5	电梯作业	电梯修理(注2)	T
6	起重机作业	起重机指挥	Q1
		起重机司机(注3)	Q2
7	客运索道作业	客运索道修理	S1
		客运索道司机	S2
8	大型游乐设施作业	大型游乐设施修理	Y1
		大型游乐设施操作	Y2
9	场(厂)内专用机动车辆作业	叉车司机	N1
		观光车和观光列车司机	N2
10	安全附件维修作业	安全阀校验	F
11	特种设备焊接作业	金属焊接操作	(注4)
		非金属焊接操作	

注：

1. 资格认定范围为300MW以下(不含300MW)的电站锅炉司炉人员，300MW及以上电站锅炉司炉人员由使用单位按照电力行业规范自行进行技能培训。
2. 电梯修理作业项目包括修理和维护保养作业。
3. 可根据报考人员的申请需求进行范围限制，具体明确限制为桥式起重机司机、门式起重机司机、塔式起重机司机、门座式起重机司机、缆索式起重机司机、流动式起重机司机、升降机司机。如“起重机司机(限桥式起重机)”等。
4. 特种设备焊接作业人员代号按照《特种设备焊接操作人员考核规则》的规定执行。

附件 3

特种设备检验检测人员资格认定项目

许可类别	项目	由总局实施的子项目	总局授权省级市场监管部门实施的子项目	备注
特种设备检验检测人员资格认定	特种设备检验人员资格认定	高级检验师 检验师 检验员(限锅炉能效测试、锅炉水(介)质、大型游乐设施和客运索道检验员)	检验员(锅炉能效测试、锅炉水(介)质、大型游乐设施和客运索道检验员除外)	
	特种设备无损检测人员资格认定	Ⅲ级 Ⅱ级(RT、UT、MT、PT 除外)	Ⅱ级(限 RT、UT、MT、PT) Ⅰ级	

附件4

特种设备检验、检测机构核准项目

许可类别	项目	由总局实施的子项目	总局授权省级市场监管部门实施的子项目	备注
特种设备检验、检测机构核准	特种设备检验机构核准	甲类检验机构A1级 甲类检验机构A2级 甲类检验机构B1级(限省级政府、副省级城市政府设立的特种设备检验机构)	甲类检验机构B1级(市场监管总局负责核准的机构除外) 甲类检验机构B2级 乙类检验机构 丙类检验机构	
	特种设备检测机构核准	无	特种设备检测机构(无损检测、电梯检测、安全阀校验)	

质检总局办公厅关于承压特种设备安全监察工作有关问题意见的通知

(质检办特函〔2017〕1336 号)

各省、自治区、直辖市质量技术监督局(市场监督管理部门):

针对近期锅炉、压力容器、压力管道等承压特种设备安全监察工作中出现的新情况、新问题,为进一步完善安全监察工作,经研究,现就有关问题意见通知如下,请根据实际情况贯彻执行。

一、锅炉

(一) 关于境内单位制造境外牌号锅炉用材料。

境内企业制造境外牌号的锅炉用材料,应当按照《锅炉安全技术监察规程》(TSG G0001—2012,以下简称《锅规》)2.6.2 规定的技术要求进行制造,不需要按《锅规》1.6 的规定通过技术评审和核准。

(二) 关于蒸汽锅炉低水位联锁保护装置。

《锅规》第 1 号修改单明确规定各类蒸汽锅炉应当装设低水位联锁保护装置。使用额定蒸发量小于 2t/h 的在用蒸汽锅炉(设计正常水位水容积≤50L 的蒸汽锅炉除外)的使用单位应当按照《锅规》第 1 号修改单的要求加装低水位联锁保护装置,加装工作应当在本文发布之日起的两个外部检验周期之内完成,具体加装完成时间范围由锅炉定期检验机构根据检验时间确定。未在规定时限内完成加装上述联锁保护装置的蒸汽锅炉,检验机构在定期检验时不得出具符合要求的结论。对直流式无固定汽水分界线的锅炉,水容积按受热面内满水总容积计算。

(三) 关于余热锅炉的生产、使用、检验。

余热锅炉的设计由设计者根据具体产品部件结构,按照相应的锅炉和压力容器安全技术规范、标准进行,其中锅筒(汽水分离器)既可以按压力容器标准也可以按锅炉标准进行设计,水冷壁、蛇形管等受热面部件可参考锅炉标准进行设计,发电用余热锅炉的设计还应当符合电站锅炉的有关技术要求。整体余热锅炉产品由设计者根据主要设计依据在图纸上归类为锅炉或者压力容器,并且应当由持有相应级别锅炉或者压力容器制造许可证的单位制造,由持有相应级别锅炉或压力容器安装许可证的单位或其制造单位进行安装,按照整体产品设计归类办理使用登记和进行定期检验。

(四) 关于锅炉改造。

锅炉燃料发生改变时,如燃烧方式没发生改变,且受热面和承压件没发生改动,不列为改造;燃烧方式发生变化(如层燃变室燃等)应列为锅炉改造。改变锅炉燃料的使用单位应当办理使用登记变更,变更内容包括产品数据表中的燃料种类和使用登记表中的产品型号。对只保留锅炉支撑框架结构更换主体受热面和其他承压部件的变动不列为改造,属于新制造。

锅炉改造中对于不提高额定工作压力,通过调整或更换受热面、更换蒸汽管道的方式提高额定工作温度的改造,不需进行技术评审。改造工作的其他要求应满足《锅规》的规定。锅炉使用单位和改造单位应当针对锅炉炉型合理确定改造方案,保证改造后的锅炉安全运行。

(五) 关于电加热蒸汽发生器。

对外输出蒸汽且蒸汽压力与容积参数符合《特种设备目录》的电加热蒸汽发生器,可以按锅炉或者压力容器的相应标准和安全技术规范进行设计制造。按压力容器设计的产品,其安全附件的要求还应当满足《锅规》的规定。制造单位应当持有相应级别的锅炉制造许可证或压力容器制造许可证。电加热蒸汽发生器应当按锅炉办理使用登记。

(六) 关于分汽(水、油)缸。

属于锅炉范围内的分汽(水、油)缸[包括容积小于 30L 或内直径小于 150mm 的分汽(水、油)

缸]，其设计制造和检验要求应当满足锅炉集箱或压力容器的相关规定。分汽(水、油)缸应当由具备相应锅炉或压力容器制造许可资格的企业制造并经制造监督检验，一般应随锅炉本体办理使用登记和定期检验。符合《固定式压力容器安全技术监察规程》(TSG 21—2016，以下简称《固容规》)适用范围的，也可单独按照压力容器进行设计、制造、办理使用登记和定期检验。

二、压力容器

(一) 关于压力容器标准的符合性申明。

采用《固容规》1.10 规定的协调标准之外的标准进行压力容器设计时，设计单位应当向制造单位提供设计文件符合《固容规》基本安全要求的符合性申明和比照表，并由制造单位将其汇总至产品出厂资料，具体格式由设计单位参考《质检总局关于承压特种设备制造许可有关事项的公告》(质检总局公告 2012 年第 151 号)提供的比照表格式制订。比照内容应当包括《固容规》中材料、设计、制造方面的基本安全要求。对于蓄能器、制冷用压力容器、简单压力容器等批量制造的产品，采用《固容规》1.10 协调标准以外的产品标准(包括境外标准、行业标准、团体标准、企业标准等)设计、制造时，可根据设计压力和设计温度范围，按产品种类填写通用性的符合性申明及比照表，符合性申明中的"总图号"项填写"通用"。

(二) 关于材料的可追溯信息化标识。

《固容规》2.1.1(4)中材料可追溯信息化标识的信息具体内容可由材料制造单位或压力容器制造单位根据本单位材料的实际情况或客户的需要确定，但一般应当包括材料制造单位名称、材料牌号、规格、炉批号、交货状态(热处理状态)、生产日期(发货日期或质证书签发日期)等内容。

(三) 关于压力容器压力管道设计审批人员资格。

从事压力容器设计审核和批准、压力管道设计审核和审定的人员(以下简称设计审批人员)，及从事压力容器分析设计的设计人员(以下简称分析设计人员)不再需要按照《压力容器压力管道设计许可规则》(TSG R1001—2008)第六条规定取得相应的资格。压力容器设计单位和压力管道设计单位(以下统称设计单位)可以自行或者委托第三方专业机构对设计审批人员和分析设计人员进行培训考核，保证其具备相应能力。

鉴定评审机构在鉴定评审时应当对设计单位的设计审批人员和分析设计人员对标准规范理解能力和专业知识进行不少于 3 个小时的现场闭卷考试(试卷由题库生成)和每人不少于 1 小时的图纸分析答辩，还应当考核分析设计人员操作设计软件的能力。鉴定评审机构在提交的鉴定评审资料中应当包括设计审批人员或分析设计人员现场考试结果和具备相应能力的说明材料(考试试卷和答辩记录由评审机构存档)。设计单位在鉴定评审时提交上述人员已通过第三方专业机构培训考核结果的，鉴定评审机构应对考核内容和结果进行确认，对能满足能力要求的可以采信第三方专业机构的培训考核结果并将其列入鉴定评审报告的说明材料中。

(四) 关于固定式真空绝热深冷压力容器的型式试验。

制造单位首次制造真空绝热深冷容器(含应变强化容器)时，应当按照《固容规》4.1.2 规定，约请国家质检总局核准的型式试验机构进行型式试验。固定式真空绝热深冷压力容器的型式试验暂由经核准的具有移动式压力容器(真空绝热罐体)项目的型式试验机构负责实施。

(五) 关于制冷空调用压力容器表面无损检测。

根据制冷空调用压力容器设备制造使用的实际情况，按照《制冷装置用压力容器》(NB/T 47012)进行生产的制冷用压力容器，可以免除《固容规》3.2.10.2.2.4(2)的要求。

(六) 关于地下储气井的制造许可条件。

地下储气井制造企业应当按储气井压力级别和产品类别申请压力容器制造许可。质量保证体系基本要素应包括钻井、钢管组装、固井、检测与试验等过程。钢管组装、固井、耐压试验和气密性试验不得分包。质保体系人员中应包括设计、工艺、材料、钻井、固井、钢管组装、压力试验和气密试验以及最终检验责任人员，其中工艺和固井责任人员应当具备工程师及以上职称。技术人员数量应满足相应级别许可要求，其中无损检测人员至少包括持有 UT 和 RT 中级或以上的无损检测人员各一人。专业作业人员应包括钢管组装及固井专业作业人员且不少于8人，制造现场应配备钢管组装和固井专业人员。生产设备应包括满足制造要求的钢管组装设备包括液压大钳(套管动力钳，最大扭矩不少于28KN·m)、动力系统、夹具等和固井所需的泥浆泵。检测、计量和试验设备应包括必要的厚度、长度、压力和扭矩计量设备和最高工作压力能满足耐压试验要求的压力试验泵。

(七) 关于介质名称的说明。

《移动式压力容器安全技术监察规程》(TSG R0005—2011，以下简称《移动容规》)表3-4中的“混合液化石油气”与GB 12268《危险货物品名表》中编号1075的“液化石油气”为同一种介质，设计单位在设计文件中使用上述两种介质名称均可。移动式压力容器出厂资料(产品质量证明书、铭牌等)中介质标注为“液化石油气(丙烷)”的形式不符合《移动容规》“质量证明资料中限标注一种介质”的规定，“液化石油气”与“丙烷”应当区别标注。

(八) 关于盛装三氟化氮的移动式压力容器使用监管。

对于已经进口或使用的盛装三氟化氮的在用管束式集装箱，如已经过进口(口岸)安全质量监督检验或定期检验，且检验结论为合格的，各地可以办理使用登记，允许充装使用。相关充装单位应当按照充装许可规则规定申请办理移动式压力容器充装许可。

地方各级特种设备安全监管部门应督促使用单位加强对在用三氟化氮管束式集装箱的使用安全管理，做好建档、日常维护和按期检查检验等工作，切实履行使用安全主体责任。检验机构在受理盛装液化气体的进口移动式压力容器监督检验申请时，制造单位或者用户应提交《移动容规》1.7规定的技术评审和批准资料，检验机构方可开展进口移动式压力容器安全质量监督检验。

(九) 关于氧舱压力调节系统压力介质质量。

氧舱压力调节系统的压力介质质量应当由使用单位进行日常检查，氧舱定期检验时检验机构应对使用单位的检查情况进行查验。使用单位如无能力对压力介质质量进行检查时，可委托氧舱检验机构或其他第三方机构进行检查。

三、气瓶

(一) 关于站用气瓶或瓶组的安全监察。

按照气瓶设计制造、在加气站站内固定使用的气瓶或瓶组，应按照气瓶办理使用登记和进行定期检验(定期检验机构应当具有PD1资质或RD8资质)。对于大容积无缝气瓶及其瓶组，定期检验机构应当按照《大容积钢质无缝气瓶》(GB 33145—2016)的规定，在定期检验项目中增加大容积无缝气瓶检验的相关要求。站用气瓶或瓶组固定使用时，其设置要求还应当符合国家建筑设计防火规范以及消防的相关规定。

(二) 关于水压试验装置的自动记录功能。

为实现气瓶产品安全质量的可追溯，《气瓶安全技术监察规程》4.9(3)规定了“水压试验装置应当能实时自动记录瓶号、时间及试验结果”。各液化石油气瓶制造单位的水压试验装置应当能够同时实现以下功能：

1. 自动识读记录瓶号，识别准确率达到95%以上；

2. 实时自动记录实际试验压力；

3. 保证气瓶保压时间不少于30秒；

4. 自动记录试验结果，并保存试验装置各工位受试气瓶的水压试验压力-试验时间曲线图。

制造单位的水压试验装置无法做到逐只自动识读记录气瓶钢印号码的，应当在每只气瓶上安装永久性的电子识读标识(二维码或者电子标签)，实现自动识读并记录。

(三) 关于《气瓶充装许可规则》有关条款的说明。

1. 不需要气瓶充装许可的情况。

消防员和矿山抢险人员使用的呼吸器用气瓶的充装行为不纳入气瓶充装许可范围，所充装的气瓶限内部使用、不得用于对外销售。

2.《气瓶充装许可规则》第五条(二)“取得政府规划、消防等有关部门的批准”的适用条件为：

（1）新取证和搬迁的充装站应当具有当地政府或者有关部门出具的《规划许可证》，换证的充装站应当具有当地政府或者有关部门出具的《规划许可证》或者能证明其为合法经营的行政许可文件（《危化品经营许可证》和《燃气经营许可证》等）；

（2）按照消防主管部门的相关要求，充装站申请消防验收合格后获得的消防鉴审合格意见书等。

3.《气瓶充装许可规则》第九条"申请单位可以进行气瓶充装线调试"中的"充装线调试"是指充装站特种设备、气瓶充装线的整体调试和气瓶试充装；在取得充装许可前，充装站不得对外营业。

4.《气瓶充装许可规则》A5.3"充装安全设施应当符合以下标准有关安全设施的要求"中，所列四项标准（GB 17264—1998、GB 17265—1998、GB 17266—1998、GB 17267—1998）已经被《气瓶充装站安全技术条件》（GB/T 27550—2011）替代，在标准 GB/T 27550 实施后，气瓶充装许可的新申请单位、换证单位都应当满足该标准关于安全设施的要求。

（四）关于专用颜色液化石油气瓶。

气瓶产权单位申请采用专用颜色的液化石油气瓶，必须具备以下条件：

1. 办理气瓶使用登记的质量技术监督部门应当同意并负责监督。

2. 在气瓶上安装永久性的电子识读标识（二维码或者电子标签）并建立气瓶追溯系统。

3. 在气瓶上封头凸压产权单位标识（在用瓶除外）。

（五）关于出口气瓶。

按照国家标准制造的出口气瓶应当在气瓶监检钢印的部位处压印"CK"钢印，在合格证上标注"出口"汉字或者汉语拼音。出口气瓶不需要制造监检，也不得在境内使用。

（六）关于临时进口气瓶。

临时进口气瓶只限国外充装国内使用或者国内充装国外使用交替进行的气瓶。无法做到交替进行的不得按照临时进口气瓶管理和使用。

四、压力管道

（一）关于长输管道站内压力管道。

长输管道站内压力管道按工业管道进行管理，其设计、元件制造、安装、检验检测和使用登记执行工业管道相关规定。

（二）关于油气管道定期检验。

1. 检验机构应当按照《压力管道定期检验规则—长输（油气）管道》（TSG D7003）开展油气管道定期检验工作，并应符合以下要求：

（1）油气管道定期检验包括使用检测器进行内检测（不具备内检测条件的管道除外）和对外防腐（保温）层、阴极保护系统状况进行外检测，原则上只进行内检测或者外检测的不能视为完成定期检验；

（2）对不具备内检测条件的油气管道，允许根据管道的主要损伤模式，选用适用的外检测方法进行管道检验；

（3）内、外检测均不可实施的管道或者检验人员对管道安全状况有怀疑时，应当进行耐压（压力）试验。

2. 从事油气管道定期检验的机构应当取得 DD1 级检验资格（证书上应当分别注明内、外检测），从事漏磁内检测的机构还应当取得漏磁检测（MFL）资质。

（三）关于撬装式承压设备系统或机械设备系统（以下统称"设备系统"）的定期检验。

"设备系统"中压力容器和压力管道，应当分别由具有相应级别压力容器或压力管道定期检验资质的机构进行定期检验。

质检总局办公厅

2017 年 11 月 1 日

TSG 特种设备安全技术规范　　TSG 03—2015

特种设备事故报告和调查处理导则

Guideline of Report, Investigation and Handling for Special Equipment Accident

中华人民共和国国家质量监督检验检疫总局颁布
2015 年 11 月 20 日

前　　言

2013 年 6 月，国家质量监督检验检疫总局特种设备安全监察局(以下简称国家质检总局特种设备局)下达了《特种设备事故调查处理导则》的修订任务书。2013 年 10 月，国家质检总局特种设备局组织有关专家成立修订组，并召开了修订组首次会议，确定了修订工作的原则、重点内容及需要解决的主要问题，对修订工作进行了具体分工，制定了修订工作时间表。2014 年 4 月 17 日，在北京召开了修订组第二次工作会议，经讨论修改，形成《特种设备事故调查处理导则(修订稿)》草案。

2014 年 1 月 1 日《中华人民共和国特种设备安全法》正式实施，根据《中华人民共和国特种设备安全法》和《特种设备安全监察条例》规定，以及近年执行《特种设备事故报告和调查处理规定》和《特种设备事故调查处理导则》的具体情况，2014 年 8 月、10 月，在北京分别召开修订组第三次、第四次工作会议，经讨论形成了修订征求意见稿并更名为《特种设备事故报告和调查处理导则》。2014 年 11 月，国家质检总局特种设备局以质检特函〔2014〕38 号文征求基层、有关部门、单位和专家及公民的意见，根据征求到的意见，再次修改并形成送审稿。2014 年 12 月，修订组将送审稿提交国家质检总局特种设备安全技术委员会审议，随后多次召开相关讨论会进行讨论修改，形成报批稿。2015 年 11 月 20 日，由国家质检总局批准颁布。

本导则依据《中华人民共和国特种设备安全法》《特种设备安全监察条例》和《特种设备事故报告和调查处理规定》，结合特种设备事故报告、调查处理和统计分析工作特点，进一步细化了特种设备事故报告、调查处理和统计分析工作程序与要求，增加了事故报告的程序与要求、事故报告内容、事故续报内容、报告形式以及相关事故信息收集等内容；按照《特种设备目录》，在保持特种设备事故定义的基础上，进一步明确了特种设备相关事故的范围，明确了事故调查报告批复送达、事故处理、整改落实与监督检查、结案报告、信息公开等工作程序，明确了事故调查工作结束的程序节点，明确了事故统计的范围、内容、上报的时限，明确了执法文书的应用，规范了工作表格，以指导和规范特种设备事故报告和调查处理工作，提高特种设备事故报告和调查工作质量，促进特种设备安全监察工作的有效落实。

本导则主要起草单位和人员如下：

国家质检总局特种设备局	何　毅　马　俊
中国特种设备检测研究院	吴旭正　王　辉
上海市特种设备监督检验技术研究院	黄文和　邱　郡
江苏省质量技术监督局	周国庆
浙江省质量技术监督局	冯维君
上海市质量技术监督局	王善江
山西省质量技术监督局	闫心宇
黑龙江省特种设备检验研究院	石少华
广东省特种设备检测研究院	罗伟坚
北京市特种设备事故调查处理事务中心	杨勇志
深圳市特种设备安全检验研究院	梁广炽
合肥通用机械研究院	艾志斌
神华国华(北京)电力研究院有限公司	梁　军
北京世纪华侨城实业有限公司欢乐谷分公司	周小三
鞍山钢铁集团公司工程质量生产监测管理中心	晏华祝

中国工业气体工业协会	洑春干
中国索道协会	甄正义
全国锅炉压力容器标准化技术委员会	戈兆文

目　录

特种设备事故报告和调查处理导则

1 总 则

1.1 目的

为了规范特种设备事故报告、调查处理和统计分析工作，提高事故报告、调查处理和统计分析工作的及时性、科学性与准确性，根据《中华人民共和国特种设备安全法》《特种设备安全监察条例》和《特种设备事故报告和调查处理规定》，制定本导则。

1.2 适用范围

本导则适用于《中华人民共和国特种设备安全法》《特种设备安全监察条例》和《特种设备事故报告和调查处理规定》范围内特种设备事故的报告、调查处理和统计分析等相关工作。

1.3 工作机构

国家质量监督检验检疫总局(以下简称国家质检总局)和地方人民政府负责特种设备安全监督管理的部门(以下简称特种设备安全监管部门)，依据本导则开展特种设备事故的报告、调查处理和统计分析工作，其委托的特种设备应急管理机构或者事故调查处理机构(以下简称为事故调查机构)，可以承担事故报告、调查和统计分析的具体工作。

2 事故定义、分级和调查范围

2.1 事故定义

特种设备事故定义按照《特种设备事故报告和调查处理规定》确定。其中，特种设备的不安全状态造成的特种设备事故，是指特种设备本体或者安全附件、安全保护装置失效或者损坏，具有爆炸、爆燃、泄漏、倾覆、变形、断裂、损伤、坠落、碰撞、剪切、挤压、失控或者故障等特征(现象)的事故；特种设备相关人员的不安全行为造成的特种设备事故，是指与特种设备作业活动相关的行为人违章指挥、违章操作或者操作失误等直接造成人员伤害或者特种设备损坏的事故。

2.2 事故分级

特种设备事故等级按照《特种设备安全监察条例》确定。

自事故发生之日起30日内，事故造成的伤亡人数或者直接经济损失发生变化的，应当按照变化后的伤亡人数或者直接经济损失重新确定事故等级。其中，事故中的死亡人员应当依据公安机关或者具有资质的医疗机构出具的证明材料进行确定；受伤人员依据具有资质的医疗机构出具的证明材料进行确定。

自事故发生之日起30日后，事故造成的伤亡人数或者直接经济损失发生变化的，按照原事故等级调查处理。

2.3 相关术语及含义

本导则相关术语及含义见附件A。

2.4 伤亡与经济损失界定

2.4.1 伤亡

特种设备事故造成的人员死亡、重伤、轻伤分类按照GB 6441《企业职工伤亡事故分类》和GB/T

15499《事故伤害损失工作日标准》界定。

2.4.2 事故经济损失

特种设备事故造成的经济损失，有关含义见本导则附件 A，具体计算方法可参照 GB 6721《企业职工伤亡事故经济损失统计标准》。

2.5 相关事故

2.5.1 范围

以下事故不属于特种设备事故，但其涉及特种设备，应当将其作为特种设备相关事故：

（1）自然灾害、战争等不可抗力引发的事故，例如发生超过设计防范范围的台风、地震等；

（2）人为破坏或者利用特种设备实施违法犯罪、恐怖活动或者自杀的事故；

（3）特种设备作业、检验、检测人员因劳动保护措施不当或者缺失而发生的人员伤害事故；

（4）移动式压力容器、气瓶因交通事故且非本体原因导致撞击、倾覆及其引发爆炸、泄漏等特征的事故；

（5）火灾引发的特种设备爆炸、爆燃、泄漏、倾覆、变形、断裂、损伤、坠落、碰撞、剪切、挤压等特征的事故；

（6）起重机械、场（厂）内专用机动车辆非作业转移过程中发生的交通事故；

（7）额定参数在《特种设备目录》规定范围之外的设备，非法作为特种设备使用而引发的事故；

（8）因市政、建筑等土建施工或者交通运输破坏以及其他等外力导致压力管道破损而发生的事故；

（9）因起重机械索具原因而引发被起吊物品坠落的事故。

2.5.2 调查处理

特种设备相关事故由对其负有安全监督管理职责的政府部门依据有关法律法规进行调查处理，或者由当地人民政府指定的部门进行调查处理。

房屋建筑工地和市政工程工地使用的起重机械和场（厂）内专用机动车辆，在其安装、使用过程中发生的事故，不属于特种设备安全监管部门组织调查处理的特种设备事故。

2.6 特殊情况

特种设备安全监管部门接到事故报告后，经过现场初步判断，无法确定为特种设备事故的，应当及时报告当地人民政府，由人民政府或者其指定的部门组织事故调查组进行调查。

3 事故报告

3.1 事故报告程序与要求

3.1.1 事故发生单位的报告

特种设备发生事故后，事故发生单位应当按照规定启动应急预案，采取措施组织抢救，防止事故扩大，减少人员伤亡和财产损失，履行保护事故现场和有关证据的义务；事故发生单位的负责人接到事故报告后，应当于 1 小时内向事故发生地特种设备安全监管部门和有关部门报告。

3.1.2 事故核实与上报

地方特种设备安全监管部门接到事故报告，应当尽快核实情况，立即向本级人民政府报告，并且逐级报告上级特种设备安全监管部门直至国家质检总局。各级特种设备安全监管部门每级上报的时间不得超过 2 小时；必要时，可以越级上报事故情况。

3.1.3 跨区域事故的通报

对事故发生地与事故发生单位所在地不在同一行政区域的，事故发生地的特种设备安全监管部门应当及时通报事故发生单位所在地特种设备安全监管部门。事故发生单位所在地特种设备安全监管部门应当做好事故调查处理的相关配合工作。

3.1.4 续报

报告事故后出现新情况以及对事故情况尚未报告清楚的，应当及时逐级续报。

3.2 事故报告内容

事故报告应当包括以下内容：

(1) 事故发生的时间、地点、单位概况以及特种设备种类；

(2) 事故发生初步情况，包括事故简要经过、现场破坏情况、已经造成或者可能造成的伤亡和涉险人数、初步估计的直接经济损失、初步确定的事故等级、初步判断的事故原因；

(3) 已经采取的措施；

(4) 报告人姓名、联系电话；

(5) 其他有必要报告的情况。

3.3 事故续报内容

续报内容应当包括事故发生单位详细情况、事故详细经过、设备失效形式和损坏程度、事故伤亡或者涉险人数变化情况、直接经济损失、防止发生次生灾害的应急处置措施和其他有必要报告的情况等。

在 30 日内受伤人员转为重伤的(因医疗事故而转为重伤的除外，但必须得到医疗事故鉴定部门的确认)，按照重伤进行报告、统计。超过 30 日的，不再补报和统计。

在 30 日内受伤人员死亡的(因医疗事故死亡的除外，但必须得到医疗事故鉴定部门的确认)，按照死亡进行报告、统计。超过 30 日死亡的，不再补报和统计。

失踪超过 30 日的，按照死亡进行统计。

3.4 报告形式

可以采用传真、电子邮件等方式进行事故报告、续报，并且在其后予以电话确认。格式应当满足本导则附件 D 的要求。

特殊情况下可以直接采用电话方式报告事故情况，但是应当在 24 小时内补报文字材料。

3.5 相关事故信息收集

本导则 2.5 规定的特种设备相关事故以及其他特种设备突发事件信息，事故发生地特种设备安全监管部门应当及时收集，并且参照本导则逐级上报直至国家质检总局。格式可以参照附件 D 的要求。

4 事故调查组织

4.1 调查组的成立

特种设备事故得到控制，事故场地安全秩序恢复后，特种设备安全监管部门应当根据事故调查处理权限，依法开展事故调查处理工作。

按照《中华人民共和国特种设备安全法》《特种设备安全监察条例》和《特种设备事故报告和调查处理规定》，由国家质检总局负责组织事故调查的，商有关部门组成调查组，并且报告国务院；由地方特种设备安全监管部门负责组织事故调查的，商有关部门组成调查组，并且报告本级人民政府。

根据事故调查处理工作需要，组织事故调查的特种设备安全监管部门，依法提请事故发生地人民政府及有关部门派员参加事故调查。有关部门和单位一般包括安全生产监管、监察、公安、工会等，必要时可邀请人民检察院派员参加。事故调查组可以聘请有关专家参与事故调查；调查组组长由组织事故调查的特种设备安全监管部门负责人或者由其指定的人员担任。

组织和参加事故调查的单位及其工作人员，在事故调查过程中不得擅自对外泄露事故调查情况和有关信息资料。

自事故发生30日内，因事故造成的伤亡人数或者直接经济损失发生变化导致事故等级发生变化的，事故调查组应立即向负责组织事故调查的特种设备安全监管部门报告。负责组织事故调查的特种设备安全监管部门应立即向上级特种设备安全监管部门报告，上级特种设备安全监管部门可以重新组织事故调查组开展事故调查，也可以派员指导下级特种设备安全监管部门继续进行事故调查。

4.2 调查组职责

事故调查组应当履行以下职责：

(1) 查清事故发生前的特种设备状况；

(2) 查明事故经过(含应急救援情况)和人员伤亡、设备损坏、经济损失情况以及其他后果；

(3) 查找事故原因；

(4) 认定事故性质和事故责任；

(5) 提出对事故责任单位和责任人员(以下统称责任者)的处理建议；

(6) 提出事故预防措施和整改建议；

(7) 提交事故调查报告；

(8) 整理并且向组织事故调查的特种设备安全监管部门移交有关事故调查的资料。

4.3 调查组的构成与职责分工

调查组根据需要，一般可设管理组、技术组、综合组等工作小组。各工作小组组长由事故调查组组长指定。各工作小组在工作中应当服从事故调查组组长的指挥，相互支持配合，及时完成调查工作。各工作小组职责如下：

(1) 管理组，主要负责管理方面的原因调查、取证，查明导致事故发生的管理方面的原因、应急处置情况、相关人员活动情况、事故造成的人员伤亡和经济损失，认定事故相关责任，提出管理方面的事故分析意见或者报告，提出管理方面的事故预防措施和整改建议，汇总整理事故调查工作资料，完成事故调查报告初稿，整理移交事故调查资料；

(2) 技术组，主要负责技术方面的原因调查、取证、分析工作，提出必要的鉴定需求，在技术分析的基础上查明事故发生过程，分析事故的技术原因，提出技术方面的事故分析意见或者报告，提出技术方面的事故预防措施和整改建议；

(3) 综合组，主要负责事故调查过程中与各个部门单位的协调工作，负责与事故发生地人民政府沟通工作，按照规定发布事故信息，配合管理组、技术组开展事故调查，安排事故调查过程中的保障工作。

4.4 调查组成员一般要求

调查组成员(含调查组所聘请的专家)应当符合《特种设备事故报告和调查处理规定》的条件要求。

调查组成员在事故调查过程中，应当恪尽职守、客观公正、实事求是，遵守事故调查组的纪律，保守事故调查的秘密，不得擅自对外发表意见。

事故调查过程中，发现调查组成员与所调查的事故有直接利害关系时，调查组应当予以调整。

4.5 调查组各组长职责

调查组组长以及各工作小组组长职责如下：

(1) 调查组组长，负责组织事故调查处理工作，确定调查组各工作小组组长、成员及其分工，组织召开调查组工作会议，督促、协调各工作小组的工作，在出现意见分歧时做出判定，确定事故信息发布的内容，召集调查组审核涉嫌犯罪的证据资料，负责落实技术鉴定和损失评估，负责向组织事故调查的特种设备安全监管部门汇报，按照规定期限组织完成事故调查工作；

(2) 管理组组长，由具有安全管理工作经验的行政人员担任，负责管理组的工作，组织管理组对事故在管理等方面的原因调查、取证工作，提出管理方面的事故分析意见或者报告，结合技术组等方面的调查意见，组织起草事故调查报告；

(3) 技术组组长，由具有特种设备专业技术工作经验的人员担任，负责技术组的工作，组织技术方面的原因调查、取证，提出必要的鉴定需求，提出技术方面的事故分析意见，提出技术方面的事故预防措施和整改建议，组织完成技术调查分析意见或者报告；

(4) 综合组组长，由事故发生地人民政府委派的人员担任，负责综合组的工作，在事故调查过程中负责与相关部门协调，按照规定发布事故信息，安排事故调查过程中的后勤保障。

4.6 善后工作

事故的善后工作，由事故发生地人民政府依据有关法律法规的规定组织实施，保证事故调查工作不受影响。

4.7 简易程序

对无重大社会影响、无人员伤亡、事故原因明晰的特种设备事故，地方特种设备安全监管部门可以商有关部门，并且报同级人民政府批准后，在保证调查质量前提下，可以采用简易程序，单独组织事故调查处理。

4.8 调查工作协调

对于舆论关注和群众反响强烈、调查处理情形复杂、跨区域发生或者需要省级特种设备安全监管部门、国家质检总局协调指导的事故，下一级特种设备安全监管部门可以提请上级特种设备安全监管部门派员指导开展事故调查处理工作。

4.9 事故调查机构职责与人员条件

4.9.1 机构职责

特种设备事故调查机构，可以承担以下工作：

(1) 开展特种设备事故相关的技术分析工作；

(2) 协助委托部门进行特种设备事故的接报工作，并且做好事故报告、续报、结报工作的监督统计工作；

(3) 进行与事故调查有关部门沟通协调工作，做好事故调查前的准备、事故调查中的协调、指导或者参与事故调查处理工作，事故调查后的统计分析、资料归档等工作；

(4) 组织事故调查人员、专家的教育和培训，开展事故预防的专题调查研究；

(5) 协助委托部门开展事故档案的管理工作，建立事故数据库，定期做好事故情况统计分析，研究提出特种设备事故预防措施；

(6) 接受委托部门交办的其他事项。

4.9.2 人员条件

主要管理人员应当具有特种设备专业领域工作经验，主要技术人员应当具有工程师以上职称或者检验师以上资格。

5 事故调查程序和现场调查

5.1 调查程序

事故调查工作程序如下：

(1) 成立事故调查组；

(2) 明确各工作小组及其分工，确定调查工作计划；

(3) 查封与事故相关的设备、场地、财务等相关资料，提出监控事故责任人员、保护重要证人的建议；

(4) 开展事故现场调查工作；

(5) 分析事故发生的原因，认定事故性质；

(6) 认定事故责任，提出对事故责任者的处理建议；

(7) 提出事故预防措施和整改建议；

(8) 汇总调查资料，形成事故调查报告；

(9) 整理移交事故调查资料。

采取行政强制措施时，其程序应当符合《中华人民共和国行政强制法》。

5.2 现场调查

现场调查工作应当包括现场情况了解、现场询问、现场勘查和资料查阅，必要时进行相关技术鉴定。调查时应当做好记录，调查人员应当不少于 2 人。

5.2.1 现场情况了解

现场情况了解应当包含以下内容：

(1) 现场基本情况，包括事故发生的单位、时间、地点，事故发生的经过情况，事故的应急处置情况，事故伤亡人员及相关人员情况；

(2) 巡视现场，了解事故现场的整体情况；

(3) 直接询问当事人和报案人，掌握重要现场知情人员，并且做好记录；

(4) 听取有关人员的介绍，检查现场保护情况，做出标识，绘制现场简图，记录现场了解的有关情况，调阅现场影像资料。

5.2.2 现场询问

调查组开展现场询问工作，各工作小组应当准备现场询问工作计划与内容，并且注意相互之间的衔接与配合。

5.2.2.1 询问步骤

现场询问工作主要步骤如下：

(1) 根据了解的事故初步状况，确定和落实调查的区域、对象、问题和询问顺序；

(2) 了解被调查对象的基本情况，确定询问的方式方法；

(3) 根据调查的目的和对象，拟定调查提纲，指定现场询问人员；

(4) 按照提纲询问有关当事人，包括事故发生顺序、现场目击状况、现场人员情况、设备运行状况、异常变化情况以及与事故有关联的其他情况。

5.2.2.2 询问要求

现场询问过程中，做好相应笔录，询问结束，其笔录应当经过被询问人逐页核对，并且签字确认。

5.2.3 现场勘查

根据事故调查需要，现场勘查工作一般包含以下内容：

(1) 事故现场破坏情况的调查，调查、测量并且记录设备及系统的总体损坏情况、周围建筑物及其他破坏情况与范围，以及可能被清除或者损坏的痕迹，绘制事故现场示意图、伤亡者位置图，对事故现场进行拍照摄像等取证工作，必要时还应当绘制模拟工艺流程图等；

(2) 设备本体失效或者损坏情况(包括设备整体、失效部位、残骸)的检查，检查爆炸、爆燃、泄漏、变形、断裂、损伤、碰撞、剪切、挤压、故障等部位形状、尺寸、内外表面情况、故障代码等，测量并且记录其位置、方向等数据，同时做好关键部位、故障代码等保护和取证工作；

(3) 安全附件、安全保护装置、附属设备失效或者损坏情况的调查，测量并且记录其位置、方向和失效或者损坏情况，同时做好重要部位的保护和拍照摄像等取证工作；

(4) 现场伤亡人员情况的调查，调查死亡、重伤、轻伤人数，伤亡状况及其基本情况，受伤住院治疗人员病情变化情况，个人防护措施状况，事故发生前受害人、肇事者的身体状况等；

(5) 收集参与事故应急救援相关部门对事故现场处置的有关资料；

(6) 必要时，对当事人或者见证人员提供的情况进行现场比对核实。

5.2.4 资料查阅

5.2.4.1 安全管理资料

开展现场调查工作时，根据需要有权要求事故发生单位及其相关单位提供以下资料：

(1) 营业执照或者相关的法定资质文件；

(2) 特种设备生产(设计、制造、安装、改造、修理、充装等)许可证、使用登记证和相关资质证书；

(3) 特种设备安全管理制度、操作规程及其运行、操作记录，应急预案及演练情况；

(4) 单位负责人、特种设备安全管理人员、特种设备作业人员以及相关人员的教育培训情况及其有关资格的证书；

(5) 特种设备检验、检测报告；

(6) 工程、经营项目承发包合同以及安全生产管理协议书；

(7) 厂房、场所、设备租赁合同以及安全生产管理协议书；

(8) 施工组织设计或者方案；

(9) 伤亡者身份证明材料(含身份证)；

(10) 伤亡者医院诊断书、死亡证明书、医学鉴定报告或者尸检报告；

(11) 伤亡者劳动合同或者单位用工证明；

(12) 其他有助于开展事故调查处理的相关资料。

5.2.4.2 事故相关档案资料

查阅并且了解与事故相关特种设备生产、使用、充装、检验、检测、采购、租赁、经营管理等档案资料情况。根据事故调查需要，一般包含以下内容：

(1) 生产方面，设计文件、制造出厂资料和安装、改造、修理资料；

(2) 使用和充装方面，生产操作工艺文件资料、运行记录、自行检查记录(报告)、充装资料、维护保养记录、安全附件及仪表校验(检定)记录、使用登记证等；

(3) 检验、检测方面，监督检验和定期检验的报告与记录；

(4) 采购、租赁方面，设备及其相关主要零部件采购或者租赁合同、验收记录；

(5) 经营管理方面，岗位职责、应急预案等制度以及操作规程等方面的资料及其执行情况，作业人员的培训、教育、持证上岗以及现场安全防护等情况。

5.3 调查过程中的记录

调查过程中的记录，包括事故调查的会议记录、现场情况了解记录、现场询问记录、现场勘查记录、档案资料审查记录等。记录应当及时、规范、全面、客观、准确，并由调查人员、记录人员及相关人员签字确认。

6 技术鉴定和损失评估

6.1 技术鉴定

通过现场调查还不能确定事故原因，需要进一步技术分析来判定事故发生条件及原因的，应当进行技术检验、试验和鉴定(以下统称技术鉴定)。

6.1.1 现场取样

技术鉴定的现场取样，应当在专业人员的指导下进行，并且对样品予以保护处理。取样时必须有调查组的2名以上人员在现场监督并且做出标记，进行封存。

6.1.2 鉴定组织和委托

调查组提出技术鉴定项目、技术要求，组织专家(不少于3人)进行鉴定。必要时，调查组可以提出建议，由负责组织事故调查的特种设备安全监管部门书面委托有关单位进行鉴定。

6.2 经济损失评估

调查组可以根据相关技术资料和事故发生单位提供的事故经济损失情况报告确定事故经济损失，调查组认为需要对事故造成的经济损失进行评估的，应当提出委托的项目、要求和被委托单位，由负责组织事故调查的特种设备安全监管部门书面委托。

对有人员伤亡的事故，可参照 GB 6721《企业职工伤亡事故经济损失统计标准》进行估算，并且还应当评估事故应急救援等费用。

6.3 资质要求

承担技术鉴定以及经济损失评估的单位应当按照国家规定具有相关专业资质，并且与事故各方无利害关系。

7 事故原因分析、责任认定与预防措施

7.1 事故调查结果汇总分析

调查组应当在技术组完成事故技术分析报告、管理组完成事故管理调查报告后，由调查组组长主持，召开调查组全体成员会议，分析事故原因、认定事故性质和事故责任，必要时邀请有关专家参加。调查组组长认为必要时，可以先行召开各小组组长会议，进行有关事项协商。

7.2 事故原因分析

调查事故时，可以采用技术鉴定、分析、论证等方法，通过对事故发生的征兆、时刻、位置、状态、痕迹、音像、询问笔录、生产过程记录等事实证据资料进行分析和确认，找出与事故有关的各种因素之间的因果关系和逻辑关系，确定事故的直接原因、间接原因以及主要原因、次要原因。

调查组成员对事故成因有不同意见，调查组长应当予以认真研究，必要时可以委托有关技术组织、技术机构或者专家进一步分析、论证。不同意见仍然需要保留时，在事故调查报告中应当如实陈述。

7.3 事故性质认定

事故性质分自然事故、技术事故和责任事故。

依据《特种设备安全监察条例》和《特种设备事故报告和调查处理规定》，根据事故调查的情况，认定事故性质。

7.4 事故责任认定

属于责任事故的，责任认定原则如下：

(1) 根据事故的直接原因和间接原因，找出事故的主要原因和次要原因，进而认定事故的全部责任者或者主要责任者、次要责任者；

(2) 故意破坏、伪造事故现场、毁灭证据资料或者未及时报告事故等导致事故原因不清、责任无法认定的，责任者应当承担事故全部责任。

7.5 事故责任追究

调查组按照《中华人民共和国特种设备安全法》《特种设备安全监察条例》和《特种设备事故报告和调查处理规定》，根据责任者应当承担的全部责任、主要责任、次要责任，提出以下事故责任追究建议：

(1) 刑事责任，责任者被认定为涉嫌犯罪的，应当移交司法部门依法追究刑事责任；

(2) 行政处罚，责任者被认定违反法律规范应当承担法律后果的，给予行政处罚；

(3) 行政处分，责任者被认定违反法律规范应当承担法律后果的，给予行政处分；

(4) 其他应当给予的处理措施。

7.6 防范措施

调查组应当在认定事故性质和事故责任的基础上，从技术、教育、管理等方面，针对事故责任单位和人员、监督管理机构和人员、社会公众以及法规、标准制定等方面提出有效的事故防范和整改措施建议，具体包括以下内容：

(1) 技术方面，针对设备的不安全因素，改善生产条件、生产工艺和技术措施等；

(2) 教育方面，针对人的不安全行为，强化日常宣传教育、培训演练，采取必要的方法和措施，提高安全意识和技能等；

(3) 管理方面，针对特种设备特点，完善特种设备安全管理制度，明确岗位责任，配置安全管理机构和人员，保证安全生产投入，落实安全检查机制、改进检验检测方法、制定或者修改相关标准法规等。

8 事故调查报告及相关资料

8.1 事故调查报告

8.1.1 调查报告内容

(1) 事故基本情况；

(2) 事故发生单位及设备概况；

(3) 事故发生过程及应急救援情况；

(4) 人员伤亡、设备损坏和直接经济损失情况；

(5) 事故原因及性质；

(6) 责任认定及处理建议；

(7) 事故防范和整改措施。

8.1.2 调查报告形成

调查组应当在原因分清、责任认定的基础上，由管理组汇总整理事故调查资料(必要时可由调查组长先行召开小组长会议，汇集各小组意见)，形成事故调查报告初稿后，召开调查组全体会议，对事故调查报告初稿进行讨论、修改，形成事故调查报告。

实施简易程序时，调查组也应当在原因分清、责任认定的基础上，召开调查组全体会议，对事故调查报告进行讨论、修改，形成事故调查报告。

事故调查报告具体格式和编写说明见本导则附件 B。

8.2 调查相关资料

8.2.1 资料内容

(1) 事故基本情况表；

(2) 调查组人员名单；

(3) 调查组成员的不同意见；

(4) 有关证据资料；

(5) 其他所必需的材料。

有关证据资料，包括现场勘查记录、技术鉴定报告、重大技术问题鉴定结论、检测检验报告、人员伤亡证明、调查笔录、物证和证人证言、直接经济损失文件、相关图纸照片、视听资料等有关资料和文函，事故调查重要会议纪要或者记录等。

8.2.2 资料形成

调查组应当整理事故调查过程中用于支持调查报告结论所必需的有关证据资料及其他材料。

调查组全体成员签名后形成专页，同时应当填写《事故基本情况表》并且由调查组长签名。

调查组成员的不同意见可以单独形成专页并由本人签名。

事故调查相关资料所包含的人员签名、有关证据资料和其他材料中有保密要求的，应当依法保密。

事故调查相关资料整理和收集的内容见本导则附件 C。

8.3 制作数量

事故调查报告及相关资料制作数量应当满足报批、送达和存档要求。

8.4 调查时限

按照《特种设备事故报告和调查处理规定》要求，特种设备事故调查期限为 60 日。特殊情况下，经过负责组织事故调查的特种设备安全监管部门批准可以延长，延长的期限最长不超过 60 日。计算调查期限时应当考虑以下几种情形：

（1）因事故抢险救灾无法进行事故现场勘查的，事故调查期限从具备现场勘查条件之日起计算；

（2）瞒报事故自查实之日起计算；

（3）技术鉴定、损失评估时间不计入事故调查期限。

9 事故批复与处理

9.1 事故调查报告提交和报批

事故调查组向负责组织事故调查的特种设备安全监管部门提交事故调查报告后，事故调查工作即可以结束。根据工作需要，负责组织事故调查的特种设备安全监管部门也可以向事故调查组提出追加调查的要求。

负责组织事故调查的特种设备安全监管部门在接到事故调查报告后，应当及时向本级人民政府提出申请批复的报告。

报送批复的事故调查处理资料，一般包括负责组织事故调查的特种设备安全监管部门向本级人民政府提出申请批复的报告、事故调查报告，并且附具事故调查相关资料。

9.2 事故调查报告送达

负责组织事故调查的特种设备安全监管部门应当在接到事故报告批复之日起 10 日内，将事故调查报告及批复意见，主送有关地方人民政府及其有关部门，送达事故发生单位、责任单位和责任人员，并抄送事故调查组成员单位。

9.3 事故处理

特种设备安全监管部门及有关部门应当按照事故调查报告及批复意见，依照法律、行政法规规定的权限和程序，对事故责任单位和责任人员予以处罚。

事故发生单位应当按照事故调查报告及批复意见，对本单位负有事故责任的人员进行处理。

事故调查中发现涉嫌犯罪的，负责事故调查的特种设备安全监管部门应当核实涉嫌犯罪的证据资料，经过与有关部门和事故发生地人民政府协商后，形成书面报告，按照国务院《行政执法机关移送涉嫌犯罪案件的规定》及时将相关材料移送司法机关处理。

9.4 整改落实与监督检查

事故责任单位应当落实事故防范和整改措施。事故防范和整改措施的落实情况应当接受工会和职工的监督。

事故发生地特种设备安全监管部门应当对事故责任单位落实事故防范和整改措施的情况进行监督检查。

9.5 事故结案报告

负责组织事故调查的特种设备安全监管部门在接到事故调查报告批复后，自通报相关部门、有关单位之日起30日内，撰写事故结案报告，特殊情况可以适当延长，但是最长不得超过45日。

负责组织事故调查的特种设备安全监管部门应当及时将事故结案报告逐级上报直至国家质检总局。

事故结案报告，主要包括事故调查报告的批复意见、送达等情况。

9.6 信息公开

事故发生地政府或者负责组织事故调查的特种设备安全监管部门，应当根据政府信息公开的有关规定，适时向社会公布事故调查处理的情况(依法应当保密的除外)。

9.7 事故档案管理

9.7.1 档案建立

负责组织事故调查的特种设备安全监管部门应当按照相关规定，建立特种设备事故档案，将事故调查的有关资料及时归档，并且长期保存。事故档案应当适应信息化管理要求。

9.7.2 档案内容

事故档案包括以下内容：

(1) 事故调查报告；

(2) 调查相关资料；

(3) 结案资料，包括调查报告批复、送达情况、对相关人员处理、落实事故防范和整改措施情况、结案报告等；

(4) 影响较大的媒体报道等资料。

9.7.3 档案保存

负责事故档案管理工作的特种设备安全监管部门，应当具有符合档案管理要求的保存场所、保管条件，确保事故档案安全，并且由专人负责事故档案管理。

9.7.4 档案借阅

特种设备安全监管部门应当建立健全事故档案借阅制度，明确借阅范围和审批程序。

9.8 结案材料报送

负责事故调查的特种设备安全监管部门应当在政府批复调查报告后45日内，将事故调查报告、调查相关资料以及政府批复报告等资料通过信息报送系统，并且同时以纸质版(复印件形式)、电子版(光盘或者U盘)报送至国家质检总局。

10 调查文书与数据统计

10.1 执法文书

负责组织事故调查的特种设备安全监管部门在特种设备事故调查处理过程中所需要的立案、现场勘查、询问笔录、封存、委托技术鉴定、案件移交、结案审批、行政处罚等文书，可以采用统一的执法文书，也可以参照本导则附件D的内容。

10.2 事故统计

负责事故调查的特种设备安全监管部门，应当按照本节要求进行特种设备事故和相关事故的统计分析。

10.2.1 统计范围

特种设备事故统计工作包括特种设备事故、特种设备相关事故。其中特种设备相关事故不列入年度特种设备事故考核指标。

10.2.2 统计内容

特种设备事故统计应当按照事故性质进行分类统计，统计应当包含事故设备种类、事故等级、事故发生环节、事故特征、损坏程度、事故原因、直接经济损失、死亡人数、受伤人数、负责组织事故调查部门、事故调查处理结案情况等信息。

特种设备事故统计格式与内容，应当满足国家质检总局的相关要求。

10.2.3　统计上报时限

各省、自治区、直辖市特种设备安全监管部门应当在每月5日之前，按照国家质检总局要求完成上月辖区内的特种设备事故、相关事故和突发事件信息的确认与统计，并上报国家质检总局，当月因故未能及时纳入统计上报的，应当在下月补报。

10.3　统计划分

统计划分如下：

(1) 跨地区进行生产经营活动的单位发生特种设备事故后，由事故发生地的特种设备安全监管部门负责统计；

(2) 甲单位人员参加乙单位生产经营活动中发生的特种设备伤亡事故，纳入乙单位统计；

(3) 两个以上单位交叉作业时发生的特种设备事故，纳入主要责任单位统计；

(4) 分承包工程单位在施工过程中发生特种设备事故，凡分承包单位在经济上实行独立核算的，纳入分承包单位统计；没有实行独立核算的，纳入总承包单位统计；凡没有履行分包合同承包，不管经济上是否独立核算，都纳入总承包单位统计；

(5) 生产经营单位人员参加社会上的抢险救灾时发生伤亡事故，不纳入本单位事故统计；

(6) 因设备不合格造成使用单位发生事故的，不论其责任在哪一方，均纳入使用单位统计；

(7) 特种设备生产过程中检验、试验时发生事故的，列入事故发生单位统计；

(8) 拥有相关资质的专业救护队伍的救援人员参加事故抢险救援时发生的人员伤亡，列入次生事故另行统计。

10.4　统计分析与事故预防

特种设备安全监管部门应当定期对本行政区域内特种设备事故和相关事故的情况、特点、原因等信息进行统计分析。根据特种设备的管理和技术特点、事故情况，研究制定有针对性的工作措施，防止和减少事故的发生。

特种设备突发事件信息应当列入分析范畴。

11　附　　则

11.1　解释

本导则由国家质检总局负责解释。

11.2　施行日期

本导则自2016年6月1日起施行。自施行之日起，《特种设备事故调查处理导则》(TSG Z0006—2009)同时废止。

附件 A

特种设备事故术语及含义

A1 事故特征分类

A1.1 事故特征

一般指与导致事故最严重后果所对应的设备失效形式或者致害方式。通常表现为事故特种设备的爆炸、爆燃、泄漏、倾覆、变形、断裂、损伤、坠落、碰撞、剪切、挤压、失控、故障或者受困(滞留)等特征。

A1.2 爆炸

承压类特种设备部件因物理或者化学变化而发生破裂，设备中的介质蓄积的能量迅速释放，内压瞬间降至外界大气压力的现象。

A1.3 爆燃(闪爆、闪燃)

锅炉炉膛、压力容器、压力管道内的可燃介质泄漏与空气(氧)混合达到一定浓度，遇火(或者能量)在空间迅速燃烧爆炸的现象。用煤粉、油、可燃气体等燃烧介质的锅炉，在点火或者燃烧不正常时，炉膛内积存的燃烧介质与空气形成混合物达到一定极限，遇明火快速燃烧爆炸的现象。

如锅炉、压力容器(含气瓶)、压力管道等主要承压部件及安全附件、安全保护装置、元器件损坏造成易燃、易爆介质外泄发生爆燃的现象。

A1.4 泄漏

承压类特种设备主体或者部件因变形、损伤、断裂失效或者安全附件、安全保护装置损坏等因素造成内部介质非正常外泄的现象。

A1.5 倾覆

特种设备在安装、改造、修理、使用和试验中，因特种设备主体或者构件的强度、刚度难以承受实际的载荷，发生局部、整体或者基础的失稳、坍塌或者倾覆事故。或者对有整体稳定性要求的特种设备，由于各种原因使得加载于设备上的力矩大于稳定力矩，导致特种设备整体倾倒事故。包含特种设备主体或者构件因载荷等外力影响，发生设备整体或者承载基础的失稳、坍塌的现象。

A1.6 变形

特种设备承载主体或者构件因受外部机械力、热作用，导致形状变化引起失效的现象。变形一般分为弹性变形和塑性变形。

A1.7 断裂

特种设备承载主体及部件因材质劣化或者受力超过强度极限而发生的失效现象。断裂一般分为韧塑性断裂、脆性断裂、疲劳断裂和蠕变断裂等。

A1.8 损伤

损伤是指特种设备在外部机械力、介质环境、热作用等单独或者共同作用下，造成的材料性能下降、结构不连续或者承载力下降。

A1.9 坠落

因特种设备本身部件、相关的工件或者失控以及违章操作、操作失误、使用不当等造成物体或者人员由高势能位置非正常落下的现象。

A1.10 碰撞

因特种设备故障或者失控以及违章操作、操作失误、使用不当时，造成的人、运动物体或者固定物相互之间短暂接触发生力作用的过程，如设备与固定或者运动物体相撞、人撞固定物体、运动物体撞人、人与人互撞等现象。

A1.11　剪切

因特种设备故障或者失控以及违章操作、操作失误、使用不当时，人或物体因承受一对相距很近、方向相反的外力作用，发生横截面沿外力方向发生错动变形的现象。

A1.12　挤压

因特种设备故障或者失控以及违章操作、操作失误、使用不当时，人或物体因承受外来压力被推挤压迫在运动物体或者固定物体之间的现象。

A1.13　失控

因特种设备控制系统失灵、安全保护系统功能缺失或者失效，导致设备不能被正常操作的现象。

A1.14　故障

因特种设备本体、部件或者安全装置发生意外，导致设备不能顺利运行，无法实现正常功能的现象。

A1.15　受困(滞留)

因特种设备本体、部件或者安全装置发生故障或者损坏，或者缺乏外部资源的情况下，导致设备停止或者不能顺利运转，人员被困(滞留)在特种设备之中不能出来的现象。

A2　损坏程度分类

A2.1　完全损坏

特种设备在安装、修理、运行、使用时，特种设备主要结构或者主要构件损坏，无法或者不宜修复再用的损坏。

A2.2　严重损坏

特种设备在生产(设计除外)、使用时，因主要受力构件、安全保护装置损坏，导致特种设备必须立即停止运行而进行修理的损坏。

A2.3　一般损坏

特种设备在生产(设计除外)、使用时，主要构件、主要受压部件轻微损坏不需要立即停止运行进行修理，并且未引起其他相关灾害的损坏。

A2.4　严重故障

特种设备在生产(设计除外)、使用时，导致特种设备长时间不能正常运行或者可能造成人员伤亡的设备故障。

A3　现场调查

A3.1　痕迹和物证

证明事故发生经过、原因和性质的一切痕迹和物品，包括由于事故的发生和发展而使原有物品发生的一切变化和变动。

A3.2　现场勘查

事故调查人员为了查明事故的性质、经过及其原因，对于事故有关的地点、场所、事故设备及其残骸、人身、物品、尸体等进行实地勘验、现场访问和分析研究的活动。

A3.3　询问

事故调查人员为了查明事故情况和其他有关问题，收集人证，按照程序组织，以谈话形式对事故有关的当事人进行情况了解，并且进行鉴证记录的调查过程。询问是事故调查工作的主要方法之一。

A3.4　技术鉴定

对现场勘查中发现并收集的各种痕迹、物证进行的技术检验、试验和鉴定的活动。其目的是根据痕迹、物证的本质特征，分析它的形成条件及其与事故过程的联系，以便判定事故过程和分析事故原因。一般有物理检验、化学分析、模拟试验和直观分析等。

A3.5　技术检验

技术检验是指根据规定的质量标准、工艺规程和检验规范，对原材料、外购件、外协件、在制品和在用品进行测量、测试，并将测得的特性值与规定值进行比较、加以判断和评价，以确定对被测对象的符合性。

A3.6 技术分析

技术分析是以研究法规、标准、管理规定、操作要求以及人的行为等客观现象，以分析事故因果关系为主要目的，技术论证、论据、推演、推断分析的方法总和。

A4 事故原因类别

A4.1 事故原因

导致事故发生的多重因素、若干事件和情况的集合。

A4.2 直接原因

物的不安全状态、人的不安全行为或者不安全环境等因素对事故发生的作用程度，直接引起设备失控或者失效的因素。

A4.3 间接原因

形成事故直接原因的基础因素。形成事故直接原因也有一个或者多个不安全行为，或者不安全条件和管理缺陷等因素对事故发生的作用程度，这种不安全行为、不安全条件或者因素构成事故原因的第二个层次，即事故的间接原因，主要指社会环境、管理以及个人因素等。

A4.4 主要原因

对事故后果起主要作用的事件或者使事故不可逆转地发生的事件为事故的主要原因。

A4.5 次要原因

除事故的主要原因外，对事故后果起次要作用的其他影响事件为次要原因。一般事故的次要原因可能有若干个，按照其对事故后果作用的大小进行排序。

A5 事故性质类别

A5.1 非责任事故

A5.1.1 自然事故

由自然灾害引发的事故。系指受自然力影响超过特种设备设计规范而导致的特种设备失效、损坏或者造成其他损失的事故。

A5.1.2 技术事故

因技术不够完善或者设备自然损耗等原因引起并且是在人所不能预见或者不能避免的情况下所发生的事故。

A5.2 责任事故

(1) 违规、违章、违纪造成的事故；

(2) 可以预见、抵御和避免的事故，但是由于行为(责任)人或者管理者的原因，没有采取预防措施或者预防措施不力造成的事故。

A6 事故责任类别

A6.1 责任者

系指因违反法律法规而必须承担法律后果和责任的法人、组织和自然人，即责任单位或者责任人员，也称责任主体。

A6.2 事故责任

与事故原因有直接或者间接的联系，对事故后果有影响的行为和因素。

A6.3 全部责任者

对事故后果所起全部作用的人员或者单位。

A6.4 主要责任者

对事故后果起主要作用的人员或者单位，可以是一个也可以是多个。

A6.5 次要责任者

对事故后果起次要作用的人员或者单位，可以是一个也可以是多个。

A7 事故损失评估

A7.1 事故损失

造成生命与健康的丧失、物质或者财产的毁坏、时间的损失、环境的破坏。

A7.2 直接经济损失

与事故直接相联系并且能用货币直接估价的人员伤亡、财产损失、应急救援与善后处理费用总和。其中，人身伤亡后所支出的费用，包括护理费用在内的医疗费用、丧葬及抚恤费用、补助及救济费用、歇工工资；善后处理费用，包括事故处理的事务性费用和事故赔偿费用；财产损失价值，包括固定资产损失价值和流动资产损失价值。

A7.3 间接经济损失

与事故间接联系并且能用货币直接估价的产值减少、资源破坏和受事故影响而造成的其他损失的价值(含停产、停业的损失)。

A8 承压类特种设备和机电类特种设备

A8.1 承压类特种设备

特种设备中的锅炉、压力容器(含气瓶，下同)、压力管道及其附属的安全附件、安全保护装置和与安全保护装置相关的设施的统称。

A8.2 机电类特种设备

特种设备中的电梯、起重机械、客运索道、大型游乐设施和场(厂)内专用机动车辆及其附属的安全附件、安全保护装置和与安全保护装置相关的设施的统称。

A9 自然灾害

自然灾害是指给人类生存带来危害或者损害人类生活环境的自然现象，包括干旱、洪涝、台风、冰雹、雪、沙尘暴等气象灾害，火山、地震灾害，山体崩塌、滑坡、泥石流等地质灾害，风暴潮、海啸等海洋灾害，森林草原火灾和重大生物灾害等。

A10 房屋建筑工程和市政工程

房屋建筑工程是指有顶盖、梁柱、墙壁、基础以及能够形成内部空间，满足人们生产、生活、公共活动的工程实体，包括厂房、剧院、宾馆、商店、学校、医院和住宅等工程。

市政工程是指城市内的道路(公路、铁路、地铁及轻轨)、桥梁、给排水、燃气、垃圾处理等城市基础建设工程。

A11 起重机械索具

是指起重机械吊卸、移动物品时，系结在物品上承受载荷的挠性部件(含上、下端配件)，如钢丝绳吊索、纤维绳吊索、吊链、纤维吊带等。

A12 特种设备突发事件

是指突然发生，造成或者可能造成严重社会危害，需要采取应急处置措施予以应对的特种设备事件。

附件 B

特种设备事故调查报告

（事故调查报告封面）

（格式）

（×××）事故调查报告

（×××）事故调查组

年　月　日

目　录

附录 b

特种设备事故调查报告编制说明

b1 封面

事故报告的封面包括三项内容，报告的名称和调查组的名称及形成报告日期，其中“×××”代表事故名称，由事故发生地点、发生时间、事故等级、设备种类、事故特征组成。发生地点包括事故发生所在的省和市；发生时间包括事故发生的月和日，用阿拉伯数字，并且月与日之间用“·”符号隔开，时间加“”。如某省某市 2009 年 6 月 12 日发生锅炉爆炸的重大事故，则报告名称为：某省某市“6·12”重大锅炉爆炸事故调查报告。

b2 事故基本情况

事故基本情况，包括事故发生单位、地点、发生时间、设备种类、事故特征、伤亡人数、事故等级组成。所描述的内容应当与本导则附件 C 事故基本情况表对应内容一致。

b3 事故发生单位及设备概况

b3.1 事故发生单位情况

包括企业生产经营情况、安全管理情况，事故直接人员等。如事故涉及多家单位，应当逐一描述其具体情况，并且阐述其相互关系。

b3.2 发生事故设备的情况

包括设备的设计、制造、安装、改造、修理、充装单位、检验检测机构及其工作情况，事故发生前的设备基本状况(允许运行和实际的运行参数)等。

b4 事故发生过程及应急救援情况

b4.1 事故发生过程

包括事故发生的时间、具体地址及其位置、事故发生经过、现场情况、设备损坏情况、事故后果等。

b4.2 应急救援情况

包括事故报告、抢险救援等应急处置情况。调查组还应当对事故应急救援作出评估。

b5 人员伤亡、设备损坏和直接经济损失情况

包括伤亡人员、设备损坏和经济损失的数量及具体情况，列出死亡人员名单和各种损失的具体情况。

b6 事故原因及性质

b6.1 事故原因

具体描述事故的直接原因、间接原因、主要原因、次要原因。

b6.2 事故性质

根据事故调查的事实和原因分析，写明事故性质，属于特种设备责任事故或者非责任事故的，按照本导则附件 A5 的术语描述。

b7 责任认定及处理建议

按照全部责任、主要责任、次要责任分别列出事故责任者的基本情况(单位，人员的姓名、职务、主管工作等)、责任认定事实、责任追究的法律依据及处理建议，并且按照以下顺序排列：

(1) 移送司法机关处理的责任人员。包括应当追究责任，因死亡而无法追究责任的人员和已经被司法机关采取措施的人员；

（2）对事故责任单位的处罚和相关人员的处分；

（3）给予相关单位或者人员行政处罚或者处分。

b8 事故防范和整改措施建议

提出防止同类事故重复发生的措施和建议。主要从技术、教育和管理等方面对地方政府、有关部门和事故责任单位提出整改建议，并且对国家有关部门在制定政策和法规、规章及标准等方面提出建议。

附件 C

事故调查相关资料

C1 事故基本情况表（格式）

事故基本情况表

事故发生单位			
事故发生单位地址			
法定代表人（主要负责人）		安全（质量）管理负责人	
单位性质		所属行业	
单位类别		统一社会信用码	
作业人员数量		持证人员数量	
设备种类		设备类别	
设备品种（名称）		设备代码	
产品编号		制造日期	
设备用途		施工日期	年 月 日
投用运行日期	年 月 日	使用登记日期	年 月 日
使用登记证编号		检验类别	
检验日期	年 月 日	检验结论意见	
事故发生时间	年 月 日 时 分		
事故特征			
事故发生地点			
事故等级		事故性质	
损坏程度		事故直接原因	
事故主要原因		直接经济损失	万元
死亡人数		受伤人数	
负责组织事故调查部门			
技术鉴定机构			
损失评估机构			
说明： 调查组组长（签名）： 日期：			

C2 调查组人员名单

列出调查组人员名单，包括工作单位、职称，以及在事故调查组中的职务（组长、某某组组长、某某组成员），由本人签名并注明签字时间。

C3 调查组成员的不同意见

经过调查组讨论仍存在的不同意见，应当将意见如实记录，由持不同意见者本人签注姓名和日期。无不同意见，此项可以省略。

C4 有关证据资料

特种设备事故的有关证据资料一般包括以下内容：

（1）伤亡人员基本情况，包括姓名、性别、民族、年龄、工作单位、住址、身份证号码、学历、职务职称、安全培训教育及个人持证情况；

（2）直接经济损失情况，包括人身伤亡后所支出的医疗费用、护理费用、丧葬及抚恤费用、补助及救济费用和歇工工资等费用，处理事故的事务性费用和事故赔偿费等善后处理费用，应急救援费用，特种设备在内的固定资产损失价值和流动资产损失价值等财产损失价值；

（3）现场勘查记录、技术鉴定报告，重大技术问题鉴定结论（报告）、检验检测报告、调查笔录、物证和证人证言、相关图纸照片、视听资料等有关资料和文函，事故调查重要会议纪要或者记录等，事故现场、事故设备损坏状况、痕迹以及有关物件的照片（音像资料）、绘制的事故现场示意图，事故发生时的工艺条件、操作或者作业状况相关的技术资料与记录等；

（4）规章制度及组织体系，事故单位特种设备安全管理机构和人员情况，有关规章制度及执行情况，事故伤亡人员以及责任者的职责情况；

（5）伤亡鉴定证明，事故中的死亡人员应当依据公安机关或者具有资质的医疗机构出具证明材料进行确定；受伤人员依据具有资质的医疗机构出具证明材料进行确定。

C5 其他所需的材料

根据需要编写或者收集。

附录 c

事故基本情况表的填写说明

c1 事故发生单位

填写事故发生单位的全称，应当与其工商注册的名称一致。公民填写个人姓名。

c2 事故发生单位地址

填写事故发生单位所注册地的法定资格地址，包括省(自治区、直辖市)、市(地)、区(县)、街(路、乡)、小区(村)、号等。

c3 法定代表人(主要负责人)

填写事故单位法定代表人(主要负责人)姓名或者个人企业的业主姓名。

c4 安全(质量)管理负责人

按照特种安全设备管理人员的有关规定，对特种设备使用(包括充装)单位，填写安全管理负责人；对特种设备生产单位，填写质量管理负责人。

c5 单位性质

按照企业、事业、政府机关、社会组织等性质填写。如果是企业，在企业前加其单位经济类型，如国有企业、集体企业、私有企业、外商企业等。

c6 所属行业

事故发生单位所属行业的填写，按照 GB/T 4754《国民经济行业分类》四位码填写进行分类。社会组织、公民个人等可以参考前款行业的分类填写。政府机关可以不填写。

c7 单位类别

也称经营范围、从事工作范围，对于企业、事业、社会组织、公民个人等事故发生的单位，填写特种设备的制造、安装、改造、修理、销售、使用、租赁、检验、检测等。

c8 统一社会信用码

填写工商管理部门所颁发的营业执照上，或者其他有关单位、机构、团体所颁发的证照上编排的“统一社会信用码”。

c9 作业人员数量、持证人员数量

作业人员数量是指发生事故单位该类事故设备(指设备种类，下同)的特种设备作业人员总的人员数量。持证人员数量是指发生事故单位取得特种设备安全监管部门颁发作业证件的该类设备作业人员数量。作业人员数量和持证人员数量如果相同也分别填写，如果没有，则填写“0”。

c10 设备种类、设备类别、设备品种(名称)

按照《特种设备目录》，填写发生事故的设备的种类、类别、品种，没有品种的可以填写设备名称。

c11 设备代码

填写发生事故的设备其制造单位按照安全技术规范(如《锅炉安全技术监察规程》《压力容器安全技术监察规程》《移动式压力容器安全技术监察规程》等)要求所编制的产品设备代码。如果该设备还没有进行设备代码的编制，可以不填写，划“—”。

c12　产品编号

填写发生事故的设备，其制造单位在产品合格证、质量证明书、铭牌上标注的产品编号，有的产品表述为制造编号或者出厂编号。

c13　制造日期

填写发生事故的设备，其制造单位在产品合格证、质量证明书、铭牌上标注的制造日期，有的产品表述为出厂日期。若该设备已经进行了改造，还应当填写改造单位在产品质量证明书、铭牌上标注的改造日期。

c14　设备用途

填写发生事故的设备是自用、租赁，并且在其前面加上生产、生活等。

c15　施工日期

施工日期，包括安装、改造、修理等日期，填写发生事故的设备最后一次施工类别的日期。并且可以在日期前加施工类别，其中修理应当为重大修理。

c16　投用运行日期

填写发生事故的设备正式投入运行的开始日期。

c17　使用登记日期、使用登记证编号

填写特种设备使用登记机关颁发使用登记证上的发证日期、登记证编号。

c18　检验类别、检验日期、检验结论意见

检验类别包括制造监督检验、安装监督检验、改造监督检验、重大修理监督检验和定期检验，填写发生事故的设备最后一次的检验类别、检验日期、检验结论意见。检验结论意见按照检验机构出具的检验报告的结论意见填写。

c19　事故发生时间

填写事故发生的具体时间，包括年、月、日、时、分。如果“分”无法确认，可以划“—”。

c20　事故特征

事故特征按照本导则附件 A1 的定义填写。

c21　事故发生地点

填写事故发生的设备所在的位置，包括省(自治区、直辖市)、市(地)、区(县)、街(路、乡)、小区(村)、号等。对于其具体位置，如企业的车间、楼房的楼层等在事故的发生过程等内容中具体表述。

c22　事故等级

事故等级按照《特种设备安全监察条例》《特种设备事故报告和调查处理规定》要求填写，即特别重大事故、重大事故、较大事故、一般事故。

c23　事故性质

按照事故调查结论填写。属于 A5.2 定义的责任事故，按照其定义，写明(1)或者(2)。

c24　损坏程度

损坏程度按照本导则附件 A2 的定义填写。

c25　事故直接原因、事故主要原因

按照本导则附件 A4 的术语与定义，用简单术语表明其事故原因，以利于信息化对事故的统计和综合分析，在表中可以按照以下六个类别填写。

（1）设备本身缺陷，包括因生产（设计、制造、安装、改造、修理）环节产生的缺陷；

（2）操作不当，包括违章指挥、违章作业、操作失误等原因；

（3）安全附件、安全保护装置失灵，包括在使用中没有按照规定设置（生产环节没有按照规定设置属于设备本身缺陷）和不能起到作用等原因；

（4）使用管理缺失，包括不能按照规定进行维护保养、安全设施缺少或者有缺陷、生产场所环境不良、安全操作规程缺失或者不健全、劳动组织不合理、对现场工作缺乏检查或者指挥错误、教育培训不够缺乏安全操作知识、施救不当等；

（5）违法行为，包括使用未取得特种设备行政许可的单位制造、安装、改造、修理的特种设备，违法充装气瓶和罐车，操作人员无证操作，超检验周期使用，以及非承压锅炉、非压力容器因其使用参数达到《特种设备安全监察条例》规定参数等；

（6）其他原因，不能明确划分的。

填写时如果事故发生的直接原因、主要原因有两个或者两个以上时，只填写对事故发生后果起最主要作用的原因。

c26　直接经济损失

按照本导则附件A7的术语及含义填写。

c27　死亡人数、受伤人数

按照GB 6441《企业职工伤亡事故分类》标准定义的死亡、受伤（含轻伤、重伤）核定相应人数。其中受伤人数为轻伤和重伤人数之和。

c28　负责组织事故调查部门

填写负责组织事故调查的政府部门。如某省（自治区、直辖市）质量技术监督局。

c29　技术鉴定机构、损失评估机构

填写接受委托进行事故技术鉴定和损失评估的专门机构名称。

c30　说明

填写需要说明的问题。如果调查组成员有不同意见，也应当在本栏中简单注明，详细内容另附页。

c31　调查组组长

调查组组长履行审核、确认签字手续。

c32　其他

所填写的内容，如果有的栏目无法填写，除已经有填写的明确要求外，则可以填写“不明”。

附件 D

事故报告和调查处理的一般表格和文书(格式)

(资料性文件)

附录 da

特种设备事故、相关事故信息报送表

<table>
<tr><td colspan="4">特种设备(□事故 □相关事故 □报告 □续报)</td></tr>
<tr><td>事故发生单位</td><td colspan="3"></td></tr>
<tr><td>事故发生时间</td><td></td><td>接报时间</td><td></td></tr>
<tr><td>事故发生地点</td><td colspan="3">[具本到县、区、街道(村)等]</td></tr>
<tr><td>设备种类</td><td></td><td>设备品种(名称)</td><td></td></tr>
<tr><td>设备参数</td><td></td><td>设备用途</td><td></td></tr>
<tr><td>事故特征</td><td></td><td>所属行业</td><td></td></tr>
<tr><td>伤亡情况</td><td colspan="3">死亡(　　)人
受伤(　　)人，其中重伤(　　)人</td></tr>
<tr><td>预计直接经济损失(万元)</td><td colspan="3"></td></tr>
<tr><td>事故等级</td><td colspan="2">□特别重大事故
□重大事故
□较大事故
□一般事故</td><td>□特种设备相关事故
□特种设备突发事件信息</td></tr>
<tr><td colspan="4">事故(事件)概况、初步原因判断和已经采取的措施：</td></tr>
</table>

填报单位(章)：　　　　　　　　　　　　　　　省份：

填报人(签名)：　　　　　　　　　　　　　　　填报日期：______年___月___日

电话：　　　　　　　　　传真：　　　　　　　　E-Mail：

附录 db

会议一般要求

1. 根据调查的进展，由事故调查组组长召集调查组成员召开会议，一般情况下，事故调查组需召开 3 次会议。

第一次时间为事故发生后首次会议，主要商讨内容：确定事故情况、组建事故调查组、明确工作分工、制定初步工作方案；

第二次为事故调查过程中，主要商讨内容：根据事故调查的需要，作出是否委托技术鉴定、经济损失评估项目的决定、商讨是否移送涉嫌犯罪人员、通报事故调查情况等；

第三次为形成事故报告时，主要内容：确定事故发生的原因、认定事故责任、提出对事故责任的处理建议、提出事故预防措施和整改建议，形成事故报告。

2. 集体讨论中，应当详细记载参加人员发表的意见。对不同意见和保留意见，应当专门记录。记录应当客观具体，尽量引用会议参加人的原话。

会议纪要(记录)

时间：××年×月×日××时××分至××年×月×日××时××分

地点：

参加人员：

主持人：

会议内容：

记录人：

注：文书说明和应用注意事项

1. 本文书用于记录事故调查组讨论有关事故调查处理会议的情况。

2. 本纪要(记录)作为事故调查处理过程的重要见证，应当妥善保管。

(本注实际在文书上可以不印制。说明：以下附录 de 至 dp 的注，作为出具的文件，如果需要对方了解填写或者其他方面要求的，可以印制。)

附录 dc

会议签到表

会议时间		会议地点	
会议主题		主持人	
参会人员	工作单位	职务(职称)	联系电话

附录 dd

关于成立(事故名称)事故调查组的报告

省(直辖市)市(区、县)人民政府:

××年×月×日××时××分，本省(直辖市)　　市(区县)(地点)发生了一起(事故名称)事故，(死亡×人，伤×人)。根据《中华人民共和国特种设备安全法》《特种设备安全监察条例》《特种设备事故报告和调查处理规定》等规定，我局已经组织成立了(　　　　)事故调查组，调查组组成人员如下:

组长:　　　省(直辖市)或市(区县)质量技术监督局

副组长:

成员:　　　省(直辖市)或市(区县)质监局

成员:　　　省(直辖市)或市(区县)安监局

成员:　　　省(直辖市)或市(区县)监察局

成员:　　　省(直辖市)或市(区县)公安局

成员:　　　省(直辖市)或市(区县)总工会

成员:

邀请　　　省(直辖市)或市(区县)检察院参加

特此报告。

____________局(公章)

年　　月　　日

注：文书说明和应用注意事项

1. 本文书依据《特种设备事故报告和调查处理规定》第二十条、《特种设备事故报告和调查处理导则》，经过现场确认为特种设备事故的，负责事故调查的特种设备安全监管部门召集各有关部门成立事故调查组，并及时制作本文书报告至本级人民政府。

2. 根据规定本文书无需批复，属于备案性质。

附录 de

关于采用简易程序对(事故名称)事故进行调查的请示

省(直辖市)市(区、县)人民政府：

××年×月×日××时××分，本省(直辖市)　　市(区县)(地点)发生了一起(事故名称)事故，该起事故未造成人员伤亡，经过初步调查事故的主要原因是(　　　　　)，为了依法、高效处置该起事故，我局已经与　　省(直辖市)市(区、县)安监局、监察局、公安局、总工会等部门沟通，对该起事故拟采用简易程序，由我局单独负责组织事故调查。

妥否，请批示。

____________局(公章)

年　　月　　日

注：文书说明和应用注意事项

1. 本文书依据《特种设备事故报告和调查处理规定》第二十五条、《特种设备事故报告和调查处理导则》，对于无重大社会影响、无人员伤亡、事故原因明晰的特种设备事故，经过与相关部门商量后，负责特种设备事故调查处理的部门制作本文书上报本级人民政府。
2. 无重大社会影响，一般指仅发生在非公共场所出现的无人员伤亡的事故，事故未造成企业停产或停业的。
3. 无人员伤亡，未达到人身伤害司法鉴定标准之轻微伤的，可认定为无人员受伤。
4. 事故原因明晰：指通过简单的调查就能明确事故原因的。

附录 df

特种设备事故现场示意图

<table>
<tr><td>勘查时间</td><td colspan="3">年 月 日 时 分至 月 日 时 分</td></tr>
<tr><td>勘查地点</td><td></td><td>天气情况</td><td></td></tr>
<tr><td colspan="4">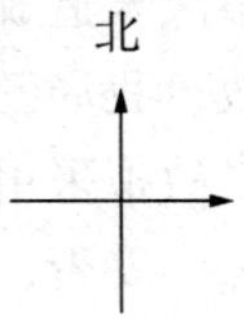
</td></tr>
<tr><td colspan="4">说明：</td></tr>
<tr><td>勘查人</td><td></td><td>绘制人</td><td></td></tr>
<tr><td>校核</td><td></td><td>其他专业人员</td><td></td></tr>
</table>

附录 dg

特种设备现场勘查记录

勘查时间	年 月 日 时 分至 月 日 时 分		
勘查地点		天气情况	
简要案情：			
勘查记录：			
勘查人		记录人	
校核		其他专业人员	

注：文书说明和应用注意事项

1. 本文书依据《特种设备事故报告和调查处理导则》5.2.3，特种设备事故现场调查都应当制作本文书，事故现场示意图应当与现场勘查记录同时使用。

2. 勘查时间，应当具体到实际勘查的年、月、日、时、分。

3. 勘查地点，写明勘查的具体方位和具体地点。

4. 特种设备事故现场示意图，包括事故特种设备方位、周边环境、设备(爆炸碎片、散落物、残骸)位置，标注与固定参照物的相对位置与方向、伤亡人员位置。如果现场比较复杂，应当分别制作事故现场示意图、剖面图、工序(工艺)流程图、受害者位置图。

5. 天气情况，填写勘查当时天气情况，如晴、多云、阴等。

6. 简要案情，填写事故简要情况，包括死伤人数、事发设备情况。

7. 勘查人，参与勘查的人员，勘查必须由两名以上调查组人员共同进行。

8. 绘制(记录)人，填写绘制(记录)人员的名字。

9. 校核人员，能够在勘查现场见证勘查工作内容的人员，勘查人员制作事故现场示意图和勘查记录后，对勘查和记录情况进行校核签字确认。

10. 其他专业人员，必要时，有专业技术人员被邀请参与勘查的，专业技术人员也应当在事故现场示意图和勘查记录上签名。

11. 记载的顺序应当与现场勘查的实际顺序一致，记载的内容必须客观准确。

12. 现场勘查应当注意自身安全。

附录 dh

特种设备事故询问笔录

共　页第　页

询问时间：____年__月__日__时__分至__日__时__分　第__次询问

询问人员：______________________记录人员：______________________

询问地点：____

被询问人：________性别：____年龄：____职务：______________________

证件名称：________编号：______________________电话：______________

地址(住址)：____

工作单位：____

告知：我们是______________事故调查人员(出示证件)现依据国家有关规定向你调查询问，请协助调查，如实回答并提供相应材料。询问情况将作如下记录，经过您校阅后签名或者押印。作为证据，您将对本《询问笔录》内容和自己书写内容的真实性承担法律责任。提供的材料如属复印件，请确认其与原件一致，并在复印件上盖章或者签字确认。您有如实回答问题的义务，也有陈述、申辩和申请回避的权利。以上内容是否清楚？

回避原则：

答：____

问：____

被询问人签署意见并签字：　　　　　　　　　　　　日期：

询问人员(签字)：　　　　　　　记录人员：　　　　　　　日期：

续页

特种设备事故询问笔录

共　页第　页

被询问人签署意见并签字：　　　　　　　　　　　　　　日期：

询问人员(签字)：　　　　　　　　记录人员：　　　　　　日期：

注：文书说明和应用注意事项

1. 对当事人的询问要个别进行，不能同时询问多人。

2. 询问内容一般限于与案件有关的人和事，紧紧围绕何人、何时、何地、何事、何情节五要素开展问答，允许被询问人辩解、更正。

3. 询问必须为调查组成员或者经调查组认可的特种设备安全监管部门的执法人员，询问应当有两人在场，询问完毕，询问人、记录人和被询问人要及时签名确认；如果被询问人隔日有情况需要补充的，应当另行作询问笔录。

4. 笔录一律使用钢笔、毛笔或者签字笔，不得使用铅笔或者圆珠笔，更正、修改、涂改的内容应当由被询问人按上指印确认；笔录每页注明被调查人认可的“以上记录看过，记录没有错误”，或者对没有阅读能力的当事人应当记录向其宣读笔录的文字说明等字样；笔录案情的被询问人应当逐页签名。

5. 笔录必须字迹清晰，标点正确；笔录要用第一人称记录被询问人原话；单位和地方的名称都要记录全称；对被询问人讲的模棱两可的话，如“大概”、“可能”一定要核问出具体、确切情况后载入笔录；涉及货币金额、面积或者重量时，其数额应当大写，并标明度量单位。

附录 dj

关于提供相关资料的通知

(特种设备事故发生单位及相关单位)：

根据国家有关规定，现将你单位需要提供的有关资料通知如下。

一、请于____年__月__日前提供以下材料(打钩)：

1. 营业执照□、______①______□；
2. 特种设备生产(设计、制造、安装改造维修、充装等)许可证□、相关资质证书(____②____)□；
3. (______③______)安全管理制度□，操作规程□，运行、维修保养操作记录□；
4. 单位负责人、特种设备安全管理人员和操作人员的教育培训及其资格的有关证书□；
5. 事发设备使用登记证□、检验检测报告□、______④______□；
6. 工程、经营项目承发包合同以及安全生产管理协议书□；
7. 厂房、场所、设备租赁合同以及安全生产管理协议书□；
8. 施工组织设计或者方案□；
9. 伤亡者身份证明材料(含身份证)□；
10. 伤亡者医院诊断或者死亡证明书□；
11. 伤亡者劳动合同或者单位用工证明□；
12. ____________⑤____________安全培训教育资料□；
13. 其他相关资料：____________⑥____________。

二、备注：

1. 以上提供资料未注明原件的只需要提供复印件，复印件需要加盖本单位公章注明“与原件一致”；

2. 在规定时间内不能提供的资料应当注明原因并以书面形式报事故调查组，未注明原因的视作无该项资料；

3. 单位对提交资料的真实性、有效性负责。

(事故名称)事故调查组组长：　　　　　　日期：

接收人(联系人)：　　　　　　　　　　日期：

联系电话：

注：文书说明和应用注意事项

1. 本文书根据《特种设备事故报告和调查处理导则》5.2.4.1，调查组开展调查时以本文书形式要求单位提供相应资料。

2. 提供的资料应当为打钩的，对于未打钩的即为无需提供。

3. 调查组根据实际情况确定需要提供资料的单位，一般包括事故发生单位、责任单位等。

4. 填写说明：

① 为其他相关的法定资格文件，如税务登记证等；

② 为其他相关资格证书，根据单位从事的业务，要求单位提供相应的许可证书。如安全生产经营证、消防安全合格证等；

③ 填写事发设备；

④ 可以填写出厂资料等其他与设备相关的资料；

⑤ 可以填写伤亡者和相关人员的姓名；

⑥ 其他相关资料，如应急预案等。

以上①②③④⑤⑥调查组可以根据实际情况填写。

5. 接收人(联系人)为事故发生单位或相关单位负责人员。

6. 本文书一式两份，一份送提交单位，一份审查单位留存。

附录 dk

技术档案资料审查记录表

<table>
<tr><td colspan="2">提交单位</td><td colspan="3"></td></tr>
<tr><td colspan="2">联系人</td><td></td><td>联系电话</td><td></td></tr>
<tr><td colspan="2">审查内容</td><td>提交情况②</td><td colspan="2">审查记录③</td></tr>
<tr><td rowspan="3">生产</td><td>设计文件</td><td></td><td colspan="2"></td></tr>
<tr><td>制造出厂资料</td><td></td><td colspan="2"></td></tr>
<tr><td>安装、改造、修理资料</td><td></td><td colspan="2"></td></tr>
<tr><td rowspan="7">使用和充装</td><td>生产操作工艺文件资料</td><td></td><td colspan="2"></td></tr>
<tr><td>运行记录</td><td></td><td colspan="2"></td></tr>
<tr><td>自行检查资料(报告)</td><td></td><td colspan="2"></td></tr>
<tr><td>充装资料</td><td></td><td colspan="2"></td></tr>
<tr><td>维护保养记录</td><td></td><td colspan="2"></td></tr>
<tr><td>安全附件及仪表校验(检定)记录</td><td></td><td colspan="2"></td></tr>
<tr><td>使用登记</td><td></td><td colspan="2"></td></tr>
<tr><td>检验检测</td><td>监督检验和定期检验、检测报告与记录</td><td></td><td colspan="2"></td></tr>
<tr><td>采购租赁</td><td>设备及相关主要零部件采购或者租赁合同、验收记录</td><td></td><td colspan="2"></td></tr>
<tr><td rowspan="5">管理方面</td><td>岗位职责</td><td></td><td colspan="2"></td></tr>
<tr><td>操作规程</td><td></td><td colspan="2"></td></tr>
<tr><td>应急预案</td><td></td><td colspan="2"></td></tr>
<tr><td>作业人员的培训、教育、持证</td><td></td><td colspan="2"></td></tr>
<tr><td>现场安全防护</td><td></td><td colspan="2"></td></tr>
<tr><td>其他</td><td></td><td></td><td colspan="2"></td></tr>
</table>

提交单位对审查记录的意见：①

提交单位负责人：　　　　　　　　　　　日期：

审查人：　　　　　　　　　　　　　　　日期：

注：文书说明和应用注意事项

1. 本文书依据《特种设备事故报告和调查处理导则》5.2.4.2 制作，通过对与事故有关联的文字、图纸等资料进行查阅，从中找出与事故有关联的因素。

2. 说明：

① 要求单位负责人对上述审查内容予以确认，可以写“同意”、“无异议”；

② 记录提交情况，对未提交的资料应当写明未提交资料的名称，无需提交的写明无需提交，提交的写明已经提交；

③ 详细记录对资料的审查，对存在问题的项目应当予以说明。

3. 本文书一式两份，一份送提交单位，一份审查单位留存。

4. 应当由两名审查人员进行审查签字。

5. 查阅资料的主要任务：

(1) 通过设计、制造、安装、改造、维修文件排查：设备结构是否合理、强度是否足够、材料是否符合要求、设备及其安全部件的制造质量是否符合要求、型式试验是否合格、产品试验是否符合要求；安装、改造是否正确、修理质量对设备安全是否有影响等；有无非法设计、制造、安装、改造、维修情况等；

(2) 通过操作规程、操作记录排查：设备工艺条件是否有波动，有无超压、超温、超载情况，工艺介质条件是否发生变化、运行中有否违章或者误操作、是否发生过异常现象等；

(3) 通过有关文件和规章制度排查：企业安全管理机构和安全管理人员是否配备、安全规章制度和安全操作规程是否制定并得到贯彻落实等；

(4) 通过有关检修记录、单据、票据、检验报告和有关隐患整改文件排查：设备日常维护保养是否正常、设备是否超过检验期，定期检验时危及安全的缺陷是否漏检，安全附件是否定期检定等；

(5) 通过有关证件和培训记录排查：设备是否使用登记、作业人员是否持证上岗、作业人员是否经过专业培训等；

(6) 通过有关文件、记录排查：上级部门部署的安全规定是否得到贯彻、特种设备安全监察机构下达的安全监察指令书和检验机构下达的检验意见书是否得到整改等；

(7) 通过应急预案、演练记录和事故发生时应急处置记录等排查：企业应急工作机制是否建立，应急措施是否得当，事故报告是否及时等。

附录dm

特种设备事故直接经济损失估算表

<table>
<tr><td colspan="2">事故发生单位</td><td colspan="3"></td></tr>
<tr><td colspan="2">事故单位地址</td><td colspan="3"></td></tr>
<tr><td colspan="2">事故发生地点</td><td></td><td>事故发生时间</td><td></td></tr>
<tr><td colspan="2">法定代表人</td><td></td><td>联系电话</td><td></td></tr>
<tr><td colspan="2">设备种类</td><td></td><td>损坏程度</td><td></td></tr>
<tr><td colspan="2">事故等级</td><td></td><td>事故特征</td><td></td></tr>
<tr><td colspan="2">事故伤亡</td><td colspan="3">死：　　　　　　伤：</td></tr>
<tr><td rowspan="9">预计直接经济损失</td><td rowspan="4">人身伤亡后所支出的费用</td><td colspan="2">医疗费用（含护理费用）</td><td>万元</td></tr>
<tr><td colspan="2">丧葬及抚恤费用</td><td>万元</td></tr>
<tr><td colspan="2">补助及救济费用</td><td>万元</td></tr>
<tr><td colspan="2">歇工工资</td><td>万元</td></tr>
<tr><td rowspan="2">善后处理费用</td><td colspan="2">处理事故的事务性费用</td><td>万元</td></tr>
<tr><td colspan="2">事故赔偿费用</td><td>万元</td></tr>
<tr><td rowspan="2">财产损失价值</td><td colspan="2">固定资产损失价值</td><td>万元</td></tr>
<tr><td colspan="2">流动资产损失价值</td><td>万元</td></tr>
<tr><td colspan="4">总计（大写）：　　　　　（小写：　　　万元）</td></tr>
</table>

填写人：　　　　　　　　　　　　　　　　　　　　　　　　时间：

事故发生单位意见：　　　　　　　　负责人：　　　　　　　时间：

事故责任单位意见：　　　　　　　　负责人：　　　　　　　时间：

注：文书说明和应用注意事项

1. 本文书依据《特种设备事故报告和调查处理导则》和 GB 6721《企业职工伤亡事故经济损失统计标准》，适用于事故调查组用于事故直接经济损失估算统计。

2. 事故发生单位：填写事故发生单位的全称。

3. 事故单位地址：填写事故发生单位所注册地的法定资格地址。

4. 事故发生时间：填写事故发生的具体时间，包括年、月、日、时、分。

5. 事故发生地点，填写事故发生的设备所在的位置。

6. 法定代表人，填写事故单位法定代表人。

7. 联系电话，填写事故单位法定代表人联系电话。

8. 设备种类，填写事故设备的种类。

9. 损坏程度、事故特征：按照《特种设备事故报告和调查处理导则》附件 A 的术语与定义填写。

10. 事故等级，填写特别重大事故、重大事故、较大事故或者一般事故。

11. 直接经济损失，可以按照 GB 6721 中进行计算。

12. 填写人，为事故调查人员（两名）。

13. 事故发生单位意见，填写事故发生单位对直接经济损失计算费用是否存有异议，无异议的填写同意。

14. 在直接经济损失计算时，应当注意收集有关票据（如受伤人员的医疗费收据）。

附录 dn

直接经济损失评估委托书

____________：

××年××月××日，　　省(直辖市)　　市(区、县)发生一起(　　　　　)事故。现根据《特种设备安全监察条例》《特种设备事故报告和调查处理规定》等规定，委托贵单位对该起事故直接经济损失进行评估。请于××年××月××日前提交评估报告。

联系人：

联系电话：

(事故名称)事故调查组　　　　　　　　　　　　　　____________局(公章)

组长签名：　　　　　　　　　　　　　　　　　　　　　　年　　月　　日

注：文书说明和应用注意事项

1. 本文书依据《特种设备事故报告和调查处理规定》第二十七条、《特种设备事故报告和调查处理导则》，以下情况应当考虑委托评估机构进行直接经济损失评估：

(1) 事故等级与直接经济损失挂钩的；

(2) 事故单位对直接经济损失有疑问的；

(3) 事故复杂，涉及多个责任单位的；

(4) 常规无法计算直接经济损失的，需要专业机构进行评估的。

2. 被委托单位应当为具有国家规定资质的评估机构。

3. 参与评估的单位和人员，应当与事故没有直接利害关系。

附录 dp

技术鉴定委托书

（被委托单位名称）：

××年××月××日，　　省（直辖市）　　市（区、县）发生一起××事故，为进一步判定事故发生的条件及原因，现委托贵单位对下列事项进行技术鉴定。具体内容如下：

一、鉴定项目

1.

2.

3.

二、鉴定要求

1.

2.

3.

请于××年××月××日前提交技术鉴定报告。

联系人：

联系电话：

（事故名称）事故调查组　　　　　　　　　　______局（公章）

组长签名：　　　　　　　　　　　　　　　　年　月　日

注：文书说明及应用注意事项

1. 本文书依据《特种设备事故报告和调查处理规定》第二十六条、《特种设备事故报告和调查处理导则》，通过现场调查还不能确定事故性质，需要进一步进行技术分析来判断事故发生条件及原因的，可以使用本文书进行技术鉴定委托。

2. 被委托单位应当具有国家规定资质的技术机构，对于物品鉴定和技术原因分析可以分别委托有资质的技术机构。受委托对象为专家时，专家人数不应当少于 3 人，并应当指定其中 1 人为技术专家小组组长；当调查组直接聘请技术专家作为事故调查组的技术组成员时，可以不进行此项委托。

3. 参与技术鉴定的单位和人员，应当与事故没有直接利害关系。

4. 对于需要鉴定的物品，按照规定进行取样、包装、封存后移交被委托单位。

相关规章和规范历次制(修)订情况

1.《蒸汽锅炉受压容器事故报告办法(试行)》(国家劳动总局，1975 年 11 月 20 日公布，1981 年 3 月 16 日废止)。

2.《锅炉压力容器事故报告办法》(〔81〕劳总锅字 3 号，1981 年 3 月 16 日公布，公布之日起施行，1997 年 10 月 1 日废止)。

3.《锅炉压力容器压力管道设备事故处理规定》(劳动部令第 8 号，1997 年 7 月 18 日发布，1997 年 10 月 1 日起施行，2001 年 11 月 15 日废止)。

4.《锅炉压力容器压力管道特种设备事故处理规定》(国家质量监督检验检疫总局令第 2 号，2001 年 9 月 17 日公布，2001 年 11 月 15 日施行，2009 年 7 月 3 日废止)。

5.《特种设备事故报告和调查处理规定》(国家质量监督检验检疫总局令第 115 号，2009 年 7 月 3 日公布，公布之日起施行)。

6.《特种设备事故调查处理导则》(TSG Z0006—2009，国家质量监督检验检疫总局第 135 号公告，2009 年 12 月 29 日颁布)。

TSG 特种设备安全技术规范 TSG 07—2019

特种设备生产和
充装单位许可规则

Regulation for Production and Filling Licensing of Special Equipment

国家市场监督管理总局颁布
2019 年 5 月 13 日

前　言

为配合特种设备行政许可改革，完善相关配套要求，2017 年 5 月，原国家质量监督检验检疫总局(以下简称原质检总局)特种设备安全监察局(以下简称特种设备局)向中国特种设备检测研究院(以下简称中国特检院)下达《特种设备生产单位许可规则》(以下简称《许可规则》)的起草任务书，要求以原有的许可相关规章、规范性文件、安全技术规范，以及前期已陆续开展的对有关设备许可规则和条件的修订工作为基础，形成关于特种设备生产和充装单位许可的综合性安全技术规范。2017 年 5 月，中国特检院组织有关专家成立起草组，在北京召开工作会议，制定《许可规则》的起草工作方案，确定《许可规则》的制定原则、需要解决的主要问题和重点内容，以及结构(章节)框架，成立综合组以及各类设备许可条件起草小组，并且就起草工作进行具体分工，明确时间进度要求。2017 年 10 月，起草形成《许可规则》草案。之后，根据特种设备行政许可改革的有关要求以及许可目录的调整，《许可规则》起草组和各小组又多次召开工作会议，对草案内容进行修改、完善。2019 年 1 月，形成《许可规则》征求意见稿。2019 年 2 月，国家市场监督管理总局发布公告，征求基层部门、有关单位和专家及公民的意见，同时向 WTO/TBT 进行了通报。2019 年 3 月，各起草小组分别召开会议，对征求到的意见进行研究和讨论，修改形成送审稿，特种设备局将送审稿提交特种设备安全与节能技术委员会审议。起草组根据审议意见进行修改、完善后，形成报批稿。2019 年 5 月 13 日，《许可规则》由国家市场监督管理总局批准颁布。

《许可规则》依据《特种设备安全法》《行政许可法》《特种设备安全监察条例》《特种设备生产单位许可目录》等法律、法规和文件的规定，在原有的各类设备许可条件的基础上，进行适当调整，统一各类特种设备生产和充装单位许可的通用条件、程序和要求，明确各类特种设备的专项许可条件，形成一部特种设备生产和充装单位许可的综合规范。

目　录

特种设备生产和充装单位许可规则

1 总　　则

1.1 目的和依据

为了规范特种设备生产(设计、制造、安装、改造、修理)和充装单位许可工作，根据《中华人民共和国特种设备安全法》《中华人民共和国行政许可法》《特种设备安全监察条例》等有关法律、法规，制定本规则。

1.2 适用范围

在中华人民共和国境内使用的特种设备，其设计、制造、安装、改造、修理、充装单位的许可，适用本规则。

1.3 许可实施主体

实施特种设备生产和充装单位许可的部门为国家市场监督管理总局和省级人民政府负责特种设备安全监督管理的部门(国家市场监督管理总局以下简称市场监管总局，省级人民政府负责特种设备安全监督管理的部门以下简称省级特种设备安全监管部门，市场监管总局和省级特种设备安全监管部门以下统称发证机关)。

1.4 许可目录

特种设备生产和充装单位的许可类别、许可项目和子项目、许可参数和级别(以下统称许可范围)以及发证机关，按照市场监管总局发布的《特种设备生产单位许可目录》执行；许可项目和子项目中的设备种类、类别和品种按照《特种设备目录》执行。

1.5 许可证书及有效期

特种设备许可证书包括《中华人民共和国特种设备生产许可证》和《中华人民共和国移动式压力容器(气瓶)充装许可证》(以下简称许可证，样式见附件A)，其有效期均为4年。

2 许可条件

2.1 一般要求

申请特种设备生产和充装许可的单位(以下简称申请单位)，应当具有法定资质，具有与许可范围相适应的资源条件，建立并且有效实施与许可范围相适应的质量保证体系、安全管理制度等，具备保障特种设备安全性能的技术能力。

2.1.1 资源条件

申请单位应当具有以下与许可范围相适应，并且满足生产需要的资源条件：

(1) 人员，包括管理人员、技术人员、检测人员、作业人员等；

(2) 工作场所，包括场地、厂房、办公场所、仓库等；

(3) 设备设施，包括生产(充装)设备、工艺装备、检测仪器、试验装置等；

(4) 技术资料，包括设计文件、工艺文件、施工方案、检验规程等；

(5) 法规标准，包括法律、法规、规章、安全技术规范及相关标准。

具体资源条件和要求，分别见本规则附件B至附件L。

2.1.2 质量保证体系

申请单位应当按照本规则的要求，建立与许可范围相适应的质量保证体系，并且保持有效实施；

其中，特种设备制造、安装、改造、修理单位的质量保证体系应当符合本规则附件 M《特种设备生产单位质量保证体系基本要求》，压力容器和压力管道设计单位的质量保证体系应当符合本规则 C1.4、E1.4 条的要求，移动式压力容器和气瓶充装单位的质量保证体系应当符合本规则 C3.7、D2.7 条的要求。

2.1.3　保障特种设备安全性能和充装安全的技术能力

申请单位应当具备保障特种设备安全性能和充装安全的技术能力，按照特种设备安全技术规范及相关标准要求进行产品设计、制造、安装、改造、修理、充装活动。

2.2　资源条件的通用要求

2.2.1　人员

资源条件中的技术人员应当具有理工类专业教育背景，取得相关专业技术职称并且具有相关工作经验。

资源条件中的安全管理人员、检测人员、作业人员，纳入特种设备人员行政许可的，应当取得相应的特种设备人员资格证。

资源条件中对人员有工程技术职称要求的，如果人员无相应工程技术职称，则需要具有相应的学历和技术工作年限，学历应当为理工类专业。工程技术职称与学历和技术工作年限比照见表 2-1。

表 2-1　工程技术职称与学历和技术工作年限比照(注 1)

工程技术职称	学历与技术工作年限			
	博士毕业生	硕士毕业生	大学本科毕业生	大专毕业生
高级工程师	工作 4 年以上	工作 10 年以上	工作 13 年以上	工作 15 年以上
工程师	工作 1 年以上	工作 4 年以上	工作 7 年以上	工作 9 年以上
助理工程师	—	工作 1 年以上	工作 2 年以上	工作 3 年以上

注 1：技术工作是指与相应特种设备生产、充装、检验、检测、使用管理等有关的技术方面的工作。高级技师和技师可以分别相当于工程师和助理工程师；中专毕业生的技术工作年限要求可以参照大专毕业生。

2.2.2　工作场所和设备设施租赁

2.2.2.1　工作场所

生产和充装单位的场地、厂房、办公场所、仓库允许承租。工作场所承租的，租赁双方应当签订租赁合同，其租赁期限应当覆盖申请许可证的有效期，并且能够提供出租方的土地使用证明、房产证或者土地管理部门出具的其他有效证明。

2.2.2.2　设备设施

生产和充装单位资源条件要求的生产(充装)设备(厂房附属的起重设备除外)、工艺装备、检测仪器、试验装置等一般不允许承租，本规则附件 B 至附件 L 另有规定的，从其规定。

2.2.3　工作外委(分包)

(1) 设计、材料预处理、热处理、无损检测和理化检验等工作的外委，应当符合本规则附件 B 至附件 L 的要求；

(2) 允许外委的、受委托单位应当具有相应能力，无损检测、压力容器和压力管道设计应当外委给取得特种设备相应资质的单位(机构)，但是不得外委给对本单位实施监督检验、型式试验的检验机构；委托单位应当与受委托单位签订合同(协议)，确定外委的具体项目和详细要求；外委工作的质量控制由委托单位负责，纳入其质量保证体系的控制范围；

(3) 工作外委的，与外委工作直接相关的人员和设备资源条件不作要求，本规则附件 B 至附件 L 另有规定的，从其规定：委托单位应当配备相应的质量控制系统责任人员(有质量控制系统要求的)。

2.2.4　条件共享

2.2.4.1　同一单位

(1) 同一申请单位申请不同许可项目的，本规则附件 B 至附件 L 规定的相应许可条件允许共享；

（2）同一申请单位的多处制造地址（注 2）共同完成同一许可子项目产品的，其各处制造地址资源条件之和应当满足本规则附件 B 至附件 L 规定的许可条件（本规则附件 B 至附件 L 另有规定的，从其规定），并且建立统一的质量保证体系。

注 2：多处制造地址应当符合本规则 3.2.2 条的规定。

2.2.4.2　公司和子公司（公司和分公司）

（1）公司申请许可时，经其子公司同意，子公司可以作为制造地址在许可证中载明，但其子公司不得再单独申请许可，本规则附件 B 至附件 L 规定的许可条件允许共享；公司和其子公司分别申请许可的，本规则附件 B 至附件 L 规定的许可条件不允许共享；

（2）公司和其分公司从事相应许可活动，可以以公司的名义申请许可，也可以分别单独申请许可；以分公司名义申请许可的，分公司应当取得其公司法人授权；公司申请许可，其分公司作为资源条件的，则分公司地址应当在许可证中载明，本规则附件 B 至附件 L 规定的许可条件允许共享；公司和其分公司分别申请许可的，本规则附件 B 至附件 L 规定的许可条件不允许共享；

（3）本条（1）（2）项所述情形，涉及多处制造地址的，还应当满足本规则 2.2.4.1（2）项的要求。

3　许可程序和要求

3.1　许可程序

许可程序包括申请、受理、鉴定评审、审查与发证。

3.2　申请

3.2.1　一般要求

申请采用网上填报的方式。申请单位应当填写并且提交《特种设备生产和充装许可申请书》（以下简称申请书），并且附以下扫描资料（无需提供原件），向相应的发证机关提出申请：

（1）申请单位营业执照（无法在线核验时）；

（2）申请书中的“申请许可项目表”，经申请单位法定代表人（主要负责人）签字，并且加盖单位公章；

（3）原许可证（仅申请增项、改变许可级别或者换证，并且无法在线核验时）；

（4）公司法人书面授权文件（分公司单独申请的）。

因特殊情况不能实施网上申请的，可以提交书面申请（申请书一式三份），并且附前款资料（复印件加盖单位公章、各一份）。

3.2.2　多地址申请要求

由省级特种设备安全监管部门实施许可的，申请单位的住所与制造地址或其多处制造地址不在同一省（自治区、直辖市）内的，应当分别向其制造地址所在地的省级特种设备安全监管部门申请。

3.3　受理

3.3.1　予以受理

发证机关收到申请资料后，对于资料齐全，符合法定形式的，应当在 5 个工作日内予以受理，出具电子（或者书面）形式的《特种设备行政许可受理决定书》（以下简称受理决定书）。受理决定书应当注明委托的鉴定评审机构（注 3）名称和联系方式。发证机关应当在发出受理决定书的同时将相关受理信息通知委托的鉴定评审机构。

注 3：鉴定评审机构为发证机关依据国家有关规定，委托其从事鉴定评审工作的技术机构或者社会组织。

3.3.2　补正

发证机关收到申请资料后，对于申请资料不齐全或者不符合法定形式的，应当在 5 个工作日内一次性告知申请单位需要补正的全部内容，并且出具《特种设备行政许可申请资料补正告知书》（以下简称补正告知书）。

3.3.3 不予受理

发证机关收到申请资料后，凡有下列情形之一的，应当在5个工作日内向申请单位发出《特种设备行政许可不予受理决定书》(以下简称不予受理决定书)：

(1) 申请项目不属于特种设备许可范围的；

(2) 隐瞒有关情况或者提供虚假申请资料被发现的；

(3) 被依法吊(撤)销许可证，并且自吊(撤)销许可证之日起不满3年的。

3.3.4 申请信息变更

申请单位的申请已经受理，在鉴定评审之前，生产单位变更单位名称、住所、制造地址、办公地址、许可子项目，或者充装单位变更单位名称、住所、充装地址、设备品种、充装介质类别的，应当重新提出申请，或者由原发证(受理)机关出具变更的受理决定书。

3.4 鉴定评审

3.4.1 一般要求

(1) 申请单位在首次申请取证、申请增项(增加制造地址除外)或者申请提高许可参数级别时，应当在鉴定评审前，按照本规则附件B至附件L的要求，准备试设计文件，试制造、试安装(注4)的样机(样品)，样机(样品)应当经自检合格，资料齐全；

(2) 鉴定评审机构接到发证机关委托后，应当在10个工作日内与申请单位商定鉴定评审日期，并且将评审日期、评审程序和要求书面告知申请单位；鉴定评审机构应当在评审日期内派出鉴定评审组实施现场鉴定评审，鉴定评审机构因故无法按时限完成鉴定评审工作的，应当向发证机关报告；

(3) 申请单位应当在鉴定评审前将申请书以及质量保证手册(可以是电子文档)提交给鉴定评审机构。

注4：允许在使用现场进行试安装的，安装单位应当在试安装前凭受理决定书向施工所在地特种设备安全监管部门办理安装告知。接受试安装告知的部门应当将受理决定书收回存档，凭受理决定书只能进行一次试安装。

3.4.2 现场鉴定评审工作程序和要求

(1) 现场鉴定评审工作程序，一般包括首次会议、现场巡视、分组审查、情况汇总、交换意见、总结会议等；

(2) 现场鉴定评审工作中，发现申请单位的实际资源条件或者产品不能满足已受理许可范围的相应要求的，经申请单位书面申请、鉴定评审组确认后，可以按照减少许可子项目或者降低许可级别后的范围进行鉴定评审，并且在鉴定评审报告中说明；现场鉴定评审时，申请单位提出增加许可子项目、提高许可参数级别或者其他情形使发证机关改变的，应当按照本规则3.2条的要求重新申请；

(3) 现场鉴定评审工作结束时，鉴定评审组应当将发现的问题向申请单位通报；现场不能完成整改的，双方应当签署《特种设备鉴定评审工作备忘录》(以下简称备忘录)，鉴定评审组在备忘录中提出整改要求，整改时间不得超过6个月；

(4) 鉴定评审组应当将鉴定评审情况做出记录。

3.4.3 鉴定评审结论和报告

鉴定评审结论意见按照以下要求分为“符合条件”“整改后符合条件”“不符合条件”：

(1) 全部满足许可条件，鉴定评审结论意见为“符合条件”；

(2) 整改后全部满足许可条件，鉴定评审结论意见为“整改后符合条件”；

(3) 除本款(1)(2)项外，鉴定评审结论意见为“不符合条件”。

鉴定评审机构应当按照委托规定，及时出具并向发证机关提交鉴定评审报告。

鉴定评审工作(含整改时间)应当自受理决定书签发之日起1年内完成。

3.5 审查与发证

发证机关在收到鉴定评审机构上报的鉴定评审报告和相关资料后，应当在20个工作日内，对鉴定评审报告和相关资料进行审查，符合发证条件的，向申请单位颁发相应许可证；不符合发证条件的，向申请单位发出《特种设备不予行政许可决定书》(以下简称不予许可决定书)。

许可证中应当载明以下信息：

(1)《中华人民共和国特种设备生产许可证》，载明许可证编号，单位名称、住所、办公地址、制造地址，许可项目、许可子项目、许可参数，发证机关、发证日期及有效期等；

(2)《中华人民共和国移动式压力容器(气瓶)充装许可证》，载明许可证编号，单位名称、住所、充装地址，设备品种、充装介质类别、充装介质名称，发证机关、发证日期及有效期等。

3.6 许可证增项、变更与延续

3.6.1 许可证增项

3.6.1.1 增项含义

许可证增项是指在许可证有效期内，持证单位发生下列情形之一的：

(1) 增加制造地址或者许可子项目(含改变产品限制范围)；

(2) 增加充装地址、设备品种或者充装介质类别。

3.6.1.2 增项程序和要求

(1) 持证单位需要增项的，应当向发证机关提出许可增项申请；增项程序和要求按照本规则 3.2 至 3.5 条的规定办理；

(2) 只改变产品限制范围的，由发证机关确定是否需要进行鉴定评审；

(3) 只增加制造地址的，不需要准备试制造样机(样品)，鉴定评审时重点对资源条件进行核查，并且对质量保证体系覆盖情况进行确认；

(4) 许可证增项后，发证机关换发新许可证，其有效期按照原许可证执行，原许可证由原发证机关收回。

3.6.2 许可证变更

3.6.2.1 变更含义

许可证变更是指在许可证有效期内，持证单位发生下列情形之一的：

(1) 单位名称改变；

(2) 住所、制造地址、办公地址、充装地址的名称改变(以下统称地址更名)；

(3) 住所、制造地址、办公地址、充装地址搬迁(以下统称地址搬迁)；

(4) 多制造地址(充装地址)中一个或者多个制造地址(充装地址)注销(以下简称制造或者充装地址注销)；

(5) 许可级别改变；

(6) 其他需要变更的情形。

3.6.2.2 单位名称改变和地址更名

持证单位改变单位名称或者地址更名，应当在变更后 30 个工作日内向原发证机关提出变更许可证申请，并且提交以下资料：

(1)《特种设备许可证变更申请表》(以下简称许可证变更申请表)；

(2) 原许可证(原件，无法在线核验时)；

(3) 变更前后的营业执照和变更核准材料(无法在线核验时)。

发证机关应当自收到变更申请资料之日起 20 个工作日内做出是否准予变更的决定；准予变更的，换发新许可证，并且收回原许可证；不予变更的，书面告知申请单位并且说明理由。

3.6.2.3 地址搬迁

(1) 持证单位地址搬迁后，应当按照本规则 3.6.2.2 条的要求，向原发证机关提出变更许可证申请，提交相关资料，办理变更手续；制造地址或者充装地址搬迁的，还应当进行鉴定评审，但是不需要准备试制造样机(样品)，鉴定评审时重点对资源条件进行核查，并且对质量保证体系覆盖情况进行确认；

（2）由省级特种设备安全监管部门实施许可的，持证单位地址搬迁后不在原发证机关辖区内的，应当向原发证机关办理许可证注销手续，并且向新地址所在辖区的发证机关提出许可申请，相关许可程序和要求按照本规则3.2至3.5条的规定办理。

3.6.2.4　制造或者充装地址注销

制造或者充装地址注销的，应当按照本规则3.6.2.2条的要求，向原发证机关提出变更许可证申请，提交相关资料，办理变更手续；发证机关认为有必要进行鉴定评审的，还应当进行鉴定评审。

3.6.2.5　许可级别改变

持证单位需要改变许可子项目中的级别时，应当向相应发证机关提出申请，相关许可程序和要求（注5）按照本规则3.2至3.5条的规定办理。

注5：对于提高许可参数级别外的其他许可级别改变情形，发证机关根据许可级别变化情况决定是否需要鉴定评审。

3.6.2.6　新许可证许可范围和有效期

许可证变更后，新许可证的许可范围和有效期按照原许可证执行，但对于本规则3.6.2.3条（2）项和3.6.2.5条规定的情形，新许可证有效期按照许可证签发之日起计算。原许可证由原发证机关收回。

3.6.3　许可证延续

3.6.3.1　一般要求

（1）持证单位在其许可证有效期届满后，需要继续从事相应活动的，应当在其许可证有效期届满的6个月以前（并且不超过12个月），向发证机关提出许可证延续（本规则称为换证）申请；未及时提出申请的，应当在换证申请时书面说明理由；

（2）换证程序和要求按照本规则3.2至3.5条及相应附件的有关规定办理；持证期间生产业绩满足本规则要求的，不需要提供样机（样品）。

3.6.3.2　自我声明承诺换证

换证前一个许可周期内未发生与特种设备相关的行政处罚、责任事故、设备安全性能问题和质量投诉未结案等情况，并且具有本规则附件B至附件L规定的相应生产业绩（注6）的持证单位，在其许可证有效期届满前，可以通过提交持续满足许可要求的自我声明承诺书等资料，向发证机关申请免鉴定评审直接换证。

自我声明承诺书应当至少包括以下内容：

（1）申请单位的资源条件、生产业绩、产品安全性能状况等，能够持续满足许可范围的相应许可条件要求；

（2）申请单位的质量保证体系能够持续有效实施；

（3）申请单位前一个许可周期内未发生与特种设备相关的行政处罚、责任事故、设备安全性能问题和质量投诉未结案等情况。

持证单位不得连续两次申请自我声明承诺换证。

注6：计入生产业绩产品的参数应当在《特种设备生产单位许可目录》中相应许可子项目的参数范围内。

3.6.3.3　许可证有效期

（1）许可证有效期届满前完成换证的，其换证后的许可证有效期从原许可证有效期到期之日起计算；

（2）许可证有效期届满时未完成换证的，原许可证失效，申请单位不得从事相应生产、充装活动，其换证后的新许可证有效期按照许可证签发之日起计算。

3.6.3.4　延期换证

制造、充装单位在其许可证有效期届满前，因改制或者批准的制造、充装场地搬迁等需要延期换证的，应当提前6个月向发证机关提出延期换证申请，并且填报许可证变更申请表。申请时应当将政府有关部门(或者上级机关)批准改制的文件或者批准搬迁的有关资料作为附件同时报送。

经批准后可以延期换证的，发证机关更换延长有效期限的许可证，延长的有效期不超过1年。延长期满前通过换证的，该单位换发的许可证有效期应当从4年中扣除延长期的时间。

3.7 许可证补发

3.7.1 补发申请

许可证遗失或者损坏需要补发的，应当向原发证机关提出补发许可证申请，并且提交以下资料：

(1)《特种设备许可证补发申请表》(以下简称许可证补发申请表)；

(2) 营业执照(无法在线核验时)。

3.7.2 补发决定

发证机关应当自收到申请之日起10个工作日内做出是否准予补发的决定。准予补发的，颁发新许可证，其证书编号和有效期不变；不予补发的，应当书面告知申请补发许可证的单位并且说明理由。

4 附　　则

4.1 许可证管理

(1) 持证单位应当妥善保管许可证，不得涂改、倒卖、出租、出借许可证；

(2) 许可证的吊(撤)销和注销以及相关行政处罚，按照国家有关法律、行政法规和规章的规定执行；公司与子(分)公司共同取得许可的，发生本项所述情形时，公司作为责任主体，子公司承担连带责任；

(3) 申请单位提供虚假材料骗取许可的，为其提供协助的相关单位承担连带责任；

(4) 采取自我声明承诺换证的生产单位，如果发现提交虚假材料，发证机关依法撤销其许可证。

4.2 有关文件样式

特种设备生产和充装单位的许可申请书、受理决定书、补正告知书、不予受理决定书、不予许可决定书、许可证变更申请表、许可证补发申请表等文件的样式，按照市场监管总局特种设备行政许可网页上公布的相关文件格式执行。

4.3 数值表述含义

本规则只给出固定的数值、技术职称要求或者无损检测资格要求的，为不少于该数值或者不低于该要求；有关数值和要求表述为“以上”“不少于”“不小于”的，均包括本数。

4.4 解释权限

本规则由市场监管总局负责解释。

4.5 施行日期

本规则自2019年6月1日起施行。

4.6 文件废止

以下文件和安全技术规范自本规则施行之日起废止：

(1)《锅炉压力容器制造许可条件》(国质检锅〔2003〕194号)

(2)《机电类特种设备制造许可规则(试行)》(国质检锅〔2003〕174号)；

(3)《机电类特种设备安装改造维修许可规则(试行)》(国质检锅〔2003〕251号)；

(4)《锅炉安装改造单位监督管理规则》(TSG G3001—2004)；

(5)《压力容器安装改造维修许可规则》(TSG R3001—2006)；

(6)《气瓶充装许可规则》(TSG R4001—2006)；

（7）《压力管道元件制造许可规则》（TSG D2001—2006）；

（8）《特种设备制造、安装、改造、维修质量保证体系基本要求》（TSG Z0004—2007）；

（9）《特种设备制造、安装、改造、维修许可鉴定评审细则》（TSG Z0005—2007）；

（10）《压力容器压力管道设计许可规则》（TSG R1001—2008）；

（11）《压力管道安装许可规则》（TSG D3001—2009）；

（12）《移动式压力容器充装许可规则》（TSG R4002—2011）。

《安全阀安全技术监察规程》（TSG ZF001—2006）和《爆破片装置安全技术监察规程》（TSG ZF003—2011）中有关许可程序、条件和要求的内容，同时废止。

本规则施行之前发布的其他与特种设备生产和充装单位许可相关的通知、文件等，其要求与本规则不一致的，以本规则为准。

附件 E

压力管道生产单位许可条件

E1 压力管道设计许可条件

E1.1 基本条件

(1) 配备与压力管道设计许可范围相适应的设计、校核、审核、审定人(注 E-1);

(2) 具有专门的管道设计部门和设计场所;

(3) 具有与压力管道设计许可相适应的设计装备和设计手段,具备利用计算机进行设计、计算、绘图的能力,利用计算机辅助设计和计算机出图率达到 100%,并且具有传递图样和文字所需的软件和硬件;

(4) 具备一定设计经验和独立承担压力管道设计工作的能力。

注 E-1:审核和审定人员统称为审批人员。

E1.2 人员

E1.2.1 任职条件要求

设计单位应当对本单位从事压力管道设计、校核、审核、审定人员进行技术培训和考核。从事压力管道设计、校核、审批的人员应当具备相应专业设计能力,能够正确使用压力管道设计相关的软件,由鉴定评审机构通过理论知识考试、设计答辩等方式,对其进行压力管道设计专业能力评价。

理论知识考试包括压力管道设计相关的理论基础知识、压力管道实际工程设计案例分析、压力管道有关的法规、安全技术规范及相关标准等内容。设计答辩时应当针对相应许可范围的压力管道设计图样,对设计图样及其所涉及的相关技术问题从基础理论、法规标准、技术要求、工艺结构、计算方法等方面进行考核答辩。

E1.2.1.1 技术负责人

由设计单位主管设计工作的负责人担任,具有高级工程师职称,具有压力管道相关专业知识,了解压力管道相关的法律、法规、规章、安全技术规范及相关标准的规定,对重大技术问题能够做出正确决定。

E1.2.1.2 审定人员

(1) 具有较全面的压力管道设计专业技术知识;

(2) 能够正确运用相关法规、安全技术规范及相关标准,并且能够组织、指导各级设计人员贯彻执行;

(3) 熟知相应设计工作和国内外有关压力管道技术发展情况,具有综合分析和判断能力,在关键技术问题上能够做出正确决断;

(4) 具有 8 年以上压力管道设计审核工作经历;

(5) 具有高级工程师职称。

E1.2.1.3 审核人员

(1) 具有较全面的压力管道设计专业技术知识,能够保证设计质量;

(2) 能够指导设计、校核人员正确执行有关法规、安全技术规范及相关标准,能够解决设计、安装和生产中的技术问题;

(3) 具有 5 年以上压力管道设计校核工作经历;

(4) 具有工程师职称。

E1.2.1.4 校核人员

(1) 能够运用相关法规、安全技术规范及相关标准,具备对设计文件进行校核的能力;

(2) 具有相应设计专业知识,具有相应的压力管道设计业绩并且已投入制造、使用;

(3) 具有应用计算机进行设计校核的能力；

(4) 具有 3 年以上压力管道设计工作经历；

(5) 具有助理工程师职称。

E1.2.1.5　设计人员

(1) 能够运用相关法规、安全技术规范及相关标准，具有相应设计专业知识；

(2) 能够完成相应的压力管道设计工作，并且能够应用计算机进行设计；

(3) 具有 1 年以上压力管道设计实习工作经历；

(4) 具有助理工程师职称

E1.2.2　人员数量

(1) GA 类和 GB1、GC1、GCD 级设计单位，各级设计人员应当具有相应的设计业绩，专职从事压力管道设计的人员总数不少于 20 人，其中审批人员不少于 5 人，并且审定人员不少于 2 人；

(2) GB2、GC2 级压力管道设计单位，各级设计人员应当具有相应设计业绩，专职从事压力管道设计的人员总数不少于 10 人，其中审核人员不少于 2 人；

(3) 审批人员数量不得超过 30%专职从事压力管道设计的人员总数；

(4) 配备经过专业培训的压力管道选材和应力分析能力的设计人员。

E1.3　试设计

(1) 应当提供所申请的相应级别的试设计文件至少各 1 套；

(2) 试设计文件不得用于管道安装。

E1.4　质量保证体系要求

设计单位应当参照本规则附件 M 的要求，建立并且有效实施压力管道设计质量保证体系，编制设计质量保证手册、程序文件、压力管道设计技术规定以及有关记录表、卡。

E1.4.1　程序文件

程序文件应当包括以下内容：

(1) 各级设计人员管理；

(2) 各级设计人员培训考核；

(3) 各级设计人员岗位责任制；

(4) 设计工作程序；

(5) 设计条件编制与审查；

(6) 设计条件图(表)编写；

(7) 设计文件编制管理；

(8) 设计文件更改管理；

(9) 设计文件签署、校核、审批及标准化审查；

(10) 设计文件档案(含电子文档)保管管理；

(11) 设计文件的质量评定及信息反馈管理；

(12) 压力管道设计许可印章使用管理。

E1.4.2　压力管道设计技术规定

根据压力管道设计许可范围，按照国家压力管道设计相关规范及相关标准的要求，编制本单位补充的技术规定和要求。

E1.4.3　设计，技术管理有关记录表、卡

根据压力管道设计许可范围和设计单位实际情况，编制设计、技术管理相关的质量保证体系记录表、卡。

E1.5　产品安全性能的设计保证能力

设计单位应当有保证产品安全性能的设计能力，能够按照相应的安全技术规范及相关产品标准进行设计，并且在设计中体现质量保证体系的有效实施，保证设计的产品满足安全使用要求。

E1.6　换证业绩

换证单位应当提供相应级别的设计业绩至少各1套，换证提供的设计文件应当覆盖设计许可范围并且具有代表性，无设计业绩的应当按照首次申请取证或增项的要求提供试设计文件。

申请本规则3.6.3.2条“自我声明承诺换证”的单位，许可周期内还应当满足以下业绩要求：

(1) 相应级别的设计业绩的设计文件各不少于2套，并且总数不少于10套；

(2) 相应级别的设计审批人员变化率不大于30%。

E2　压力管道元件制造许可条件

E2.1　基本条件

E2.1.1　人员

E2.1.1.1　质量保证工程师

压力管道元件制造单位应当配备质量保证工程师。A级许可制造单位质量保证工程师应当具有高级工程师职称和相关工作经历；B级许可制造单位质量保证工程师应当具有工程师职称和相关工作经历。

E2.1.1.2　质量控制系统责任人员

制造单位应当按照申请许可产品质量控制要求配备质量控制系统责任人员，质量控制系统责任人员由具有相应能力或者具有相应资格的人员担任，并且对质量保证工程师负责。

无损检测质量控制系统责任人员应当具备特种设备无损检测Ⅱ级资格。

E2.1.1.3　无损检测人员

自行进行的无损检测项目，制造单位必须配备相应检测项目的无损检测Ⅱ级人员各不少于2人，专项条件有规定的按照专项条件要求。

E2.1.1.4　焊工

制造单位应当配备满足产品制造需要，并且具备相应资格的持证焊工。

E2.1.1.5　检验人员

制造单位应当按照产品检验的需要，配备足够数量的检验人员。

E2.1.2　工作场所

制造单位所需要的工作场所应当符合以下要求：

(1) 具有与制造相适应的厂房，生产环境满足产品制造需要，生产工序及工装设备布置合理，装配、检验等区域要有足够的面积；

(2) 具有专用材料与零部件保管场地或者专用材料库房及货架，分区(待验、合格、不合格)分批摆放，满足材料防护要求；

(3) 焊接材料的保管场地满足焊接材料存放的温度、湿度要求；

(4) 成品存放场地满足成品防护要求；

(5) 耐压试验场地有安全防护措施；

(6) 产品涉及射线检测的，具有满足防护要求和产品需要的射线检测场地。

E2.1.3　生产设备与工艺装备

制造单位应当具有满足产品制造需要的下料设备、机械加工设备、成形设备、焊接设备、焊接材料烘干和保温设备、热处理设备、表面处理设备、起重设备等。

根据产品制造需要，配置相应的工艺装备，如胎模具、焊接辅助设备、耐压试验工装等。

E2.1.4　检测仪器与试验装置

制造单位应当根据产品检验的需要，配置相应的检验检测仪器与装置，包括理化检验仪器、无损检测仪器、耐压试验装置、测温仪、几何尺寸检测仪器等。

计量器具的品种、数量、精度等应当与产品要求的检验项目的需要相适应，并且在检定、校准的有效期内使用。

E2.1.5 工作外委

制造单位无损检测(连续生产流水线除外)、理化检验、热处理和材料预处理可以外委。受委托单位应当具有相应资质和能力，其人员、检测仪器与设备能力必须满足相应专项条件中对应的要求。

E2.1.6 设计文件与工艺文件

E2.1.6.1 设计文件

制造单位的许可产品应当具有正确完整的设计文件，如产品设计图纸、设计计算书、产品说明书等。采用外来设计文件制造的，应当有对外来设计文件符合安全技术规范及相关标准的确认。

许可产品应当按照相应标准制造，标准中未提出设计文件要求的，可不要求设计计算书等设计文件；如属于非标产品，则应当具有正确完整的设计文件。

E2.1.6.2 工艺文件

根据产品制造需要，制定相关工艺规程、编制工艺流转卡或者检验卡等工艺文件。

E2.1.7 试制造

制造单位应当按照所申请的产品品种、级别试制造样品，试制造样品应当具有代表性，能够体现并验证制造单位申请产品需要的制造和检验能力。试制造样品数量及其包括的关键工序见表E-1。

表E-1 试制造样品数量及其关键工序

申请产品品种	数 量	关键工序
无缝钢管	一批	热轧(冷拔)、热处理、无损检测、理化检验、工艺性能检验、耐压试验(可用无损检测代替)
焊接钢管	一批	焊接、无损检测、理化检验、工艺性能检验、耐压试验(可用无损检测代替)
无缝管件、有缝管件	弯头和三通各一批	成型、无损检测、理化检验、热处理，有缝管件制造还应当有焊接过程
锻制管件、钢制锻造法兰	一批	机械加工，制造单位自行锻造锻坯时，还应包括理化检验和无损检测过程
金属阀门	每种结构型式的阀门各2只	材料(零部件)进货检验、焊接(需要时)、热处理、无损检测、装配、耐压试验
金属波纹膨胀节	一批	波纹管成型、焊接、无损检测、耐压试验
非金属材料管	一批	成型、静液压强度(耐压)试验
聚乙烯管件	一批	成型、静液压强度(耐压)试验
元件组合装置	所申请产品各一批	焊接、无损检测、理化检验、耐压试验

E2.2 专项条件

E2.2.1 无缝钢管

E2.2.1.1 人员

E2.2.1.1.1 质量控制系统责任人员

制造单位应当配备材料、工艺、热处理、理化检验、无损检测、耐压试验、检验与试验、设备管理等过程的质量控制系统责任人员。

A级许可制造单位的工艺、理化检验质量控制系统责任人员应当为理工类专业人员，具有工程师职称和无缝钢管制造相关工作经历。

B级许可制造单位的工艺质量控制系统责任人员、理化检验质量控制系统责任人员应当为理工类专业人员，具有助理工程师职称和无缝钢管制造相关工作经历。

E2.2.1.1.2 技术人员

A级许可制造单位的技术人员不少于8人，B级许可制造单位的技术人员不少于5人。

E2.2.1.1.3　无损检测人员

A级许可制造单位，Ⅱ级涡流(或者漏磁)检测人员不少于2人，Ⅱ级超声检测人员不少于2人。

各级许可制造单位均应当保证无损检测人员持证项目满足许可范围产品标准规定的无损检测项目要求，并且制造过程中每班每个无损检测岗位应当有Ⅱ级人员至少1人。

E2.2.1.1.4　理化检验人员

A级许可制造单位理化检验人员不少于3人，其中至少2人具有助理工程师职称；B级许可制造单位理化检验人员不少于2人，其中至少1人具有助理工程师职称。

A级许可制造单位从事化学成分分析、力学性能测试、金相分析工作的理化检验人员，具有相关工作经历。

E2.2.1.2　生产设备与工艺装备

制造单位应当具有轧管机组、冷拔机(冷轧机)、矫直设备、热处理炉、喷码设备等。

制造单位不制造热轧管的，可不要求有轧管机组；不制造冷拔(轧)管的，可不要求有冷拔机(冷轧机)。设备能力应当与许可产品规格相适应。

申请A级许可的冷拔(轧)无缝钢管制造单位应当有冷拔(轧)机不少于2台，其中至少1台冷拔机拔制力不小于90t。

不锈钢无缝钢管不得采用电接触加热方式进行固溶热处理。不锈钢无缝钢管采用的连续式固溶热处理炉的有效加热长度应当不小于10m。

无缝钢管管坯加热炉应当有温度控制系统，能够进行管坯加热记录。

无缝钢管热处理炉应当有计算机控制系统和自动记录装置。

E2.2.1.3　检测仪器与试验装置

E2.2.1.3.1　理化检验仪器

制造单位应当具有化学成分分析装置、万能材料试验机、冲击试验机、硬度试验机，以及能够保存金相照片的金相显微镜。

不锈钢钢管制造单位应当具备晶间腐蚀试验条件。

E2.2.1.3.2　无损检测仪器

A级许可制造单位应当具有满足产品检测要求的无缝钢管自动涡流检测机组或者漏磁检测机组及超声检测机组。

E2.2.1.3.3　耐压试验装置

A级许可制造单位和没有无损检测装置的B级许可制造单位，应当具有钢管专用耐压试验装置，耐压试验装置应当有自动监控、记录功能。

E2.2.1.3.4　工艺试验装置

A级许可制造单位应当具有压扁、弯曲等试验装置。

E2.2.2　焊接钢管

焊接钢管包括埋弧焊钢管、直缝高频焊钢管和不锈钢焊接钢管。

E2.2.2.1　人员

E2.2.2.1.1　质量控制系统责任人员

制造单位应当配备材料、工艺、焊接、热处理(需要时)、理化检验、无损检测、耐压试验、检验与试验、设备管理等过程的质量控制系统责任人员。

A级许可制造单位的工艺、焊接和理化检验质量控制系统责任人员应当为理工类专业人员，具有工程师职称和焊接钢管制造工作经历。

B级许可制造单位的工艺、焊接和理化检验质量控制系统责任人员应当为理工类专业人员，具有助理工程师职称和焊接钢管制造工作经历。

E2.2.2.1.2　技术人员

A级许可制造单位的技术人员不少于8人，B级许可制造单位的技术人员不少于5人。

E2.2.2.1.3　无损检测人员

无损检测人员要求见表 E-2。

表 E-2　无损检测人员要求

焊接钢管产品	持证项目	无损检测人员数量	
		A 级	B 级
埋弧焊钢管和不锈钢焊接钢管（限电弧焊）	RT Ⅱ	6 人，且每班 2 人	3 人，且每班 2 人
	UT Ⅱ	3 人	2 人
	MT Ⅱ	2 人	—
直缝高频焊钢管	RT Ⅱ或 UT Ⅱ或 MFL Ⅱ	6 人，且每班 2 人	3 人，且每班 2 人
	MT Ⅱ	2 人	—

B 级不锈钢焊接钢管制造单位，如果采用涡流检测代替耐压试验，还应当有涡流检测Ⅱ级人员不少于 2 人。

E2.2.2.1.4　理化检验人员

A 级许可制造单位理化检验人员不少于 3 人，其中至少 2 人具有助理工程师职称；B 级许可制造单位理化检验人员不少于 2 人，其中至少 1 人具有助理工程师职称。

A 级许可制造单位具有从事化学成分分析、力学性能测试、金相分析工作的理化检验人员，具有相关工作经历。

E2.2.2.1.5　焊工

A 级埋弧焊钢管制造单位的埋弧焊机操作人员不少于 6 人，焊条电弧焊或者熔化极气体保护焊焊工不少于 4 人。

B 级埋弧焊钢管制造单位的埋弧焊机操作人员不少于 3 人，焊条电弧焊或者熔化极气体保护焊焊工不少于 2 人。

直缝高频焊钢管制造单位的高频焊机操作人员（HFW），A 级不少于 6 人，B 级不少于 3 人。

不锈钢焊接钢管制造单位的埋弧焊自动焊机或者钨极气体保护焊自动焊机或等离子弧焊自动焊机操作人员不少于 3 人，焊条电弧焊或者钨极气体保护焊焊工不少于 2 人。

E2.2.2.2　生产设备与工艺装备

制造单位应当具有拆卷和矫平设备、铣边设备、成型机、焊接设备、平头设备、喷码设备。

A 级埋弧焊钢管的内外焊接设备应为具有自动跟踪装置的双丝或者双丝以上自动埋弧焊焊接设备。

E2.2.2.3　检验与试验装置

E2.2.2.3.1　理化检验仪器

理化检验仪器要求见表 E-3。

表 E-3　焊接钢管理化检验仪器

许可级别	理化检验仪器
A	化学成分分析仪器，万能材料试验机，冲击试验机，落锤试验机、金相显微镜，硬度计
B	化学成分分析仪器，万能材料试验机

E2.2.2.3.2　无损检测仪器

A 级许可制造单位应当具有满足产品检测要求的无损检测仪器，并且符合以下要求：

(1) 射线检测用数字射线检测仪器，具备图像处理和存储的功能，并且图像质量满足焊接缺陷评判要求，动态灵敏度和静态灵敏度满足缺陷识别需要；

(2) 超声检测、涡流检测、漏磁检测仪器具有自动检测功能，具备缺陷报警和自动喷标功能，同时配置满足制造需要的便携式超声检测仪器。

E2.2.2.3.3 耐压试验装置

A 级许可制造单位和没有无损检测装置的 B 级许可制造单位，应当有钢管专用耐压试验装置，耐压试验装置应当有自动监控、记录功能。

E2.2.3 无缝管件和有缝管件

管件包括弯头、弯管、三通、四通、异径管(大小头)、管帽。

E2.2.3.1 人员

E2.2.3.1.1 质量控制系统责任人员

制造单位应当配备材料、工艺、热处理、理化检验、无损检测、检验与试验、设备管理等过程的质量控制系统责任人员。有缝管件的制造单位还应配备焊接质量控制系统责任人员。

制造单位的工艺、理化检验质量控制系统责任人员应当为理工类专业人员，具有助理工程师职称和管件制造工作经历。

E2.2.3.1.2 技术人员

B1 级许可制造单位的技术人员不少于 6 人，B2 级许可制造单位的技术人员不少于 3 人。

E2.2.3.1.3 无损检测人员

B1 级许可制造单位的磁粉检测或者渗透检测Ⅱ级人员不少于 2 人。

E2.2.3.1.4 理化检验人员

B1 级许可制造单位的理化检验人员不少于 3 人，具备化学成分分析、力学性能、金相分析试验能力。

B2 级许可制造单位的理化检验人员不少于 2 人，具备化学成分分析能力。

E2.2.3.1.5 焊工

B1 级有缝管件制造单位的焊工不少于 6 人，B2 级有缝管件制造单位的焊工不少于 2 人。

E2.2.3.2 生产设备与工艺装备

B1 级许可制造单位，应当具有推制机或者弯管机不少于 2 台，压力机不少于 2 台(其中至少 1 台吨位不小于 500t)，热处理设备至少 1 台。

B2 级许可制造单位，具有推制机或者弯管机至少 1 台，压力机至少 1 台(吨位不小于 300t)。

有缝管件制造单位，还应当具有焊接设备不少于 4 台，其中氩弧焊机不少于 2 台。

E2.2.3.3 检测仪器与试验装置

E2.2.3.3.1 理化检验仪器

制造单位应当有材料试验机，化学成分分析装置或者定量光谱分析仪，以及便携式硬度计不少于 2 台。B1 级许可制造单位，还应有冲击试验机、金相显微镜。

E2.2.3.3.2 无损检测仪器

B1 级许可制造单位应当具有磁粉检测仪不少于 2 台。

E2.2.4 锻制管件和钢制锻造法兰制造专项条件

E2.2.4.1 人员

E2.2.4.1.1 质量控制系统责任人员

制造单位应当配备材料、工艺、检验与试验、设备管理等过程的质量控制系统责任人员；自行锻造锻坯的制造单位还应当配备热处理、理化检验、无损检测、焊接等过程的质量控制系统责任人员。

制造单位的材料、工艺、理化检验质量控制系统责任人员应当为理工类专业人员，具有助理工程师职称和锻制管件或者钢制锻造法兰制造工作经历。

E2.2.4.1.2 技术人员

制造单位的技术人员不少于 3 人，自行锻造锻坯的制造单位的技术人员不少于 6 人。

E2.2.4.1.3 理化检验人员

自行锻造锻坯的制造单位应当配备材料力学性能试验人员至少 1 人。

E2.2.4.2　生产设备与工艺装备

制造单位应当有机械加工设备不少于12台，自行锻造锻坯的制造单位还应当有加热炉、锻造设备、热处理炉。

E2.2.4.3　检测仪器与试验装置

自行锻造锻坯的制造单位应当有材料试验机、冲击试验机、便携式硬度计(不少于2台)。

E2.2.5　金属阀门

金属阀门包括闸阀、截止阀、节流阀、止回阀、球阀、蝶阀、隔膜阀、旋塞阀、柱塞阀、减压阀、调节阀(控制阀)、电磁阀、井口装置用阀门、排污阀、盘阀。

E2.2.5.1　人员

E2.2.5.1.1　质量控制系统责任人员

制造单位应当配备设计、工艺、材料、热处理、无损检测、理化检验、检验与试验、设备管理等过程的质量控制系统责任人员。

A1、A2级许可制造单位的设计、工艺、检验与试验质量控制系统责任人员应当为理工类专业人员，具有工程师职称和阀门设计或者制造工作经历。

B级许可制造单位的设计、工艺、检验与试验质量控制系统责任人员应当为理工类专业人员，具有助理工程师职称和阀门制造工作经历。

E2.2.5.1.2　技术人员

A1级许可制造单位的技术人员不少于20人，A2级许可制造单位的技术人员不少于12人，B级许可制造单位的技术人员不少于5人。

E2.2.5.1.3　焊工

制造过程有焊接工序的，焊工不少于2人。

E2.2.5.1.4　无损检测人员

A1、A2级许可制造单位，射线或者超声检测Ⅱ级人员不少于2人，磁粉或者渗透检测Ⅱ级人员不少于2人。

E2.2.5.1.5　理化检验人员

A1、A2级许可制造单位理化检验人员不少于3人，B级许可制造单位理化检验人员不少于2人。

A1、A2级许可制造单位从事化学成分分析、力学性能测试的理化检验人员，具有3年以上相关工作经历。

E2.2.5.2　工作场所

涉及禁油、禁脂类阀门制造的单位，应当有专门的防污染生产制造区域和车间。

E2.2.5.3　生产设备与工艺装备

E2.2.5.3.1　生产设备

制造单位应当具备密封面堆焊和加工、配管的焊接、阀体、阀盖、闸板和阀芯的机械加工(阀杆和球体的机械加工除外)、装配、阀门整机产品的检验和试验的制造能力。

A2级许可制造单位应当具备深冷处理能力。

涉及禁油、禁脂阀门制造的单位应当具备脱脂清洗能力。

主要生产设备要求见表E-4。

表E-4　主要生产设备

许可级别	主要生产设备
A1	(1) 加工中心(带刀库和自动换刀装置的)1台，回转直径1600mm的数控立车1台，数控机床5台； (2) 满足产品加工需要的材料下料切割和各类机械加工设备； (3) 满足产品密封面合金材料自动堆焊的设备(适用平面和圆锥形状零件)，有密封面堆焊的焊前预热和焊后加热保温及热处理设备； (4) 有满足产品其他焊接需要的焊接机设备

表 E-4 主要生产设备(续)

许可级别	主要生产设备
A2	(1) 数控机床 6 台，满足产品加工需要的材料下料切割和各类机械加工设备； (2) 满足产品密封面合金材料自动堆焊的设备(适用平面和圆锥形状零件)，有密封面堆焊的焊前预热和焊后加热保温及热处理设备； (3) 有满足产品其他焊接需要的焊接设备； (4) 满足零件低温处理的低温保温槽
B	(1) 数控机床 3 台，满足产品加工需要的材料下料切割和各类机械加工设备； (2) 有满足密封面堆焊和其他焊接要求的焊接设备；密封面堆焊硬质合金材料的，有焊前预热和焊后加热保温及热处理设备

E2.2.5.3.2 工艺装备

制造单位应当具有满足产品制造需要的工装夹具、胎模具、密封面堆焊和其他零件焊接用的转胎工装等。

E2.2.5.4 检测仪器与试验装置

E2.2.5.4.1 理化检验仪器

理化检验仪器要求见表 E-5。

表 E-5 理化检验仪器

许可级别	理化检验仪器
A1	光谱定量分析仪，光谱定性分析仪，材料拉伸试验机，冲击试验机；硬度计(测 HB、HRC)2 台，其中台式 1 台、便携式 1 台
A2	光谱定量分析仪，材料拉伸试验机，满足材料低温试验条件的冲击试验机
B	有材料元素含量的分析装置，光谱定性分析仪，便携式硬度计(测 HB、HRC)

E2.2.5.4.2 耐压试验装置

耐压试验装置要求见表 E-6。

表 E-6 耐压试验装置

许可级别	耐压试验装置
A1	(1) 公称压力 PN150，且公称直径 DN300 阀门压力试验装置； (2) 压力试验装置数量 4 套； (3) 阀门整机压力试验用的高压气密性试验装置 2 套
A2	(1) 低温阀门壳体强度压力试验装置 3 套； (2) 阀门整机压力试验用的高压气密性试验装置 2 套； (3) 满足所生产最高公称压力的低温阀门出厂试验需要的气源和气体增压装置；有满足所生产低温阀门最大尺寸和试验压力需要的低温性能试验装置(低温试验保温槽和气体增压装置)
B	阀门压力试验装置 3 套

E2.2.5.4.3 无损检测仪器

A1、A2 级许可制造单位应当具有超声检测仪器不少于 2 台。

E2.2.5.5 设计能力

A1、A2 级许可制造单位，应当设置有产品设计开发部门，设计人员不少于 5 人；设计人员应当掌握所制造产品的标准技术要求、产品结构和强度安全性能要求，能够进行强度校核等工作。

E2.2.6 金属波纹膨胀节

E2.2.6.1 人员

E2.2.6.1.1 质量控制系统责任人员

制造单位应当配备设计、工艺、材料、焊接、无损检测、理化检验、检验与试验、设备管理等过程的质量控制系统责任人员。

B1 级许可制造单位的设计、工艺质量控制系统责任人员应当为理工类专业人员，具有工程师职称和金属波纹膨胀节设计或者制造工作经历。

B2 级许可制造单位的设计、工艺质量控制系统责任人员应当为理工类专业人员，具有助理工程师以上职称和金属波纹膨胀节制造工作经历。

E2.2.6.1.2 技术人员

B1 级许可制造单位的技术人员不少于 10 人，B2 级许可制造单位的技术人员不少于 3 人。

E2.2.6.1.3 焊工

B1 级许可制造单位的焊工不少于 10 人，其中自动焊接操作工不少于 2 人；B2 级许可制造单位的焊工不少于 4 人，其中自动焊接操作工至少 1 人。

E2.2.6.1.4 无损检测人员

B1 级许可制造单位，射线检测Ⅱ级人员不少于 2 人，磁粉检测或者渗透检测Ⅱ级人员不少于 2 人。

E2.2.6.1.5 理化检验人员

制造单位应当配备材料光谱检测人员至少 1 人。

E2.2.6.2 生产设备与工艺装备

B1 级许可制造单位应当具有波纹管成型机不少于 4 台，其中液压成型机不少于 2 台(1 台不小于 1200t)，自动氩弧焊机不少于 3 台。

B2 级许可制造单位应当有波纹管成型机不少于 2 台，其中液压成型机至少 1 台，自动氩弧焊机至少 1 台。

E2.2.6.3 检测仪器与试验装置

E2.2.6.3.1 理化检验仪器

B1 级许可制造单位应当具有定量光谱分析仪至少 1 台。

E2.2.6.3.2 无损检测仪器

B1 级许可制造单位应当具有射线检测装置、磁粉检测仪(需要时)至少各 1 台。

E2.2.6.4 设计能力

B1 级许可制造单位应当设有产品设计研发部门，设计人员不少于 3 人，设计人员应当掌握所制造产品的标准技术要求、产品结构和强度安全性能要求，能够进行强度校核等工作。

具有符合产品现行有效标准要求的设计软件。

E2.2.7 非金属材料管

非金属材料管，包括聚乙烯管(含带金属骨架的聚乙烯管、纤维增强聚乙烯管)和其他非金属材料管。

E2.2.7.1 人员

E2.2.7.1.1 质量控制系统责任人员

制造单位应当配备材料、工艺、成型、检验与试验、设备管理等过程的质量控制系统责任人员。

A 级许可制造单位的工艺质量控制系统责任人员，应当为理工类专业人员，具有非金属材料管制造工作经历。

B 级许可制造单位的工艺质量控制系统责任人员，应当为理工类专业人员，具有非金属材料管制造工作经历。

E2.2.7.1.2 技术人员

A 级许可制造单位的技术人员不少于 12 人，B 级许可制造单位的技术人员不少于 4 人。

E2.2.7.1.3 检验与试验人员

A 级许可制造单位的检验与试验人员不少于 6 人，B 级许可制造单位的检验与试验人员不少于 3 人。

E2.2.7.2　工作场所

原材料库房应当能够适应许可产品的需要，不同牌号原料应当分区存放，离地垛放，不得露天存放，要有防止骤冷骤热以及防止原材料落地的措施。

带金属骨架的聚乙烯管制造单位，其钢丝存放应当有防潮防锈等措施。

A 级许可制造单位试验室应当取得国家实验室资格认证，并且具有静液压试验专区，其面积不小于 150m^2。

E2.2.7.3　生产设备

A 级许可制造单位的生产活动应当建立生产过程信息化管理系统，以达到在线生产监控的目的。

生产设备满足表 E-7 的要求，并且具备能保持永久标识的在线打印设备。

表 E-7　生产设备与工艺装备

非金属材料管产品	许可级别	生产设备与工艺装备
聚乙烯管	A	聚乙烯管材挤出成型机组 6 套或者带金属骨架的聚乙烯管材挤出缠绕成型机组 6 套，有密闭的聚乙烯混配料集中除湿干燥烘料系统，存料罐至少能容纳 5t 经干燥处理的聚乙烯混配料，并且能自动分配原料到供料斗的真空输送系统或者装置
	B	聚乙烯管材挤出成型机组 3 套或者带金属骨架的聚乙烯管材挤出(缠绕)成型机组 2 套或者纤维增强聚乙烯管材的挤出(缠绕熔合)成型机组 1 套，具备聚乙烯混配料二次干燥手段，存料罐至少能容纳满足生产需要经干燥处理的聚乙烯混配料
其他非金属材料管	B	成型机组 3 套、配套的供料设备

注 E-2：带金属骨架的聚乙烯管应当具有专用的爆破试验设备及工装和夹具。

E2.2.7.4　检测仪器与试验装置

检测仪器与试验装置要求见表 E-8。

表 E-8　检测仪器与试验装置

非金属材料管产品	检测与试验装置
聚乙烯管	分析天平(精度 0.1mg)、干燥箱、熔体质量流动速率仪、差热分析仪、水分测量仪器、万能材料试验机、静液压强度(耐压)试验装置(水箱和夹具的规格应当与申请的产品相适应)；A 级许可制造单位还应当有炭黑含量、炭黑分散度检测仪器
其他非金属材料管	万能材料试验机、维卡软化温度测试仪、硬度计、熔体流动速率仪、乌氏黏度仪、尺寸变化率测定仪、落锤冲击试验机、静液压强度(耐压)试验装置

注 E-3：静液压强度试验装置应当具有自动监控、记录功能。

E2.2.8　聚乙烯管件

聚乙烯管件包括聚乙烯(含带金属骨架的聚乙烯)电熔管件、热熔管件。

E2.2.8.1　人员

E2.2.8.1.1　质量控制系统责任人员

制造单位应当配备材料、工艺、成型、检验与试验、设备管理等过程的质量控制系统责任人员。

工艺质量控制系统责任人员应当为理工类专业人员，具有聚乙烯管件制造工作经验。

E2.2.8.1.2　技术人员

制造单位的技术人员不少于 4 人。

E2.2.8.1.3　检验与试验人员

制造单位的检验与试验人员不少于 3 人。

E2.2.8.2　工作场所

原材料库房应当能够适应许可产品的需要，不同牌号原料应当分区存放，离地垛放，不得露天堆放，要有防止骤冷骤热以及防止原材料落地的措施。

电熔管件电阻丝存放应当有防潮防锈等措施。

E2.2.8.3　生产设备与工艺装备

制造单位应当具有注塑成型机不少于6台，以及配套的二装和模具，注塑能力应当与许可范围相适应；具有确保聚乙烯混配料烘干达标的密闭集中干燥设备和机加工、组装等设备；电熔管件制造单位应当具有布线设备；具有能保持永久标识的在线打印设备。

E2.2.8.4　检测仪器与试验装置

E2.2.8.4.1　检测仪器

制造单位应当具有分析天平(精度0.1mg)、干燥箱、熔体质量流动速率仪、差热分析仪、挥发分(水分)测量仪器、静液压强度试验机(水箱和夹具的规格与申请的产品相适应)、炭黑含量和炭黑分散度检测仪器等。电熔管件还应当具有检测用电阻仪。

E2.2.8.4.2　压力试验设备

静液压强度试验机应当具有自动监控、记录功能。

带金属骨架的聚乙烯管件制造单位应当具有专用的爆破试验设备及工装与夹具。

E2.2.9　元件组合装置(注E-4)

本专项条件适用于元件组合装置中的燃气调压装置、减温减压装置、阻火器、流量计(壳体)、工厂化预制管段(注E-5)。

注E-4：元件组合装置是指由管子、管件、阀门、法兰、补偿器、密封元件等压力管道元件组合在一起具备某种功能的装置，包括井口装置和采油树、节流压井管汇、燃气调压装置、减温减压装置、阻火器、流量计(壳体)、工厂化预制管段。

注E-5：工厂化预制管段是指制造单位在工厂内根据施工设计图将压力管道元件焊接组装后整体出厂的管道元件产品，不包括安装单位在施工现场进行的管道预制。

E2.2.9.1　人员

E2.2.9.1.1　质量控制系统责任人员

制造单位应当配备设计、材料、工艺、焊接、热处理(需要时)、无损检测、耐压试验、理化检验、检验与试验、设备管理等过程的质量控制系统责任人员。

制造单位的设计、工艺、焊接质量控制系统责任人员应当为理工类专业人员，具有助理工程师职称和相关产品制造工作经历。

E2.2.9.1.2　技术人员

制造单位的技术人员不少于5人。

E2.2.9.1.3　无损检测人员

制造单位配备射线检测或者超声检测Ⅱ级人员不少于2人。

E2.2.9.1.4　理化检验人员

制造单位配备具有力学性能、化学成分分析能力的理化检验人员不少于2人。

E2.2.9.1.5　焊工

制造单位焊工不少于2人。工厂化预制管段制造单位焊工不少于6人。

E2.2.9.2　生产设备与工艺装备

工厂化预制管段制造单位，应当具有自动埋弧焊机至少1台、氩弧焊机或者CO_2气体保护焊机不少于2台、弯管机至少1台、热处理炉至少1台、电加热器不少于2台(套)。

E2.2.9.3　检测仪器与试验装置

E2.2.9.3.1　理化检验仪器

制造单位应当具有化学成分分析装置或者定量光谱分析仪，便携式硬度计不少于2台。工厂化预制管段制造单位还应当具有材料试验机。

E2.2.9.3.2　无损检测仪器

工厂化预制管段制造单位应当具有射线检测仪器不少于 2 台、超声检测仪器不少于 2 台。

E2.2.9.3.3　零部件及产品性能检测仪器

燃气调压装置、减温减压装置制造单位应当具有阀门性能调试与检测仪器。

E2.2.9.4　设计能力

制造单位应当设置产品设计部门，配备设计人员不少于 3 人。设计人员应当具有助理工程师职称和相应设计能力，掌握所制造产品的标准技术要求、产品结构和强度安全性能要求，能够进行强度校核等工作。

组合装置制造单位不具备设计能力时，可以委托有相应压力管道设计资质的单位设计。

E2.3　换证业绩

制造单位在许可周期内应当有持证级别产品的制造业绩，并且按照安全技术规范要求进行型式试验、制造监督检验。许可周期内无产品制造业绩时，按照首次申请取证或者增项处理。

申请本规则 3.6.3.2 条"自我声明承诺换证"的制造单位，许可周期内持证级别产品的每个品种(产品)的生产业绩不少于 5 批，并且按照安全技术规范要求进行型式试验、制造监督检验。

E3　压力管道安装许可条件

E3.1　基本条件

(1) 具有与压力管道安装相适应的办公场所；

(2) 具有与许可级别相适应的原材料及安装用设施、设备保管条件，具有专用场地或者专用材料库房，满足材料分类分区(待检、合格、不合格)、分批存放的要求；

(3) 具有专用的焊接材料库，并且配置符合规定的去湿保温设备、烘干设备，以及适应安装工程焊接需要的焊条保温设备；

(4) 具备编制与压力管道安装相适应的施工组织设计(施工方案)、安装工艺、检验工艺等工艺技术文件的能力；

(5) 具备压力管道主要安装工序检验和最终检验的能力；

(6) 具有压力管道工程资料档案室，档案保管条件满足要求。

E3.1.1　人员

E3.1.1.1　质量保证体系人员

安装单位应当任命质量保证工程师和相关的质量控制系统责任人员，并且符合以下要求：

(1) 质量保证工程师，具有工程师职称和相关专业工作经历；

(2) 质量控制系统责任人员，具有助理工程师职称，并且满足相应专项条件的规定。

E3.1.1.2　技术人员

压力管道安装技术人员应当符合本规则 2.2.1 条对技术人员的要求。

E3.1.1.3　焊工

压力管道安装单位的持证焊工数量和持证项目应当满足专项条件的要求，相应的持证焊工应当与压力管道安装单位建立劳动关系；压力管道现场施工的每个焊接班组的焊接组长应当与压力管道安装单位建立劳动关系。

E3.1.1.4　无损检测人员

配备与许可级别相适应的持有特种设备无损检测人员资格证的无损检测人员，检测人员的项目和级别应该满足许可级别专项条件的要求。无损检测外委时，无损检测质量控制系统责任人员应当具有射线检测或者超声检测Ⅱ级以上资格。

E3.1.1.5　其他人员

(1) 配备与许可级别相适应的理化检验人员不少于 2 人；

(2) 配备与许可级别相适应的压力管道安装工程检验和工序检验(如原材料检验、预制检验、现场机械加工检验、焊接检验、工程结构检验、压力试验等)需要的检验与试验人员;

(3) 其他人员数量应当能满足许可级别专项条件的要求。

E3.1.2 设备设施

E3.1.2.1 施工设备和工装

配备与许可级别相适应的压力管道安装施工需要的设备与工装,施工设备和工装的数量、规格应当满足许可级别专项条件的规定。

E3.1.2.2 检测仪器与试验装置

(1) 具有与许可级别相适应的检测仪器与试验装置和计量器具;

(2) 具有与许可项目相适应的无损检测装置及其配套设施;

(3) 具有相应的理化检测仪器和理化检验场地;

(4) 具有与许可级别相适应的耐压(压力)试验与泄漏试验专用试验装置,并且装设满足压力管道安装要求精度等级的压力表。

E3.1.3 工作外委

安装单位的理化检验、无损检测、热处理工作允许外委。

E3.1.4 质量保证体系要求

安装单位应当按照本规则附件M的要求,结合本单位具体情况建立、实施、保持质量保证体系,对压力管道安装过程实施质量控制,并且形成质量保证体系文件。

安装单位质量保证体系设置的质量控制要素,除满足本规则附件M的规定外,还应当结合压力管道安装许可项目的技术特性,设置穿跨越施工、隐蔽工程、通球扫线、安装现场防腐(补口)、防腐蚀保护等质量控制要素。

E3.1.5 安装工程安全性能的保证能力

(1) 安装单位应当具备安装工程质量安全的能力,能够按照相应的安全技术规范及相关标准进行安装,并且在安装工程中体现质量保证体系的有效实施,提供完整的安装工程质量证明文件,保证施工质量满足安全使用要求;

(2) 安装单位应当具有与压力管道安装相关的焊接、热处理、无损检测、耐压试验、泄漏试验等工艺文件;

(3) 安装单位应当依据有关安全技术规范及相关标准,建立覆盖本单位所有安装工程的焊接工艺规程和焊接工艺评定,焊接工艺评定应当在本单位进行,由本单位熟练焊工使用本单位的设备设施焊接试件。

E3.1.6 试安装

试安装工程应当接受监督检验。安装单位通过压力管道试安装工程项目证明其已具备所申请许可项目的条件要求和能力。申请的各许可级别的试安装工程项目,应当满足监督检验规则中关于安装、改造、重大修理需进行监督检验的项目要求,各限1项并且覆盖安装过程主要工序(包括压力管道元件安装、焊接、无损检测、压力试验、防腐等)。

E3.2 专项条件

E3.2.1 长输管道(GA1)

E3.2.1.1 人员

(1) 质量保证工程师,具有高级工程师职称和GA类压力管道安装技术管理工作的经历;

(2) 配备工艺、材料、焊接、检验、无损检测、管道防腐蚀补口、理化检验、设备管理(包括检验与试验装置,下同)、清管扫线等过程的质量控制系统责任人员,其中无损检测质量控制系统责任人员应当具有射线检测或者超声检测Ⅲ级资格;

(3) 配备有管道安装工程、机械、焊接、金属材料等专业的技术人员不少于50人,其中具有工程师以上职称的人员不少于30人(高级工程师职称的人员不少于10人);

(4) 配备与各项工序检验相适应的检验人员，其中具有助理工程师职称的人员不少于10人；

(5) GA1级压力管道施工的焊工，应当具有GA2级压力管道施工工作经历，每2年至少进行1次培训且成绩合格。

各类人员的具体数量见表E-9。

E3.2.1.2 工作场所

具有设备、材料仓库，焊材库及焊接试验场地，面积不小于2000m²。

E3.2.1.3 设备设施

设备设施要求见表E-10。

E3.2.2 长输管道(GA2)

E3.2.2.1 人员

(1) 质量保证工程师具有工程师职称和GA类压力管道安装技术管理工作的经历；

(2) 配备工艺、材料、焊接、检验、无损检测、管道防腐补口、理化检验、设备管理、清管扫线等过程的质量控制系统责任人员；其中无损检测质量控制系统责任人员应当具有射线检测或者超声检测Ⅲ级资格；或者具有射线检测或者超声检测Ⅱ级资格，并且具有4年以上无损检测工作经历；

(3) 具有管道安装、焊接、机械、金属材料等专业的技术人员不少于20人，其中具有工程师职称的人员不少于5人；

(4) 配备与各项工序检验相适应的检验人员，其中具有助理工程师职称的人员不少于3人。

各类人员的具体数量见表E-9。

E3.2.2.2 工作场所

具有设备、材料仓库，焊材库及焊接试验场地，面积不小于500m²。

E3.2.2.3 设备设施

设备设施要求见表E-10。

表E-9 长输管道安装单位人员数量

项目		许可级别 GA1	许可级别 GA2
技术人员总数(人)		50	20
持证焊工	总数(人)	120	30
持证焊工	自动焊(人)	40	—
持证焊工	半自动焊及焊条电弧焊(人)	80	30
钢管焊接合格项目试件位置代号(注E-6)	5G、2G(人)	80	30
钢管焊接合格项目试件位置代号(注E-6)	6G(人)	20	5
钢管焊接合格项目试件位置代号(注E-6)	5GX(人)	70	10
检验人员(人)		20	5
管工(人)		100	30
起重工(人)		10	5
无损检测	RT(人)	Ⅲ级2 Ⅱ级10	Ⅱ级4
无损检测	UT(人)	Ⅲ级2 Ⅱ级6	Ⅱ级4
无损检测	MT(人)	Ⅱ级3	Ⅱ级2
无损检测	PT(人)	Ⅱ级3	—
无损检测	总数(人项)	26	10

注E-6：钢管焊接合格项目的试件位置代号按照《特种设备焊接操作人员考核细则》。

表 E-10　长输管道安装单位设备设施要求

设备设施	许可级别	
	GA1	GA2
	设备数量(台或套)	
自动焊机	40	—
半自动焊机	40	2
其他各类焊接设备	20(含内焊机 4 台)	20
焊条烘干设备	10	2
吊管设备(起重机)	20(40t，5 台)	4(8t)
液压试验装置	10(电或者内燃机动力液压设备)	4
管口加工(切管)、修理设备	16	4
弯管机	2(DN800)	—
管道内对口设备	16(DN500 4 个规格)	4
管道真空干燥设备	2	1(可租赁)
制氮设备	2	1(可租赁)
空气压缩机(移动式)	4(60m^3/min，2 台)	1
顶管机	6(DN1000，3 台)	—
移动发电设备(焊接工程车)	20(配 100kW 发电设备，8 台)	4
射线检测装置	20	3
射线检测爬行器	10	2
超声检测仪	10	1
相控阵超声检测仪	2	—
磁粉检测仪	10	1
电火花检漏仪	12	4
地面检漏仪	4	1
超声波测厚仪	6	2
涂层测厚仪	6	1

注 E-7：从事长输管道(GA1)改造、重大修理的压力管道安装单位，其人员、生产场地、安装设备及检验与试验装置除需要满足长输管道(GA2)安装单位相应要求外，还应当具有以下条件：

(1) 从事带压密封或带压封堵的操作人员不少于 40 人；

(2) 开孔机(其中 6 台可以开公称直径 DN800、公称压力 10MPa 以上的管道)、封堵器、液压站至少各 20 台；

(3) 夹板阀(三明治阀)、封堵头以及开孔、封堵接合器至少各 40 台；

(4) 开孔、封堵试验装置以及试压设备、抽油泵至少各 4 台；

(5) 呼吸器、防火服至少各 4 套；

(6) 不停输专用封堵三通不同规格至少各 2 套。

注 E-8：从事长输管道(GA2)改造、重大修理的压力管道安装单位，其人员、生产场地、安装设备及检验与试验装置除需满足长输管道(GA2)安装单位相应要求外，还应当具有以下条件：

(1) 从事带压密封或带压封堵的操作人员不少于 20 人；

(2) 开孔机(其中 3 台可以开公称直径 DN500、公称压力 6.3MPa 以上的管道)、封堵器、液压站至少各 10 台；

(3) 夹板阀(三明治阀)、封堵头以及开孔、封堵接合器至少各 20 台；

(4) 开孔、封堵试验装置以及试压设备、抽油泵至少各 2 台；

(5) 呼吸器、防火服至少各 2 套；

(6) 不停输专用封堵三通不同规格至少各 2 套。

E3.2.3 公用管道(GB1)

E3.2.3.1 人员

(1) 质量保证工程师具有工程师职称和压力管道安装技术管理工作的经历;

(2) 配备工艺、材料、焊接、检验、无损检测、管道防腐补口、理化检验、设备管理、清管扫线等过程的质量控制系统责任人员,其中无损检测质量控制系统责任人员应当具有射线检测或者超声检测Ⅱ级资格;

(3) 具有机械、焊接或者金属材料专业的技术人员不少于10人,其中具有工程师职称的人员不少于3人;

(4) 理化试验人员,具有助理工程师职称的人员至少1人。

各类人员的具体数量见表E-11。

E3.2.3.2 工作场所

具有设备、材料库房,焊材库及焊接试验场地,面积不小于500m²。

E3.2.3.3 设备设施

设备设施要求见表E-12。

E3.2.4 公用管道(GB2)

E3.2.4.1 人员

(1) 质量保证工程师具有工程师职称和压力管道安装技术管理工作的经历;

(2) 配备工艺、材料、焊接、检验、无损检测、管道防腐补口、理化检验、设备管理、清管扫线等质量控制系统责任人员,其中无损检测质量控制系统责任人员应当具有射线检测或者超声检测Ⅱ级资格;

(3) 具有机械、焊接或者金属材料等专业的技术人员不少于10人,其中具有工程师职称的人员不少于3人;

(4) 理化试验人员,具有技术员职称的人员至少1人。

各类人员的具体数量见表E-11。

E3.2.4.2 工作场所

具备设备、材料库房,焊材库及焊接试验场地,面积不小于500m²。

E3.2.4.3 设备设施

设备设施要求见表E-12。

表E-11 公用管道安装单位人员数量

项目		许可级别	
		GB1	GB2
技术人员总数(人)		10	10
持证焊工	总数(人)	15	15
	焊条电弧焊(人)	6	10
	PE管焊工(人)	4	—
	氩弧焊(人)	5	5
钢管焊接合格项目的试件位置代号(注E-6)	5G、2G(人)	4	4
	6G(人)	2	2
	6FG(人)	2	2
检验人员(人)		2	2
管工(人)		30	30
起重工(人)		2	2
无损检测	RTⅡ(人)	2	2
	UTⅡ(人)	2	2
	MTⅡ或者PTⅡ(人)	2	2
	总数(人项)	6	6

表 E-12　公用管道安装单位设备设施要求

设备设施	许可级别	
	GB1	GB2
	设备数量(台或套)	
焊机	10	15
氩弧焊机	5	5
PE 焊机	6	—
焊条烘干设备	3	4
吊管设备(起重机)	1(8t，可租赁)	1(8t，可租赁)
液压试验装置	2	4
切割设备	2	2
发电设备	2	1
空气压缩机	4	2
射线检测装置	2	2
超声检测仪	1	1
磁粉检测仪	1	1
电火花检漏仪	2	—
地面检漏仪	1	—
超声波测厚仪	2	2
阀门试验装置	2	2

E3.2.5　工业管道(GC1)

E3.2.5.1　人员

(1) 质量保证工程师具有高级工程师职称和压力管道安装技术管理工作的经历；

(2) 配备工艺、材料、焊接、检验、无损检测、管道防腐、理化检验、设备管理、热处理等过程的质量控制系统责任人员，其中无损检测质量控制系统责任人员应当具有射线检测或者超声检测Ⅲ级资格，或者具有射线检测或者超声检测Ⅱ级资格且具有4年以上无损检测工作经历；

(3) 具有机械、焊接或者金属材料等专业的技术人员不少于30人，其中具有工程师以上职称的人员不少于9人(高级工程师职称的人员不少于3人)；

(4) 理化试验人员，具有助理工程师职称的人员不少于2人。

各类人员的具体数量见表E-13。

E3.2.5.2　工作场所

具有设备、材料库房，焊材库及焊接试验场地，面积不小于1000m^2。

E3.2.5.3　设备设施

设备设施要求见表E-14。

E3.2.6　工业管道(GC2)

E3.2.6.1　人员

(1) 质量保证工程师具有工程师职称和压力管道技术管理工作的经历；

(2) 配备工艺、材料、焊接、检验、无损检测、管道防腐、理化检验、设备管理、热处理等过程的质量控制系统责任人员，其中无损检测质量控制系统责任人员应当具有射线检测或者超声检测Ⅱ级资格；

(3) 具有机械、焊接或者金属材料等专业的技术人员不少于 6 人，其中具有工程师职称的人员不少于 3 人；

(4) 理化试验人员，具有技术员职称的人员至少 1 人。

各类人员的具体数量见表 E-13。

E3.2.6.2 工作场所

具有设备、材料库房，焊材库及焊接试验场地，面积不小于 $300m^2$。

E3.2.6.3 设备设施

设备设施要求见表 E-14。

E3.2.7 工业管道(GCD)

E3.2.7.1 人员

(1) 质量保证工程师具有工程师职称和压力管道技术管理工作的经历；

(2) 配备工艺、材料、焊接、检验、无损检测、理化检验、设备管理、热处理等过程的质量控制系统责任人员，其中无损检测质量控制系统责任人员应当具有射线检测或者超声检测Ⅲ级资格，或者具有射线检测或者超声检测Ⅱ级资格且具有 4 年以上无损检测工作经历；

(3) 具有机械、焊接或者金属材料等专业的技术人员不少于 20 人，其中具有工程师职称的人员不少于 5 人(高级工程师职称的人员至少 1 人)；

(4) 理化试验人员，具有技术员职称的人员至少 1 人。

各类人员的具体数量见表 E-13。

E3.2.7.2 工作场所

具有设备、材料库房，焊材库及焊接试验场地，面积不小于 $500m^2$。

E3.2.7.3 设备设施

设备设施要求见表 E-14。

表 E-13 工业管道安装单位人员数量

项目		许可级别		
		GC1	GC2	GCD
技术人员总数(人)		30	6	20
持证焊工	总数(人)	50	10	40
	焊条电弧焊(人)	30	6	25
	氩弧焊(人)	20	4	10
钢管焊接合格项目的试件位置代号(注 E-6)	5G、2G(人)	20	4	20
	6G(人)	4	2	4
	6FG(人)	4	2	4
检验人员(人)		6	2	4
管工(人)		60	8	20
起重工(人)		6	2	4
无损检测	RTⅡ(人)	4	2	4
	UTⅡ(人)	2	2	2
	MTⅡ或者 PTⅡ(人)	2	2	2
	总数(人项)	8	6	8

表 E-14　工业管道安装单位设备设施要求

设备设施	许可级别		
	GC1	GC2	GCD
	设备数量(台或套)		
氩弧焊机	10	4	10
焊机	20	10	20
焊条烘干设备	6	2	4
吊管设备(起重机)	3(8t，可租赁)	1(8t，可租赁)	3(8t，可租赁)
液压试验装置	6	3	4
切割设备	6	2	4
现场热处理设备	4	1	4
空气压缩机	4	2	3
坡口加工设备	4	2	4
射线检测装置	5	1	4
超声检测仪	2	1	1
磁粉检测仪	2	1	1
防腐蚀层检测仪	2	1	—
超声波测厚仪	2	1	2
光谱分析仪	2	1	2
便携式硬度计	4	1	4
远红外测温仪	1	1	3
阀门试验装置	6	2	4

E3.3　换证业绩

安装单位换证时，应当在许可周期内具有相应许可级别的安装业绩，并且满足监督检验规则中关于安装、改造、重大修理需进行监督检验的项目要求，覆盖安装过程主要工序(包括压力管道元件安装、焊接、无损检测、压力试验、防腐等)。否则按照首次申请取证或者增项的要求准备试安装工程。

申请本规则3.6.3.2条“自我声明承诺换证”的，应当提交可核查的许可周期的安装业绩；在许可周期内，每个许可级别的安装工程至少完工1项，且总数不少于4项。

《特种设备生产和充装单位许可规则》（TSG 07—2019）
第 1 号修改单

条款号	原文内容	修改后内容
1　总则	增加一条	1.6　信息化要求 由市场监管总局实施以及市场监管总局依法授权省级特种设备安全监管部门实施的行政许可，统一使用市场监管总局行政许可审批系统进行申请、受理和批准，颁发电子证书。法律、行政法规规定由省级特种设备安全监管部门实施的修理和充装许可，也可以使用市场监管总局行政许可审批系统。暂时不使用市场监管总局行政许可审批系统的，应当与市场监管总局行政许可审批系统实现有关行政许可审批信息的互联互通，方便许可证书在全国范围内使用。
2　许可条件 2.2.4.2	本条增加一款	(4) 公司与其子公司共同申请同一设计许可的，其设计许可的资源条件应当分别满足相应的许可资源条件。
3　许可程序和要求 3.4.3	鉴定评审工作（含整改时间）应当自受理决定书签发之日起 1 年内完成	鉴定评审工作（含整改时间）应当自受理决定书签发之日起 1 年内完成（A 级锅炉安装应在 2 年内完成）。
4　附则	增加一条	4.2　鉴定评审机构及鉴定评审工作要求 发证机关委托鉴定评审机构对申请单位进行现场鉴定评审。电梯、客运索道、大型游乐设施、气瓶及瓶阀制造许可鉴定评审机构应当具有相应的型式试验资质，其他特种设备生产许可鉴定评审机构应当是具有相应特种设备检验资质的检验机构或者是特种设备技术检查机构、特种设备专业协会。

注：原 4.2 条至 4.6 条序号顺延修改为“4.3 至 4.7”。

TSG 特种设备安全技术规范 TSG 08—2017

特种设备使用管理规则

Special Equipment Service Administration Regulation

中华人民共和国国家质量监督检验检疫总局颁布

2017 年 1 月 16 日

前　言

2013 年 12 月，国家质量监督检验检疫总局(以下简称国家质检总局)特种设备安全监察局(以下简称特种设备局)向中国特种设备检测研究院(以下简称中国特检院)下达《特种设备使用管理规则》的起草任务书。2014 年 1 月，中国特检院组织有关专家成立起草组，在北京召开工作会议，讨论本规则的制定原则、需要解决的主要问题和重点内容，以及结构(章节)框架，并且就起草工作进行分工，制定起草工作时间表，确定本规则的编制大纲。2014 年 9 月，起草组在江苏召开起草组工作会议，提出修改意见，形成征求意见稿。2014 年 12 月，国家质检总局以质检特函〔2014〕49 号文征求有关部门、单位、专家及公民的意见。2015 年 3 月和 6 月，根据征求到的意见，起草组在北京召开会议对征求意见稿进行修改并且形成送审稿。2015 年 11 月，特种设备局将送审稿提交国家质检总局特种设备安全与节能技术委员会审议，起草组修改后形成报批稿。2017 年 1 月 16 日，国家质检总局批准颁布。

本规则依据《中华人民共和国特种设备安全法》等法律、法规的规定，明确了特种设备使用单位的责任，整合了八大类特种设备使用管理的基本要求，统一了特种设备使用登记程序，是一部特种设备使用管理的综合规范。

本规则主要起草单位和人员如下：

中国特种设备安全与节能促进会	王晓雷
上海市特种设备监督检验技术研究院	汤晓英
江苏省特种设备安全监督检验研究院常熟分院	谭　伟
广东省惠州市质量技术监督局	潘向华
锦州市特种设备监督检验所	王文彬
上海三菱电梯有限公司	乔　强
中国特种设备检测研究院	沈　勇
山东省质量技术监督局	薛金明
上海石化股份有限公司	邢　丽
中国特种设备安全与节能促进会	王长明
福建漳州后石电厂	顾克宏
国家起重运输机械质量监督检验中心	陈瑞明
中国石油天然气股份有限公司大庆特种设备检验中心	单洪翔
福建省特种设备检验研究院	傅顶和
北京世纪华侨城欢乐谷分公司	周小三
湖南张家界天门山旅游股份有限公司	刘子龙
锦州市质量技术监督局	肖北雁
昆明市质量技术监督局	董晓霖
中国石油天然气管道局	赵忠刚
中国石油化工股份有限公司	康宝惠
北京华晶电梯维修有限公司	郑永立
鞍山钢铁集团公司工程质量生产监测管理中心	沈晓东
北京市热力集团有限责任公司	张立申

目　录

特种设备使用管理规则

1 总 则

1.1 目的

为规范特种设备使用管理，保障特种设备安全经济运行，根据《中华人民共和国特种设备安全法》《中华人民共和国安全生产法》《中华人民共和国节约能源法》和《特种设备安全监察条例》，制定本规则。

1.2 适用范围

本规则适用于《特种设备目录》范围内特种设备的安全与节能管理。

1.3 使用单位主体责任

特种设备使用单位应当按照本规则规定，负责特种设备安全与节能管理，承担特种设备使用安全与节能主体责任。

1.4 监督管理

1.4.1 职责分工

县级以上地方各级人民政府负责特种设备安全监督管理的部门(以下简称特种设备安全监管部门)对本行政区域内特种设备使用安全、高耗能特种设备节能实施监督管理。国家质检总局对全国特种设备使用安全、高耗能特种设备节能的监督管理工作进行监督和指导。

1.4.2 使用登记

特种设备安全监管部门依据法定职责，按照本规则的要求负责办理特种设备使用登记，本规则和其他特种设备安全技术规范(以下简称安全技术规范)明确不需要办理使用登记的特种设备除外。

1.4.3 监督检查

特种设备安全监管部门对已经使用登记的特种设备，根据风险状况，按照分类监管原则，确定监督检查重点，制订监督检查计划，对本行政区域内的特种设备使用安全、高耗能特种设备节能实施情况进行现场监督检查。

1.4.4 信息化和安全状况公布

负责办理使用登记的特种设备安全监管部门应当按照特种设备信息化管理的规定，建立特种设备管理信息系统，及时输入、更新有关数据。

国家质检总局和省级特种设备安全监管部门应当每年向社会公布特种设备安全总体状况，省级以下(不含省级)特种设备安全监管部门根据工作需要，适时公布本行政区域内的特种设备安全状况。

2 使用单位及其人员

2.1 使用单位含义

2.1.1 一般规定

本规则所指的使用单位，是指具有特种设备使用管理权的单位(注 2-1)或者具有完全民事行为能力的自然人，一般是特种设备的产权单位(产权所有人，下同)，也可以是产权单位通过符合法律规定的合同关系确立的特种设备实际使用管理者。特种设备属于共有的，共有人可以委托物业服务单位或者其他管理人管理特种设备，受托人是使用单位；共有人未委托的，实际管理人是使用单位；

没有实际管理人的，共有人是使用单位。

特种设备用于出租的，出租期间，出租单位是使用单位；法律另有规定或者当事人合同约定的，从其规定或者约定。

注2-1：单位包括公司、子公司、机关事业单位、社会团体等具有法人资格的单位和具有营业执照的分公司、个体工商户等。

2.1.2 特别规定

新安装未移交业主的电梯，项目建设单位是使用单位；委托物业服务单位管理的电梯，物业服务单位是使用单位；产权单位自行管理的电梯，产权单位是使用单位。

气瓶的使用单位一般是指充装单位，车用气瓶、非重复充装气瓶、呼吸器用气瓶的使用单位是产权单位。

2.2 使用单位主要义务

特种设备使用单位主要义务如下：

(1) 建立并且有效实施特种设备安全管理制度和高耗能特种设备节能管理制度，以及操作规程；

(2) 采购、使用取得许可生产(含设计、制造、安装、改造、修理，下同)，并且经检验合格的特种设备，不得采购超过设计使用年限的特种设备，禁止使用国家明令淘汰和已经报废的特种设备；

(3) 设置特种设备安全管理机构，配备相应的安全管理人员和作业人员，建立人员管理台账，开展安全与节能培训教育，保存人员培训记录；

(4) 办理使用登记，领取《特种设备使用登记证》(格式见附件A，以下简称使用登记证)，设备注销时交回使用登记证；

(5) 建立特种设备台账及技术档案；

(6) 对特种设备作业人员作业情况进行检查，及时纠正违章作业行为；

(7) 对在用特种设备进行经常性维护保养和定期自行检查，及时排查和消除事故隐患，对在用特种设备的安全附件、安全保护装置及其附属仪器仪表进行定期校验(检定、校准，下同)、检修，及时提出定期检验和能效测试申请，接受定期检验和能效测试，并且做好相关配合工作；

(8) 制定特种设备事故应急专项预案，定期进行应急演练；发生事故及时上报，配合事故调查处理等；

(9) 保证特种设备安全、节能必要的投入；

(10) 法律、法规规定的其他义务。

使用单位应当接受特种设备安全监管部门依法实施的监督检查。

2.3 特种设备安全管理机构

2.3.1 职责

特种设备安全管理机构是指使用单位中承担特种设备安全管理职责的内设机构。高耗能特种设备使用单位可以将节能管理职责交由特种设备安全管理机构承担。

特种设备安全管理机构的职责是贯彻执行特种设备有关法律、法规和安全技术规范及相关标准，负责落实使用单位的主要义务；承担高耗能特种设备节能管理职责的机构，还应当负责开展日常节能检查，落实节能责任制。

2.3.2 机构设置

符合下列条件之一的特种设备使用单位，应当根据本单位特种设备的类别、品种、用途、数量等情况设置特种设备安全管理机构，逐台落实安全责任人：

(1) 使用电站锅炉或者石化与化工成套装置的；

(2) 使用为公众提供运营服务电梯的(注2-2)，或者在公众聚集场所(注2-3)使用30台以上(含30台)电梯的；

(3) 使用10台以上(含10台)大型游乐设施的，或者10台以上(含10台)为公众提供运营服务非公路用旅游观光车辆的；

（4）使用客运架空索道，或者客运缆车的；

（5）使用特种设备（不含气瓶）总量50台以上（含50台）的。

注2-2：为公众提供运营服务的特种设备使用单位，是指以特种设备作为经营工具的使用单位。

注2-3：公众聚集场所，是指学校、幼儿园、医疗机构、车站、机场、客运码头、商场、餐饮场所、体育场馆、展览馆、公园、宾馆、影剧院、图书馆、儿童活动中心、公共浴池、养老机构等。

2.4 管理人员和作业人员

2.4.1 主要负责人

主要负责人是指特种设备使用单位的实际最高管理者，对其单位所使用的特种设备安全节能负总责。

2.4.2 安全管理人员

2.4.2.1 安全管理负责人

特种设备使用单位应当配备安全管理负责人。特种设备安全管理负责人是指使用单位最高管理层中主管本单位特种设备使用安全管理的人员。按照本规则要求设置安全管理机构的使用单位安全管理负责人，应当取得相应的特种设备安全管理人员资格证书。

安全管理负责人职责如下：

（1）协助主要负责人履行本单位特种设备安全的领导职责，确保本单位特种设备的安全使用；

（2）宣传、贯彻《中华人民共和国特种设备安全法》以及有关法律、法规、规章和安全技术规范；

（3）组织制定本单位特种设备安全管理制度，落实特种设备安全管理机构设置、安全管理员配备；

（4）组织制定特种设备事故应急专项预案，并且定期组织演练；

（5）对本单位特种设备安全管理工作实施情况进行检查；

（6）组织进行隐患排查，并且提出处理意见；

（7）当安全管理员报告特种设备存在事故隐患应当停止使用时，立即作出停止使用特种设备的决定，并且及时报告本单位主要负责人。

2.4.2.2 安全管理员

2.4.2.2.1 安全管理员职责

特种设备安全管理员是指具体负责特种设备使用安全管理的人员。

安全管理员的主要职责如下：

（1）组织建立特种设备安全技术档案；

（2）办理特种设备使用登记；

（3）组织制定特种设备操作规程；

（4）组织开展特种设备安全教育和技能培训；

（5）组织开展特种设备定期自行检查；

（6）编制特种设备定期检验计划，督促落实定期检验和隐患治理工作；

（7）按照规定报告特种设备事故，参加特种设备事故救援，协助进行事故调查和善后处理；

（8）发现特种设备事故隐患，立即进行处理，情况紧急时，可以决定停止使用特种设备，并且及时报告本单位安全管理负责人；

（9）纠正和制止特种设备作业人员的违章行为。

2.4.2.2.2 安全管理员配备

特种设备使用单位应当根据本单位特种设备的数量、特性等配备适当数量的安全管理员。按照本规则要求设置安全管理机构的使用单位以及符合下列条件之一的特种设备使用单位，应当配备专职安全管理员，并且取得相应的特种设备安全管理人员资格证书：

（1）使用额定工作压力大于或者等于2.5MPa锅炉的；

（2）使用5台以上（含5台）第Ⅲ类固定式压力容器的；

（3）从事移动式压力容器或者气瓶充装的；

（4）使用10公里以上（含10公里）工业管道的；

（5）使用移动式压力容器，或者客运拖牵索道，或者大型游乐设施的；

（6）使用各类特种设备（不含气瓶）总量20台以上（含20台）的。

除前款规定以外的使用单位可以配备兼职安全管理员，也可以委托具有特种设备安全管理人员资格的人员负责使用管理，但是特种设备安全使用的责任主体仍然是使用单位。

2.4.3　节能管理人员

高耗能特种设备使用单位应当配备节能管理人员，负责宣传贯彻特种设备节能的法律法规。

锅炉使用单位的节能管理人员应当组织制定本单位锅炉节能制度，对锅炉节能管理工作实施情况进行检查；建立锅炉节能技术档案，组织开展锅炉节能教育培训；编制锅炉能效测试计划，督促落实锅炉定期能效测试工作。

2.4.4　作业人员

2.4.4.1　作业人员职责

特种设备作业人员应当取得相应的特种设备作业人员资格证书，其主要职责如下：

（1）严格执行特种设备有关安全管理制度，并且按照操作规程进行操作；

（2）按照规定填写作业、交接班等记录；

（3）参加安全教育和技能培训；

（4）进行经常性维护保养，对发现的异常情况及时处理，并且作出记录；

（5）作业过程中发现事故隐患或者其他不安全因素，应当立即采取紧急措施，并且按照规定的程序向特种设备安全管理人员和单位有关负责人报告；

（6）参加应急演练，掌握相应的应急处置技能。

锅炉作业人员应当严格执行锅炉节能管理制度，参加锅炉节能教育和技术培训。

2.4.4.2　作业人员配备

特种设备使用单位应当根据本单位特种设备数量、特性等配备相应持证的特种设备作业人员，并且在使用特种设备时应当保证每班至少有一名持证的作业人员在岗。有关安全技术规范对特种设备作业人员有特殊规定的，从其规定。

医院病床电梯、直接用于旅游观光的额定速度大于2.5m/s的乘客电梯以及需要司机操作的电梯，应当由持有相应特种设备作业人员证的人员操作。

2.5　特种设备安全与节能技术档案

使用单位应当逐台建立特种设备安全与节能技术档案。

安全技术档案至少包括以下内容：

（1）使用登记证；

（2）《特种设备使用登记表》（格式见附件B，以下简称使用登记表）；

（3）特种设备设计、制造技术资料和文件，包括设计文件、产品质量合格证明（含合格证及其数据表、质量证明书）、安装及使用维护保养说明、监督检验证书、型式试验证书等；

（4）特种设备安装、改造和修理的方案、图样（注2-4）、材料质量证明书和施工质量证明文件、安装改造修理监督检验报告、验收报告等技术资料；

（5）特种设备定期自行检查记录（报告）和定期检验报告；

（6）特种设备日常使用状况记录；

（7）特种设备及其附属仪器仪表维护保养记录；

（8）特种设备安全附件和安全保护装置校验、检修、更换记录和有关报告；

（9）特种设备运行故障和事故记录及事故处理报告。

特种设备节能技术档案包括锅炉能效测试报告、高耗能特种设备节能改造技术资料等。

使用单位应当在设备使用地保存2.5中(1)、(2)、(5)、(6)、(7)、(8)、(9)规定的资料和特种设备节能技术档案的原件或者复印件，以便备查。

注2-4：压力管道图样是指管道单线图(轴测图)。

2.6 安全节能管理制度和操作规程

2.6.1 安全节能管理制度

特种设备使用单位应当按照特种设备相关法律、法规、规章和安全技术规范的要求，建立健全特种设备使用安全节能管理制度。

管理制度至少包括以下内容：

(1) 特种设备安全管理机构(需要设置时)和相关人员岗位职责；

(2) 特种设备经常性维护保养、定期自行检查和有关记录制度；

(3) 特种设备使用登记、定期检验、锅炉能效测试申请实施管理制度；

(4) 特种设备隐患排查治理制度；

(5) 特种设备安全管理人员与作业人员管理和培训制度；

(6) 特种设备采购、安装、改造、修理、报废等管理制度；

(7) 特种设备应急救援管理制度；

(8) 特种设备事故报告和处理制度；

(9) 高耗能特种设备节能管理制度。

2.6.2 特种设备操作规程

使用单位应当根据所使用设备运行特点等，制定操作规程。操作规程一般包括设备运行参数、操作程序和方法、维护保养要求、安全注意事项、巡回检查和异常情况处置规定，以及相应记录等。

2.7 维护保养与检查

2.7.1 经常性维护保养

使用单位应当根据设备特点和使用状况对特种设备进行经常性维护保养，维护保养应当符合有关安全技术规范和产品使用维护保养说明的要求。对发现的异常情况及时处理，并且作出记录，保证在用特种设备始终处于正常使用状态。

法律对维护保养单位有专门资质要求的，使用单位应当选择具有相应资质的单位实施维护保养。鼓励其他特种设备使用单位选择具有相应能力的专业化、社会化维护保养单位进行维护保养。

2.7.2 定期自行检查

为保证特种设备的安全运行，特种设备使用单位应当根据所使用特种设备的类别、品种和特性进行定期自行检查。

定期自行检查的时间、内容和要求应当符合有关安全技术规范的规定及产品使用维护保养说明的要求。

2.7.3 试运行安全检查

客运索道、大型游乐设施在每日投入使用前，其运营使用单位应当按照有关安全技术规范和产品使用维护保养说明的要求，开展设备运营前的试运行检查和例行安全检查，对安全保护装置进行检查确认，并且作出记录。

2.8 水(介)质

锅炉以及以水为介质产生蒸汽的压力容器的使用单位，应当做好锅炉水(介)质、压力容器水质的处理和监测工作，保证水(介)质质量符合相关要求。

2.9 安全警示

电梯、客运索道、大型游乐设施的运营使用单位应当将安全使用说明、安全注意事项和安全警示标志置于易于引起乘客注意的位置。

除前款以外的其他特种设备应当根据设备特点和使用环境、场所，设置安全使用说明、安全注意事项和安全警示标志。

2.10 定期检验

（1）使用单位应当在特种设备定期检验有效期届满的1个月以前，向特种设备检验机构提出定期检验申请，并且做好相关的准备工作；

（2）移动式(流动式)特种设备，如果无法返回使用登记地进行定期检验的，可以在异地(指不在使用登记地)进行，检验后，使用单位应当在收到检验报告之日起30日内将检验报告(复印件)报送使用登记机关；

（3）定期检验完成后，使用单位应当组织进行特种设备管路连接、密封、附件(含零部件、安全附件、安全保护装置、仪器仪表等)和内件安装、试运行等工作，并且对其安全性负责；

（4）检验结论为合格时(注2-5)，使用单位应当按照检验结论确定的参数使用特种设备。

注2-5：有关安全技术规范中检验结论为“合格”“复检合格”“符合要求”“基本符合要求”“允许使用”统称为合格。

2.11 隐患排查与异常情况处理

2.11.1 隐患排查

使用单位应当按照隐患排查治理制度进行隐患排查，发现事故隐患应当及时消除，待隐患消除后，方可继续使用。

2.11.2 异常情况处理

特种设备在使用中发现异常情况的，作业人员或者维护保养人员应当立即采取应急措施，并且按照规定的程序向使用单位特种设备安全管理人员和单位有关负责人报告。

使用单位应当对出现故障或者发生异常情况的特种设备及时进行全面检查，查明故障和异常情况原因，并且及时采取有效措施，必要时停止运行，安排检验、检测，不得带病运行、冒险作业，待故障、异常情况消除后，方可继续使用。

2.12 应急预案与事故处置

2.12.1 应急预案

按照本规则要求设置特种设备安全管理机构和配备专职安全管理员的使用单位，应当制定特种设备事故应急专项预案，每年至少演练一次，并且作出记录；其他使用单位可以在综合应急预案中编制特种设备事故应急的内容，适时开展特种设备事故应急演练，并且作出记录。

2.12.2 事故处置

发生特种设备事故的使用单位，应当根据应急预案，立即采取应急措施，组织抢救，防止事故扩大，减少人员伤亡和财产损失，并且按照《特种设备事故报告和调查处理规定》的要求，向特种设备安全监管部门和有关部门报告，同时配合事故调查和做好善后处理工作。

发生自然灾害危及特种设备安全时，使用单位应当立即疏散、撤离有关人员，采取防止危害扩大的必要措施，同时向特种设备安全监管部门和有关部门报告。

2.13 移装

特种设备移装后，使用单位应当办理使用登记变更。整体移装的，使用单位应当进行自行检查；拆卸后移装的，使用单位应当选择取得相应许可的单位进行安装。按照有关安全技术规范要求，拆卸后移装需要进行检验的，应当向特种设备检验机构申请检验。

2.14 达到设计使用年限的特种设备

特种设备达到设计使用年限，使用单位认为可以继续使用的，应当按照安全技术规范及相关产品标准的要求，经检验或者安全评估合格，由使用单位安全管理负责人同意、主要负责人批准，办理使用登记变更后，方可继续使用。允许继续使用的，应当采取加强检验、检测和维护保养等措施，确保使用安全。

2.15 移动式压力容器和气瓶充装单位特别规定

(1) 移动式压力容器、气瓶充装单位，应当取得相应的充装许可资质，方可从事充装活动；

(2) 充装单位应当建立并且落实充装前、充装后的检查与记录制度，禁止对不符合安全技术规范要求的移动式压力容器和气瓶进行充装，不得错装、混装介质；

(3) 气瓶充装单位应当向气体使用者提供符合安全技术规范要求的气瓶(车用气瓶、非重复充装气瓶、呼吸器用气瓶除外)，并且对气体使用者进行气瓶安全使用指导，为自有气瓶和托管气瓶建立充装档案；

(4) 禁止充装永久性标记不清或者被修改、超期未检或者检验不合格、报废的移动式压力容器和气瓶；不得充装未在充装单位建立档案的气瓶(车用气瓶、非重复充装气瓶、呼吸器用气瓶除外)；

(5) 气瓶充装单位应当建立气瓶管理信息系统，对气瓶的数量、充装、检验以及流转进行动态管理；

(6) 鼓励气瓶充装单位利用二维码、电子标签等技术对气瓶进行信息化管理。

2.16 起重机使用单位特别规定

使用单位负责塔式起重机、施工升降机在使用过程中的顶升行为，并且对其安全性能负责。

3 使用登记

3.1 一般要求

(1) 特种设备在投入使用前或者投入使用后30日内，使用单位应当向特种设备所在地的直辖市或者设区的市的特种设备安全监管部门申请办理使用登记，办理使用登记的直辖市或者设区的市的特种设备安全监管部门，可以委托其下一级特种设备安全监管部门(以下简称登记机关)办理使用登记；对于整机出厂的特种设备，一般应当在投入使用前办理使用登记；

(2) 流动作业的特种设备，向产权单位所在地的登记机关申请办理使用登记；

(3) 移动式大型游乐设施每次重新安装后、投入使用前，使用单位应当向使用地的登记机关申请办理使用登记；

(4) 车用气瓶应当在投入使用前，向产权单位所在地的登记机关申请办理使用登记；

(5) 国家明令淘汰或者已经报废的特种设备，不符合安全性能或者能效指标要求的特种设备，不予办理使用登记。

3.2 登记方式

3.2.1 按台(套)办理使用登记的特种设备

锅炉、压力容器(气瓶除外)、电梯、起重机械、客运索道、大型游乐设施和场(厂)内专用机动车辆应当按台(套)向登记机关办理使用登记，车用气瓶以车为单位进行使用登记。

3.2.2 按单位办理使用登记的特种设备

气瓶(车用气瓶除外)、工业管道应当以使用单位为对象向登记机关办理使用登记。

3.3 不需要办理使用登记的特种设备

使用单位应当参照本规则及有关安全技术规范中使用管理的相应规定，对不需要办理使用登记的锅炉、压力容器实施安全管理。

3.3.1 锅炉

D级锅炉。

3.3.2 压力容器

（1）深冷装置中非独立的压力容器、直燃型吸收式制冷装置中的压力容器、铝制板翅式热交换器、过程装置中冷箱内的压力容器；

（2）盛装第二组介质的无壳体的套管热交换器；

（3）超高压管式反应器；

（4）移动式空气压缩机的储气罐；

（5）水力自动补气气压给水（无塔上水）装置中的气压罐，消防装置中的气体或者气压给水（泡沫）压力罐；

（6）水处理设备中的离子交换或者过滤用压力容器、热水锅炉用膨胀水箱；

（7）蓄能器承压壳体；

（8）简单压力容器；

（9）消防灭火用气瓶、呼吸器用气瓶、非重复充装气瓶。

3.4 使用登记程序

使用登记程序，包括申请、受理、审查和颁发使用登记证。

3.4.1 申请

3.4.1.1 按台（套）办理

使用单位申请办理特种设备使用登记时，应当逐台（套）填写使用登记表，向登记机关提交以下相应资料，并且对其真实性负责：

（1）使用登记表（一式两份）；

（2）含有使用单位统一社会信用代码的证明或者个人身份证明（适用于公民个人所有的特种设备）；

（3）特种设备产品合格证（含产品数据表、车用气瓶安装合格证明）；

（4）特种设备监督检验证明（安全技术规范要求进行使用前首次检验的特种设备，应当提交使用前的首次检验报告）；

（5）机动车行驶证（适用于与机动车固定的移动式压力容器）、机动车登记证书（适用于与机动车固定的车用气瓶）；

（6）锅炉能效证明文件。

锅炉房内的分汽（水）缸随锅炉一同办理使用登记；锅炉与用热设备之间的连接管道总长小于或者等于1000米时，压力管道随锅炉一同办理使用登记；包含压力容器的撬装式承压设备系统或者机械设备系统中的压力管道可以随其压力容器一同办理使用登记。登记时另提交分汽（水）缸、压力管道元件的产品合格证（含产品数据表），但是不需要单独领取使用登记证。

没有产品数据表的特种设备，登记机关可以参照已有特种设备产品数据表的格式，制定其特种设备产品数据表，由使用单位根据产品出厂的相应资料填写。

可以采用网上申报系统进行使用登记。

3.4.1.2 按单位办理

使用单位申请办理特种设备使用登记时，应当向登记机关提交以下相应资料，并且对其真实性负责：

（1）使用登记表（一式两份）；

（2）含有使用单位统一社会信用代码的证明；

（3）监督检验、定期检验证明（注3-1）；

（4）《压力管道基本信息汇总表——工业管道》（格式见附件C），《气瓶基本信息汇总表》（格式见附件D）。

注3-1：新投入使用的气瓶应当提供制造监督检验证明，进行定期检验的气瓶应当同时提供定期检验证明。压力

管道应当提供安装监督检验证明，达到定期检验周期的压力管道还应当提供定期检验证明；未进行安装监督检验的，应当提供定期检验证明。

3.4.2　受理

登记机关收到使用单位提交的申请资料后，能够当场办理的，应当当场作出受理或者不予受理的书面决定；不能当场办理的，应当在5个工作日内作出受理或者不予受理的书面决定。申请资料不齐或者不符合规定时，应当一次性告知需要补正的全部内容。

3.4.3　审查及发证

自受理之日起15个工作日内，登记机关应当完成审查、发证或者出具不予登记的决定，对于一次申请登记数量超过50台或者按单位办理使用登记的可以延长至20个工作日。不予登记的，出具不予登记的决定，并且书面告知不予登记的理由。

登记机关对申请资料有疑问的，可以对特种设备进行现场核查。进行现场核查的，办理使用登记日期可以延长至20个工作日。

准予登记的特种设备，登记机关应当按照《特种设备使用登记证编号编制方法》(见附录a)编制使用登记证编号，签发使用登记证，并且在使用登记表最后一栏签署意见、盖章。

3.5　资料及信息

登记工作完成后，登记机关应当将特种设备基本信息录入特种设备管理信息系统，实施动态管理。

采用纸质申报方式进行使用登记的，登记机关应当将特种设备产品合格证及其产品数据表复印一份，与使用登记表一同存档，并且将使用单位申请登记时提交的资料交还使用单位。

3.6　定期检验日期的确定

首次定期检验的日期和实施改造、拆卸移装后的定期检验日期，由使用单位根据安全技术规范、监督检验报告和使用情况确定。

3.7　单位登记的设备信息报送

以单位登记的特种设备使用单位应当及时更新气瓶、压力管道技术档案及相应数据，每年一季度将上年度的气瓶、压力管道基本信息汇总表和年度安全状况报送登记机关。

3.8　变更登记

按台(套)登记的特种设备改造、移装、变更使用单位或者使用单位更名、达到设计使用年限继续使用的，按单位登记的特种设备变更使用单位或者使用单位更名的，相关单位应当向登记机关申请变更登记。登记机关按照本规则3.8.1至3.8.5的规定办理变更登记。

办理特种设备变更登记时，如果特种设备产品数据表中的有关数据发生变化，使用单位应当重新填写产品数据表。变更登记后的特种设备，其设备代码保持不变。

3.8.1　改造变更

特种设备改造完成后，使用单位应当在投入使用前或者投入使用后30日内向登记机关提交原使用登记证、重新填写的使用登记表(一式两份)、改造质量证明资料以及改造监督检验证书(需要监督检验的)，申请变更登记，领取新的使用登记证。登记机关应当在原使用登记证和原使用登记表上作注销标记。

3.8.2　移装变更

3.8.2.1　在登记机关行政区域内移装

在登记机关行政区域内移装的特种设备，使用单位应当在投入使用前向登记机关提交原使用登记证、重新填写的使用登记表(一式两份)和移装后的检验报告(拆卸移装的)，申请变更登记，领取新的使用登记证。登记机关应当在原使用登记证和原使用登记表上作注销标记。

3.8.2.2　跨登记机关行政区域移装

(1) 跨登记机关行政区域移装特种设备的，使用单位应当持原使用登记证和使用登记表向原登记机关申请办理注销；原登记机关应当注销使用登记证，并且在原使用登记证和原使用登记表上作注销标记，向使用单位签发《特种设备使用登记证变更证明》(格式见附件 E)；

(2) 移装完成后，使用单位应当在投入使用前，持《特种设备使用登记证变更证明》、标有注销标记的原使用登记表和移装后的检验报告(拆卸移装的)，按照本规则 3.4、3.5 的规定向移装地登记机关重新申请使用登记。

3.8.3 单位变更

(1) 特种设备需要变更使用单位，原使用单位应当持原使用登记证、使用登记表和有效期内的定期检验报告到登记机关办理变更；或者产权单位凭产权证明文件，持原使用登记证、使用登记表和有效期内的定期检验报告到登记机关办理变更；登记机关应当在原使用登记证和原使用登记表上作注销标记，签发《特种设备使用登记证变更证明》；

(2) 新使用单位应当在投入使用前或者投入使用后 30 日内，持《特种设备使用登记证变更证明》、标有注销标记的原使用登记表和有效期内的定期检验报告，按照本规则 3.4、3.5 要求重新办理使用登记。

3.8.4 更名变更

使用单位或者产权单位名称变更时，使用单位或者产权单位应当持原使用登记证、单位名称变更的证明资料，重新填写使用登记表(一式两份)，到登记机关办理更名变更，换领新的使用登记证。2 台以上批量变更的，可以简化处理。登记机关在原使用登记证和原使用登记表上作注销标记。

3.8.5 达到设计使用年限继续使用的变更

对达到设计使用年限继续使用的特种设备，使用单位应当持原使用登记证、按照本规则 2.14 规定办理的相关证明材料，到登记机关申请变更登记。登记机关应当在原使用登记证右上方标注“超设计使用年限”字样。

3.8.6 不得申请办理移装变更、单位变更的情况

有下列情形之一的特种设备，不得申请办理移装变更、单位变更：

(1) 已经报废或者国家明令淘汰的；

(2) 进行过非法改造、修理的；

(3) 无本规则 2.5 中(3)、(4)规定的技术资料的；

(4) 达到设计使用年限的；

(5) 检验结论为不合格或者能效测试结果不满足法规、标准要求的。

3.9 停用

特种设备拟停用 1 年以上的，使用单位应当采取有效的保护措施，并且设置停用标志，在停用后 30 日内填写《特种设备停用报废注销登记表》(格式见附件 F)，告知登记机关。重新启用时，使用单位应当进行自行检查，到使用登记机关办理启用手续；超过定期检验有效期的，应当按照定期检验的有关要求进行检验。

3.10 报废

对存在严重事故隐患，无改造、修理价值的特种设备，或者达到安全技术规范规定的报废期限的，应当及时予以报废，产权单位应当采取必要措施消除该特种设备的使用功能。特种设备报废时，按台(套)登记的特种设备应当办理报废手续，填写《特种设备停用报废注销登记表》，向登记机关办理报废手续，并且将使用登记证交回登记机关。

非产权所有者的使用单位经产权单位授权办理特种设备报废注销手续时，需提供产权单位的书面委托或者授权文件。

使用单位和产权单位注销、倒闭、迁移或者失联，未办理特种设备注销手续的，登记机关可以采用公告的方式停用或者注销相关特种设备。

3.11　使用标志

（1）特种设备（车用气瓶除外）使用登记标志与定期检验标志合二为一，统一为《特种设备使用标志》（格式见附件G式样一、式样二）；

（2）场（厂）内专用机动车辆的使用单位应当将车牌（格式见附件H）固定在车辆前后悬挂车牌的部位；

（3）移动式压力容器使用单位应当将该移动式压力容器的电子秘钥或者使用登记时发放的IC卡随车携带；

（4）车用气瓶的使用标志格式见附件G式样三。

4　附　　则

4.1　其他要求

特种设备使用管理除满足本规则的要求外，还应当满足有关安全技术规范的专项要求。

不涉及公共安全的个人（家庭）自用的特种设备不属于本规则管辖范围。

4.2　长输管道、公用管道使用管理

长输管道、公用管道使用管理的相关规定另行制定。

4.3　解释权限

本规则由国家质检总局负责解释。

4.4　施行时间

本规则自2017年8月1日起施行，以下安全技术规范同时废止：

（1）2005年9月16日，国家质检总局颁布的《气瓶使用登记管理规则》（TSG R5001—2005）；

（2）2009年5月8日，国家质检总局颁布的《电梯使用管理与维护保养规则》（TSG T5001—2009）；

（3）2009年8月31日，国家质检总局颁布的《起重机械使用管理规则》（TSG Q5001—2009）；

（4）2009年8月31日，国家质检总局颁布的《压力管道使用登记管理规则》（TSG D5001—2009）；

（5）2013年1月16日，国家质检总局颁布的《压力容器使用管理规则》（TSG R5002—2013）；

（6）2014年9月5日，国家质检总局颁布的《锅炉使用管理规则》（TSG G5004—2014）。

附件 A

特种设备使用登记证(式样一)

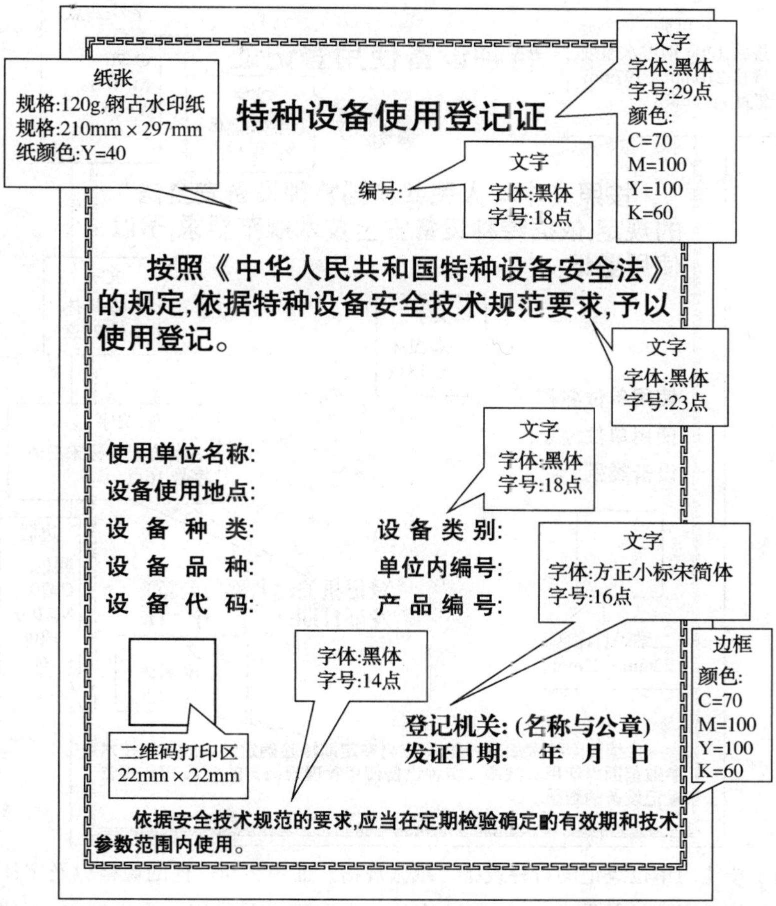

[**注**：本式样适用于按台(套)进行登记的特种设备。纸张规格、证头字和边框的规格以及字体、颜色和字号按照本附件印制；其他内容(包括登记编号及没有标注颜色的)字体，由登记机关采用计算机打印，字体、字号按照其标注，颜色为黑色。移动式压力容器、车用气瓶使用登记证尺寸可以根据实际情况适当缩小，其“设备使用地点”改为“使用单位地址”。没有设备品种的，可以直接表述产品名称。设备使用地点包括使用单位地址和使用单位内设备使用地点。有关名词含义见本规则附录 b。本注不印制]

特种设备使用登记证(式样二)

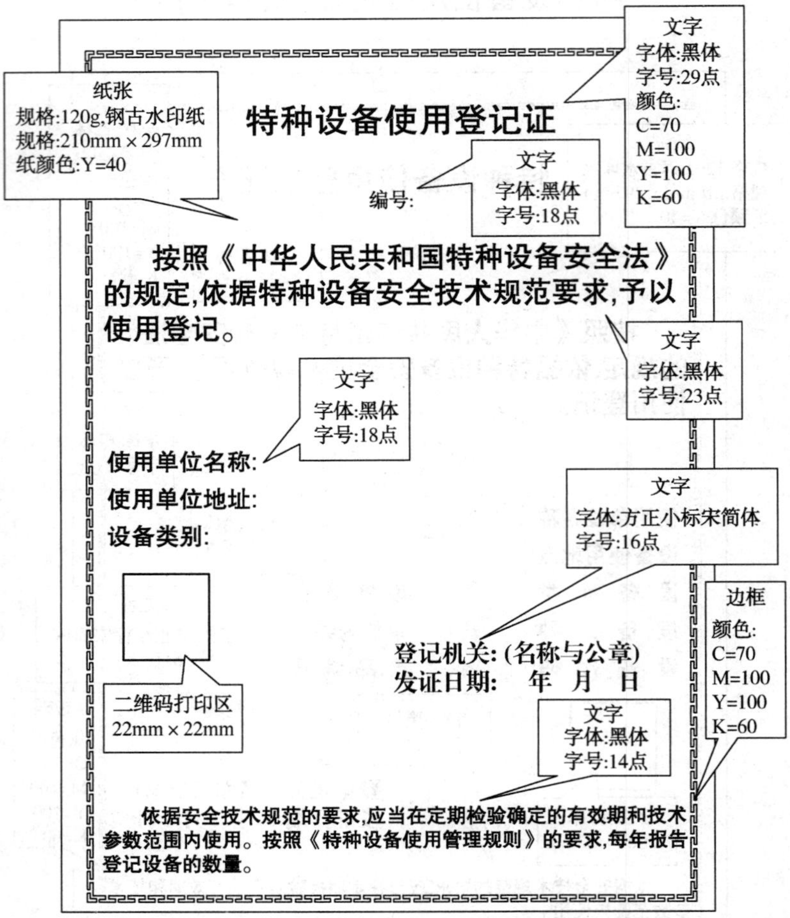

［**注**：本式样适用于按使用单位登记的特种设备。纸张规格、证头字和边框的规格以及字体、颜色和字号按照本附件印制；其他内容(包括登记编号及没有标注颜色)字体，由登记机关采用计算机打印，字体、字号按照其标注，颜色为黑色。有关名词含义见本规则附录 b。本注不印制］

附录 a

特种设备使用登记证编号编制方法

a1 编制基本方法

特种设备使用登记证编号由登记机关在颁发《特种设备使用登记证》时编制。

使用登记证编号由设备特征代号、登记机关代号、登记顺序号、登记年份组成，包括汉字、拼音字母与阿拉伯数字。

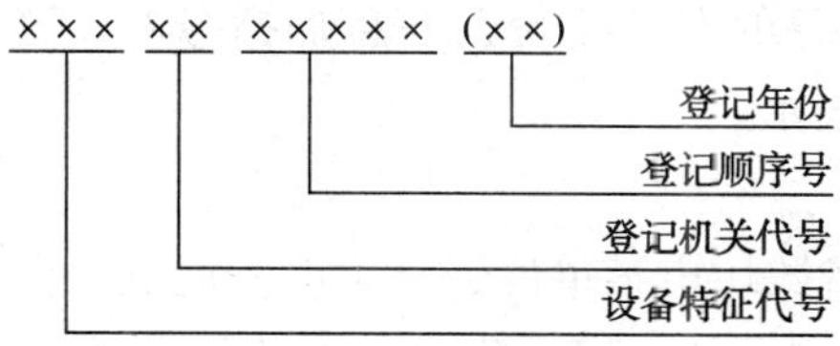

a2 编号含义

a2.1 设备特征代号

包括以下两部分：

（1）第一部分，用特种设备种类的简称表示，详见表 a-1；

表 a-1 特种设备种类简称表

特种设备种类	简　称
锅炉	锅
压力容器	容
压力管道	管
气瓶	瓶
电梯	梯
起重机械	起
客运索道	索
大型游乐设施	游
场(厂)内专用机动车辆	车

（2）第二部分，用两位阿拉伯数字表示，取《特种设备目录》设备基本代码的中间两位数表示，如固定式压力容器中的第二类压力容器用“15”表示，起重机械中的通用门式起重机用“21”表示等。

a2.2 登记机关代号

包括省、自治区、直辖市和设区的市的登记机关两部分代号。

（1）第一部分，为省、自治区、直辖市的代号，用省、自治区、直辖市简称的汉字表示，如山东省用“鲁”表示；

（2）第二部分，为设区的市的代号，编排方式按照该市在 GB/T 2260《中华人民共和国行政区划代码》(以下简称“行政区划代码”)中本省的排列顺序，用拼音字母 A、B、C(“I”“O”不用，下同)等以此作为简称编写其代号。

如果直辖市登记机关将使用登记授权其区、县级特种设备安全监督管理部门办理，其使用登记机关的代号用该区、县按照行政区划代码中本市的排列顺序，用拼音字母 A、B、C 等以此编排。如果省、自治区以下的设区的市，直辖市以下的区、县登记编排超过所用的一位拼音字母时，可以在本省、自治区、直辖市全部采用两位拼音字母表示，即从 AA、AB、AC、…、AZ、BA、BB、

BC、…、BZ、CA、CB、CC、…、CZ、…、ZA、ZB、ZC、…、ZZ。

如果设区的市的登记部门将使用登记授权其区、县级特种设备安全监督管理部门办理，其使用登记机关的代号还是用该市的代号，登记顺序号由该市登记机关统一编排。

a2.3 登记顺序号

用五位阿拉伯数字表示，以颁发该类别设备使用登记证的登记顺序号(不考虑年份)。如登记的顺序号为89，则编为“00089”。

如登记顺序号超过99999，首位可顺序使用大写的拼音字母A、B、C等代替。如登记某一类别的压力容器顺序号为100000，则登记顺序号为“A0000”，以此类推。

a2.4 登记年份

用两位阿拉伯数字表示该设备的登记年份，并且加括号“()”(括号为半角形式)。如该设备于2014年进行登记，则用“(14)”表示。

a3 编制举例

如2012年1月5日，山东省潍坊市某单位到潍坊市登记机关办理一台第二类压力容器的使用登记。该登记机关历年来已经办理该类别(品种)压力容器共301台，该证的总顺序号则为“302”，按照行政区划代码，潍坊市在山东省的排列为第七，则编为“G”，故该压力容器的使用登记证编号为“容15鲁G00302(12)”。

附件 B

特种设备使用登记表(式样一)

登记类别：

<table>
<tr><td rowspan="6">设备
基本
情况</td><td>设备种类</td><td></td><td>设备类别</td><td></td></tr>
<tr><td>设备品种</td><td></td><td>产品名称</td><td></td></tr>
<tr><td>设备代码</td><td></td><td>型号(规格)</td><td></td></tr>
<tr><td>设计使用年限</td><td></td><td>设计单位名称</td><td></td></tr>
<tr><td>制造单位名称</td><td></td><td>施工单位名称</td><td></td></tr>
<tr><td>监督检验机构名称</td><td></td><td>型式试验机构名称</td><td></td></tr>
<tr><td rowspan="9">设备
使用
情况</td><td>使用单位名称</td><td colspan="3"></td></tr>
<tr><td>使用单位地址</td><td colspan="3"></td></tr>
<tr><td>使用单位统一
社会信用代码</td><td></td><td>邮政编码</td><td></td></tr>
<tr><td>单位内编号</td><td></td><td>设备使用地点</td><td></td></tr>
<tr><td>投入使用日期</td><td>年　月　日</td><td>单位固定电话</td><td></td></tr>
<tr><td>安全管理员</td><td></td><td>移动电话</td><td></td></tr>
<tr><td>产权单位名称</td><td colspan="3"></td></tr>
<tr><td>产权单位统一
社会信用代码</td><td></td><td>联系电话</td><td></td></tr>
<tr><td rowspan="4">设备
检验
情况</td><td>检验机构名称</td><td colspan="3"></td></tr>
<tr><td>检验类别</td><td></td><td>检验报告编号</td><td></td></tr>
<tr><td>检验日期</td><td></td><td>检验结论</td><td></td></tr>
<tr><td>下次检验日期</td><td></td><td colspan="2"></td></tr>
<tr><td colspan="5">在此申明：所申报的内容真实；在使用过程中，将严格执行《中华人民共和国特种设备安全法》及相关规定，并且接受特种设备安全监督管理部门的监督管理。

附：产品数据表
使用单位填表人员：　　　　日期：
（使用单位公章）
使用单位安全管理人员：　　　　日期：　　　　年　月　日</td></tr>
<tr><td colspan="5">说明：

登记机关登记人员：　　　　日期：
（登记机关专用章）
使用登记证编号：　　　　年　月　日</td></tr>
</table>

注：本式样适用于按台(套)进行登记的特种设备。

特种设备使用登记表(式样二)

登记类别：

<table>
<tr><td rowspan="11">设备
基本
情况</td><td>设备品种</td><td></td><td>产品名称</td><td></td></tr>
<tr><td>气瓶数量</td><td></td><td>充装介质</td><td></td></tr>
<tr><td>气瓶公称工作压力</td><td>MPa</td><td>气瓶容积</td><td>L</td></tr>
<tr><td>制造单位名称</td><td>制造日期</td><td>产品编号</td><td>单位内编号</td></tr>
<tr><td></td><td></td><td></td><td></td></tr>
<tr><td></td><td></td><td></td><td></td></tr>
<tr><td></td><td></td><td></td><td></td></tr>
<tr><td></td><td></td><td></td><td></td></tr>
<tr><td>施工单位名称</td><td colspan="3"></td></tr>
<tr><td>监督检验机构名称</td><td colspan="3"></td></tr>
<tr><td colspan="4"></td></tr>
<tr><td rowspan="6">设备
使用
情况</td><td>使用单位名称</td><td colspan="3"></td></tr>
<tr><td>使用单位地址</td><td colspan="3"></td></tr>
<tr><td>使用单位统一
社会信用代码</td><td></td><td>邮政编码</td><td></td></tr>
<tr><td>车牌号</td><td></td><td>车辆 VIN 码</td><td></td></tr>
<tr><td>投入使用日期</td><td>年　月　日</td><td>单位固定电话</td><td></td></tr>
<tr><td>安全管理员</td><td></td><td>移动电话</td><td></td></tr>
<tr><td colspan="5">在此申明：所申报的内容真实；在使用过程中，将严格执行《中华人民共和国特种设备安全法》及相关规定，并且接受特种设备安全监督管理部门的监督管理。

使用单位填表人员：　　　　　　日期：
（使用单位公章）
使用单位安全管理人员：　　　　　　日期：　　　　　　年　月　日</td></tr>
<tr><td colspan="5">说明：

登记机关登记人员：　　　　　　日期：
（登记机关专用章）
使用登记证编号：　　　　　　年　月　日</td></tr>
</table>

注：本式样适用于车用气瓶使用登记。(气瓶的制造单位名称、制造日期、产品编号、单位内编号的行数，根据该车所用的气瓶数量编制；气瓶容积是指单个气瓶。括号内表述不印制)

特种设备使用登记表(式样三)

登记类别：

<table>
<tr><td rowspan="2">设备基本情况</td><td>设备类别</td><td></td><td>设备品种</td><td></td></tr>
<tr><td>产品名称</td><td></td><td>设备数量</td><td></td></tr>
<tr><td rowspan="5">设备使用情况</td><td>使用单位名称</td><td colspan="3"></td></tr>
<tr><td>使用单位地址</td><td colspan="3"></td></tr>
<tr><td>设备使用地点</td><td></td><td>单位固定电话</td><td></td></tr>
<tr><td>使用单位统一社会信用代码</td><td></td><td>邮政编码</td><td></td></tr>
<tr><td>安全管理员</td><td></td><td>移动电话</td><td></td></tr>
<tr><td colspan="5">在此申明：所申报的内容真实；在使用过程中，将严格执行《中华人民共和国特种设备安全法》及相关规定，并且接受特种设备安全监督管理部门的监督管理。

附：压力管道(气瓶)基本信息汇总表
使用单位填表人员：　　　　日期：
（使用单位公章）
使用单位安全管理人员：　　　　日期：　　　　年　月　日</td></tr>
<tr><td colspan="5">说明：

登记机关登记人员：　　　　日期：
（登记机关专用章）
使用登记证编号：　　　　年　月　日</td></tr>
</table>

注：本式样适用于按使用单位登记的特种设备。

附录 b

特种设备使用登记表填写说明

b1 登记类别

填写本次办理使用登记的事由，如新设备首次启用、停用后启用、改造、使用单位更名、使用地址变更、过户、移装、达到设计使用年限等。

b2 设备基本情况

b2.1 设备种类

按照《特种设备目录》填写，也可直接印制为“锅炉”“压力容器”“压力管道”“电梯”“起重机械”等。

b2.2 设备类别、品种

按照《特种设备目录》填写。没有品种的划“—”。

b2.3 产品名称

按照产品铭牌或者产品合格证、产品数据表的内容填写，也称设备名称。

b2.4 设备代码

按照产品数据表上的内容填写，该代码具有唯一性。如果该产品还没有编制设备代码，则使用单位可以不填写，由登记机关按照设备代码的编制要求[见《固定式压力容器安全技术监察规程》(TSG 21—2016)]填写，其中制造单位代号改为登记机关的行政区划代码(比制造单位代号多一位)。

b2.5 型号(规格)

按照产品数据表或者相应的设计文件填写，有型号的填写型号，没有型号有规格的填写规格，没有型号、规格的，划“—”。

b2.6 设备数量

压力管道填写本次登记时的压力管道长度(单位为“米”)，气瓶填写本次登记时的数量(单位为“只”)。

b2.7 设计使用年限

按照产品数据表提供的数据填写。技术资料中未提供的，划“—”。

b2.8 设计单位名称

填写产品的设计单位名称，其名称与产品合格证和产品铭牌(设计图纸)表述应当一致。

b2.9 制造单位名称

填写产品的制造单位名称，其名称与产品合格证和产品铭牌表述应当一致。

b2.10 施工单位名称

填写登记时最近一次从事安装或者改造、修理的施工单位的名称。

b2.11 监督检验机构名称

填写负责该设备制造、安装、改造、重大修理监督检验(以下简称监检)的特种设备检验机构名称，没有实施监检的设备，注明“不实施监检”，如该设备登记前进行了不同阶段的监检(如制造监检，安装、改造监检等)，则填写最近一次监检的特种设备检验机构名称，并且与本附录 b4 相协调(除制造监检外，优先满足 b4 填写要求)。

b2.12 型式试验机构名称

填写型式试验机构的名称(全称)。安全技术规范未规定型式试验的，划“—”。

b3 设备使用情况

b3.1 使用单位名称

填写使用单位名称(全称)，如果属于公民个人，则填写姓名。使用单位名称应当与含有单位统一社会信用代码的证明文件一致。

b3.2 使用单位地址

填写使用单位的详细地址，包括所在省(自治区)、市(地、州)、区(县)、街道(镇、乡)、小区(村)、门牌号等。

b3.3 使用单位统一社会信用代码

填写使用单位的统一社会信用代码。如果属于公民个人，则填写个人身份证号。

b3.4 邮政编码

填写使用单位所在地的邮政编码。

b3.5 单位内编号

填写使用单位对设备进行管理自行编制的设备内部编号。

b3.6 设备使用地点

填写设备安装在单位内的固定地点，如某某车间、某某场地等。移动式(流动式)特种设备，填写"移动"或者"流动"。设备使用地点不在使用单位内的，应当按照b3.2填写设备使用地的详细地址。

b3.7 投入使用日期

填写办理登记的设备正式投入使用的开始日期(包括年、月、日)。

b3.8 单位固定电话

填写使用单位特种设备安全管理机构或者主管特种设备机构的联系电话。

b3.9 安全管理员

填写使用单位负责该台特种设备的专职或者兼职的安全管理员姓名。如果聘用专业技术服务机构的人员负责安全管理，则填写该人员的姓名。

b3.10 移动电话

填写使用单位负责该台特种设备的专职或者兼职、聘用的安全管理员的移动电话。

b3.11 产权单位名称、统一社会信用代码、联系电话

填写产权单位名称、社会统一信用代码、联系电话，填写方式和使用单位相同。如果和使用单位为同一单位，则产权单位一栏中填写"同使用单位"，其他相应栏中划"—"。

b4 设备检验情况

办理使用登记时的设备检验情况(制造监检除外)，包括安装、改造、重大修理监督检验、使用前首次检验、定期检验等。

b4.1 检验机构名称

填写从事检验的检验机构名称。

b4.2 检验类别

根据检验情况，填写使用登记时最后完成的检验类别，如安装监督检验、改造监督检验、重大修理监督检验、首次检验、定期检验、达到设计使用年限检验或者安全评估、基于风险检验、事故检验等。

b4.3 检验报告编号

填写检验机构出具的检验报告的编号或者安全评估机构出具的安全评估报告编号，没有要求出具检验报告的，只填写监检证书编号。

b4.4 检验日期

填写进行检验的日期，一般是检验完成的日期，即报告出具日期(年、月、日)。

b4.5 检验结论

按照有关检验规则的要求填写，如符合要求、基本符合要求、不符合要求，合格、复检合格、不合格等。

b4. 6　下次检验日期

首次定期检验日期由使用单位在首次登记时根据本规则和相关安全技术规范的规定填写，登记机关进行审核；对已经实施检验的，使用单位按照检验报告确定的下次检验日期填写；由于结构原因，设计文件规定无法实施定期检验的特种设备，使用单位填写“设计规定不实施定期检验”。

b5　使用单位申明和填表人员、使用单位公章

表中所示的申明，作为使用单位的承诺，使用单位的填表人员和安全管理人员(一般是指安全管理员)需要签字，并且注明签字日期，填表后盖使用单位公章，并且附特种设备产品数据表(复印件，加盖使用单位公章)。使用单位是自然人的，应当签字。

b6　登记情况

由登记机关填写。在说明的空白处填写对使用登记的审查情况，包括同意或者不予受理、不予登记等意见。如果不予受理、不予登记，应当注明原因和处理情况。

b6. 1　登记机关登记人员

由负责登记受理、登记的人员签字，并且注明日期。

b6. 2　登记机关专用章

加盖负责特种设备登记的特种设备安全监督管理部门的特种设备安全监察专用章或者其他能代表登记机关的公章。

b6. 3　使用登记证编号

填写已经同意登记，所颁发的使用登记证的登记编号。使用登记证编号的编制方法见本规则附件 A 的附录 a。

注 b-1：《特种设备使用登记表》所列内容仅为特种设备进行使用登记时需要填写的基本数据，不代表特种设备信息化管理要求的数据，如事故数据、现场监督检查等。其他有关设备数据按照信息化建设的要求建立。

附件 C

压力管道基本信息汇总表——工业管道

使用单位(加盖使用单位公章)：　　　　使用单位地址：

工程(装置)名称：　　　　安全管理部门：　　　　安全管理员：

共　页　第　页

序号	管道名称（登记单元）	管道编号	管道级别	设计单位	安装单位	安装年月	投用年月	管道规格			设计/工作条件			检验结论	检验机构名称	下次检验日期	备注
								公称直径（mm）	公称壁厚（mm）	管道长度（m）	压力（MPa）	温度（℃）	介质				
1																	
2																	
3																	
4																	
5																	
6																	
7																	
8																	
9																	
10																	

填表日期：　　　　经办人：　　　　联系电话：　　　　电子邮箱：

附录 c

《压力管道基本信息汇总表——工业管道》填写说明

c1 使用单位

填写压力管道产权单位、使用单位名称或者业主个人身份证号。

c2 使用单位地址

填写使用单位的详细地址，包括所在省(自治区)、市(地、州)、区(县)、街道(镇、乡)、小区(村)、门牌号等。

c3 工程(装置)名称

填写管道工程或者固定式装置名称。涉及多个工程(装置)的，每个工程(装置)分别填写。

c4 安全管理部门

填写使用单位负责压力管道的安全管理内部机构，如动力处(科)。

c5 安全管理员

填写负责压力管道管理的专职或者兼职安全管理员姓名。

c6 管道名称(登记单元)

工业管道的分段和名称确定原则：

(1) 设计管线表编号从始端至终端的所有管段；

(2) 物流输送的形式，以物流从流出设备至流入设备之间的每条管道；

(3) 装置、系统形式，以装置和系统内、外进行划分，以装置和系统内(或者装置和系统外)每条管道；

(4) 工程编号。

有设计资料的，可以按照设计的管道名称填写，使用单位已经编制名称的，可以按照已经编制的名称填写。

c7 管道编号

按照使用单位规定的管道编号填写。

c8 管道级别

按照工业管道级别划分规定填写。

c9 设计单位、安装单位

填写管道的设计、安装单位名称。

c10 安装年月、投用年月

填写管道安装竣工、投用的具体年、月。

c11 管道长度

是管道折合成一条直线管道的长度，也可以采用管道设计的计算长度。

c12 设计/工作条件

填写设计和工作的条件。如设计压力为 10MPa，实际使用最高工作压力为 4MPa，则填“10/4”；设计温度为 400℃，实际使用最高工作温度 300℃，则填“400/300”。

c13 检验结论

按照监督检验、定期检验或者基于风险检验的检验结论填写。

c14 检验机构名称

对新安装的管道，填写进行安装监督检验的机构名称；对在用管道的定期检验，填写进行定期检验的机构名称；对基于风险检验的管道，填写进行基于风险检验的机构名称。

c15 下次检验日期

填写检验报告中确定的下一次检验日期。

c16 备注

填写该压力管道单线图(轴测图)号。

注 c-1：《压力管道基本信息汇总表——工业管道》所列栏目，没有该项目的填写“无此项”、暂时无法填写的可划“—”，不要空项。

注 c-2：《压力管道基本信息汇总表——工业管道》中管道级别、管道规格、设计/工作条件等涉及多个内容时，例如管道登记单元中同时有 GC1、GC2、GC3 级管道，则可以在管道级别一栏中填“GC1；GC2；GC3”。

附件 D

气瓶基本信息汇总表

使用单位：（加盖使用单位公章）　　　　共　页　第　页

序号	设备品种	产品编号	充装介质	制造单位	制造年月	公称工作压力（MPa）	容积（L）	最近一次检验日期	下次检验日期	单位内编号	变更或者停用情况	信息化管理情况
1												
2												
3												
4												
5												
6												
7												
8												
9												
10												

填表日期：　　　　经办人：　　　　联系电话：　　　　电子邮箱：

注： 设备品种，是指无缝气瓶、焊接气瓶、内装填料气瓶、纤维缠绕气瓶、低温绝热气瓶；变更或者停用情况，是指新增、停用、注销、报废；信息化管理情况，是指企业采用二维码、电子标签等信息化方式对气瓶进行管理，已采用的填写具体信息化方法，未采用的填“无”。

附件 E

特种设备使用登记证变更证明

编号：

设备种类		设备类别	
设备品种		产品名称	
设备代码		原使用登记证编号	
制造单位名称			
产品编号		制造日期	
原使用单位名称			
原使用登记证签发日期		变更类别	

该特种设备的使用登记证已在本登记机关办理注销手续。

（原）登记机关：　　　（名称、专用章）

年　月　日

注：该特种设备投入使用前，变更后的使用单位应当向所在地的使用登记机关重新办理使用登记手续。变更类别，按照使用单位更名、变更使用单位、移装、改造、达到设计使用年限继续使用等填写。

附件 F

特种设备停用报废注销登记表

申报种类：☐停用 ☐报废 ☐注销 共 台

使用单位名称			
使用单位地址			
安全管理员		安全管理员联系电话	
产权单位		产权单位联系电话	

序号	设备品种（名称）	使用登记证编号	设备代码	设备使用地点	产品编号	停用报废注销原因

使用单位意见： （使用单位公章） 年 月 日	产权单位意见： （产权单位公章） 年 月 日
登记机关意见： 登记机关登记人员： （登记机关专用章） 年 月 日	

注：此表一式两份，登记机关和使用单位各存一份；同时提供设备的使用登记表和使用登记证，场(厂)内专用机动车辆还需携带车牌；设备台数较多时，可另行附表说明。

附件 G

特种设备使用标志（式样一）

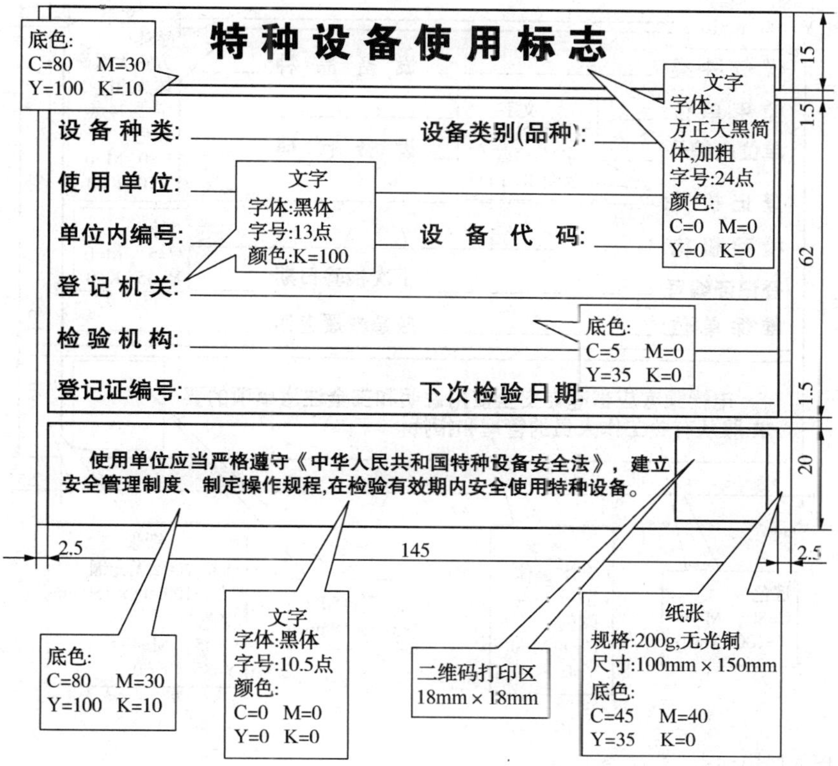

说明：

1. 此样式为锅炉、压力容器（气瓶除外）、起重机械、客运索道、大型游乐设施和场（厂）内专用机动车辆的使用标志；式样的幅面及其文字字号、标注的尺寸为锅炉、压力容器、起重机械和场（厂）内专用机动车辆的使用标志；客运索道、大型游乐设施的幅面为300mm×450mm，文字字号、有关尺寸可以按照一定的比例放大。

2. 按照《特种设备目录》，有设备品种的，在“设备类别（品种）”栏中填写设备品种，如锅炉中有机热载体炉的“有机热载体气相炉”、压力容器中氧舱的“医用氧舱”、起重机械中桥式起重机的“通用桥式起重机”、客运索道中客运拖牵索道的“低位客运拖牵索道”、大型游乐设施中水上游乐设施的“峡谷漂流系列”、场（厂）内专用机动车辆中机动工业车辆的“叉车”等；只有设备类别而无品种的，则填写设备类别，如锅炉中的“承压热水锅炉”、大型游乐设施中的“观览车类”等。

3. 此式样左下方的“使用单位应当严格遵守《中华人民共和国特种设备安全法》，建立安全管理制度，制定操作规程，在检验有效期内安全使用特种设备。”适用于锅炉、压力容器（气瓶除外）、起重机械、场（厂）内专用机动车辆使用标志。客运索道、大型游乐设施使用标志为“乘客应当遵守安全使用说明和安全注意事项的要求，服从有关工作人员的管理和指挥。”

4. 锅炉、固定式压力容器、起重机械使用单位应当将《特种设备使用标志》或者使用单位盖章（签名确认）的复印件悬挂或者固定在特种设备显著位置，当无法悬挂或者固定时，可存放在使用单位的安全技术档案中，同时将使用登记证编号标注在特种设备产品铭牌上或者其他可见部位；非公路用旅游观光车、有驾驶室的特种设备使用单位应当将《特种设备使用标志》张贴在驾驶室的挡风玻璃的右前方，移动式压力容器的使用标志应当随容器携带，并且打印二维码。

5. 客运索道、大型游乐设施使用单位应当将《特种设备使用标志》悬挂或者固定在乘客入口处或者售票处等易于乘客看见的部位。

6. 新投入使用的特种设备，办理使用登记时，由登记机关签发《特种设备使用标志》并且加盖登记机关公章，检验机构一栏填写最近一次的检验机构名称（包括首次检验、安装监督检验、制造监督检验等）；该特种设备进行定期检验后，《特种设备使用标志》由定期检验机构签发，并且加盖检验专用章。

特种设备使用标志(式样二)

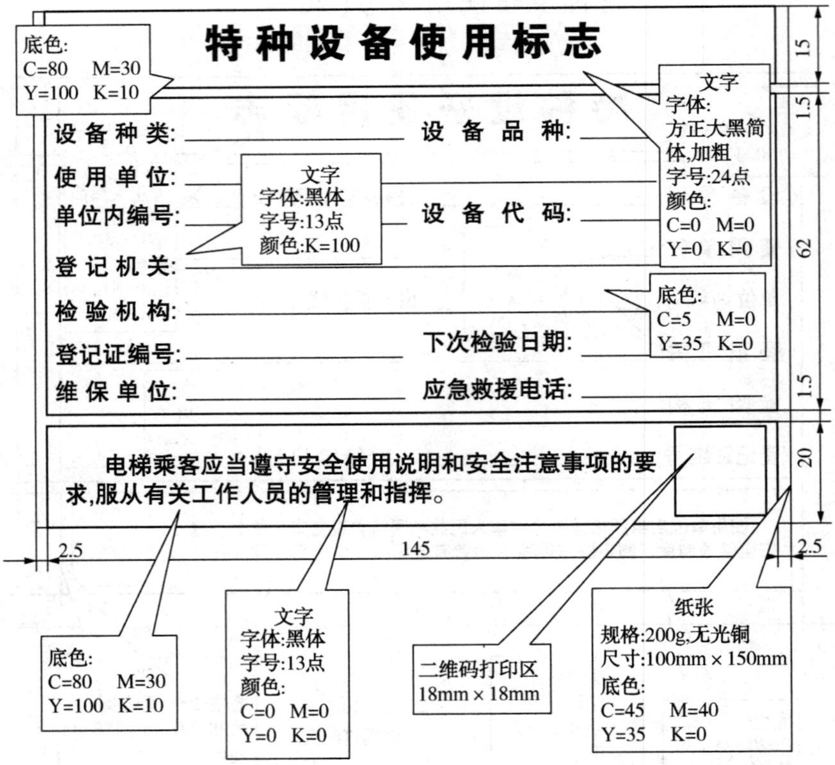

说明:

1. 此式样为电梯的使用标志。

2.《特种设备使用标志》固定在电梯轿厢(或者扶梯、人行道出入口)易于乘客看见的部位。

3. 新投入使用的电梯，办理使用登记时，由登记机关签发《特种设备使用标志》并且加盖登记机关公章，检验机构一栏填写最近一次实施监督检验的检验机构名称；该特种设备进行定期检验后，《特种设备使用标志》由定期检验机构签发，并且加盖检验专用章。

特种设备使用标志(式样三)

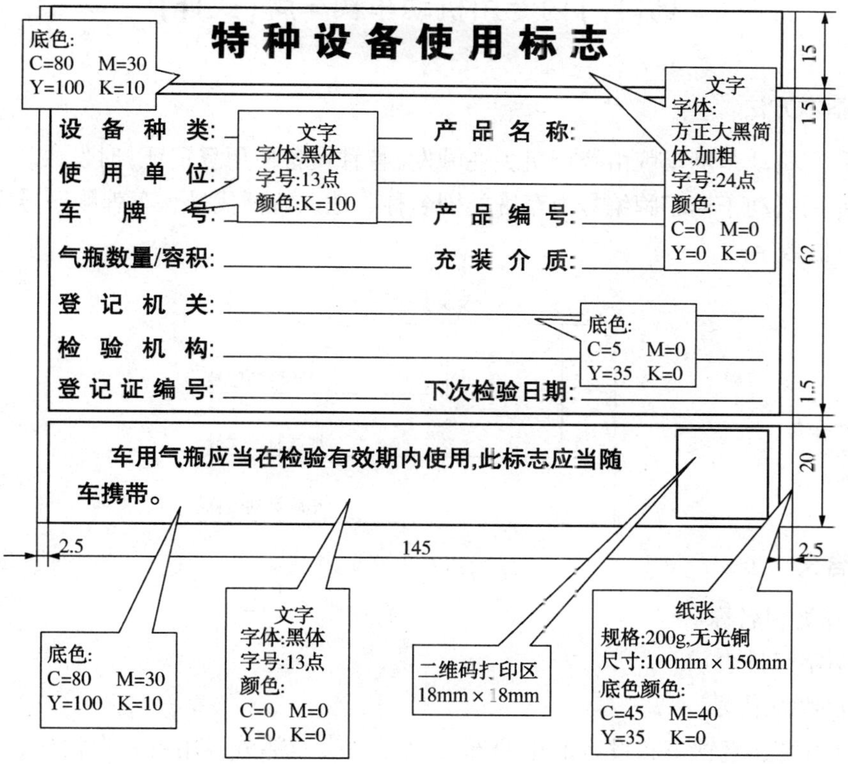

说明:

1. 此式样为车用气瓶的使用标志。

2. 设备种类填写“压力容器”,产品名称填写“车用气瓶”。如果一车有多个气瓶,产品编号栏中列出所用的所有气瓶的产品编号。

3. 新投入使用的车用气瓶,办理使用登记时,由登记机关签发《特种设备使用标志》并且加盖登记机关公章,检验机构一栏填写安装监督检验机构。

附件 H

场(厂)内专用机动车辆车牌(式样)

H1 编制基本方法

场(厂)内专用机动车辆车牌由登记机关在颁发《特种设备使用登记证》时发放。

场(厂)内专用机动车辆车牌编号由车牌类别名称、地区特征代号、车牌顺序号组成，包括汉字、拼音字母与阿拉伯数字。

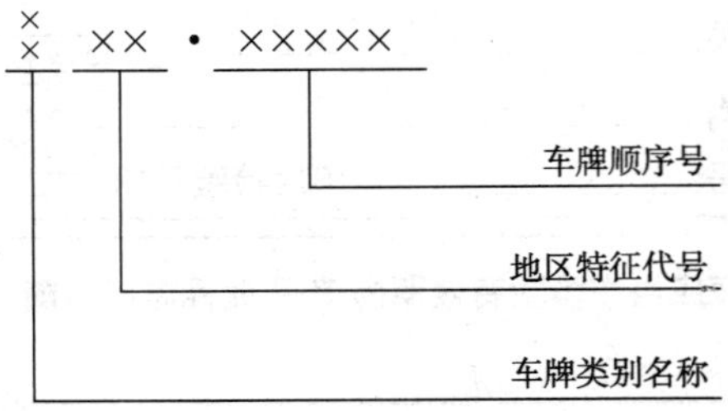

H2 编号含义

H2.1 车牌类别名称

用“场内”两字竖排表示。

H2.2 地区特征代号

包括省、自治区、直辖市和设区的市两部分代号。第一部分，用省、自治区、直辖市的汉字简称表示，如上海市用“沪”代表，浙江省用“浙”代表，以此类推；第二部分，对省、自治区所属的场(厂)内专用机动车辆，为设区的市的代号，编排方式按照该市在 GB/T 2260 中本省的排列顺序，用拼音字母 A、B、C(“I”“O”不用，下同)等以此作为简称编写其代号；对直辖市所属的场(厂)内专用机动车辆，为区(县)的代号，直辖市特种设备安全监管部门可根据地区情况，用拼音字母 A、B、C 等以此作为简称编写其代号，当区(县)数量多于 26 个时，多个区(县)可共用 1 个代号，采用不同号段予以区分。

H2.3 车牌顺序号

用五位阿拉伯数字表示，为颁发该场(厂)内专用机动车辆的顺序号。如某场(厂)内专用机动车辆的发牌顺序号为 8888，则编为“08888”。

如车牌顺序号超过 99999，首位可顺序使用大写的拼音字母 A、B、C 等代替。如登记的场(厂)内专用机动车辆为 100000，则车牌顺序号为“A0000”，以此类推。

H3 底板与字体规格

(1) 底板材料，铝材，板厚 0.8mm~1.5mm；

(2) 字体，车牌类别名称(“场内”)、省、自治区、直辖市代号为方正粗圆简体，其他均为 Arial；

(3) 字尺寸，车牌类别名称(“场内”)35mm×35mm，其他均为 80mm×35mm；

(4) 字间隔，车牌类别名称(“场内”)与省、自治区、直辖市代号之间为 16mm，“场内”两字间隔 10mm，设区的市代号、点(“·”直径 10mm)、顺序号之间均为 12mm。

车牌颜色、有关尺寸按照图 H 标注。

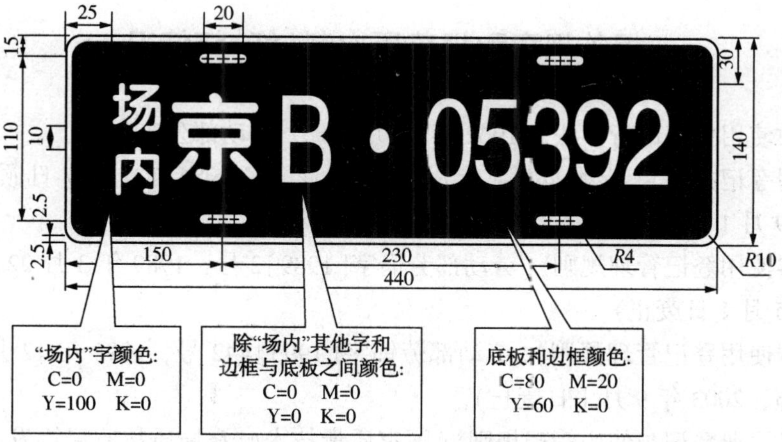

图H 场(厂)内专用机动车辆车牌式样

相关规章和规范历次制(修)订情况

1.《蒸汽锅炉使用登记试行办法》(1962 年 10 月 4 日，劳动部公布)。

2.《锅炉使用登记办法》(劳动人事部劳人锅〔1986〕2 号，1986 年 2 月 7 日颁布，1987 年 1 月 1 日实施，2003 年 9 月 1 日废止)。

3.《压力容器使用登记管理规则》(劳动部劳锅字〔1989〕2 号，1989 年 3 月 22 日颁布，颁布之日起执行，1994 年 5 月 1 日废止)。

4.《压力容器使用登记管理规则》(劳动部劳锅字〔1993〕442 号，1993 年 12 月 31 日颁布，1994 年 5 月 1 日起实施，2003 年 9 月 1 日废止)。

5.《特种设备注册登记与使用管理规则》(国家质量技术监督局质技监局锅发〔2001〕57 号，2001 年 4 月 9 日发布，自发布之日起实施)。

6.《锅炉压力容器使用登记管理办法》(国家质检总局国质检锅〔2003〕207 号，2003 年 7 月 14 日发布，2003 年 9 月 1 日起施行，2013 年 7 月 1 日压力容器部分废止、2015 年 1 月 1 日锅炉部分废止)。

7.《压力管道使用登记管理规则(试行)》(国家质检总局国质检锅〔2003〕213 号，2003 年 7 月 17 日发布，2003 年 10 月 1 日起施行，2009 年 12 月 1 日废止)。

8.《气瓶使用登记管理规则》(TSG R5001—2005，国家质检总局公告 2005 年第 140 号，2005 年 9 月 16 日颁布，2005 年 10 月 1 日起施行)。

9.《电梯使用管理与维护保养规则》(TSG T5001—2009，国家质检总局公告 2009 年第 44 号，2009 年 5 月 8 日颁布，2009 年 8 月 1 日起施行)。

10.《起重机械使用管理规则》(TSG Q5001—2009，国家质检总局公告 2009 年第 83 号，2009 年 8 月 31 日颁布，2010 年 1 月 1 日起施行)。

11.《压力管道使用登记管理规则》(TSG D5001—2009，国家质检总局公告 2009 年第 83 号，2009 年 8 月 31 日颁布，2009 年 12 月 1 日起施行)。

12.《压力容器使用管理规则》(TSG R5002—2013，国家质检总局公告 2013 年第 10 号，2013 年 1 月 16 日颁布，2013 年 7 月 1 日起施行)。

13.《锅炉使用管理规则》(TSG G5004—2014，国家质检总局公告 2014 年第 98 号，2014 年 9 月 5 日颁布，2015 年 1 月 1 日起施行)。

TSG 特种设备安全技术规范　　TSG D0001—2009

压力管道安全技术监察规程
——工业管道

Pressure Pipe Safety Technology Supervision Regulation for Industrial Pressure Pipe

中华人民共和国国家质量监督检验检疫总局颁布

2009 年 5 月 8 日

前　　言

2002 年 11 月，国家质量监督检验检疫总局(以下简称国家质检总局)特种设备安全监察局(以下简称特种设备局)向全国锅炉压力容器标准化技术委员会压力管道安全分技术委员会(以下简称管道分会)下达了本规程的起草任务书。2002 年 12 月，管道分会组织有关专家成立了起草组并在上海召开工作会议，形成了《压力管道安全技术监察规程——工业管道》的编写大纲和基本内容。2003 年 8 月，在上海召开第二次全体工作会议，就起草工作中的主要问题进行了研讨。2004 年 6 月，在上海召开第三次全体工作会议，经讨论修改，形成了《压力管道安全技术监察规程——工业管道》草案，同时，邀请有关专家对草案进行了讨论，并按专家意见进行了修改。2007 年 11 月，起草组在北京召开工作会议，对照正在修改的标准和考虑我国工业管道当前管理方式，对本规程草案进行了进一步修改，形成了征求意见稿。2008 年 1 月，特种设备局以质检特函〔2008〕4 号文征求基层部门、有关单位以及专家和公民的意见，起草组根据征求到的意见进行修改形成送审稿。2008 年 4 月，特种设备局将送审稿提交国家质检总局特种设备安全技术委员会审议，根据审议意见起草组进行了修改，形成报批稿。2009 年 5 月 8 日，由国家质检总局批准颁布。

本规程考虑了压力管道安全技术的现状和国家有关行政许可的要求，从材料、设计、制造、安装、使用、维修、改造、定期检验及安全保护装置等方面提出了压力管道安全性能的基本要求，以达到规范压力管道监管工作的目的。

本规程的主要参加单位和人员如下：

国家质检总局特种设备安全监察局	修长征　杜顺学
全国锅炉压力容器标准化技术委员会压力管道分技术委员会	黄正林　应道宴
全国化工设备设计技术中心站	夏德楷　蔡暖姝
中国特种设备检测研究院	戚月娣
中国化学工程第三建设公司	夏节文
辽宁省安全科学研究院	刘金山
上海润扬化工科技咨询有限公司	俞庆生
浙江省质量技术监督局	顾山乐

目 录

压力管道安全技术监察规程——工业管道

第一章 总 则

第一条 为了保证工业管道的安全运行，保障人民群众生命和财产安全，促进经济发展，根据《特种设备安全监察条例》，制定本规程。

第二条 本规程适用于同时具备下列条件的工艺装置、辅助装置以及界区内公用工程所属的工业管道(以下简称管道)：

(一) 最高工作压力大于或者等于 0.1MPa(表压，下同)的；

(二) 公称直径(注 1)大于 25mm 的；

(三) 输送介质为气体、蒸汽、液化气体、最高工作温度高于或者等于其标准沸点的液体或者可燃、易爆、有毒、有腐蚀性的液体的。

第三条 本规程适用的管道范围如下：

(一) 管道元件，包括管道组成件(注 2)和管道支承件(注 3)；

(二) 管道元件间的连接接头、管道与设备或者装置连接的第一道连接接头(焊缝、法兰、密封件及紧固件等)、管道与非受压元件的连接接头；

(三) 管道所用的安全阀、爆破片装置、阻火器、紧急切断装置等安全保护装置。

注 1：公称直径即公称通径、公称尺寸，代号一般用 DN 表示。

注 2：管道组成件，用于连接或者装配成承载压力且密闭的管道系统的元件，包括管子、管件、法兰、密封件、紧固件、阀门、安全保护装置以及诸如膨胀节、挠性接头，耐压软管、过滤器(如 Y 型、T 型等)、管路中的节流装置(如孔板)和分离器等。

注 3：管道支承件，包括吊杆、弹簧支吊架、斜拉杆、平衡锤、松紧螺栓、支撑杆、链条、导轨、鞍座、底座、滚柱、托座、滑动支座、吊耳、管吊、卡环、管夹、U 形夹和夹板等。

第四条 下列管道应当遵守其他有关安全技术规范的规定：

(一) 公称压力为 42MPa 以上的管道；

(二) 非金属管道。

第五条 本规程不适用于下列管道：

(一) 电气、电讯专用的管道；

(二) 动力管道；

(三) 军事装备和核设施的管道；

(四) 海上设施和矿井井下的管道；

(五) 移动设备上的专用管道，如铁路机车、汽车、船舶、航空航天器等；

(六) 石油、天然气、地热等勘探和采掘装置的管道；

(七) 长输(油气)管道和油气田集输管道；

(八) 城镇市政公用设施的管道；

(九) 制冷空调设备本体所属的管道和采暖通风专业的管道；

(十) 其他特种设备安全技术规范管辖范围的管道。

第六条 管道元件的制造以及管道的设计、安装(含现场制作，下同)、改造、维修、使用和检验检测，应当执行本规程。

各级质量技术监督部门(以下简称质检部门)负责管道的安全监察工作，监督本规程的执行。

第七条 本规程是管道的基本安全要求，其他规定(如技术标准、企业内部规定等)不得低于本规程的要求。

第八条 本规程适用范围内的管道按照设计压力、设计温度、介质毒性程度、腐蚀性和火灾危险性划分为 GC1、GC2、GC3 三个等级。

管道级别以及介质毒性程度、腐蚀性和火灾危险性的划分见附件 A。

第九条 管道元件的制造和管道的设计、安装的技术要求不符合本规程时，应当在借鉴和实验研究的基础上，进行型式试验或者技术鉴定，将所做试验的依据、条件、结果和第三方的检测报告，以及其他有关的技术资料，报国家质量监督检验检疫总局(以下简称国家质检总局)，由国家质检总局委托有关的技术组织或者技术机构组织技术评审。技术评审的结果经过国家质检总局批准后，方可试用。

第十条 管道设计、安装和检验应当符合 GB/T 20801—2006《压力管道规范　工业管道》等相关国家标准的要求。直接采用国际标准或者国外标准时，应当先将其转化为企业标准或者工程规定。对于 GC1 级管道还应当报国家质检总局备案。必要时，由国家质检总局委托有关技术组织或者技术机构进行评审。无相应标准的，不得进行管道设计、安装和检验。

第十一条 进口管道元件及其材料、安全保护装置，以及国内制造单位(含外商投资企业)引进国外技术、标准，制造和制作并且在国内使用的管道，其技术要求和使用条件不符合本规程规定时，应当参照本规程第九条和第十条办理。

第十二条 从事管道元件制造和管道安装、改造、维修以及定期检验的无损检测人员，应当取得特种设备无损检测人员资格证书，并且在资格允许范围内从事无损检测工作。

从事管道元件制造和管道安装、改造、维修以及定期检验的无损检测机构应当取得国家质检总局颁布的《特种设备检验检测机构核准证》。

第十三条 从事管道元件制造和管道安装、改造、维修焊接的焊接人员(以下简称焊工)，必须取得焊工相应的《特种设备作业人员证》后，方可在有效期内承担合格项目范围内的焊接工作。

管道安全管理人员和操作人员应当取得相应的《特种设备作业人员证》。

第二章　管道元件

第一节　基本要求

第十四条 管道元件标准件的设计压力应当符合有关安全技术规范及其相应标准的要求。非标准件的管道元件还应当有设计计算书和图样。

第十五条 管道元件制造单位应当取得《特种设备制造许可证》，并且按照相关安全技术规范的要求，接受特种设备检验检测机构对其产品制造过程的监督检验。

第十六条 管道元件制造，应当有设计(技术)文件和制造工艺文件，并且符合有关安全技术规范及其相应标准的要求。

第十七条 管道组成件的制造，应当符合有关安全技术规范及其相应标准的规定，其制造过程中的焊接(包括补焊)应当采用经过评定合格的焊接工艺，并且由持证焊工进行施焊。焊接工艺评定和焊工技能考试应当符合有关安全技术规范及其相应标准的要求。

第十八条 管道元件制造单位应当按照管道元件的供货批量，提供盖有制造单位质量检验章的产品质量证明文件，实行监督检验的管道元件，还应当提供特种设备检验检测机构出具的监督检验证书。

管道组成件的质量证明文件包括产品合格证和质量证明书。产品合格证一般包括产品名称、编号、规格型号、执行标准等(具体格式见附件 B)。质量证明书除包括产品合格证的内容外，一般还应当包括以下内容：

(一) 材料化学成分；

(二) 材料以及焊接接头力学性能；

(三) 热处理状态；

（四）无损检测结果；

（五）耐压试验结果（适用于有关安全技术规范及其相应标准或者合同有规定的）；

（六）型式试验结果（适用于有型式试验要求的）；

（七）产品标准或者合同规定的其他检验项目；

（八）外协的半成品或者成品的质量证明。

管道支承件应当按照有关安全技术规范及其相应标准的规定，提供产品质量证明文件。

产品合格证和质量证明书应当有制造单位质量检验人员和质量保证工程师签章。

第十九条 管道组成件应当逐件采用标志进行标记。标志内容一般包括制造单位代号或者商标、许可标志、材料（牌号、规格、炉批号）、产品编号等，并且应当符合有关安全技术规范及其相应标准的要求。产品规格较小，无法标记全部内容时，可以采用标签或者按照相应要求省略部分内容。从产品标志应当能够追溯到产品质量证明文件。

第二十条 管道用阀门除符合本规程外，还应当符合其他安全技术规范的规定。

第二节 材　　料

第二十一条 管道组成件的材料选用应当满足以下各项基本要求，设计时根据特定使用条件和介质，选择合适的材料：

（一）符合相应材料标准的规定，其使用方面的要求符合管道有关安全技术规范的规定；

（二）金属材料的延伸率不低于14%，材料在最低使用温度下具备足够的抗脆断能力，由于特殊原因必须使用延伸率低于14%的金属材料时，能够采取必要的防护措施；

（三）在预期的寿命内，材料在使用条件下具有足够的稳定性，包括物理性能、化学性能、力学性能、耐腐蚀性能以及应力腐蚀破裂的敏感性等；

（四）考虑在可能发生火灾和灭火条件下的材料适用性以及由此带来的材料性能变化和次生灾害；

（五）材料适合相应制造、制作加工（包括锻造、铸造、焊接、冷热成形加工、热处理等）的要求，用于焊接的碳钢、低合金钢的含碳量应当小于或者等于0.30%；

（六）几种不同的材料组合使用时，应当注意其可能出现的不利影响。

第二十二条 管道组成件采用新研制、无应用实例的国产材料，材料研制生产单位应当将试验验证资料和第三方检测报告报国家质检总局，由国家质检总局委托有关的技术组织或者技术机构进行技术评审。技术评审的结果经过国家质检总局批准后，方可进行试制、试用。通过一定周期的试用、验证，进行型式试验或者技术鉴定后，报国家质检总局备案。

第二十三条 管道组成件所用材料采用国际标准或者国外标准时，应当符合下列要求：

（一）选用国外压力管道规范允许使用并且已有使用实例的材料，该材料性能不得低于国内类似材料的有关安全技术规范及其标准要求，其使用范围符合有关安全技术规范及其标准的规定；

（二）首次使用前，对化学成分、力学性能进行复验，并且进行焊接工艺评定，符合规定要求时，方可投入制造。

第三节 管道元件的使用

第二十四条 铸铁管道组成件的使用除符合本规程第二十五条的规定外，还应当符合以下要求：

（一）铸铁（灰铸铁、可锻铸铁、球墨铸铁）不得应用于GC1级管道，灰铸铁和可锻铸铁不得应用于剧烈循环工况（注4）；

注4：剧烈循环工况的定义见GB/T 20801.3—2006《压力管道规范　工业管道　第3部分：设计和计算》的规定。

（二）球墨铸铁的使用温度高于-20℃，并且低于或者等于350℃。

第二十五条 灰铸铁和可锻铸铁管道组成件可以在下列条件下使用，但是必须采取防止过热、急冷急热、振动以及误操作等安全防护措施：

（一）灰铸铁的使用温度高于或者等于-10℃，并且低于或者等于230℃，设计压力小于或者等于2.0MPa；

（二）可锻铸铁的使用温度高于-20℃，并且低于或者等于300℃，设计压力小于或者等于2.0MPa；

（三）灰铸铁和可锻铸铁用于可燃介质时，使用温度高于或者等于150℃，设计压力小于或者等于1.0MPa。

第二十六条 碳素结构钢管道组成件（受压元件）的使用除符合第二十七条规定外，还应当符合以下规定：

（一）碳素结构钢不得用于GC1级管道；

（二）沸腾钢和半镇静钢不得用于有毒、可燃介质管道，设计压力小于或者等于1.6MPa，使用温度低于或者等于200℃，并且不低于0℃；

（三）Q215A、Q235A等A级镇静钢不得用于有毒、可燃介质管道，设计压力小于或者等于1.6MPa，使用温度低于或者等于350℃，最低使用温度按照GB/T 20801.1—2006《压力管道规范 工业管道 第1部分：总则》的规定；

（四）Q215B、Q235B等B级镇静钢不得用于极度、高度危害有毒介质管道，设计压力小于或者等于3.0MPa，使用温度低于或者等于350℃，最低使用温度按照GB/T 20801.1的规定。

第二十七条 用于管道组成件的碳素结构钢的焊接厚度应当符合以下要求：

（一）沸腾钢、半镇静钢，厚度不得大于12mm；

（二）A级镇静钢，厚度不得大于16mm；

（三）B级镇静钢，厚度不得大于20mm。

第二十八条 碳钢、奥氏体不锈钢钢管以及由其制造的对接焊管件的使用限制应当符合表1规定。

表1 钢管及其对接焊管件的使用限制

<table>
<tr><th>钢管标准</th><th>材料</th><th>钢管和管件制造工艺</th><th>不允许使用范围</th></tr>
<tr><td>GB/T 3091—2008</td><td>碳素结构钢（注5）</td><td>（1）电阻焊焊管（注6）；
（2）电熔焊焊管及对接焊管件</td><td>（1）按第二十六条和第二十七条规定；
（2）剧烈循环工况；
（3）电阻焊焊管的使用压力大于1.6MPa</td></tr>
<tr><td>GB/T 9711.1—1997</td><td>碳钢</td><td>电阻焊焊管（注6）</td><td>（1）GC1级管道；
（2）设计压力大于4.0MPa；
（3）剧烈循环工况</td></tr>
<tr><td>GB/T 8163—2008
GB 3087—2008
GB/T 9711.1—1997</td><td>碳钢</td><td>无缝管及对接焊管件</td><td rowspan="2">GC1级管道（注7）</td></tr>
<tr><td>GB/T 9711.1—1997</td><td>碳钢</td><td>电熔焊焊管及对接焊管件</td></tr>
<tr><td>GB/T 12771—2008
HG/T 20537.3—1992</td><td rowspan="2">奥氏体不锈钢</td><td>电熔焊焊管（不添加填充金属或者焊缝不做射线检测）及对接焊管件</td><td rowspan="2">（1）GC1级管道；
（2）剧烈循环工况</td></tr>
<tr><td>HG/T 20537.4—1992</td><td>电熔焊焊管（添加填充金属，但是焊缝不做射线检测）及对接焊管件、焊缝不做射线检测</td></tr>
</table>

注5：包括碳素结构钢钢板制造的对接焊管件。

注6：不得采用电阻焊焊管制造对接焊管件。

注7：逐根进行超声检测，并且不低于GB/T 5777—2008《无缝钢管超声波探伤检验方法》L2.5级要求者，允许用于设计压力不大于4.0MPa的本规程A1.1(1)规定的管道。

注 8：表 1 钢管标准名称如下：

（1）GB/T 3091—2008《低压流体输送用焊接钢管》；

（2）GB/T 9711.1—1997《石油天然气工业　输送钢管交货技术条件　第 1 部分：A 级钢管》；

（3）GB/T 8163—2008《输送流体用无缝钢管》；

（4）GB 3087—2008《低中压锅炉用无缝钢管》；

（5）GB/T 12771—2008《流体输送用不锈钢焊接钢管》；

（6）HG/T 20537.3—1992《化工装置用奥氏体不锈钢焊接钢管技术要求》；

（7）HG/T 20537.4—1992《化工装置用奥氏体不锈钢大口径焊接钢管技术要求》。

第二十九条　碳钢、碳锰钢、低温用镍钢不宜长期在 425℃以上使用。

铬钼合金钢在 400℃～550℃区间长期使用时，应当根据使用经验和具体情况提出适当的回火脆性防护措施。

第三十条　奥氏体不锈钢使用温度高于 540℃（铸件高于 425℃）时，应当控制材料含碳量不低于 0.04%，并且在固溶状态下使用。

奥氏体不锈钢在 540℃～900℃区间长期使用时，应当采取适当防护措施防止材料脆化。

奥氏体不锈钢在以下条件下，还应当考虑发生晶间腐蚀的可能性：

（一）低碳（C≤0.08%）非稳定化不锈钢，在热加工或者焊接后使用；

（二）超低碳（C≤0.03%）不锈钢，在高于 425℃长期使用。

第三十一条　为防止硫、铅及其化合物在高温下侵蚀镍基合金导致晶界脆化，镍及镍基合金在含硫环境气氛下的使用温度上限应当符合表 2 的规定。

表 2　镍及镍基合金的使用温度上限（℃）

材料	不含硫环境			蒸汽	含硫环境	
	氧化	H_2 还原	CO 还原		氧化	还原
镍（N4、N6）	1040	1260	1260	425	315	260
镍-铜（NCu30）	540	1100	815	370	315	260
镍-铬-铁（NS312）	1100	1150	1150	815	815	540
镍-铁-铬（NS111、NS112）	1100	1260	1150	980	815	540

第三十二条　金属材料及其焊接接头的冲击韧性应当符合有关安全技术规范及其材料标准的要求。

第三十三条　管道用密封件的选用应当考虑设计压力、设计温度以及介质、使用寿命等的要求，并且符合有关安全技术规范及其相应的密封材料标准的规定。

第三十四条　管道支承件的使用应当符合有关安全技术规范及其相应标准的规定。

第三章　设　　计

第三十五条　管道的设计单位应当取得相应的设计许可证书。

管道工程设计应当符合本规程以及 GB/T 20801 的要求（包括使用单位规定的附加要求），保证所设计的管道能够安全、持续、稳定、正常地生产运行。

第三十六条　管道设计文件一般包括图纸目录和管道材料等级表、管道数据表（参见附件 C）和设备布置图、管道平面布置图、轴测图、强度计算书、管道应力分析书，必要时还应当包括施工安装说明书。

第三十七条 管道工程规定至少应当包括以下内容：

（一）管道材料等级表、防腐处理、隔热要求、吹扫与清洗、管道涂色要求；

（二）管道元件技术条件；

（三）工程设计选用管道元件时，应当考虑工程设计寿命的要求；

（四）管道制作与安装(包括焊接)技术条件；

（五）试验和检验要求。

第三十八条 管道图纸目录和管道平面布置图上应当加盖设计单位设计许可印章。

第三十九条 管道数据表、管道材料等级表、设备布置图、管道平面布置图、强度计算书和管道应力分析计算书等主要设计图样和文件，应当有设计、校核、审核三级签字。GC1 级管道的管道材料等级表和管道应力分析计算书还应当有设计审定人签字。

第四十条 管道设计压力应当不小于在操作中可能遇到的最苛刻的压力与温度组合工况的压力。

管道操作工况超过设计条件时，应当符合 GB/T 20801 关于允许超压的规定。

第四十一条 管道组成件适用压力的选用应当符合以下要求：

（一）法兰、阀门等管道元件的适用压力，符合相关标准所规定的对应于设计温度的压力—温度额定值的规定；

（二）直管、斜接弯头、弯管、盲板、非标法兰以及支管连接管件的适用压力按照 GB/T 20801 进行计算确定；

（三）承插和螺纹管件的适用压力按照相关标准规定的直管壁厚确定；

（四）对焊管件和支管座的适用压力按照 GB/T 20801 计算确定，无法进行计算时，可以由验证试验确定。

不能按照本条(一)~(四)项确定适用压力的管道组成件，也可以根据使用经验、应力分析、型式试验等方法确定其适用压力，但需通过国家质检总局委托的技术组织或者技术机构的技术评审。

第四十二条 管道设计温度应当按照操作中可能遇到的最苛刻的压力与温度组合工况的温度确定。

第四十三条 环境温度低于 0℃时，应当有防止切断阀、控制阀、安全保护装置和其他管道组成件的活动部件外表面结冰的措施。

第四十四条 当金属管道外壁温度受大气环境条件影响，压力管道设计时所考虑的最低环境温度，可以按照该地区气象资料，取历年来月平均最低气温的最低值(注 9)。

注 9：月平均最低气温是指当月各天的最低气温值相加后除以当月的天数。

第四十五条 管道组成件的强度计算应当符合 GB/T 20801 的规定。凡是与机泵类等动设备相连，或者在高温、高压下使用，或者循环当量数大于 7000，以及工程设计中有严格要求的管道，都应当进行管道应力分析。

第四十六条 管道应力分析中应当考虑以下各类荷载的影响以及其他原因产生的荷载和作用力的相关作用：

（一）介质压力、管道自重(包括隔热层、管道组成件以及介质重量)等持久荷载；

（二）风荷载、地震荷载以及由于阀门关闭引起的压力短时升高、泄放阀打开时对管道的冲击反力等临时荷载；

（三）温差荷载、固定支吊架或者端点位移对管道的交变或者非交变荷载。

第四十七条 管道轴向应力应当符合以下要求：

（一）持久荷载组合工况下的管道轴向应力小于或者等于最高工作温度下的材料许用应力；

（二）持久荷载和必须考虑的临时荷载组合工况下的管道轴向应力小于或者等于 1.33 倍最高工作温度下的材料许用应力。

第四十八条 管道设计应当有足够的腐蚀裕量。腐蚀裕量应当根据预期的管道使用寿命和介质对材料的腐蚀速率确定，并且还应当考虑介质流动时对管道或者受压元件的冲蚀量和局部腐蚀以及应力腐蚀对管道的影响，以满足管道安全运行的要求。

第四十九条 管道组成件的最小厚度应当考虑包括腐蚀、冲蚀、螺纹深度或者沟槽深度所需的裕量。为了防止由于支承、结冰、回填、运输、装卸或者其他原因引起的附加荷载而产生超载应力，造成损坏、垮塌或者失稳，必要时，应当增加管壁厚度。

第五十条 确定金属许用应力 S 的基准见表 3。

表 3 确定金属许用应力 S 的基准

材料	许用应力(应当小于或者等于下列各值中的最小值，MPa)				
	抗拉强度下限值(R_m)	屈服强度下限值(R_{eL})	设计温度下屈服强度(R_{eL}^t)	持久强度平均值或持久强度最低值(σ_D^t或σ_{Dmin}^t)	蠕变极限平均值(σ_n^t)
灰铸铁	$\frac{R_m}{10}$	—	—	—	—
球墨铸铁 可锻铸铁	$\frac{R_m}{5}$	—	—	—	—
碳钢(注 10)、合金钢、铁素体不锈钢、延伸率小于 35%的奥氏体不锈钢、双相不锈钢、钛和钛合金、铝和铝合金	$\frac{R_m}{3}$	$\frac{R_{eL}}{1.5}$	$\frac{R_{eL}^t}{1.5}$	$\frac{\sigma_D^t}{1.5}$，$\frac{\sigma_{Dmin}^t}{1.25}$	$\frac{\sigma_n^t}{1.0}$
延伸率大于或者等于 35%的奥氏体不锈钢和镍基合金	$\frac{R_m}{3}$	$\frac{R_{eL}}{1.5}$	0.90 R_{eL}^t (注 11)	$\frac{\sigma_D^t}{1.5}$，$\frac{\sigma_{Dmin}^t}{1.25}$	$\frac{\sigma_n^t}{1.0}$

注 10：A 级碳素结构钢许用应力，为表 3 各列最低值乘以 0.92。

注 11：对于法兰或者其他有微量永久变形就可能引起泄漏或者故障的场合不能采用。

第五十一条 管道组成件的设计和选用应当符合 GB/T 20801 的规定。

第五十二条 压力管道的法兰、垫片、紧固件的设计应当遵照 HG 20592~20635—1997《钢制管法兰、垫片、紧固件》等相关标准的规定。

第五十三条 为了保证法兰接头的密封要求，设计时应当遵循以下原则：

(一) 平焊法兰不得用于温度频繁变化的管道，特别是法兰未做隔热的场合；

(二) 剧烈循环工况的管道采用法兰连接时选用带颈对焊法兰；

(三) 胀接法兰、螺纹法兰不得用于 GC1 级管道和腐蚀性极强的环境中；

(四) 扩口翻边接头不得用于剧烈循环工况；

(五) 法兰连接的紧固件符合预紧与操作条件下垫片的密封要求，低强度紧固件不得用于剧烈循环工况下的法兰接头；

(六) 垫片根据流体性质、使用温度、压力以及法兰密封面等因素选用，垫片的密封荷载与法兰的压力等级、密封面型式和表面粗糙度以及紧固件相匹配；

(七) GC1 级管道以及有毒、可燃介质管道，规定其法兰接头的紧固载荷和紧固程序，确保法兰接头的密封性能。

第五十四条 管道支吊架的设计和选用应当符合 GB/T 20801 的规定。设计时应当遵循以下原则：

(一) 确保所有管道支吊架具有足够的强度和刚度；

(二) 管道支吊架与管道连接构件的设计，保证连接处不会产生过大的局部弯曲应力，并且不会使管子变形，循环荷载的场合，能够减小连接处的应力集中。

第五十五条 可燃、有毒或者有腐蚀性的有害介质的排放处理，应当符合国家有关规定。

第五十六条 对介质毒性为极度危害或者高度危害以及可燃流体的管道系统，在安装施工完成后应当进行泄漏试验。泄漏试验的具体要求应当在设计文件上做出规定。

第四章 安 装

第一节 基本要求

第五十七条 管道安装单位应当取得特种设备安装许可，安装单位应当对管道的安装质量负责。

第五十八条 管道施工前，安装单位应当填写《特种设备安装改造维修告知书》，向管道安装工程所在地负责管道使用登记的质量技术监督部门(以下简称使用登记机关)书面告知，并且按照规定接受监督检验。

无损检测机构不隶属于安装单位，并且不是由安装单位直接委托的，也应当在检测前，书面告知管道安装工程所在地的使用登记机关，并且按照规定接受监督检验。

第五十九条 管道安装施工前，安装单位应当编制管道安装的工艺文件，如施工组织设计、施工方案等，经使用单位(或者其委托方技术负责人)批准后方可进行管道安装工作。管道的安装质量应当符合 GB/T 20801 以及设计文件的规定。

第六十条 监督检验机构应当按照压力管道安装监督检验规则的规定进行监督检验。管道安装完工后，监督检验机构应当及时出具安装监督检验证书和报告，作为管道安装工程竣工验收和办理使用登记的依据。

第六十一条 管道安装工程竣工后，安装单位及其无损检测单位应当将工程项目中的管道安装及其检测资料单独组卷，向管道使用单位(或者其委托方技术负责人)提交安装质量证明文件，并且由管道使用单位在管道使用寿命期内保存。

安装质量证明文件至少应当包括下列内容：

(一) 管道安装质量证明书，其内容和格式参照附件 D；

(二) 管道安装竣工图，至少包括管道轴测图、设计修改文件和材料代用单等；

(三) 管道轴测图上标明管道受压元件的材质和规格、焊缝位置、焊缝编号(区别现场固定焊的焊缝和预制焊缝)、焊工代号、无损检测方法、局部或者抽样无损检测焊缝的位置、焊缝补焊位置、热处理焊缝位置等，并且能够清楚地反映和追溯管道组成件和支承件；

(四) 管道元件的产品合格证、质量证明书或者复验、试验报告(由使用单位或其委托方采购的管道元件除外)；

(五) 管道施工检查记录、无损检测报告、检验和试验报告。

提交安装质量证明文件时，同时还需要提交安装监督检验报告。

第二节 焊接和热处理

第六十二条 所有管道受压元件的焊接以及受压元件与非受压元件之间的焊接，必须采用经评定合格的焊接工艺，施焊单位必须对焊接工艺严格管理。

管道受压元件的焊接工艺评定应当符合有关安全技术规范及其相关标准的规定。焊接工艺评定完成后，焊接工艺评定报告和焊接工艺指导书应当经过施焊单位焊接责任工程师审核，质量保证工程师批准，并且存入技术档案。

第六十三条 用于管道受压元件焊接的焊接材料，应当符合有关安全技术规范及其相关标准的规定。焊接材料应当有质量证明文件和相应标志，使用前应当进行检查和验收，不合格者不得使用。施焊单位应当建立焊接材料的保管、烘干、清洗、发放和回收管理制度。

第六十四条 焊接设备的电流表、电压表等仪器仪表，以及规范参数调节装置应当定期检定和校验，否则不得用于管道受压元件的焊接。

第六十五条 对施工现场的焊接环境应当进行严格控制。焊接的环境温度应当保证焊件焊接所需的足够温度和焊工技能操作不受影响。焊件表面潮湿，或者在下雨、下雪、刮风期间，焊工及其焊件无保护措施时，不得进行焊接。

第六十六条 管道焊接接头的位置，坡口的加工、清理与检验，焊件组对，焊前预热等，应当符合 GB/T 20801 的规定。管道焊接接头的设置应当便于焊接和热处理，并且尽量避开应力集中区。焊口组对时，除设计文件规定的管道预拉伸或者预压缩焊口外，不得强行组对。

第六十七条 GC1 级管道的单面对接焊接接头，设计温度低于或者等于-20℃的管道，淬硬倾向较大的合金钢管道，不锈钢以及有色金属管道应当采用氩弧焊进行根部焊道焊接，且表面不得有电弧擦伤。

第六十八条 钛材焊接前和焊接过程中应当防止坡口污染。焊缝每焊完一道均应当进行表面颜色检验，表面颜色不合格者应当立即除去，重新焊接。表面颜色检验可参照相关标准执行。

第六十九条 焊接接头焊完后，应当在焊接接头附近做焊工标记。对无法直接在管道受压元件上作焊工标记的，可以采用管道轴测图上标注焊工代号的方法代替。

第七十条 不合格焊接接头的返修，应当符合以下要求：

（一）返修前进行缺陷产生的原因分析，提出相应的返修措施；

（二）补焊采用经评定合格的焊接工艺，并且由合格焊工施焊；

（三）同一部位（指焊补的填充金属重叠的部位）的返修次数超过 2 次时，必须考虑对焊接工艺的调整，重新制定返修措施，经施焊单位技术负责人批准后方可进行返修；

（四）返修后按照原规定的检验方法重新检验，并且连同返修以及检验记录（明确返修次数、部位、返修后的无损检测结果）一并记入技术文件和资料中提交给使用单位；

（五）要求焊后热处理的管道，必须在热处理前进行焊接返修，如果在热处理后进行焊接返修，返修后需要再做热处理。

第七十一条 应当按照设计文件和 GB/T 20801 的要求，管道受压元件在弯曲和成形后，对焊接接头在焊后进行热处理。热处理单位在热处理前应当编制热处理工艺。热处理设备应当配有自动记录曲线的测温仪表，并且经计量检定合格。

第七十二条 热弯和热成形的管道受压元件、消除应力热处理的焊接接头，热处理后应当检测硬度值。硬度检测的数量、部位以及结果应当符合设计文件或者 GB/T 20801 的规定。

第三节 现场制作和安装

第七十三条 需要在现场制作的管道元件，应当按照本规程和 GB/T 20801 的有关规定进行加工制作、焊接、热处理、检验和试验。

第七十四条 管道元件在安装前应当按照设计文件和 GB/T 20801 的规定进行材质复检、阀门试验、无损检测或者其他的产品性能复验，不合格者不得使用。

第七十五条 夹套管的内管必须使用无缝钢管，内管管件应当使用无缝或者压制对焊管件，不得使用斜接弯头。当内管有环向焊接接头时，该焊接接头应当经 100%射线检测合格，并且经耐压合格后方可封入夹套。

第七十六条 管道元件在施工过程中应当妥善保管，不得混淆或者损坏，其标记应当明显清晰。材质为不锈钢、有色金属的管道元件，在储存期间不得与碳钢接触。管子在切割和加工前应当做好标记移植。

第七十七条 管道连接时，不得用强力对口、加热管子、加偏垫或者加多层垫等方法来消除接口端面的空隙、偏斜、错口或者不同心等缺陷。法兰接头的安装应当符合本规程第五十三条第（七）项的规定。管子与设备的连接应当在设备安装定位紧固地脚螺栓后自然地进行。

第七十八条 埋地管道的回填必须在耐压试验、泄漏试验和防腐层检测合格后进行，并且按照隐蔽工程进行验收。

第七十九条 管道支、吊架以及管道补偿装置的安装和调整应当按照 GB/T 20801 和设计文件的规定进行。补偿装置应当按照设计文件的规定进行预拉伸或者预压缩，固定支架应当在补偿装置预拉伸或者预压缩前进行固定。

第八十条 有静电接地要求的管道，应当测量各连接接头间的电阻值和管道系统的对地电阻值。当电阻值超过 GB/T 20801 或者设计文件的规定时，应当设置跨接导线(在法兰或者螺纹接头间)和接地引线。对于不锈钢管道和钛管道，跨接导线或者接地引线不得与钛管道与不锈钢管道直接连接，应当采用钛板及不锈钢板过渡。

第八十一条 不锈钢和有色金属管道的制作和安装应当按照 GB/T 20801、相关专业标准和设计文件的规定进行。

第四节 焊接接头的外观检查和无损检测

第八十二条 所有管道的焊接接头应当先进行外观检查，合格后才能进行无损检测。焊接接头外观检查的检查等级和合格标准应当符合 GB/T 20801 的规定。

第八十三条 有延迟裂纹倾向的材料应当在焊接完成 24h 后进行无损检测。有再热裂纹倾向的焊接接头，当规定需要进行表面无损检测(磁粉检测或者渗透检测，下同)时，应当在焊后和热处理后各进行 1 次。

第八十四条 管道受压元件焊接接头表面无损检测的检测等级、检测范围和部位、检测数量、检测方法、合格要求应当不低于 GB/T 20801 和 JB/T 4730—2005《承压设备无损检测》的要求。被检焊接接头的选择应当包括每个焊工所焊的焊接接头，并且固定焊的焊接接头不得少于检测数量的 40%。

第八十五条 管道受压元件焊接接头射线检测和超声检测的等级、范围和部位、数量、方法等应当符合以下要求：

(一) 名义厚度小于或者等于 30mm 的管道，对接接头采用射线检测，如果采用超声检测代替射线检测，需要取得设计单位的认可，并且其检测数量应当与射线检测相同，管道名义厚度大于 30mm 的对接接头可以采用超声检测代替射线检测；

(二) 公称直径大于或者等于 500mm 的管道，对每个环向焊接接头进行局部检测，公称直径小于 500mm 的管道，可以根据环向焊接接头的数量按照规定的检测比例进行抽样检测，抽样检测中，固定焊焊接接头的检测数量不得少于其数量的 40%；

(三) 进行抽样检测的环向焊接接头，包括其整个圆周长度，进行局部检测的焊接接头，最小检测长度不低于 152mm；

(四) 被检焊接接头的选择，包括每个焊工所焊的焊接接头，并且在最大范围内包括与纵向焊接接头的交叉点，当环向焊接接头与纵向焊接接头相交时，最少检测 38mm 长的相邻纵向焊接接头。

无损检测的合格要求应当不低于 GB/T 20801 和 JB/T 4730 的规定。

第八十六条 无损检测发现的超标缺陷，必须进行返修，返修后应当仍然按照原规定的无损检测方法进行检测。对规定进行抽样或者局部无损检测的焊接接头，当发现不允许缺陷时，应当用原规定的无损检测方法，按照 GB/T 20801 的规定进行累进检查。

未进行无损检测的管道焊接接头，安装单位也应当对其质量负责。

第八十七条 实施无损检测的检验检测机构必须认真做好无损检测记录，正确填写检测报告，妥善保管无损检测档案和底片(包括原缺陷的底片)、超声自动记录资料，无损检测档案、底片和超声自动记录的保存期限不得少于 7 年。7 年后如果使用单位需要，可以转交使用单位保管。

第五节 耐压试验和泄漏试验

第八十八条 管道的耐压试验应当在热处理、无损检测合格后进行。耐压试验一般采用液压试验，或者按照设计文件的规定进行气压试验。如果不能进行液压试验，经过设计单位同意可采用气压试验或者液压-气压试验代替。脆性材料严禁使用气体进行耐压试验。

对于 GC3 级管道，经过使用单位或者设计单位同意，可以在采取有效的安全保障条件下，结合试车，按照 GB/T 20801 的规定，用管道输送的流体进行初始运行试验代替耐压试验。

第八十九条 液压试验应当符合以下要求：

（一）一般使用洁净水，当对奥氏体不锈钢管道或者对连有奥氏体不锈钢管道或者设备的管道进行液压试验时，水中氯离子含量不得超过 0.005%，如果水对管道或者工艺有不良影响，可以使用其他合适的无毒液体，当采用可燃液体介质进行试验时，其闪点不得低于 50℃；

（二）试验时的液体温度不得低于 5℃，并且高于相应金属材料的脆性转变温度；

（三）承受内压的管道除本条第（五）项要求外，系统中任何一处的液压试验压力均不低于 1.5 倍设计压力，当管道的设计温度高于试验温度时，试验压力不得低于公式（1）的计算值，当 P_T 在试验温度下产生超过管道材料屈服强度的应力时，应当将试验压力 P_T 降至不超过屈服强度时的最大压力：

$$P_T = 1.5P\frac{S_1}{S_2} \qquad (1)$$

式中：

P_T——试验压力，MPa；

P——设计压力，MPa；

S_1——试验温度下管子的许用应力，MPa；

S_2——设计温度下管子的许用应力，MPa；

当 S_1/S_2 大于 6.5 时，取 6.5。

（四）承受外压的管道，其试验压力应当为设计内、外压差的 1.5 倍，并且不得低于 0.2MPa；

（五）当管道与容器作为一个系统统一进行液压试验，管道试验压力小于或者等于容器的试验压力时，应当按照管道的试验压力进行试验，当管道试验压力大于容器的试验压力，并且无法将管道与容器隔开、同时容器的试验压力大于或者等于按本条第（三）项计算的管道试验压力的 77%时，经过设计单位同意，可以按容器的试验压力进行试验；

（六）夹套管内管的试验压力按照内部或者外部设计压力的高者确定，夹套管外管的试验压力按本条第（三）项确定；

（七）试验缓慢升压，待达到试验压力后，稳压 10min，再将试验压力降至设计压力，保压 30min，以压力不降、无渗漏为合格；

（八）试验时必须排净管道内的气体，试验过程中发现泄漏时不得带压处理，试验结束排液时需要防止形成负压。

第九十条 气压试验应当符合以下要求：

（一）试验所用的气体为干燥洁净的空气、氮气或者其他不易燃和无毒的气体；

（二）严禁使试验温度接近金属的脆性转变温度；

（三）试验时装有超压泄放装置，其设定压力不得高于 1.1 倍试验压力或者试验压力加 0.345MPa（取其较低值）；

（四）承受内压钢管以及有色金属管道的试验压力为设计压力的 1.15 倍；

（五）试验前必须用试验气体进行预试验，试验压力为 0.2MPa；

（六）试验时，应当逐步缓慢增加压力，当压力升至试验压力的 50%时，如未发现异常或泄漏现象，继续按试验压力的 10%逐级升压，直至试验压力，然后将压力降至设计压力进行检查，以发泡剂检验不泄漏为合格，试验过程中严禁带压紧固螺栓。

第九十一条 液压-气压试验应当满足第八十八条的要求，并且被液体充填部分管道的压力应当不大于第八十九条第（三）项的规定。

第九十二条 现场条件不允许使用液体或者气体进行耐压试验的管道，在征得设计单位同意后，可以采取替代性试验。替代性试验应当同时满足以下要求：

（一）凡未经过液压或者气压试验的管道受压元件焊接接头，包括制造管道和管件的焊接接头、纵向焊接接头以及螺旋焊焊接接头均进行 100%的射线检测或者 100%超声检测合格，其他未包括的焊接接头进行100%的渗透检测或者磁粉检测合格；

（二）按照GB/T 20801的规定进行管道系统的柔性分析；

（三）管道系统采用敏感气体或者浸入液体的方法进行泄漏试验，试验要求需要在设计文件中明确规定。

第九十三条 输送极度危害、高度危害流体以及可燃流体的管道应当进行泄漏试验。泄漏试验应当符合以下要求：

（一）试验在耐压试验合格后进行，试验介质宜采用空气，也可以按照设计文件或者相关标准的规定，采用卤素、氦气、氨气或者其他敏感气体进行较低试验压力的敏感性泄漏试验；

（二）泄漏试验检查重点是阀门填料函、法兰或者螺纹连接处、放空阀、排气阀、排水阀等；

（三）泄漏试验时，压力逐级缓慢上升，当达到试验压力，并且停压10min后，用涂刷中性发泡剂的方法，巡回检查所有密封点，以不泄漏为合格。

第九十四条 管道耐压试验合格后，应当按照GB/T 20801和设计文件的规定进行吹扫或者清洗，吹扫时应当设置禁区。清洗排放的污水和废液不得污染环境，排放标准应当符合国家有关法规、标准的规定。

第九十五条 管道耐压试验和泄漏试验合格，方可按照设计文件的要求和相关规定进行管道的防腐、绝热、标记，进行竣工验收。

第五章　使用、改造、维修

第一节　使　　用

第九十六条 管道的使用单位负责本单位管道的安全工作，保证管道的安全使用，对管道的安全性能负责。

使用单位应当按照本规程及其标准的有关规定，配备必要的资源和具备相应资格的人员从事压力管道安全管理、安全检查、操作、维护保养和一般改造、维修工作。

第九十七条 压力管道使用单位应当使用符合本规程要求的压力管道。管道操作工况超过设计条件时，应当符合GB/T 20801关于允许超压的规定。新压力管道投入使用前，使用单位应当核对是否具有本规程要求的安装质量证明文件。

第九十八条 使用单位的管理层应当配备一名人员负责压力管道安全管理工作。管道数量较多的使用单位，应当设置安全管理机构或者配备专职的安全管理人员，在使用管道的车间(分厂)、装置均应当有管道的专职或者兼职安全管理人员；其他使用单位，应当根据情况设置压力管道安全管理机构或者配备专职、兼职的安全管理人员。管道的安全管理人员应当具备管道的专业知识，熟悉国家相关法规标准，经过管道安全教育和培训，取得《特种设备作业人员证》后，方可从事管道的安全管理工作。

第九十九条 管道使用单位应当建立管道安全技术档案并且妥善保管。管道安全技术档案应当包括以下内容：

（一）管道元件产品质量证明、管道设计文件(包括平面布置图、轴测图等图纸)、管道安装质量证明、安装技术文件和资料、安装质量监督检验证书、使用维护说明等文件；

（二）管道定期检验和定期自行检查的记录；

（三）管道日常使用状况记录；

（四）管道安全保护装置、测量调控装置以及相关附属仪器仪表的日常维护保养记录；

（五）管道运行故障和事故记录。

第一百条 使用单位应当按照管道有关法规、安全技术规范及其相应标准，建立管道安全管理制度并且有效实施。管道安全管理制度的内容至少包括以下内容：

（一）管道安全管理机构以及安全管理人员的管理；

（二）管道元件订购、进厂验收和使用的管理；

（三）管道安装、试运行以及竣工验收的管理；

（四）管道运行中的日常检查、维修和安全保护装置校验的管理；

（五）管道的检验（包括制订年度定期检验计划以及组织实施的方法、在线检验的组织方法）、修理、改造和报废的管理；

（六）向负责管道使用登记的登记机关报送年度定期检验计划以及实施情况、存在的主要问题以及处理；

（七）管道事故的抢救、报告、协助调查和善后处理；

（八）检验、操作人员的安全技术培训管理；

（九）管道技术档案的管理；

（十）管道使用登记、使用登记变更的管理。

第一百零一条 管道使用单位应当在工艺操作规程和岗位操作规程中，明确提出管道的安全操作要求。管道的安全操作要求至少包括以下内容：

（一）管道操作工艺指标，包括最高工作压力、最高工作温度或者最低工作温度；

（二）管道操作方法，包括开、停车的操作方法和注意事项；

（三）管道运行中重点检查的项目和部位，运行中可能出现的异常现象和防止措施，以及紧急情况的处置和报告程序。

第一百零二条 使用单位应当对管道操作人员进行管道安全教育和培训，保证其具备必要的管道安全作业知识。

管道操作人员应当在取得《特种设备作业人员证》后，方可从事管道的操作工作。管道操作人员在作业中应当严格执行压力管道的操作规程和有关的安全规章制度。操作人员在作业过程中发现事故隐患或者其他不安全因素，应当及时向现场安全管理人员和单位有关负责人报告。

第一百零三条 管道发生事故有可能造成严重后果或者产生重大社会影响的使用单位，应当制定应急救援预案，建立相应的应急救援组织机构，配置与之适应的救援装备，并且适时演练。

第一百零四条 管道使用单位，应当按照《压力管道使用登记管理规则》的要求，办理管道使用登记，登记标志置于或者附着于管道的显著位置。

第一百零五条 使用单位应当建立定期自行检查制度，检查后应当做出书面记录，书面记录至少保存3年。发现异常情况时，应当及时报告使用单位有关部门处理。

第一百零六条 在用管道发生故障、异常情况，使用单位应当查明原因。对故障、异常情况以及检查、定期检验中发现的事故隐患或者缺陷，应当及时采取措施，消除隐患后，方可重新投入使用。

第一百零七条 不能达到合乎使用要求的管道，使用单位应当及时予以报废，并且及时办理管道使用登记注销手续。

第一百零八条 使用单位应当对停用或者报废的管道采取必要的安全措施。

第一百零九条 管道发生事故时，使用单位应当按照《特种设备事故报告和调查处理规定》及时向质检部门等有关部门报告。

第二节 改 造

第一百一十条 管道改造应当由管道设计单位和安装单位进行设计和施工。安装单位应当在施工前将拟进行改造的情况书面告知使用登记机关后，方可施工。改造施工结束后，安装单位应当向使用单位提供施工质量证明文件。对于GC1级管道或者改造长度大于500m的管道，还应当实施监督检验，检验机构应当提供监督检验报告。

管道改造是指改变管道受压部分结构（如改变受压元件的规格、材质，改变管道的结构布置，改变支吊架位置等），致使管道性能参数或者管道特性发生变更的活动。

第一百一十一条 不改变受压元件结构而改变管道的设计压力、设计温度和介质，必须由压力管道设计单位进行设计验证，出具书面设计验证文件，并且由检验机构进行全面检验后方可进行改变。

第三节　维护保养、维修

第一百一十二条　使用单位应当对管道进行经常性维护保养，并且做出记录，存入管道技术档案。发现情况异常应当及时处理。

第一百一十三条　管道的维修分为一般维修和重大维修。

重大维修是指对管道不可机械拆卸部分受压元件的维修，以及采用焊接方法更换管段及阀门、管子矫形、受压元件挖补与焊补、带压密封堵漏等。带压密封堵漏还应当符合本规程第一百一十五条的规定。

重大维修外的其他维修为一般维修。

第一百一十四条　管道的重大维修应当由有资格的安装单位进行施工。使用单位和安装单位在施工前应当制订重大维修方案，重大维修方案应当经过使用单位技术负责人批准。对于GC1级管道采用焊接方法更换管段与阀门时，安装单位应当在施工前，将拟进行的维修情况书面告知管道使用登记机关，并且向监督检验机构申请监督检验后，方可进行重大维修施工。

重大维修施工结束后，安装单位应当向使用单位提供施工质量证明文件；监督检验机构在监督检验后，应当提供监督检验报告。

管道的维修应当参照相关标准进行，维修后的管道安全性能必须满足安全使用要求。

第一百一十五条　管道内部有压力时，一般不得对受压元件进行重大维修。对于生产工艺过程特殊，需要带温带压紧固螺栓或者出现紧急情况需要采用带压密封堵漏作业时，使用单位应当制定有效的操作要求和防护措施，经技术负责人批准后，在安全管理人员现场监督下实施。实施带压密封堵漏的操作人员应当经过专业培训，持有相应项目的《特种设备作业人员证》。

使用单位应当严格控制带压密封堵漏技术的使用频次，每条管道上使用带压密封堵漏的部位不得超过两处。管道停机检修时，带压密封堵漏的卡具应予拆除，必要时重新进行维修。

第六章　定期检验

第一百一十六条　管道定期检验分为在线检验和全面检验。

在线检验是在运行条件下对在用管道进行的检验，在线检验每年至少1次(也可称为年度检验)；全面检验是按一定的检验周期在管道停车期间进行的较为全面的检验。

GC1、GC2级压力管道的全面检验周期按照以下原则之一确定：

(一) 检验周期一般不超过6年；

(二) 按照基于风险检验(RBI)的结果确定的检验周期，一般不超过9年。

GC3级管道的全面检验周期一般不超过9年。

第一百一十七条　属于下列情况之一的管道，应当适当缩短检验周期：

(一) 新投用的GC1、GC2级的(首次检验周期一般不超过3年)；

(二) 发现应力腐蚀或者严重局部腐蚀的；

(三) 承受交变载荷，可能导致疲劳失效的；

(四) 材质产生劣化的；

(五) 在线检验中发现存在严重问题的；

(六) 检验人员和使用单位认为需要缩短检验周期的。

第一百一十八条　使用单位应当及时安排管道的定期检验工作，并且将管道全面检验的年度检验计划上报使用登记机关与承担相应检验工作任务的检验机构。全面检验到期时，由使用单位向检验机构申报全面检验。

在线检验的时间，由使用单位根据生产情况安排。

第一百一十九条 在线检验工作由使用单位进行，使用单位从事在线检验的人员应当取得《特种设备作业人员证》，使用单位也可将在线检验工作委托给具有压力管道检验资格的机构；全面检验工作由国家质检总局核准的具有压力管道检验资格的检验机构进行；基于风险的检验(RBI)由国家质检总局指定的技术机构承担。

第一百二十条 在线检验主要检验管道在运行条件下是否有影响安全的异常情况，一般以外观检查和安全保护装置检查为主，必要时进行壁厚测定和电阻值测量。

在线检验后应当填写在线检验报告，做出检验结论。

第一百二十一条 全面检验一般进行外观检查、壁厚测定、耐压试验和泄漏试验，并且根据管道的具体情况，采取无损检测、理化检验、应力分析、强度校验、电阻值测量等方法。

全面检验时，检验机构还应当对使用单位的管道安全管理情况进行检查和评价。

检验工作完成后，检验机构应当及时向使用单位出具全面检验报告。

第一百二十二条 全面检验所发现的管道严重缺陷，使用单位应当制定修复方案。修复后，检验机构应当对修复部位进行检查确认；对不易修复的严重缺陷，也可以采用安全评定的方法，确认缺陷是否影响管道安全运行到下一个全面检验周期。

第一百二十三条 管道的缺陷安全评定由国家质检总局批准的技术机构进行，负责进行安全评定的机构，应当根据与使用单位签订的在用管道缺陷安全评定合同和检验机构的检验报告进行评定。

第一百二十四条 在用管道的定期检验，按照工业管道定期检验的要求进行。使用单位应当将检验报告、评定报告存入压力管道档案，长期保存，直至管道报废。

第七章 安全保护装置

第一节 基本要求

第一百二十五条 压力管道所用的安全阀、爆破片装置、阻火器、紧急切断装置等安全保护装置以及附属仪器或者仪表应当符合本规程的规定。制造安全泄放装置(安全阀、爆破片装置)、阻火器和紧急切断装置用紧急切断阀等安全保护装置的单位必须取得相应的《特种设备制造许可证》。

第一百二十六条 安全保护装置以及附属仪器仪表的设计、制造和检验，应当符合有关安全技术规程及其相应标准的要求。

第一百二十七条 安全泄放装置用于防止管道系统发生超压事故，其控制仪器或者仪表和事故连(联)锁装置不能代替安全泄放装置作为系统的保护设施。在不允许安装安全泄放装置的情况下，并且控制仪表和事故连(联)锁装置的可靠性不低于安全泄放装置时，则控制仪器仪表和事故连(联)锁装置可以代替安全泄放装置作为系统的保护设施。

第一百二十八条 凡有以下情况之一者，应当设置安全泄放装置：

(一) 设计压力小于系统外部压力源的压力，出口可能被关断或者堵塞的容器和管道系统；

(二) 出口可能被关断的容积式泵和压缩机的出口管道；

(三) 因冷却水或者回流中断，或者再沸器输入热量过多引起超压的蒸馏塔顶气相管道系统；

(四) 因不凝气积聚产生超压的容器和管道系统；

(五) 加热炉出口管道，如果设有切断阀或者调节阀时，该加热炉与切断阀或者调节阀之间的管道；

(六) 因两端切断阀关闭受环境温度、阳光辐射或者伴热影响产生热膨胀或者汽化的管道系统；

(七) 放热反应可能失控的反应器出口切断阀上游的管道；

(八) 凝汽式汽轮机的蒸汽出口管道；

(九) 蒸汽发生器等产汽设备的出口管道系统；

(十) 低沸点液体(液化气等)容器出口管道系统；

(十一) 管程可能破裂的热交换器低压侧出口管道；

(十二)减压阀组的低压侧管道；

（十三）设计认为可能产生超压的其他管道系统。

第一百二十九条 当采用安全阀不能可靠工作时，应当改用爆破片装置，或者采用爆破片与安全阀组合装置。采用组合装置时，应当符合 GB 150—1998《钢制压力容器》附录 B 的有关规定。爆破片与安全阀串联使用时，爆破片在动作中不允许产生碎片。

第一百三十条 以下放空或者排气管道上应当设置放空阻火器：

（一）闪点低于或者等于 43℃，或者物料最高工作温度高于或者等于物料闪点的储罐的直接放空管（包括带有呼吸阀的放空管道）；

（二）可燃气体在线分析设备的放空总管；

（三）爆炸危险场所内的内燃发动机的排气管道。

第一百三十一条 凡有以下情况之一者，一般应当在管道系统的指定位置设置管道阻火器：

（一）输送有可能产生爆燃或者爆轰的混合气体管道；

（二）输送能自行分解导致爆炸，并且引起火焰蔓延的气体管道；

（三）与明火设备连接的可燃气体减压后的管道（特殊情况可设置水封装置）；

（四）进入火炬头前的排放气管道。

第一百三十二条 可燃液化气或者可燃压缩气储运和装卸设施重要的气相或者液相管道应当设置紧急切断装置。

紧急切断装置包括紧急切断阀、远程控制系统和易熔塞自动切断装置。远程控制系统的关闭装置应当装在人员易于操作的位置，易熔塞自动切断装置应当设在环境温度升高至设定温度时，能自动关闭紧急切断阀的位置。

第二节 安全泄放装置（安全阀和爆破片装置）

第一百三十三条 安全泄放装置（包括安全阀和爆破片装置）的设计、制造和检验应当分别符合《安全阀安全技术监察规程》等有关安全技术规范和 GB 150 的规定。

安全泄放装置的计算参见附件 E。

第一百三十四条 安全泄放装置（安全阀和爆破片装置）相关压力的确定应当符合 GB/T 20801 的要求。

第一百三十五条 安全阀的泄漏（密封）试验压力应当大于管道系统的最大工作压力，爆破片装置的最小标定爆破压力应当大于 1.05 倍的管道系统最大工作压力。所选用安全阀或者爆破片装置的额定泄放面积应当大于安全泄放量计算得到的最小泄放面积。

第一百三十六条 爆破片的爆破压力允差按 GB 567—1999《爆破片和爆破片装置》表 1 规定，或者按照设计技术要求规定。爆破片的检查、抽样及其爆破试验应当符合 GB 567 中 4.1、4.2 的要求。

第一百三十七条 可燃、有毒介质的管道，应当在安全阀或者爆破片装置的排出口装设导管，将排放介质引至集中地点，进行妥善安全处理，不得直接排入大气。

第一百三十八条 爆破片装置产品上应当标有永久性标志。永久性标志至少包括以下内容：

（一）制造单位名称、制造许可证编号和特种设备制造许可标志；

（二）爆破片的批次编号、型号、型式、规格（泄放口公称直径）、材质、适用介质、爆破温度、标定爆破压力或者设计爆破压力、泄放侧方向；

（三）夹持器型号、规格、材质以及流动方向；

（四）检验合格标志、监检标志；

（五）制造日期。

第一百三十九条 爆破片产品必须附产品合格证和产品质量证明书，产品质量证明书除符合本规程第十八条的一般要求（适用的）外，还应当包括下列内容：

（一）永久性标志的内容；

（二）制造依据的标准；

（三）制造范围和爆破压力允差；
（四）检验报告（包括爆破试验报告）；
（五）其他特殊要求。

第三节　阻火器与紧急切断阀

第一百四十条　阻火器产品上应当设置金属铭牌，金属铭牌至少包括以下内容：
（一）制造单位名称、特种设备制造许可证编号和特种设备制造许可标志；
（二）型号、型式、规格；
（三）产品编号；
（四）阻火性能（爆炸等级、安全阻火速度等）；
（五）气体流量和压力降；
（六）阻火侧方向（仅对于单向阻火器）；
（七）适用气体名称、温度；
（八）公称压力；
（九）检验合格标志、监检标志；
（十）制造日期。

第一百四十一条　阻火器产品必须附产品合格证和产品质量证明书，产品质量证明书除符合本规程第十八条的一般要求（适用的）外，还应当包括下列内容：
（一）铭牌上的内容；
（二）制造依据的标准；
（三）检验报告；
（四）其他的特殊要求。

第一百四十二条　紧急切断阀产品的阀体上应当设置金属铭牌，金属铭牌至少包括以下内容：
（一）制造单位名称、制造许可证编号和特种设备制造许可标志；
（二）型号；
（三）公称压力、公称直径；
（四）产品编号；
（五）适用介质、温度；
（六）额定流量、关闭响应时间；
（七）易熔塞熔融温度；
（八）检验合格标志、监检标志；
（九）制造日期。

第一百四十三条　紧急切断阀产品必须附产品合格证和产品质量证明书，产品质量证明书除符合本规程第十八条的一般要求（适用的）外，还应当包括下列内容：
（一）铭牌上的内容；
（二）制造依据的标准；
（三）检验报告；
（四）其他的特殊要求。

第四节　安　　装

第一百四十四条　安全阀安装时，应当满足《安全阀安全技术监察规程》的规定，并且符合以下要求：
（一）压力管道与安全阀之间的连接管和管件的通孔，其截面积不得小于安全阀的进口截面积，其接管应当短而直，安全阀入口管道的压力降小于安全阀设定压力的3%；

（二）安全阀出口管道设计需要考虑各种型式安全阀的背压限制规定，防止背压对安全阀开启性能和泄放量的影响；

（三）往复式压缩机排出管道上安装安全阀(爆破片装置)时，需要在紧靠压缩机处设置脉动阻尼器或者孔板，脉动阻尼器或者孔板至安全阀(爆破片装置)的直管段距离至少应当为10倍管道公称直径；

（四）安全阀入口、出口管道和支架的设计与安装需要考虑安全阀自重、泄放反作用力、热应力、机械应力、振动应力以及其他外部荷载的作用，安装时需要将应力减少至最低的程度；

（五）考虑低沸点液体(液化气等)降压闪蒸导致骤冷引起管道材料低温脆裂的作用；

（六）管道与安全阀(爆破片装置)之间一般不宜设置切断阀。

第一百四十五条　爆破片装置安装时，应当满足以下要求：

（一）爆破片装置的入口管短而直、管径不小于爆破片的公称直径；

（二）爆破片装置的出口管有足够的支撑，考虑破裂时的反作用力和振动，出口管的管径要保证管内流速不大于0.5马赫数；

（三）爆破片安装在相应的夹持器上，并且按照泄放侧箭头方向安装爆破片，安装时，爆破片保持清洁完好；

（四）爆破片装置单独使用时，爆破片装置的入口管需要设置全通径的切断阀，以便更换爆破片用，切断阀在全开启状态锁定或者铅封；

（五）爆破片装置与安全阀串联使用时，在爆破片与安全阀之间设置压力表或者压力开关，以及放空阀、过流阀或者报警指示器；

（六）安装爆破片时，采用扭矩扳手，按制造单位安装说明中的安装扭矩数据表，按对角线均匀紧固螺栓；

（七）未经制造单位同意，不得在爆破片两侧加装垫片、保护膜或者涂层。

第一百四十六条　阻火器安装时，应当满足下列要求：

（一）管端型放空阻火器的放空端安装防雨帽；

（二）工艺物料含有颗粒或者其他会使阻火元件堵塞的物质时，在阻火器进、出口安装压力表，监控阻火器的压力降；

（三）工艺物料含有水汽或者其他凝固点高于0℃的蒸汽(如醋酸蒸汽等)，有可能发生冻结的情况，阻火器设置防冻或者解冻措施，如电伴热、蒸汽盘管或者夹套和定期蒸汽吹扫等，对于水封型阻火器，可以采用连续流动水或者加防冻剂的方法防冻；

（四）阻火器不得靠近炉子和加热设备，除非阻火元件温度升高不会影响其阻火性能；

（五）单向阻火器安装时，阻火侧朝向潜在点火源。

第五节　检验和维修

第一百四十七条　安全保护装置实行定期检验制度，安全保护装置的定期检验按照压力管道定期检验等有关安全技术规范的规定进行。

第一百四十八条　进行安全阀在线检测和压力调整时，使用单位的管道安全管理人员应当到场确认。检测和调整合格的安全阀应当加铅封。检测和调整装置用压力表的量程应当为整定压力的1.5~3.0倍，精度应当不低于1.0级，而且压力表前不得装阻尼器。在检测和调整时，应当有可靠的安全防护措施。

第一百四十九条　安全阀有以下情况之一时，应当停止使用并且立即更换：

（一）选型错误，性能不符合要求；

（二）超过校验有效期或者铅封损坏；

（三）阀芯和阀座密封面损坏；

（四）导向零件、调节圈锈蚀严重；

（五）阀芯与阀座粘死或者弹簧严重腐蚀、生锈；

（六）附件不全；

（七）历史记录丢失。

第一百五十条 爆破片装置有以下情况之一时，应当立即更换：

（一）超过规定使用期限；

（二）标定爆破压力和工作温度不符合运行要求；

（三）超过最大泄放压力而未爆破。

第一百五十一条 管道用压力表、温度计以及其他仪器仪表的精度等级、量程、安装位置等应当符合有关安全技术规范及其相应标准的要求。

第八章　附　　则

第一百五十二条 本规程由国家质检总局负责解释。

第一百五十三条 本规程自 2009 年 8 月 1 日施行。

附件 A

工业管道级别及其介质毒性程度、腐蚀性和火灾危险性划分

A1 工业管道级别划分

A1.1 GC1 级

符合下列条件之一的工业管道，为 GC1 级：

(1) 输送毒性程度为极度危害介质，高度危害气体介质和工作温度高于其标准沸点的高度危害的液体介质的管道；

(2) 输送火灾危险性为甲、乙类可燃气体或者甲类可燃液体(包括液化烃)的管道，并且设计压力大于或者等于 4.0MPa 的管道；

(3) 输送除前两项介质的流体介质并且设计压力大于或者等于 10.0MPa，或者设计压力大于或者等于 4.0MPa，并且设计温度高于或者等于 400℃的管道。

A1.2 GC2 级

除本附件 A1.3 规定的 GC3 级管道外，介质毒性程度、火灾危险性(可燃性)、设计压力和设计温度低于 A1.1 规定的 GC1 级的管道。

A1.3 GC3 级

输送无毒、非可燃流体介质，设计压力小于或者等于 1.0MPa，并且设计温度高于-20℃但是不高于 185℃的管道。

A2 介质毒性程度、腐蚀性和火灾危险性划分

A2.1 一般规定

(1) 压力管道中介质毒性程度、腐蚀性和火灾危险性的划分应当以介质的“化学品安全技术说明书”(CSDS)为依据，按照本附件的划分原则确定；

(2) 介质同时具有毒性及火灾危险性时，应当按照毒性危害程度和火灾危险性的划分原则分别定级；

(3) 介质为混合物时，应当按照有毒化学品的组成比例及其急性毒性指标(LD_{50}、LC_{50})，采用加权平均法，获得混合物的急性毒性(LD_{50}、LC_{50})，然后按照毒性危害级别最高者，确定混合物的毒性危害级别。

A2.2 毒性危害程度

(1) 压力管道中介质毒性程度的分级应当符合 GB 5044—1985《职业性接触毒物危害程度分级》的规定，以急性毒性、急性中毒发病状况、慢性中毒患病状况、慢性中毒后果、致癌性和最高容许浓度等六项指标为基础的定级标准，如表 A-1 所示；

表 A-1 介质毒性危害程度分级依据

指标		分级		
		Ⅰ (极度危害)	Ⅱ (高度危害)	Ⅲ (中度危害)
急性毒性	吸入 LC_{50}/(mg/m^3)	<200	200~<2000	2000~≤20000
	经皮 LD_{50}/(mg/kg)	<100	100~<500	500~≤2500
	经口 LD_{50}/(mg/kg)	<25	25~<500	500~≤5000
急性中毒发病状况		生产中易发生中毒，后果严重	生产中可发生中毒，预后良好	偶可发生中毒

表 A-1 介质毒性危害程度分级依据(续)

指　　标	分　　级		
	Ⅰ (极度危害)	Ⅱ (高度危害)	Ⅲ (中度危害)
慢性中毒患病状况	患病率高(≥5%)	患病率较高(<5%)或症状发生率高(≥20%)	偶有中毒病例发生或症状发生率较高(≥10%)
慢性中毒后果	脱离接触后，继续进展或不能治愈	脱离接触后，可基本治愈	脱离接触后，可恢复，不致严重后果
致癌性	人体致癌物	可疑人体致癌物	实验动物致癌物
最高容许浓度/(mg/m^3)	<0.1	0.1~<1.0	1.0~≤10

(2) 压力管道中介质的毒性危害程度包括极度危害、高度危害以及中度危害三个级别；

(3) 介质毒性危害程度的级别应当不低于以急性毒性和最高容许浓度两项指标分别确定的最高危害程度级别；

(4) 如果以急性中毒发病状况、慢性中毒患病状况、慢性中毒后果和致癌性四项指标确定的介质毒性危害程度明显高于按照 A2.2(3)条确定的危害程度级别时，应当根据压力管道具体工况，综合分析，全面权衡，适当提高介质的毒性危害程度级别。

A2.3 腐蚀性

压力管道中的腐蚀性流体系指：与皮肤接触，在 4h 内出现可见坏死现象，或 55℃时，对 20 钢的腐蚀率大于 6.25mm/y(年)的流体。

A2.4 火灾危险性

(1) 压力管道中介质的火灾危险性包括 GB 50160—2008《石油化工企业设计防火规范》及 GB 50016—2006《建筑设计防火规范》中规定的甲、乙类可燃气体、液化烃和甲、乙类可燃液体，工作温度超过其闪点的丙类可燃液体，应当视为乙类可燃液体；

(2) 国家安全生产监督管理总局颁布的《危险化学品名录》中的第 1 类爆炸品、第 2 类第 2 项易燃气体、第 4 类易燃固体、自燃物品和遇湿易燃物品以及第 5 类氧化剂和有机过氧化物，应当根据其爆炸或者燃烧危险性、闪点和介质的状态(气体、液体)视为甲、乙类可燃气体、液化烃或者甲、乙类可燃液体；

(3) 甲类可燃气体指可燃气体与空气混合物的爆炸下限小于 10%(体积)；乙类可燃气体指可燃气体与空气混合物的爆炸下限大于或者等于 10%(体积)，液化烃指 15℃时的蒸气压力大于 0.1MPa 的烃类液体和类似液体，甲类可燃液体指闪点小于 28℃的可燃液体，乙类可燃液体指闪点高于或者等于 28℃，但小于 60℃的可燃液体，工作温度超过闪点的丙类可燃液体(闪点高于或者等于 60℃)，应当视为乙类可燃液体。

附件 B

压力管道元件产品合格证

制造单位：

制造许可证编号：

订货单位			
合同编号		产品品种	
产品名称		产品编号	
产品批号/数量		产品图号	
适用介质		温度范围	℃～ ℃
耐压试验压力	MPa	制造日期	
设计单位			

本产品在制造过程中经过检验，符合《压力管道安全技术监察规程》、(相关技术标准)、设计图样和订货合同的技术要求。

检验员：

质量保证工程师：

（产品质量检验专用章）

年 月 日

（注 B：本附件作为参考格式，制造根据产品的具体情况，可以调整，没有耐压试验和设计文件等，其耐压试验压力和设计单位等可不编制。本注不印制。）

附件 C

压力管道设计文件

一、管道图纸目录

序号	名称	图号或文件编号	修改	图幅	张数	备注

共 页 第 页

二、管道材料等级表

（一）管子及管件

<table>
<tr><td>公称压力
（MPa）</td><td colspan="2"></td><td>介质</td><td colspan="4"></td><td>管道
等级</td><td></td></tr>
<tr><td rowspan="2">设计温度/
设计温度
范围（℃）</td><td rowspan="2"></td><td rowspan="2">工艺介质</td><td>压力
（MPa）</td><td></td><td></td><td></td><td></td><td>版次</td><td></td></tr>
<tr><td>温度
（℃）</td><td></td><td colspan="2"></td><td></td><td>特殊
要求</td><td></td></tr>
<tr><td>支管连接表</td><td></td><td colspan="4">编制：　　　　日期：</td><td colspan="4">审核：　　　　日期：</td></tr>
<tr><td>腐蚀裕量（mm）</td><td></td><td colspan="4">校核：　　　　日期：</td><td colspan="4">审定：　　　　日期：</td></tr>
</table>

名称	公称直径	材料	制造	端面	壁厚（mm）	标准号	备注	版次

注 C：制造栏填写制造方法，包括无缝、对焊、锻制。

（二）管道连接件

名称	公称直径	材料	等级	型式及端面	壁厚	标准号	备注	版次

（三）阀门

名称	公称直径	材料	阀芯	压力等级	端部	型式	阀号	标准号	备注

共　页　第　页

（四）管道数据表

管线号	公称直径	管道等级	介质		起止点		设计参数		工作参数				内外防护				试压介质	清洗介质	流程图尾号	管道类别
			名称	状态	起点	终点	温度（℃）	压力（MPa）	温度（℃）		压力（MPa）		代号	隔热材料	隔热厚度（mm）	内外防护				
									正常	最高	正常	最大								

共　页　第　页

附件 D

压力管道安装质量证明

一、压力管道安装质量证明书

编号：

工程名称		工程编号	
交工单元名称		交工单元编号	
安装开工日期		安装竣工日期	
管道级别		管道长度	
设计单位			
监理单位			
无损检测单位			
安装监检单位			
使用单位			

本压力管道的安装经质量检验，符合《压力管道安全技术监察规程》、设计文件和（相关技术标准）的要求。

附：《压力管道安装汇总表》 共 页

检验员： 日期：

质量保证工程师： 日期：

安装单位(盖章)

年 月 日

特种设备安装许可证编号：

二、压力管道安装汇总表

证明书编号：

交工单元名称：									交工单元编号：						
管线号	管道级别	设计压力（MPa）	设计温度（℃）	输送介质	管道材质	管道规格（mm）	管道长度（m）	铺设方式	焊口数量	检测方法/比例(%)	耐压试验介质	压力试验压力（MPa）	泄漏试验压力（MPa）	吹洗方法	防腐方式	保温（绝热）方式

填表：　　　　日期：　　　　审核：　　　　日期：

共　页　第　页

附件 E

安全泄放装置的计算

E1 独立压力系统的安全泄放量计算

E1.1 基本要求

当中间无阀门关断的管道系统与相连的几个设备(容器)一起作为一个独立的被保护压力系统，用一个或者几个设置在容器上或者管道上的安全泄放装置作保护时，其安全泄放量采用压力容器安全泄放量的计算方法，但是应当将管道系统和相连接的容器都包括在内。

单纯管道系统的超压主要发生在充满液体的封闭管道系统中，液体受热膨胀可能发生超压。如果安全泄放装置设定压力(或者最大标定爆破压力)大于液体蒸汽压，则安全泄放量按液体热膨胀计算，反之按液体汽化计算。

E1.2 压缩气体和蒸汽的安全泄放量

(1) 蒸汽发生器等产生蒸汽换热设备的系统安全泄放量，按公式 E-1 计算；

$$W_s=\frac{H}{q} \qquad (E-1)$$

(2) 压缩气体系统的安全泄放量，按公式 E-2 计算。

$$W_s=2.83\times10^{-3}\rho_g vd^2 \qquad (E-2)$$

式中：

W_s——系统的安全泄放量，kg/h；

H——最大输入热量，kJ/h；

q——在泄放压力下，液体汽化潜热，kJ/kg；

ρ_g——泄放压力下气体的密度，kg/m^3；

v——进口管最大气体流速，m/s；

d——进料管内径，mm。

注 E-1：各公式的符号及其含义相同的不再重复说明。

E1.3 液化气体容器和管道系统安全泄放量

E1.3.1 可燃液化气体或者位于有可能发生火灾的环境下工作的非可燃液化气体

(1) 无绝热保温层时，安全泄放量按照公式 E-3 计算；

$$W_s=\frac{2.55\times10^5 FA_r^{0.82}}{q} \qquad (E-3)$$

(2) 有完善的绝热保温层时，安全泄放量按照公式 E-4 计算。

$$W_s=\frac{2.61(650-t)\lambda\cdot A_r^{0.82}}{\delta\cdot q} \qquad (E-4)$$

式中：

F——系数，其中：

(1) 地面以下用沙土覆盖时，$F=0.3$；

(2) 地面上时，$F=1.0$；

(3) 在大于 10L/m^2 · min 喷淋装置下时，$F=0.6$；

A_r——容器及管道受热面积，m^2；

λ——常温下绝热材料的导热系数，kJ/m · h · ℃；

t——泄放压力下介质的饱和温度，K；

δ——保温层厚度，m。

E1.3.2 非易燃液化气体在无火灾危险的环境下工作时的安全泄放量根据有、无保温层计算，不小于公式 E-3 或者 E-4 计算值的 30%。

E1.4 因化学反应而导致超压者的安全泄放量

按化学反应可能生成的最大气量、反应所需的时间或者压力上升速度确定。

E1.5 充满液体的封闭管道系统中液体受热膨胀的安全泄放量

在受热后，液体的饱和蒸汽压小于安全泄放装置设定压力时(或者最大标定爆破压力)，按照公式 E-5 计算。

$$V_s = 0.003605\frac{\alpha \cdot H}{S.G \cdot C_{pl}} \qquad \text{(E-5)}$$

式中：

V_s——液体安全泄放量，m^3/h；

α——液体的体积膨胀系数，1/℃，可查表 E-2；

$S.G$——液体的比重；

C_{pl}——液体定压热容，kJ/(kg·℃)。

E1.6 充满液体封闭管道系统中液体受热汽化的安全泄放量

受热后，液体饱和蒸汽压大于安全泄放装置设定压力(或者最大标定爆破压力)时，按公式 E-6 计算。

$$W_s = \frac{H}{q} \qquad \text{(E-6)}$$

E1.7 其他超压工况的安全泄放量计算

可参照 SY/T 10043—2002《泄压和减压系统指南》、SY/T 10044—2002《炼油厂压力泄放装置的尺寸确定、选择和安装的推荐作法》和 HG/T 20570.2—1995《安装阀的设置和选用》等进行计算。

E2 安全阀的最小泄放面积计算

E2.1 气体

(1) 临界条件，$\frac{p_o}{p_d} \leqslant \left(\frac{2}{k+1}\right)^{\frac{k}{k-1}}$，按照公式 E-7 计算；

$$A = \frac{W_s}{0.076CKp_d\sqrt{\frac{M}{ZT}}} \qquad \text{(E-7)}$$

(2) 亚临界条件，$\frac{p_o}{p_d} > \left(\frac{2}{k+1}\right)^{\frac{k}{k-1}}$，按照公式 E-8 计算。

$$A = \frac{W_s}{55.84Kp_d\sqrt{\frac{M}{ZT}}\sqrt{\frac{k}{k-1}\left[\left(\frac{p_o}{p_b}\right)^{\frac{2}{k}} - \left(\frac{p_o}{p_b}\right)^{\frac{k+1}{k}}\right]}} \qquad \text{(E-8)}$$

式中：

A——安全阀或者爆破片装置的最小泄放面积(与安全阀最小流道直径或者阀座内径关系)，mm^2；其中：

(1) 全启式安全阀(即 $h \geqslant \frac{1}{4}d_t$)，$A = \frac{\pi}{4}d_t^2$；

(2) 微启式安全阀(即 $h < \frac{1}{20}d_t$)，平面型密封面 $A = \pi d_v h$，锥面型密封面 $A = \pi d_t h \sin\phi$；

h——安全阀的阀瓣开启高度，mm；

d_t——安全阀最小流道直径(阀座喉部直径)，mm；

d_v——安全阀阀座口径，mm；

ϕ——锥型密封面的半锥角，(°)；

p_o——安全阀(焊破片装置)出口侧压力，MPa(绝压)；

p_d——安全阀的最大泄放压力，MPa(绝压)；

k——气体绝热指数；

K——安全阀的额定泄放系数，K 取 0.9 倍泄放系数(泄放系数与阀的结构有关，应根据实验数据确定，由安全阀制造厂提供)，无参考数据时，可按下述规定选取：

(1) 全启式安全阀，$K=0.60\sim0.70$；

(2) 带调节圈的微启式安全阀，$K=0.40\sim0.50$；

(3) 不带调节圈的微启式安全阀，$K=0.25\sim0.35$；

M——气体的摩尔质量，kg/kmol；

C——为气体特性系数，可查表 E-1 或者按式 E-9 求取；

$$C=520\sqrt{k\left(\frac{2}{k+1}\right)^{\frac{k+1}{k-1}}} \quad \text{(E-9)}$$

T——泄放的气体温度，K；

Z——在泄放压力及温度下，气体的压缩系数。

E2.2 液体

按照公式 E-10 计算。

$$A=\frac{V_s}{5.1K\sqrt{\frac{\rho_1}{p_d-p_o}}} \quad \text{(E-10)}$$

式中：

ρ_1——安全阀或者爆破片装置入口侧温度下的液体密度，kg/m^3。

E2.3 饱和蒸汽

饱和蒸汽中蒸汽含量不小于 98%，最大过热度为 10℃。

(1) 当 $p_d\leqslant 10$MPa 时，按照公式 E-11 计算；

$$A=\frac{W_s}{5.25Kp_d} \quad \text{(E-11)}$$

(2) 当 $10\text{MPa}<p_d\leqslant 22$MPa 时，按照公式 E-12 计算。

$$A=\frac{W_s}{5.25Kp_d\left(\frac{190.6p_d-6895}{229.2p_d-7315}\right)} \quad \text{(E-12)}$$

E3 爆破片装置的最小泄放面积计算

E3.1 气体

(1) 临界条件，$\frac{p_o}{p_b}\leqslant\left(\frac{2}{k+1}\right)^{\frac{k}{k+1}}$，按照公式 E-13 计算；

$$A=\frac{W_s}{0.076CK'p_b\sqrt{\frac{M}{ZT}}} \quad \text{(E-13)}$$

(2) 亚临界条件，$\frac{p_o}{p_b}>\left(\frac{2}{k+1}\right)^{\frac{k}{k+1}}$，按照公式 E-14 计算。

$$A=\frac{W_s}{55.84K'p_b\sqrt{\frac{M}{ZT}}\sqrt{\frac{k}{k-1}\left[\left(\frac{p_o}{p_b}\right)^{\frac{2}{k}}-\left(\frac{p_o}{p_b}\right)^{\frac{k+1}{k}}\right]}} \quad \text{(E-14)}$$

式中：

K'——爆破片的额定泄放系数，与爆破片装置入口管道形状有关，对于气体 K' 如图 E-1 所示或者实测值，对于液体取 $K'=1$ 或者实测值；

p_b——爆破片的最大标定爆破压力，MPa(绝压)。

E3.2 液体

按照公式 E-15 计算。

$$A=\frac{V_s}{5.1K'\xi}\sqrt{\frac{\rho_1}{p_b-p_o}} \quad \cdots\cdots \text{(E-15)}$$

式中：

ξ——液体动力黏度的校正系数，根据雷诺数 $Re=\frac{0.3234W_s}{\mu\sqrt{A}}$ 由图 E-2 查取，当液体黏度小于或者等于水的黏度时，取 $\xi=1$；

μ——液体的动力黏度，kg/(m·s)。

E3.3 饱和蒸汽

饱和蒸汽中蒸汽含量不小于98%，最大过热度为10℃。

(1) 当 $p_b\leqslant$10MPa 时，按照公式 E-16 计算；

$$A=\frac{W_s}{5.25K'p_b} \quad \cdots\cdots \text{(E-16)}$$

(2) 当 10MPa$<p_b\leqslant$22MPa 时，按照公式 E-17 计算。

$$A=\frac{W_s}{5.25K'p_b\left(\frac{190.6p_b-6895}{229.2p_b-7315}\right)} \quad \cdots\cdots \text{(E-17)}$$

E4 爆破片厚度

爆破片厚度由具有爆破片装置制造许可证的单位负责计算确定。

爆破片入口管道形状与用于气体的爆破片额定泄放系数的确定见图 E-1。

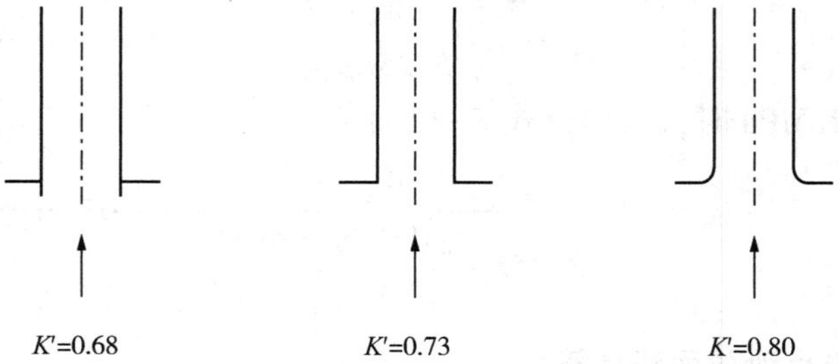

图 E-1 爆破片入口管道形状与用于气体的爆破片额定泄放系数 K'

表 E-1 不同 k 值时的气体特性系数 C 值

k	C	k	C	k	C	k	C
1.00	315	1.20	337	1.40	356	1.60	372
1.02	318	1.22	339	1.42	358	1.62	374
1.04	320	1.24	341	1.44	359	1.64	376
1.06	322	1.26	343	1.46	361	1.66	377
1.08	324	1.28	345	1.48	363	1.68	379
1.10	327	1.30	347	1.50	364	1.70	380
1.12	329	1.32	349	1.52	366	2.00	400
1.14	331	1.34	351	1.54	368	2.20	412
1.16	333	1.36	352	1.56	369	—	—
1.18	335	1.38	354	1.58	371	—	—

表 E-2　20℃的液体体积膨胀系数

液　体	体积膨胀系数 (L/℃)	液　体	体积膨胀系数 (L/℃)
水	0.00207	丙酮	0.00149
硫酸水溶液，100%	0.000558	乙二醇	0.000638
硫酸水溶液，10.9%	0.000387	丙三醇(甘油)	0.000505
硫酸水溶液，5.4%	0.000311	乙酸甲酯	0.00143
硫酸水溶液，1.4%	0.000234	乙酸乙酯	0.00139
盐酸水溶液，33.2%	0.000455	苯	0.00124
盐酸水溶液，4.2%	0.000239	甲苯	0.00109
盐酸水溶液，1.0%	0.000211	苯酚	0.00109
氯化钠水溶液，26.0%	0.000440	苯胺	0.000858
氯化钠水溶液，20.6%	0.000414	对二甲苯	0.00101
硫酸钠水溶液，24%	0.000410	间二甲苯	0.00099
硫酸钠水溶液，1.9%	0.000235	邻二甲苯	0.00097
氯化钾水溶液，24.3%	0.000353	油品，°API　3~35	0.00072(注 E-2)
氯化钙水溶液，40.9%	0.000458	油品，°API　35~51	0.00090(注 E-2)
氯化钙水溶液，6.0%	0.000250	油品，°API　51~64	0.00108(注 E-2)
二硫化碳	0.00122	油品，°API　64~79	0.00126(注 E-2)
四氯化碳	0.00124	油品，°API　79~89	0.00144(注 E-2)
三氯甲烷(氯仿)	0.00127	油品，°API　89~94	0.00153(注 E-2)
甲醇	0.00120	油品，°API　≥94~100	0.00162(注 E-2)
乙醇	0.00112	—	—
甲酸	0.00103	—	—
乙酸	0.00107	—	—
乙醚	0.00166	—	—

注 E-2：15.6℃的体积膨胀系数。

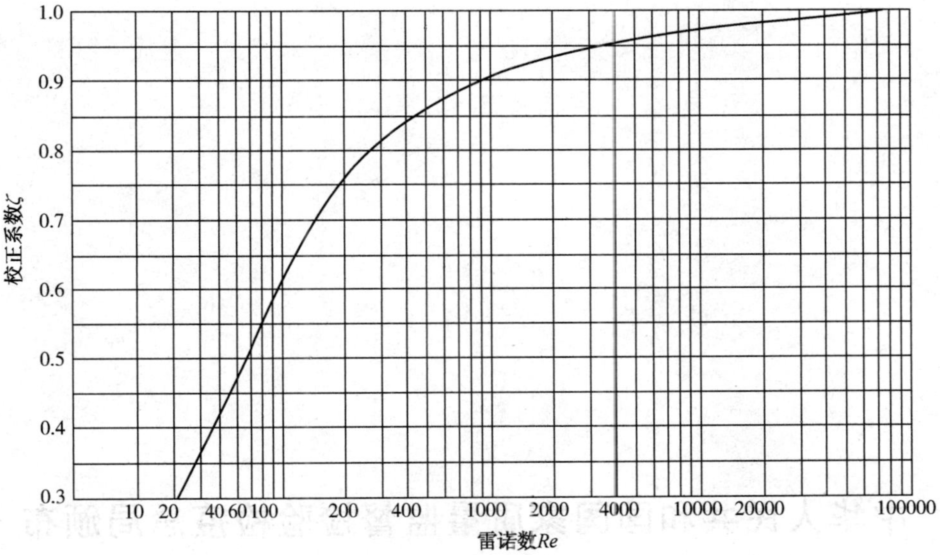

图 E-2　液体动力黏度校正系数ζ

燃气用聚乙烯管道焊接技术规则

Regulation on Welding Technology for Gas Supply Polyethylene Pipe

中华人民共和国国家质量监督检验检疫总局颁布
2006 年 10 月 27 日

目 录

燃气用聚乙烯管道焊接技术规则

第一章 总 则

第一条 为了规范燃气用和其他流体输送用聚乙烯管道(以下简称管道)的焊接技术工作，保证其焊接质量，根据《特种设备安全监察条例》、《压力管道安全管理与监察规定》的规定，制定本规则。

第二条 本规则适用于聚乙烯管道元件制造和管道安装过程中的焊接工作，其他管道焊接工作可以参照本规则执行。

第三条 从事管道元件制造和管道安装焊接工作的作业人员(以下简称焊工)必须取得质量技术监督部门颁发的特种设备作业人员证。

焊工考试由国家质量监督检验检疫总局(以下简称国家质检总局)确定的考试机构统一组织，由焊工所在地的省(自治区、直辖市)质量技术监督部门(以下简称省级质量技术监督部门)颁发特种设备作业人员证。

第四条 进行热熔对接焊接、电熔承插焊接和电熔鞍形焊接的管道焊接，应当按本规则的规定进行焊接工艺评定，焊接应当按评定合格的焊接工艺规程进行。

第二章 燃气用聚乙烯管道元件

第五条 管道元件的制造必须符合安全技术规范的规定以及 GB 15558.1—2003《燃气用埋地聚乙烯管道系统 第1部分，管材》和 GB 15558.2—2005《燃气用埋地聚乙烯管道系统 第2部分，管件》的要求。

第六条 聚乙烯管道建设、安装单位应当选用已经取得特种设备制造许可证的制造单位生产的管道元件。管道元件制造单位应当提供质量证明书，质量证明书的内容必须齐全，并加盖管道元件制造单位的质量检验章。管道安装单位从非制造单位获得聚乙烯管道元件时，必须取得制造单位制造许可证复印件和聚乙烯管道元件质量证明书原件。管道安装单位应当对所采购的管道元件与质量证明书的真实性和一致性负责。

第三章 焊接工艺评定

第七条 焊接工艺评定的目的是通过对管道热熔对接焊接、电熔承插焊接与电熔鞍形焊接接头性能的评价，验证拟定焊接工艺及参数的正确性。

第八条 管道元件制造单位和管道安装单位进行热熔对接焊接，有以下情况时应当进行焊接工艺评定：

(一) 首次采用本规则推荐的焊接工艺参数(见附件 A)或者其他焊接工艺参数；

(二) 不同原材料级别(例如 PE80 与 PE100)的管道元件互焊；

(三) 同一原材料级别的管道元件，熔体质量流动速率(MFR)差值大于 0.5g/10min(190℃，5kg)；

(四) 管道元件对焊接有特殊要求；

(五) 施工环境与焊机工作条件有较大差距。

第九条 电熔承插焊接和电熔鞍形焊接的焊接工艺评定由管道元件制造单位在产品设计定型时进行，管道安装单位应当对其进行验证，验证项目为工艺评定规定的全部项目，验证的检验与试验按照第十条第(五)项规定。

第十条 管道元件制造单位或者管道安装单位(以下统称评定单位)进行焊接工艺评定时，应当符合以下基本要求：

(一) 焊接用管道元件符合本规则第二章的要求；

(二) 焊接工艺评定试件由评定单位技能熟练的持证焊工操作；

(三) 焊接机具设备满足本规则第五章的规定，所用仪表在校准的有效期内且处于正常工作状态；

(四) 所用试件的切割、刮削、组对以及清理等工艺措施的操作规程，符合本规则第六章和附件B的规定；

(五) 焊接工艺评定试件的检验与试验(见附件A)，由焊工考试机构或者有关机构(以下简称检验机构)进行(有条件的评定单位，也可以自行进行工艺评定试件的检验与试验)，检验机构必须做好相关检验与试验记录，出具检验与试验报告，并且对检验与试验质量负责；

(六) 评定单位根据检验与试验报告编写焊接工艺评定报告，焊接工艺评定报告格式见附件B。

第十一条 热熔对接焊的焊接工艺评定覆盖范围如下：

(一) 相同级别原材料的焊接工艺评定可以相互覆盖；

(二) 不同SDR系列管道(SDR11，SDR17.6)的焊接工艺评定可以相互覆盖；

(三) 当$DN \leqslant 250$mm的规格时，在$110\text{mm} \leqslant DN \leqslant 250$mm规格范围任选一个规格进行评定可以覆盖$DN \leqslant 250$mm所有规格；

(四) 当$250\text{mm} < DN \leqslant 630$mm时，在其范围内任选一个规格进行评定即可覆盖$250\text{mm} < DN \leqslant 630$mm的所有规格。

注：*DN*为管道的公称直径，包括公称通径、公称口径，具体含义按照相关标准，单位为mm，下同。

第十二条 进行电熔焊接工艺评定时，应当符合以下规定：

(一) 对所有规格的电熔管件和电熔鞍形管件，管道元件制造单位在设计生产时逐一进行焊接工艺评定，并且向管道安装单位提供相应的焊接工艺参数；

(二) 使用同一管道元件制造单位提供的管道元件时，管道安装单位任选一个$DN \geqslant 63$mm规格进行验证即可覆盖所有规格。

第十三条 评定单位应当保存焊接工艺评定有关的技术档案和焊接工艺评定试样直至该焊接工艺失效为止。

第四章 焊工考试与管理

第十四条 焊工资格分为热熔对接焊接和电熔焊接两类。热熔焊项目代号为BW-1和BW-2，电熔焊接项目代号为EW，一般应当在BW-1项目考试合格后方可申请BW-2项目。具体焊接项目与适用范围见附件C。

第十五条 焊工考试机构及其承担的考试项目，经省级质量技术监督部门同意，由国家质检总局确定。

焊工考试机构应当具备以下条件：

(一) 至少有1名从事管道焊接工作3年以上，并且具有中级职称的人员担任技术负责人；

(二) 至少有5名焊接技能指导教师或者技师；

(三) 有容纳40人以上的考试教室和焊接操作技能考试的场地，具备与管道焊接相适应的热熔对接焊接、电熔承插焊接、电熔鞍形焊接的焊接设备和工装、试件及试样的加工设备以及焊接性能测试试验仪器及设备；

(四) 有组织200名以上焊工考试和管理焊工考试档案的能力；

(五) 有适用于不同焊接方法、不同级别材料的基本知识考试题库，有满足焊工考试要求并经评定合格的焊接工艺规程；

(六) 有焊工考试细则和相关的管理制度。

第十六条 焊工应当向有资格的焊工考试机构提出申请，经同意后方可参加考试。申请考试的焊工应当具有初中以上(含初中)文化程度，身体健康，能够严格按照焊接工艺规程进行操作，独立承担焊接工作。

第十七条 焊工考试包括基本知识考试和焊接操作技能考试两部分。焊工基本知识考试采用笔试，基本知识考试合格后，才能参加焊接操作技能考试。

焊工焊接操作技能考试，需要对焊接操作过程和试件检验进行综合评定。考试项目的试件应当先进行焊接过程的考核和宏观(外观)检查，检查合格后再进行其他项目的检验。各项检验都符合要求时，该考试项目方可评定合格。

焊工基本知识考试和焊接操作技能考试的内容和要求见附件 C。

第十八条 焊工基本知识考试和焊接操作技能考试的结果应当记入《聚乙烯焊工考试基本情况表》(见附件 D)和《聚乙烯焊工焊接操作技能考试检验记录》(见附件 E)。

第十九条 考试机构将《聚乙烯焊工考试基本情况表》和《聚乙烯焊工焊接操作技能考试检验记录》报省级质量技术监督部门，经审核，由省级或者授级的市级质量技术监督部门向合格的焊工签发特种设备作业人员证。

第二十条 特种设备作业人员证有效期为 2 年，有效期内特种设备作业人员证在全国同等有效。在有效期满 3 个月前，继续从事焊接工作的焊工，应当向焊工考试机构提出申请，由焊工考试机构安排焊工重新进行复试。复试原则上应当重新进行操作技能考试，但在 2 年有效期内，中断焊接时间不超过 6 个月，焊接质量一直良好且能够提供有效焊接记录的焊工可以免试 1 次。

第二十一条 持有特种设备作业人员证的焊工方可允许按本规则规定，承担考试合格项目的焊接工作。中断焊接工作 6 个月以上再从事此项工作时，必须重新进行考试。

第二十二条 焊工考试机构应当建立焊工档案，包括焊工考试试卷、试件的检验与试验记录和报告、考核记录等。考试机构应当保存焊工考试试件至少 6 个月。

第五章 焊接机具

第二十三条 焊接机具包括热熔对接焊机和电熔焊机。焊接机具除满足相应的国家标准外，还应当符合以下要求；

(一) 焊接机具正常的工作温度范围为-10℃~+40℃，如果环境超出此温度范围，则不允许进行焊接工作；

(二) 电熔焊机有数据检索存储装置，该装置通过接口将存储的数据下载到电子设备(计算机或者打印机)，存储容量至少为 250 个焊口的参数，并且有工作参数自动输入及环境温度自动补偿功能，自动输入的方式可以是条形码、识别电阻、磁卡或者微控芯片。

第二十四条 管道热熔对接宜采用全自动焊机。全自动热熔对接焊机应当具有以下功能：

(一) 可以实现一致、可靠、可重复的操作；

(二) 系统将控制监视并记录焊接过程各阶段的主要参数，以判断每一焊口的状况；

(三) 焊机有数据检索存储装置和数据下载接口，存储容量至少为 200 个焊口的参数；

注：焊口的参数包括焊机型号、焊机编号、环境温度、焊接日期、焊接时间、焊工代号、工程编号、焊口编号、焊接的管道元件类型(原材料级别、公称外径、公称壁厚或 SOR 值)、拖动压力(峰值拖动压力和动态拖动压力)、加热板温度、成边压力、吸热时间、切换时间、焊接压力、冷却时间等。

(四) 铣削管道元件端面后，能够自动检查管道元件是否夹装牢固；

(五) 自动测量拖动压力(峰值拖动压力和动态拖动压力)以及自动补偿拖动力；

(六) 自动监测加热板温度，如果加热板温度没有在设定的工作温度范围内，焊机应该无法进行焊接；

(七) 加热板插入待焊管道元件之后的所有阶段(加压、成边、降低压力、吸热、切换、加压、保压、冷却)自动进行；

（八）微处理器采用闭环控制系统，在焊接过程中突然出现不符合焊接参数时，焊机能够自动中断焊接并报警。

第六章　焊接操作基本要求

第二十五条　管道焊接操作必须符合以下要求：

（一）焊接环境应当防范不良的气候影响，风雨天气以及在-5℃以下进行焊接时，必须采取适当的保护措施，以保证需要焊接的焊接面有足够的温度；

（二）焊接面以及与焊接面接触的所有物品必须清洁和干燥，需要焊接的部位不能有损伤破坏、杂质、污垢(如：污物、油脂、切屑等)；

（三）确保焊接过程的连续性，焊接完成后必须进行充分的自然冷却，以消除其内应力；

（四）对于 $DN\leqslant63$mm 或者 $S<6$mm 的管道元件不允许使用热熔对接的焊接方法；

注：S 为公称壁厚，单位为 mm，下同。

（五）不同 SDR 系列的管道元件互焊时，推荐采用电熔连接或采用适当的加工方法使焊接处壁厚等厚；

（六）焊接时每一个焊口应当有详细的焊接原始记录。

注：热熔对接焊接原始记录至少包括环境温度、焊工代号、焊口编号、管道元件规格类型、焊接压力、拖动压力、加热板温度、卷边高度、吸热时间、切换时间、增压时间、冷却时间、冷却压力等；电熔焊接原始记录至少应当包括环境温度、焊工代号、焊口编号、管道元件规格类型、焊接电压、焊接时间、冷却时间等。

第二十六条　管道焊接操作过程基本要求见附件 F。

第七章　检验与试验

第二十七条　管道焊接检验与试验可分为非破坏性和破坏性检验与试验。非破坏性检验与试验主要手段为宏观(外观)检查，用于管道元件制造过程或者管道安装现场的质量控制和操作人员的自检；破坏性检验与试验主要用于焊接工艺评定及对焊接质量有争议焊口的试验。

管道焊接检验与试验见附件 G、附件 H。

第八章　附　　则

第二十八条　进口管道元件的性能指标不得低于我国现行的安全技术规范及其相关标准的规定。

第二十九条　本规则由国家质检总局负责解释。

第三十条　本规则自 2007 年 1 月 1 日起施行。

附件 A

聚乙烯焊接工艺评定参数、检验与试验要求

A1 焊接工艺参数

A1.1 热熔对接焊接关键工艺参数

A1.1.1 焊接工艺温度

推荐的焊接工艺温度为200℃~235℃(见表A-1、表A-2)，管道元件制造单位或者管道安装单位可以根据具体的工作环境和材料，适当调整焊接温度。

A1.1.2 焊接压力与时间

A1.1.2.1 焊接压力与时间的关系

见图A-1。

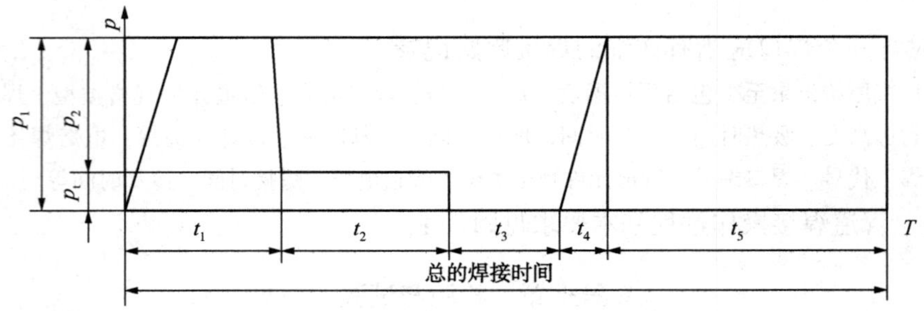

图 A-1 热熔对接焊接工艺

图中：p_1——总的焊接压力，MPa；

p_2——焊接规定的压力，MPa；

p_t——拖动压力，MPa；

t_1——卷边达到规定高度的时间，s；

t_2——焊接所需要的吸热时间($=S\times10$)，s；

t_3——切换所规定的时间，s；

t_4——调整压力到 p_1 所规定的时间，s；

t_5——冷却时间，min。

A1.1.2.2 焊接压力 p_1 和焊接规定的压力 p_2

分别按下式计算：

$$p_1=p_2+p_t$$

$$p_2=\frac{A_1\times P_0}{A_2}$$

式中：

A_1——管材的截面积，mm^2，$A_1=\pi\times S\times(DN-S)$；

A_2——焊机液压缸中活塞的有效面积，mm^2，由焊机生产厂家提供；

P_0——作用于管材上单位面积的力，0.15N/mm^2；

p_t——拖动压力，MPa。

A1.1.2.3 吸热时间与管道元件公称壁厚 S 的关系

推荐的吸热时间与公称壁厚的关系为 $t_2=S\times10$。当环境条件(温度、风力等)恶劣时，应当根据实际情况适当调整。

A1.1.3 热熔对接焊推荐的焊接工艺参数

推荐的焊接工艺参数见表A-1、表A-2。

表 A-1　SDR11 管材焊接参数

（加热板表面温度：PE80 = 210℃ ±10℃；PE100 = 225℃ ±10℃）

公称直径 DN(mm)	公称壁厚 S(mm)	p_2 (MPa)	压力 = p_1 卷边高度 h(mm)	压力 ≈ p_t 吸热时间 t_2(s)	切换时间 t_3(s)	增压时间 t_4(s)	压力 = p_1 冷却时间 t_5(min)
75	6.8	$219/A_2$	1.0	68	≤5	<6	≥10
90	8.2	$315/A_2$	1.5	82	≤6	<7	≥11
110	10.0	$471/A_2$	1.5	100	≤6	<7	≥14
125	11.4	$608/A_2$	1.5	114	≤6	<8	≥15
140	12.7	$763/A_2$	2.0	127	≤8	<8	≥17
160	14.5	$996/A_2$	2.0	145	≤8	<9	≥19
180	16.4	$1261/A_2$	2.0	164	≤8	<10	≥21
200	18.2	$1557/A_2$	2.0	182	≤8	<11	≥23
225	20.5	$1971/A_2$	2.5	205	≤10	<12	≥26
250	22.7	$2433/A_2$	2.5	227	≤10	<13	≥28
280	25.5	$3052/A_2$	2.5	255	≤10	<14	≥31
315	28.6	$3862/A_2$	3.0	286	≤12	<15	≥35
355	32.3	$4906/A_2$	3.0	323	≤12	<17	≥39
400	36.4	$6228/A_2$	3.0	364	≤12	<19	≥44
450	40.9	$7882/A_2$	3.5	409	≤12	<21	≥50
500	45.5	$9731/A_2$	3.5	455	≤12	<23	≥55
560	50.9	$12207/A_2$	4.0	509	≤12	<25	≥61
630	57.3	$15450/A_2$	4.0	573	≤12	<29	≥67

注：以上参数基于环境温度为 20℃。

表 A-2　SDR17.6 管材的焊接参数

（加热板表面温度：PE80 = 210℃ ±10℃；PE100 = 225℃ ±10℃）

公称直径 DN(mm)	公称壁厚 S(mm)	p_2 (MPa)	压力 = p_1 卷边高度 h(mm)	压力 ≈ p_t 吸热时间 t_2(s)	切换时间 t_3(s)	增压时间 t_4(s)	压力 = p_1 冷却时间 t_5(min)
110	6.3	$305/A_2$	1.0	63	≤5	<6	9
125	7.1	$394/A_2$	1.5	71	≤6	<6	10
140	8.0	$495/A_2$	1.5	80	≤6	<6	11
160	9.1	$646/A_2$	1.5	91	≤6	<7	13
180	10.2	$818/A_2$	1.5	102	≤6	<7	14
200	11.4	$1010/A_2$	1.5	114	≤6	<8	15
225	12.8	$1278/A_2$	2.0	128	≤8	<8	17
250	14.2	$1578/A_2$	2.0	142	≤8	<9	19
280	15.9	$1979/A_2$	2.0	159	≤8	<10	20
315	17.9	$2505/A_2$	2.0	179	≤8	<11	23
355	20.2	$3181/A_2$	2.5	202	≤10	<12	25

表 A-2　SDR17.6 管材的焊接参数(续)

(加热板表面温度：PE80 = 210℃ ± 10℃；PE100 = 225℃ ± 10℃)

公称直径 DN(mm)	公称壁厚 S(mm)	p_2 (MPa)	压力 = p_1 卷边高度 h(mm)	压力 ≈ p_t 吸热时间 t_2(s)	切换时间 t_3(s)	增压时间 t_4(s)	压力 = p_1 冷却时间 t_5(min)
400	22.7	$4039/A_2$	2.5	227	≤10	<13	28
450	25.6	$5111/A_2$	2.5	256	≤10	<14	32
500	28.4	$6310/A_2$	3.0	284	≤12	<15	35
560	31.8	$7916/A_2$	3.0	318	≤12	<17	39
630	35.8	$10018/A_2$	3.0	358	≤12	<18	44

注：以上参数基于环境温度为 20℃。

A1.2　电熔承插焊接及电熔鞍形焊接关键工艺参数

电熔承插焊接及电熔鞍形焊接的关键工艺参数包括电压、加热时间、冷却时间、电阻值。

电熔承插焊接及电熔鞍形焊接的关键工艺参数由管道元件制造单位提供。

A2　焊接工艺评定检验与试验要求

A2.1　热熔对接焊接工艺评定检验与试验

要求见表 A-3。

表 A-3　热熔对接焊接工艺评定检验与试验要求

序号	检验与试验项目	检验与试验参数	检验与试验要求	检验与试验方法
1	宏观(外观)	/	附件 G，G1.1	附件 G，G1
2	卷边切除检查	/	附件 G，G1.2	
3	卷边背弯试验	/	不开裂、无裂纹	
4	拉伸性能	23℃ ± 2℃	试验到破坏为止： (1) 韧性，通过； (2) 脆性，未通过	GB/T 19810
5	耐压(静液压)强度试验	(1) 密封接头：a 型； (2) 方向：任意； (3) 调节时间：12h； (4) 试验时间：165h； (5) 环应力： ① PE80 = 4.5MPa ② PE100 = 5.4MPa (6) 试验温度：80℃	焊接处无破坏，无渗漏	GB/T 6111

A2.2　电熔承插焊接工艺评定检验与试验

要求见表 A-4。

表 A-4　电熔承插焊接工艺评定检验与试验要求

序号	检验与试验项目	检验与试验参数	检验与试验要求	检验与试验方法
1	宏观(外观)	/	附件 G，G3	附件 G，G3
2	电熔管件剖面检验	/	电熔管件中的电阻丝应当排列整齐，不应当有涨出、裸露、错行，焊后不游离，管件与管材熔接面上无可见界线，无虚焊、过焊气泡等影响性能的缺陷	附件 G，G4.1

表 A-4　电熔承插焊接工艺评定检验与试验要求(续)

序号	检验与试验项目	检验与试验参数	检验与试验要求	检验与试验方法
3	*DN*<90 挤压剥离试验	23℃±2℃	剥离脆性破坏百分比小于或者等于33.3%	GB/T 19806
4	*DN*≥90 拉伸剥离试验	23℃±2℃	剥离脆性破坏百分比小于或者等于33.3%	GB/T 19808
5	耐压(静液压)强度试验	(1) 密封接头：a型； (2) 方向：任意； (3) 调节时间：12h； (4) 试验时间：165h； (5) 环应力： ① PE80=4.5MPa ② PE100=5.4MPa (6) 试验温度：80℃	焊接处无破坏，无渗漏	GB/T 6111

A2.3　电熔鞍形焊接工艺评定检验与试验要求

要求见表 A-5。

表 A-5　电熔鞍形焊接工艺评定检验与试验要求

序号	检验与试验项目	检验与试验参数	检验与试验要求	检验与试验方法
1	宏观(外观)	/	附件G，G5.1	附件G，G5.1
2	*DN*≤225 挤压剥离试验	23℃±2℃	剥离脆性破坏百分比小于或者等于33.3%	GB/T 19806—2005
3	*DN*>225 撕裂剥离试验	23℃±2℃	剥离脆性破坏百分比小于或者等于33.3%	附件H

A3　焊接工艺评定试件数量及合格要求

焊接工艺评定试件数量为2组。当宏观(外观)检验2组都不合格时，则判定该焊接工艺不合格；其他检验项目有一项不合格时，则判定该焊接工艺不合格。

A4　本规则所引用的标准

(1) GB/T 19810—2005 《聚乙烯(PE)管材和管件　热熔对接接头　拉伸强度和破坏形式的测定》；

(2) GB/T 6111—2003 《流体输送用热塑性塑料管材耐内压试验方法》；

(3) GB/T 19806—2005 《塑料管材和管件　聚乙烯电熔组件的挤压剥离试验》；

(4) GB/T 19808—2005 《塑料管材和管件　公称外径大于或等于90mm的聚乙烯电熔组件的拉伸剥离试验》。

附件 B

聚乙烯焊接工艺评定报告

一、聚乙烯焊接工艺评定报告——热熔对接

评定单位： 工艺评定编号：

试件名称及编号			规格系列				检验标准			
检验与试验单位			送样数量				送样日期			
管道元件制造单位			原材料		牌号： 等级： 生产厂家：					
焊工姓名及编号			焊机型号				焊接日期			
焊接工艺	焊接温度（℃）	卷边高度（mm）	卷边压力（MPa）	吸热时间（s）	吸热压力（MPa）	切换时间（s）	增压时间（s）	冷却压力（MPa）	冷却时间（min）	环境温度（℃）
检验项目	宏观（外观）		卷边切除检查		卷边的背弯试验		拉伸性能试验		耐压（静液压）强度试验	
检验结果										
结　论										
评定结论：										
备注：										

报告： 审核： 批准： 报告日期：

附：检验与试验单位的报告原件。

二、聚乙烯焊接工艺评定报告——电熔焊接

评定单位： 工艺评定编号：

试件名称及编号		规格系列		检验标准	
检验与试验单位		送样数量		送样日期	
管道元件制造单位		原材料	牌号： 等级： 生产厂家：		
焊工姓名及编号		焊机型号		焊接日期	
焊接工艺	焊接电压（V）	焊接时间（s）	冷却时间（min）	环境温度（℃）	
检测项目	宏观（外观）	拉伸剥离	挤压剥离	撕裂试验	耐压（静液压）强度试验
检验结果					
结　论					
评定结论：					
备注：					

报告： 审核： 批准： 报告日期：

附：检验与试验单位的报告原件。

附件 C

聚乙烯焊工考试内容和要求

C1 焊工资格范围

焊工资格范围见表 C-1。

表 C-1 焊工资格范围

<table>
<tr><th>焊接方法</th><th>适用范围</th><th>焊工项目代号</th></tr>
<tr><td rowspan="2">热熔对接焊接</td><td>$DN \leqslant 250$mm</td><td>BW-1</td></tr>
<tr><td>$DN > 250$mm</td><td>BW-2</td></tr>
<tr><td>电熔焊接</td><td>规格尺寸不限</td><td>EW</td></tr>
</table>

注：允许同时申请 BW-1、BW-2 考试，两项均合格时方可取得 EW-2。

C2 焊工考试内容

C2.1 焊工基本知识

C2.1.1 燃气压力管道安全知识、安全技术规范及常见施工规范；

C2.1.2 聚乙烯管道原材料的有关基本知识；

C2.1.3 聚乙烯管材、管件的标准和技术要求；

C2.1.4 焊接设备、焊接辅具、量具的种类、名称、使用、工作原理和维护；

C2.1.5 各种管件的焊接方法和特点、焊接工艺参数、焊接流程、注意事项、操作方法及其对焊接质量的影响；

C2.1.6 缺陷种类及产生的原因和危害；

C2.1.7 焊接质量的影响因素和预防措施；

C2.1.8 焊接质量的检验方法和要求，非破坏性检验和破坏性检验方法特点和要求。

C2.2 焊接操作技能

按照以下要求进行焊接操作技能考试：

(1) 焊接操作技能考试前，由考试机构确定焊工考试代号，并在试件上标注焊工考试代号和考试项目代号；

(2) 考试试件的规格和数量应当符合表 C-2 的要求，考试试件的形式见图 C-1～图 C-5；

(3) 焊工考试用的所有管道元件，应当由焊工进行切割取样；

(4) 焊工应当按评定合格的焊接工艺焊接考试试件；

表 C-2 试件的规格尺寸和数量

<table>
<tr><th colspan="2" rowspan="2">试件形式</th><th rowspan="2">试件数量不少于</th><th colspan="5">试件尺寸(mm)</th></tr>
<tr><th>DN</th><th>L</th><th>L_1</th><th>S</th><th>材料</th></tr>
<tr><td colspan="2" rowspan="2">热熔对接焊</td><td>2[注(1)]</td><td>$110 \leqslant DN \leqslant 250$</td><td colspan="2" rowspan="4">应当满足安装和试验要求</td><td>≥6</td><td rowspan="4">PE80 或 PE100</td></tr>
<tr><td>2</td><td>≥315</td><td>/</td></tr>
<tr><td rowspan="2">电熔焊</td><td>承插焊</td><td>2[注(2)]</td><td>≥63</td><td>DN=63(按 SDR11)</td></tr>
<tr><td>鞍形焊</td><td>1[注(3)]</td><td>≥110</td><td>/</td></tr>
</table>

注：(1) 分别为图 C-1 和图 C-3；

(2) 分别为图 C-2 和图 C-4；

(3) 为图 C-5。

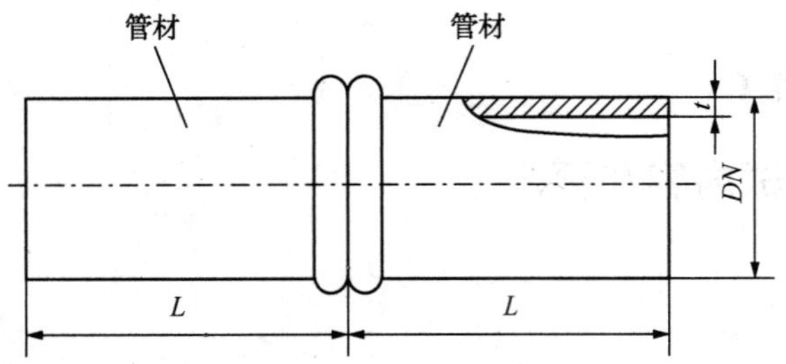

图 C-1　管材与管材对接焊试件

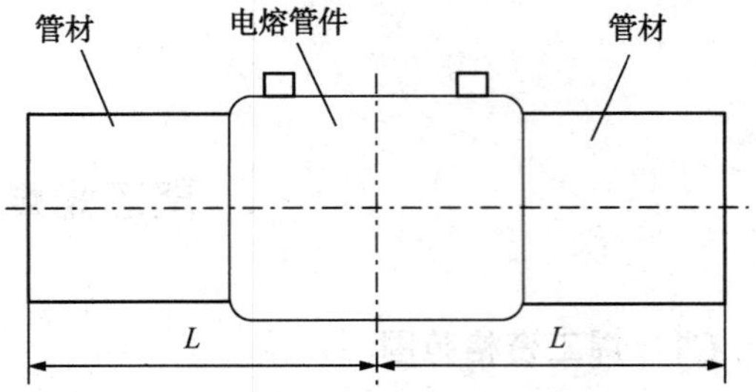

图 C-2　管材与管材电熔焊试件

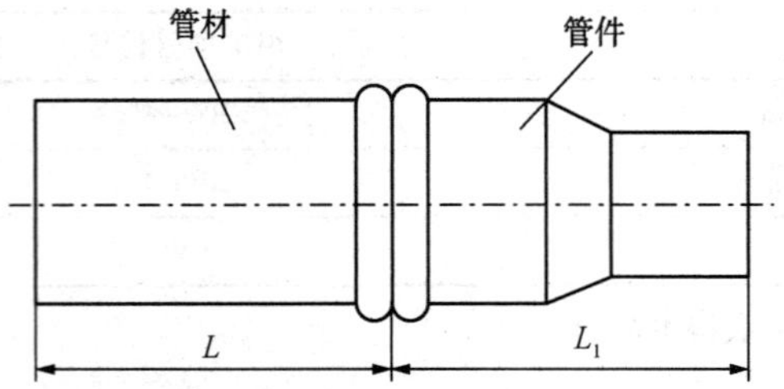

图 C-3　管材与管件对接焊试件

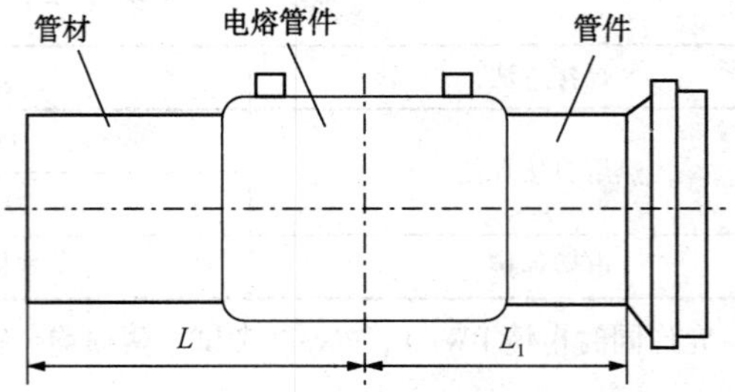

图 C-4　管材与管件电熔焊试件

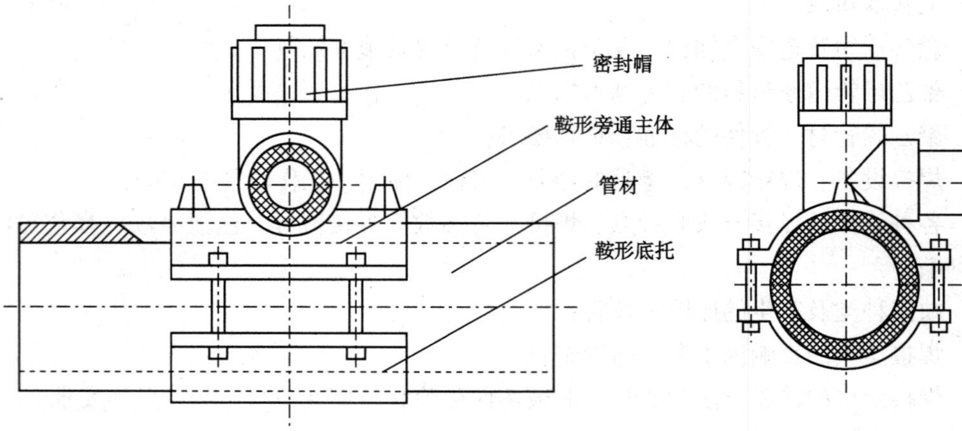

图 C-5　管材与鞍形旁通焊接试件

（5）考试用管道元件必须符合本规则第二章要求，电熔管件应当是原包装；

（6）考试所用的焊机必须符合本规则第五章的要求；

（7）试件的检验与试验要求见表 C-3，并且符合本规则第六章、第七章的有关要求。

表 C-3　试件的检验与试验要求

项目	检验与试验项目	检验与试验参数	检验与试验要求	检验与试验方法
热熔对接焊接	宏观(外观)	/	附件 G，G1. 1	附件 G、G1
	拉伸性能	23℃±2℃	试验到破坏为止： （1）韧性，通过； （2）脆性，未通过	GB/T 19810
电熔承插焊接	宏观(外观)	/	附件 G，G3	附件 G，G3
	DN<90mm 挤压剥离试验	23℃±2℃	剥离脆性破坏百分比小于等于 33. 3%	GB/T 19806
	DN≥90mm 拉伸剥离试验	23℃±2℃	剥离脆性破坏百分比小于等于 33. 3%	GB/T 19808
电熔鞍形焊接	宏观(外观)	/	附件 G，G5. 1	附件 G，G5. 1
	DN≤225mm 挤压剥离试验	23℃±2℃	剥离脆性破坏百分比小于等于 33. 3%	GB/T 19806
	DN>225mm 撕裂剥离试验	23℃±2℃	剥离脆性破坏百分比小于等于 33. 3%	附件 H

附件 D

聚乙烯焊工考试基本情况表

编号：

<table>
<tr><td colspan="3">姓　　名</td><td colspan="3"></td><td colspan="2">性　　别</td><td></td></tr>
<tr><td colspan="3">身份证号</td><td colspan="3"></td><td colspan="2">电　　话</td><td></td></tr>
<tr><td colspan="3">工作单位</td><td colspan="6"></td></tr>
<tr><td colspan="3">地　　址</td><td colspan="6"></td></tr>
<tr><td colspan="3">文化程度</td><td colspan="3"></td><td colspan="2">首次取证时间</td><td></td></tr>
<tr><td colspan="3">原有焊工资格</td><td colspan="6">热熔对接焊接 DN≤250mm□，DN>250mm□；电熔焊接□</td></tr>
<tr><td colspan="3">现申请资格</td><td colspan="6">热熔对接焊接 DN≤250mm□，DN>250mm□；电熔焊接□</td></tr>
<tr><td colspan="3">考试性质</td><td colspan="6">初考□，重考□，补考□</td></tr>
<tr><td colspan="3">重考原因</td><td colspan="3"></td><td colspan="2">焊工考试代号</td><td></td></tr>
<tr><td rowspan="2">基本知识考试</td><td colspan="2">考试日期</td><td colspan="3"></td><td colspan="2">考试项目代号</td><td>BW-1□；BW-2□；EW□</td></tr>
<tr><td colspan="2">试卷编号</td><td colspan="3"></td><td colspan="2">考试成绩</td><td></td></tr>
<tr><td rowspan="7">焊接操作技能考试</td><td colspan="2">考试日期</td><td colspan="3"></td><td colspan="2">原材料</td><td>合格□，不合格□</td></tr>
<tr><td colspan="2">试件加工及尺寸</td><td colspan="3">合格□，不合格□</td><td colspan="2">考场纪律</td><td>遵守□，不遵守□</td></tr>
<tr><td rowspan="3">焊接设备</td><td colspan="2">普通对接焊机</td><td rowspan="3">型号</td><td colspan="2"></td><td rowspan="3">状态</td><td>正常□，不正常□</td></tr>
<tr><td colspan="2">自动对接焊机</td><td colspan="2"></td><td>正常□，不正常□</td></tr>
<tr><td colspan="2">全自动电熔焊机</td><td colspan="2"></td><td>正常□，不正常□</td></tr>
<tr><td colspan="2">焊工施焊要求</td><td colspan="3">合格□，不合格□</td><td colspan="2">测试设备</td><td>合格□，不合格□</td></tr>
<tr><td colspan="2">检测人员资质</td><td colspan="3">合格□，不合格□</td><td colspan="2">其他</td><td></td></tr>
<tr><td colspan="9">备注(包括不正常情况记载)：</td></tr>
<tr><td colspan="5">监考人员：</td><td colspan="4">日期：</td></tr>
</table>

附件 E

聚乙烯焊工焊接操作技能考试检验记录

焊工： 考试代号： 试件编号：

焊接方法	热熔对接焊	手动□，自动□
	电熔焊	手动□，自动□
焊机名称	热熔对接焊机	型号：
	全自动电熔焊机	型号：
管材	规格：	
	材料级别：PE80□，PE100□	标准尺寸比：SDR11□，SDR17.6□
管件	规格：	
	材料级别：PE80□，PE100□	标准尺寸比：SDR11□，SDR17.6□

热熔对接焊接过程的评定

项目号	评定项目	评定结果	项目号	评定项目	评定结果
1	焊接前准备	合格□，不合格□	4.1	测量拖动压力	MPa
1.1	清洁接头		4.2	检查间隙	mm
1.2	测量电压	V	4.3	检查错边	
1.3	热板检查		4.4	检查夹紧	
1.4	热板预热 10min		5	端面平整吸热	合格□，不合格□
2	装夹焊件	合格□，不合格□	5.1	端面平整压力	MPa
2.1	设置吸热/冷却时间	s/ min	5.2	圆周卷边	
2.2	清洁管表面		5.3	吸热计时	s
3	铣削焊接面	合格□，不合格□	6	切换对接	合格□，不合格□
3.1	放铣刀锁安全锁		6.1	切换时间	s
3.2	形成连续屑		6.2	冷却计时	min
3.3	降压、开机架、停刀		7	拆卸	合格□，不合格□
3.4	清屑		7.1	降压松夹具	
4	测拖动压力及检查	合格□，不合格□			

电熔焊接过程的评定

项目号	评定项目	评定结果	项目号	评定项目	评定结果
1	焊接前准备		4	去氧化皮	
1.1	测量电压	V	5	承插管件及轴线	
1.2	辅具准备		6	手动或自动模式	
2	管材截取		7	输入焊接参数	
3	划线		8	冷却时间	min

热熔对接焊试件宏观(外观)检查			电熔焊试件焊缝宏观(外观)检查		
项目号	检查项目	检查结果	项目号	检查项目	检查结果
1	焊缝圆周卷边		1	承插尺寸	
2	中心焊缝高度	mm	2	同轴度	

共 页 第 页

表(续)

热熔对接焊试件宏观(外观)检查			电熔焊试件焊缝宏观(外观)检查		
项目号	检查项目	检查结果	项目号	检查项目	检查结果
3	是否有浮渣		3	刮氧化皮	
4	是否有缺口		4	观察孔	
5	缩孔		5	熔融材料流出	
6	冷却时间	min			
7	错边量	mm			
8	磕碰痕迹				
热熔对接焊接宏观(外观)检查结果：合格□，不合格□			电熔焊接宏观(外观)检查结果：合格□，不合格□		
备注(不正常情况记载)：					
热熔对接焊接过程的评定结果：合格□，不合格□ 监考人员(签字)：　　日期：					
电熔焊接过程的评定结果：合格□，不合格□ 监考人员(签字)：　　日期：					

热熔对接焊接试件拉伸试验			
试件编号		报告编号	
试验日期		试样编号	□□-1；□□-2；□□-3
检测结果		试验结论	合格□，不合格□
检验员：		日期：	
电熔焊接试件挤压剥离试验($DN<90$mm)			
试件编号		报告编号	
试验日期		试样编号	□□-1；□□-2；□□-3
检测结果		试验结论	合格□，不合格□
检验员：		日期：	
电熔焊接试件挤压剥离试验($DN\geq 90$mm)			
试件编号		报告编号	
试验日期		试样编号	□□-1；□□-2；□□-3
检测结果		试验结论	合格□，不合格□
检验员：		日期：	
电熔鞍形焊接试件挤压剥离试验($DN\leq 225$mm)			
试件编号		报告编号	
试验日期		试样编号	□□-1；□□-2；□□-3
检测结果		试验结论	合格□，不合格□
检验员：		日期：	
电熔鞍形焊接试件撕裂剥离试验($DN>225$mm)			
试件编号		报告编号	
试验日期		试样编号	□□-1；□□-2；□□-3
检测结果		试验结论	合格□，不合格□
检验员：		日期：	
本考试机构确认该焊工的焊接操作技能考试和检验的数据正确，记录无误。 该项目焊接操作技能考试结果评为__________(合格，不合格)。			
评定人员　　日期：		校核人员　　日期：	

附：试验单位报告。

共　页　第　页

附件 F

聚乙烯焊接操作过程基本要求

F1　热熔对接焊的操作过程

F1.1　焊接前准备

（1）清洁油路接头，正确连接焊机各部件；

（2）测量电源电压，确认电压符合焊机要求；

（3）检查清洁加热板，当涂层损坏时，加热板应当更换，加热板表面聚乙烯的残留物只能用木质工具去除，油污油脂等必须用洁净的棉布和酒精进行处理；

（4）按照焊接工艺正确设置吸热、冷却时间和加热板温度等参数，焊接前，加热板应当在焊接温度下适当预热，以确保加热板温度均匀。

F1.2　装夹管道元件

用辊杠或者支架将管垫平，调整同心度，利用夹具校正管材不圆度，并且留有足够的焊接距离。

F1.3　铣削焊接面

铣削足够厚度，使焊接端面光洁、平行，确保对接端面间隙小于 0.3mm，错边量小于焊接处壁厚的 10%。重新装夹时必须重新铣削。

F1.4　拖动压力的测量及检查

每次焊接时必须测量并且记录拖动压力(p_t)。

F1.5　加热

放置加热板，调整焊接压力(p_1)= 拖动压力(p_t)+焊接规定压力(p_2)。

当加热板两侧焊接处圆周卷边凸起高度达到规定值时，降压至拖动压力(p_t)或者在确保加热板与焊接端面紧密贴合的条件下，开始吸热计时。

F1.6　切换对接

在规定的时间内抽出加热板，立即贴合焊接面，迅速将压力匀速升至焊接压力(p_1)，严禁高压碰撞。

F1.7　拆卸管道元件

达到冷却时间后，将压力降至零，拆卸完成焊接的管道元件。

F2　电熔焊的焊接操作过程

F2.1　焊接前准备

（1）测量电源电压，确认焊机工作时的电压符合要求；

（2）清洁电源输出接头，保证良好的导电性；

（3）检查焊机的输出端尺寸是否和管件的接线柱匹配。

F2.2　管材截取

管材的端面应垂直轴线，其误差小于 5mm。（见图 F-1）。

F2.3　焊接面清理

测定电熔管件的长度或者中心线，在焊接的管材表面上划线标识（见图 F-2），将划线区域内的焊接面刮削 0.1mm~0.2mm 深，以去除氧化层。

F2.4　管材与管件承插

在管材上重新划线，位置距端面为 1/2 管件长度。将清洁的电熔管件与需要焊接的管材承插，保持管件外侧边缘与标记线平齐。安装电熔夹具，不得使电熔管件承受外力，管材与管件的不同轴度应当小于 2%。

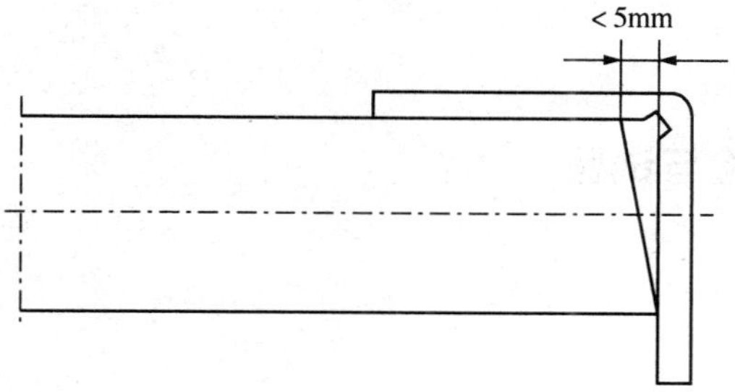

图 F-1　截取接头误差

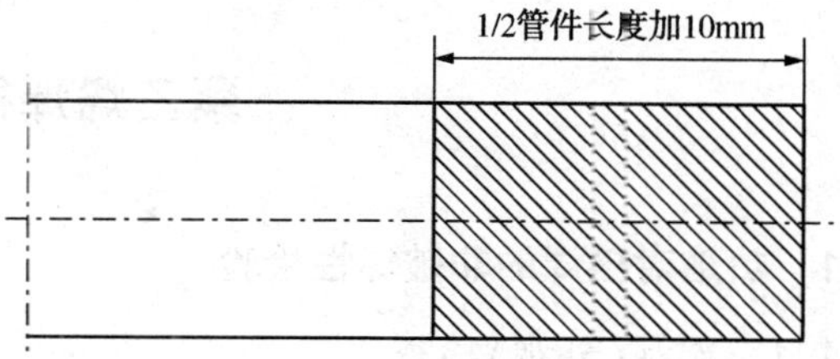

图 F-2　管材表面划线标识

F2.5　输出接头连接

焊机输出端与管件接线柱牢固连接，不得虚接。如果输出端尺寸与管件接线柱尺寸不同，应使用专用的转换插头。

F2.6　焊接模式设定

按焊机说明书要求，将焊机调整到“自动”或“手动”模式。

F2.7　焊接数据输入

按自动或者手动方式输入焊接数据。

F2.8　焊接

(1) 启动焊接开关，开始计时；

(2) 手动模式下焊接参数应当按管件产品说明书确定。

F2.9　自然冷却

冷却时间应当按管件产品说明书确定，冷却过程中不得向焊接件施加任何外力，冷却后，拆卸夹具。

F3　电熔鞍形管件的焊接操作过程

F3.1　焊接前准备

同 F2.1(电熔焊)。

F3.2　划线

在管材上划出焊接区域。

F3.3　焊接面清理

将划线区域内的焊接面刮削 0.1mm~0.2mm，以去除氧化层，刮削区域应大于鞍体边缘。

F3.4　管件安装

用管件制造单位提供的方法进行安装，确保管件与管材的两个焊接面无间隙。修补用电熔鞍形管件必须对中，且电热丝区域不得安装在被修补的孔上。

F3.5　焊接数据输入

同 F2.7(电熔焊)。

F3.6　焊接

同 F2.8(电熔焊)。

F3.7　自然冷却

接头在冷却过程中应当处于夹紧状态。鞍形旁通的冷却时间应当大于 60min 或者按产品说明书进行开孔操作。

F3.8　封堵

按照管件产品说明书进行。

附件 G

聚乙烯焊接检验与试验

G1　热熔对接焊的非破坏性检验

G1.1　宏观(外观)检查

应当符合以下要求：

(1) 几何形状：卷边应沿整个外圆周平滑对称，尺寸均匀、饱满、圆润，翻边不得有切口或者缺口状缺陷，不得有明显的海绵状浮渣出现，无明显的气孔；

(2) 卷边(见图 G-1)的中心高度 K 值必须大于零；

(3) 焊接处的错边量不得超过管材壁厚的 10%。

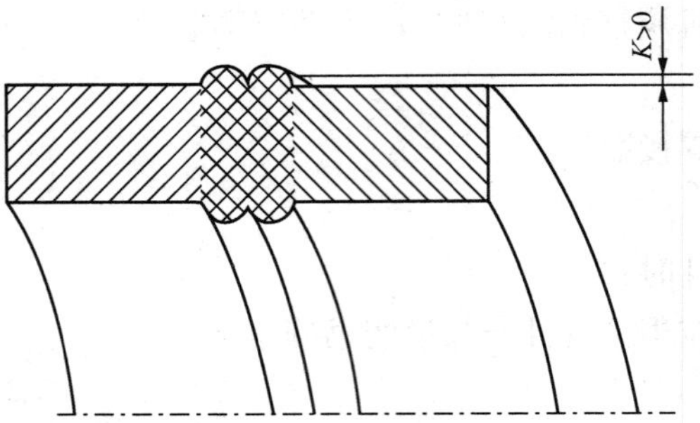

图 G-1　对接焊卷边示意图

G1.2　卷边切除检查

G1.2.1　宏观(外观)检查

使用外卷边切除刀切除卷边，卷边应当是实心圆滑的，根部较宽(见图 G-2)。卷边底面不得有污染、孔洞等。若发现杂质、小孔、偏移或者损坏时，则判定为不合格。

G1.2.2　卷边背弯试验

将卷边每隔几厘米进行 180°的背弯试验，进行检查。当有开裂、裂缝缺陷时，则判定为不合格(见图 G-3)。

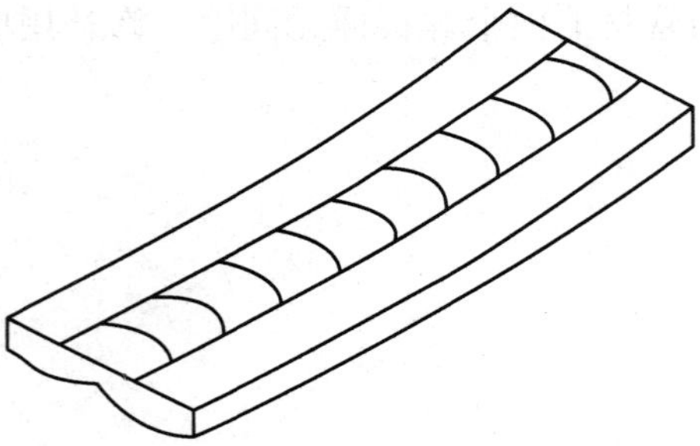

图 G-2　合格实心的卷边

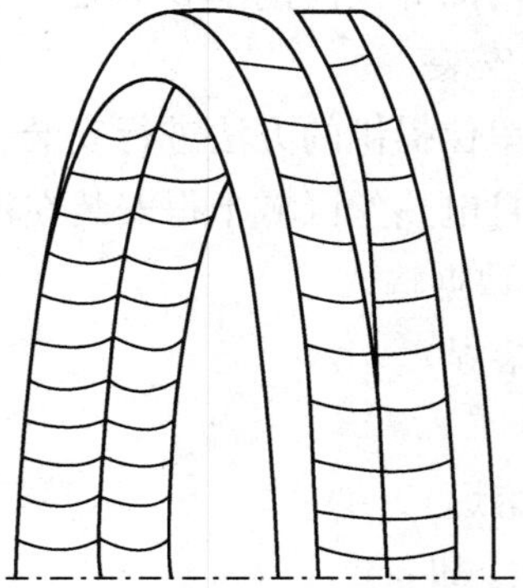

图 G-3　卷边背弯试验开裂示意图

G2　热熔对接焊的破坏性检验

G2.1　拉伸性能试验

拉伸性能试验测试方法按 GB/T 19810 标准进行。

G2.2　耐压(静液压强度)试验

耐压(静液压强度)试验方法按 GB/T 6111 标准进行。

G3　电熔焊的非破坏性检验

电熔焊的非破坏性检验主要为宏观(外观)检查，包括以下内容：

(1) 电熔管件应当完整无损，无变形及变色；

(2) 从观察孔应当能看到有少量的聚乙烯顶出，但是顶出物不得呈流淌状，焊接表面不得有熔融物溢出；

(3) 电熔管件承插口应当与焊接的管材保持同轴；

(4) 检查管材整个圆周的刮削痕迹。

G4　电熔焊的破坏性检验

G4.1　电熔管件剖面检验

取电熔后的组件，用锯条与熔接组件端面成45°角进行切开，组件中的电阻丝应当排列整齐，不应当有涨出、裸露、错行，焊后不游离。管件与管材熔接面上应当无可见界线。

G4.2　拉伸剥离试验

拉伸剥离试验方法按GB/T 19808标准进行。

G4.3　挤压剥离试验

挤压剥离试验方法按GB/T 19806标准进行。

G4.4　耐压(静液压强度)试验

耐压(静液压强度)试验方法按GB/T 6111标准进行。

G5　电熔鞍形管件焊接的检验

G5.1　宏观(外观)检查

宏观(外观)检查要求如下：

(1) 电熔鞍形管件与管材焊接后，不得有熔融物流出管件表面，从观察孔应当能看到有少量的聚乙烯顶出，但是顶出物不得呈流淌状；

(2) 电熔鞍形管件应当与管材轴向垂直；

(3) 鞍形管件焊接处周围应当有刮削痕迹。

G5.2　撕裂剥离试验

撕裂剥离试验方法见附件H。

G5.3　挤压剥离试验

挤压剥离试验方法按GB/T 19806标准进行。

附件 H

撕裂剥离试验方法

H1 范围

本方法用于测试管材的电熔承插、鞍形连接的连接强度的试验方法。

H2 原理

本方法通过撕裂焊接面的破坏性质的百分比，分裂的外形特征及分裂的位置来测定的连接强度。试验环境温度控制在 23℃±2℃。

组件的撕裂强度是对焊接面进行破坏性拉伸试验所得到的撕裂百分比，从分裂的外形、位置可以说明组件的熔接质量。

H3 试验设备

主要试验设备包括：

（1）拉力试验机，能够保证拉伸速度在 100mm/min±10%；

（2）芯轴，其最大外径尺寸比测试管材最小内径小 5%。

H4 试样

H4.1 取样

试样为从正常生产中获得的用管材和（或者）管件连接所得到的连接件。

H4.2 准备试样

试样由一根管材和另一根管材或管件的连接件组成，试样的加工如图 H-1 所示。在电熔连接或者鞍形连接的情况下，应当保证附着管材截面的电阻丝切断后没有明显的减少，勿损伤管材面。

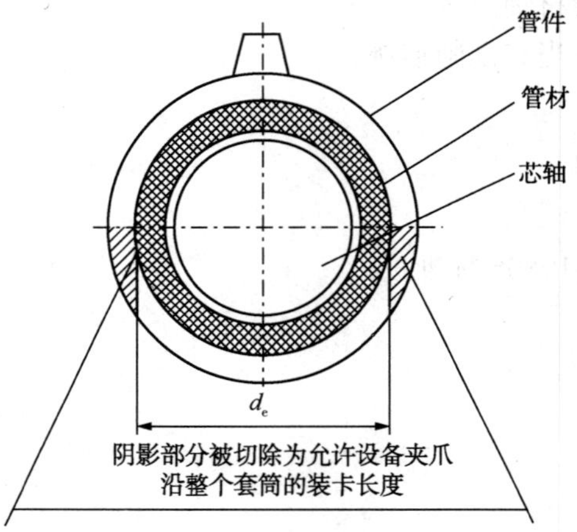

图 H-1 管件的机械加工部分

H4.3 试样的数量

试样数量应当符合相应产品标准中所规定的数量。

推荐试样数量至少为 3 个。

H5 试验条件

试样应当在焊接完成 24h 后，在 23℃±2℃ 条件下最少进行 6h 的状态调节后才可进行试验。

H6 试验步骤

（1）芯轴插入管材；

（2）试验方法按照图 H-2 的安装方式对试样施力；

（3）以 100mm/min±10%的拉伸速度施力；

（4）记录下整个试验中所施力的变化；

（5）继续加载直至试样的某些部位发生完全分离或者撕裂，并且记录所施加的力；

（6）检查试样并记录开裂的位置(即在管材上还是在管件上、在电阻丝线圈或界面之间)以及破裂的类型，其中特别需要注意的是破坏界面是脆性破裂还是韧性破裂。

注：d_e——管材实际外径，mm(下同)。

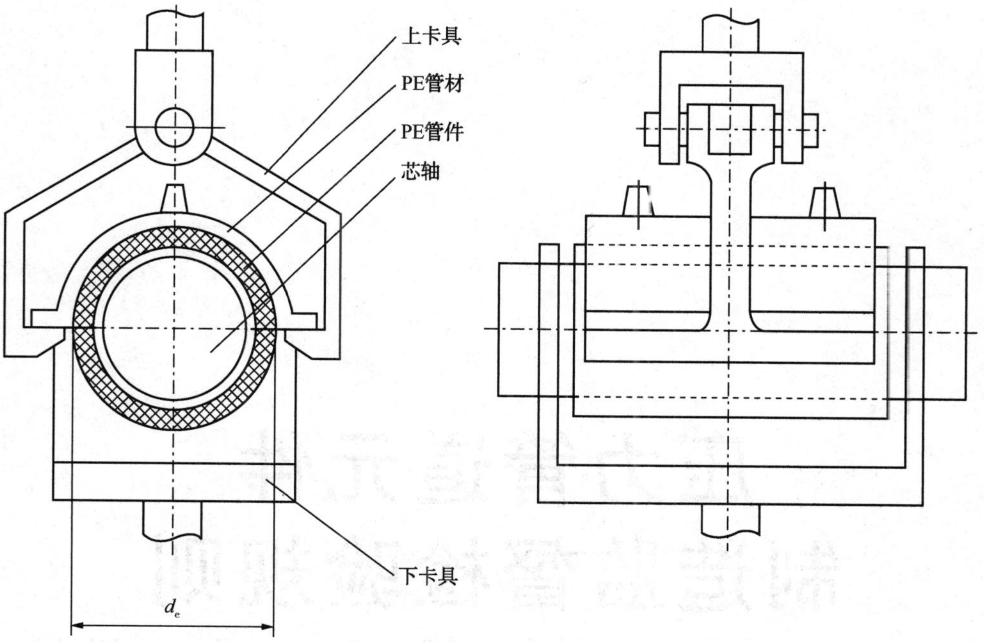

图 H-2　固定管材加力

H7　试验报告

包括以下内容：

（1）试样各部分的材质；

（2）管件的规格；

（3）管材的尺寸，包括平均外径、不圆度、壁厚、焊接前的长度等；

（4）试样的尺寸，管材的自由长度；

（5）试样的焊接参数；

（6）测试的温度及测量的精度；

（7）试样的数量；

（8）焊接时间，预处理的时间；

（9）最大分离力；

（10）破坏的形式：界面分离、电阻丝线圈撕开、管材或管件屈服、表面脆性开裂或柔性破坏；

（11）试验室名称；

（12）测试日期。

压力管道元件
制造监督检验规则

Pressure Piping Components Manufacture Supervision Inspection Regulation

中华人民共和国国家质量监督检验检疫总局颁布
2013年1月16日

前　言

2008 年 2 月，国家质量监督检验检疫总局(以下简称国家质检总局)特种设备安全监察局(以下简称特种设备局)向中国特种设备检测研究院(以下简称中国特检院)下达起草任务书，中国特检院组织成立了起草组。2008 年 5 月和 8 月，起草组分别在大连、无锡召开了会议，在实施《压力管道元件制造监督检验规则(埋弧焊钢管与聚乙烯管)》的基础上，总结了近年来压力管道元件制造监督检验工作经验，形成《压力管道元件制造监督检验规则》的草稿。2008 年 10 月，在北京召开了起草组全体成员会议，对草稿进行了研讨，形成征求意见稿。2009 年 6 月，特种设备局以质检特函〔2009〕30 号文征求有关部门、单位和专家及公民的意见。2011 年 12 月，提交国家质检总局特种设备安全技术委员会审议。起草组根据征求到的意见以及安全技术委员会专家的审议意见，进行了修改形成了报批稿。2013 年 1 月 16 日，由国家质检总局批准颁布。

本规则进一步规范了压力管道元件制造监督检验工作的要求，明确了压力管道元件制造监督检验的方式、项目和方法，对实施压力管道元件制造监督检验的监检机构、监检人员以及制造单位提出相应的规定。为完善压力管道元件制造监督检验工作，建立了规范、科学的工作模式。

本规则主要起草单位和人员如下：

大连市质量技术监督局	李明镐
大连市锅炉压力容器检验研究院	孙爱华
辽宁省技术监督局特种设备处	周　震
江苏省特种设备安全监督检验研究院	曹建树
江苏省特种设备安全监督检验研究院无锡分院	费宏伟
浙江省特种设备检验研究院	石　平
沈阳特种设备检测研究院	任克华
中国特种设备检测研究院	甘晓东
杭州市特种设备检测院	夏福勇
河北省锅炉压力容器监督检验院	王万兴
辽宁省安全科学研究院	刘金山
中国石油天然气集团公司管材研究所	杨红兵
国家钢铁产品质量监督检验中心	宋志敏
廊坊开发区首都航天波纹管厂	韩　杰
渤海重工管道有限公司	刘新军
辽宁大型钢管有限公司	刘忠奎

目　　录

压力管道元件制造监督检验规则

第一条 为了规范压力管道元件制造监督检验工作，根据《特种设备安全监察条例》，制定本规则。

第二条 本规则适用于《压力管道元件制造许可规则》规定实施许可的压力管道元件(以下简称产品)的制造监督检验(以下简称监检)。

第三条 产品监检工作，由制造单位所在地具有相应资质的特种设备检验机构(以下简称监检机构)承担。

第四条 监检是指产品制造过程中，在制造单位对产品质量检验与试验(以下简称自检)合格的基础上，由监检机构对产品进行的符合性验证。监检不能代替制造单位的自检。

第五条 本规则规定的监检，分为逐台、逐批和年度监检三种方式。

实施逐台、逐批监检的产品范围见附件 A。附件 A 未列入的产品实施年度监检。

第六条 监检项目以及要求见《压力管道元件制造监督检验大纲》(附件 B，以下简称《监检大纲》)。

承担监检的检验人员(以下简称监检人员)应当将监检结果填入《压力管道元件制造监督检验项目表》(见附件 C，以下简称《监检项目表》)。

第七条 监检机构应当在监检人员监检的基础上，按照《压力管道元件制造单位质量保证体系实施情况检查大纲》(见附件 D，以下简称《质保体系检查大纲》)的要求，每年对制造单位质量保证体系实施情况至少进行一次检查，并将检查结果填入《压力管道元件制造单位质量保证体系实施情况检查项目表》(见附件 E，以下简称《质保体系检查项目表》)。

第八条 《监检大纲》和《监检项目表》是监检工作的基本要求。监检机构可以根据产品技术特性、有关安全技术规范及其相应产品标准，以及监检方式的要求，对《监检大纲》和《监检项目表》进行适当调整。

第九条 监检项目分为 A 类和 B 类，具体分类见《监检项目表》。监检人员应当根据《监检大纲》，并且按照以下要求进行监检：

(一) A 类监检项目，监检人员在制造现场进行巡查的基础上，检查相关资料、实物或者进行现场监督，确认检验与试验结果，判定是否符合要求；未经监检或者监检不符合的产品，不得流转至下一道工序；

(二) B 类监检项目，监检人员在制造现场进行巡查的基础上，随机抽查各项相关资料、检验与试验报告、记录表、卡，必要时抽查实物或者进行现场监督，确认检验与试验结果，判定是否符合要求。

第十条 制造单位应当根据产品技术特性和质量保证体系的要求，编制产品质量计划(制造过程质量控制表、卡)、作业文件(工艺文件)等质量保证体系文件。质量保证体系文件中所规定的检验与试验项目、质量控制环节(点)以及相关质量要求，应当不低于有关安全技术规范及其相应标准的规定。

第十一条 监检机构应当根据产品技术特性，按照本规则的规定，制定监检作业指导书。

第十二条 监检机构应当根据产品技术特性以及制造单位产品生产和管理的实际情况，配备具有相应资格和能够满足所承担监检工作需要数量的监检人员，并且以书面形式将监检人员名单告知制造单位。

第十三条 实施逐台、逐批监检的，制造单位应当编制产品生产计划，并且按照生产计划及时向监检机构提出监检申请。需要在现场进行监检的项目，制造单位应当提前一个工作日通知监检人员。

实施年度监检的，制造单位应当按照本规则第二十条规定的年度期间内提出年度监检申请，监检机构接到申请后应当在5个工作日内安排年度监检工作，但年度监检工作应当在本年度内完成。

第十四条 制造单位应当设置专人配合监检人员进行监检工作，及时提供相关监检资料，并且根据监检工作实际情况提供必要的工作条件。

第十五条 制造单位应当向监检人员提供以下监检资料：

(一) 特种设备制造许可证(原件)；

(二) 产品生产计划、产品清单以及在制品清单；

(三) 设备、工装、仪器、检验与试验装置等台账；

(四) 计量器具台账以及检定(校准)证书、报告；

(五) 质量保证工程师、质量控制系统责任人员一览表以及任命文件、聘用合同、工资表、相关社保凭证、身份证、学历证明、职称证明等；

(六) 从事产品焊接的持证焊工一览表(列出持证项目、有效期、焊工代号等)、从事产品质景检验人员一览表、从事产品无损检测人员一览表(列出持证项目、级别、有效期、资格证编号等)；

(七) 合格供(分包)方名录以及评价报告，分包合同以及分包单位资质和相关人员资格证明(有行政许可要求的)；

(八) 管理评审、不合格品(项)控制、质量改进与服务等质量保证体系实施的相关记录；

(九) 相关产品标准、设计文件(适用时)、工艺文件和检验与试验记录；

(十) 焊接工艺评定一览表；

(十一) 型式试验报告和型式试验证书；

(十二) 产品合同以及技术协议；

(十三) 监检工作需要的其他资料。

前款规定的资料发生变更时，制造单位应当及时通知监检人员，并且更换为有效版本。

第十六条 监检人员应当按照本规则规定以及所制定的监检作业指导书实施监检，对所进行的监检工作进行记录，并且及时在制造单位提供的相关见证资料(设计资料、检验与试验报告、记录表、卡等证明文件)上签字确认。

第十七条 监检人员对制造单位提供的相关见证资料有怀疑或者发现不符合有关安全技术规范及其相应标准要求时，有权要求制造单位进行复验或者补充检验。

第十八条 监检人员在填写《监检项目表》时，应当记录监检工作过程和结果。在《监检项目表》的“监检结果”栏内填写“符合”、“不符合”或者“无此项”，在“工作见证”栏内填写监检工作见证资料名称或者监检工作记录名称，在“记事”栏内记录监检项目不符合的具体情况、实测数据、制造单位对不符合项目的处理情况以及监检一次合格率等。

第十九条 监检过程中发现的一般问题时，由监检人员向制造单位发出《特种设备监督检验联络单》(见附件F，以下简称《监检联络单》)；当发现严重问题时，由监检机构向制造单位发出《特种设备监督检验意见通知书》(见附件G，以下简称《监检意见书》)。制造单位在接收《监检联络单》、《监检意见书》后，应当在规定时限内对所提出的问题进行处理，并且以书面形式予以回复。

监检机构应当将《监检意见书》同时上报制造单位所在地设区的市级质监部门。

注1：严重问题，是指对产品安全性能有较大影响的问题。如监检项目结论为“不符合”，制造单位质量保证体系实施严重失控，制造单位对《监检联络单》提出的问题拒不整改，制造单位不再具备特种设备制造许可条件，制造单位有违反行政许可的行为等。

除严重问题以外的其他问题为一般问题。

第二十条 全部监检工作结束后，如果监检结论为“符合”，对实施逐台、逐批监检的，监检机构应当及时向制造单位出具《特种设备制造监督检验证书(逐台、逐批)》(见附件H，以下简称《逐台、逐批监检证书》)；对实施年度监检的，监检机构应当及时向制造单位出具《特种设备制造监督检验报告(年度)》(见附件J，以下简称《年度监检报告》)，并且在《年度监检报告》注明下次(间隔1年的)监检日期。

注2：下次(间隔1年的)监检日期，在下年度前6个月内安排，但是不应当超过特种设备制造许可证有效期。如制造单位2013年4月5日取得压力管道元件制造许可证，则2013年4月5日至2014年4月5日为一个年度，以此类推。首次年度监检应当在2014年4月5日前的6个月内安排年度监检，下次监检日期安排为2015年4月5日前6个月内(不按照监检实施日期定)，以此类推，但是不能超过特种设备制造许可证有效期，即2017年4月5日(按照特种设备制造许可证有效期4年)。

第二十一条 经逐台、逐批监检，符合有关安全技术规范及其相应标准的产品，监检机构应当根据产品技术特性和制造单位产品生产和管理的实际情况，采用适当的方式，在产品明显部位标注监检标志。

第二十二条 实施逐批监检的产品，如果监检项目不符合有关安全技术规范及其相应标准规定，应当对该批产品进行逐根(台、件、只)检查。

第二十三条 实施年度监检的，监检机构应当按照第二十条规定的年度期间内，对各品种(范围)每一级别产品至少抽取一批产品进行监检。所抽查产品如果按照制造许可相关规定可以向下覆盖的，应当抽查该品种高级别产品。

相互不能覆盖的产品，所抽查级别产品监检项目不符合有关安全技术规范及其相应标准规定的，该级别所代表产品(品种、范围)的本次年度监检结论为“不符合”。

可以向下覆盖的产品，所抽查级别产品监检项目不符合有关安全技术规范及其相应标准规定时，该级别所代表产品(品种、范围)的本次年度监检结论为“不符合”。并且还应当对该级别下一级别产品进行抽查，依此类推。

第二十四条 产品出厂时，制造单位除按照有关安全技术规范的规定向用户提供产品质量合格证明等文件外，实施逐台、逐批监检的，还应当提供监检证书。

第二十五条 监检机构应当保存《逐台、逐批监检证书》、《年度监检报告》、《监检项目表》、《质保体系检查项目表》、《监检联络单》和《监检意见书》以及监检机构认为必要的其他资料，保存期至少5年。

第二十六条 制造单位对《监检意见书》提出的意见拒不接受和不能按时纠正，以及不能按期申报年度监检和年度监检报告结论为“不符合”的，监检机构应当上报《特种设备制造许可证》的发证部门。发证部门按照《条例》，以及其他法律、法规、规章，根据情况采取责令改正、责令暂停制造、吊销许可证和对已经出厂产品的处理措施等。

第二十七条 监检机构和监检人员对制造单位的技术和商业秘密应当予以保密。

第二十八条 制造单位对监检结论有异议时，应当在15个工作日内，以书面形式向监检机构提出复检要求。对复检结果仍有异议的，应当以书面形式向所在地设区的市级或者省级质量技术监督部门提出。上述部门应当及时予以调查和处理。

第二十九条 制造单位应当按照相关规定缴纳监检费用。

第三十条 本规则由国家质检总局负责解释。

第三十一条 本规则自2013年7月1日起施行，原国家质检总局颁发的《压力管道元件制造监督检验规则(埋弧焊钢管与聚乙烯管)》(TSG D7001—2005)同时废止。

附件 A

压力管道元件制造逐台、逐批监督检验产品范围

<table>
<tr><th colspan="3">许可项目</th><th rowspan="2">监检范围</th><th rowspan="2">监检方式</th></tr>
<tr><th colspan="2">品种(名称)</th><th>级别</th></tr>
<tr><td colspan="2" rowspan="2">无缝钢管</td><td>A1</td><td>公称直径大于或者等于 200mm 的无缝钢管(合金钢)</td><td>逐批</td></tr>
<tr><td>A2</td><td>合金钢钢管的热扩</td><td>逐批</td></tr>
<tr><td rowspan="5">焊接钢管</td><td rowspan="3">螺旋缝埋弧焊钢管</td><td>A1</td><td>有特殊要求的石油天然气输送管道用螺旋缝埋弧焊钢管</td><td rowspan="3">逐批</td></tr>
<tr><td>A2</td><td>石油天然气输送管道用螺旋缝埋弧焊钢管</td></tr>
<tr><td>B</td><td>低压流体输送用螺旋缝埋弧焊钢管</td></tr>
<tr><td rowspan="2">直缝埋弧焊钢管</td><td>A1</td><td>石油天然气输送管道用直缝埋弧焊钢管</td><td rowspan="2">逐批</td></tr>
<tr><td>A2</td><td>低压流体输送用直缝埋弧焊钢管</td></tr>
<tr><td colspan="2">铸铁管</td><td>B</td><td>公称直径大于或者等于 200mm 的城镇燃气用球墨铸铁管</td><td>逐批</td></tr>
<tr><td rowspan="3">聚乙烯及聚乙烯复合管材</td><td rowspan="2">聚乙烯管材</td><td>A1</td><td>公称直径大于或者等于 450mm 的燃气用埋地聚乙烯管材</td><td>逐批</td></tr>
<tr><td>A2</td><td>其他燃气用埋地聚乙烯管材</td><td>逐批</td></tr>
<tr><td>带金属骨架的聚乙烯复合管材</td><td>A</td><td>燃气用带金属骨架的聚乙烯复合管材</td><td>逐批</td></tr>
<tr><td colspan="2" rowspan="2">钢制无缝管件(包括工厂预制弯管、有缝管坯制管件)</td><td>A</td><td>(1) 公称直径大于 250mm 的耐热钢钢制无缝管件;
(2) 公称直径大于 250mm 的双相不锈钢制无缝管件;
(3) 公称直径大于 250mm，且标准抗拉强度大于 540MPa 的合金钢制无缝管件</td><td rowspan="2">逐批</td></tr>
<tr><td>B</td><td>其他无缝管件(公称直径大于或者等于 200mm 合金钢无缝管件)</td></tr>
<tr><td colspan="2" rowspan="2">钢制有缝管件(钢板制对焊管件)</td><td>B1</td><td>(1) 不锈钢制有缝管件;
(2) 标准抗拉强度大于 540MPa 的合金钢制有缝管件</td><td rowspan="2">逐批</td></tr>
<tr><td>B2</td><td>其他有缝管件(公称压力大于或者等于 6.4MPa，且公称直径大于或者等于 500mm 有缝管件)</td></tr>
<tr><td colspan="2" rowspan="2">阀门</td><td>A1</td><td>(1) 设计温度大于 425℃，且公称直径大于或者等于 200mm 的阀门;
(2) 公称压力大于 10MPa，且公称直径大于或者等于 200mm 的阀门</td><td>逐批</td></tr>
<tr><td>A2</td><td>(1) 公称压力大于或者等于 6.4MPa，且公称直径大于或者等于 200mm 的阀门;
(2) 设计温度低于-46℃的阀门</td><td>逐批</td></tr>
<tr><td colspan="2">金属波纹膨胀节</td><td>A</td><td>(1) 公称压力大于或者等于 4.0MPa，且公称直径大于或者等于 500mm 金属波纹膨胀节;
(2) 公称压力大于或者等于 2.5MPa，且公称直径大于或者等于 1000mm 的金属波纹膨胀节</td><td>逐台</td></tr>
<tr><td colspan="2">元件组合装置</td><td>A</td><td>额定压力大于 1.6MPa 的燃气调压装置及其他 A 级元件组合装置</td><td>逐台</td></tr>
</table>

附件 B

压力管道元件制造监督检验大纲

B1 资料审查

B1.1 执行规范、标准(适用于可按照产品标准生产，无需设计文件的产品)审查产品选用的安全技术规范及其相应产品标准是否现行、有效。

B1.2 设计文件

B1.2.1 设计图样

审查设计选用的安全技术规范及其相应产品标准是否现行、有效，标注的检验与试验要求是否符合产品标准和合同技术要求，图样签字手续是否符合规定。

B1.2.2 设计计算书

审查是否进行了强度校核，是否有补偿量计算(适用于金属波纹膨胀节)，检查签字手续是否符合要求。

B1.2.3 设计变更

审查设计变更(含材料代用)手续是否符合规定。

B1.3 许可、型式试验文件

审查许可证、型式试验(含设计审查、检验与试验)证明文件及其结果是否符合要求，是否能覆盖本批产品。

B1.4 定型试验报告

审查定型试验报告是否有效，是否能覆盖本批产品。

B1.5 工艺文件

审查产品工艺文件是否完整齐全，签字手续是否符合规定。

B1.6 焊接工艺评定文件

审查制造单位焊接工艺评定文件是否有效，是否能覆盖本批产品。对新的焊接工艺评定，监检人员应当对焊接工艺评定过程进行监督。

B2 制造过程监检

B2.1 产品组批

产品标准有组批规定的，核查是否按照产品标准进行组批。产品标准没有组批规定的，制造单位可以按照以下原则组批，产品批号及数量必须在制造单位产品质量合格证明文件中明确：

(1) 焊接钢管，埋弧焊钢管，同机组、同牌号、同外径、同壁厚、同工艺、生产周期不超过 7 天，数量不超过 200 根为一批；如果产品质量稳定，连续 1 年未发现质量问题的，制造单位可以向所在地的省级质量技术监督部门提出增加组批管子数量的要求，获得同意的，可以增加组批数量，但每批不得超过 600 根；对于增加组批数量的，产品安全性能一旦出现问题，应当恢复组批原规定的数量；

(2) 钢制无缝管件，对 A 级无缝管件，同材料、同规格、同工艺，生产周期不超过 30 天，数量不超过 200 个为一批；对 B 级无缝管件，同材料、同规格、同工艺，生产周期不超过 30 天，数量不超过 500 个为 1 批；

(3) 钢制有缝管件，同材料、同规格、同工艺，生产周期不超过 30 天，数量不超过 200 个为 1 批；

(4) 阀门，同型号、同规格、同工艺，生产周期不超过 30 天，数量不超过 200 只为 1 批。

B2.2 材料

包括产品受压元件原材料、主要零部件材料、密封元件、焊接材料以及外购件，其中聚乙烯和聚乙烯复合管材的原材料还包括混配料。

B2.2.1 材料验收

（1）审查材料质量证明书是否有效，内容是否符合相关标准和合同的技术要求，数据是否齐全、正确和清晰；

（2）抽查材料实物标志是否符合材料标准，是否与材料质量证明书相符，是否按照规定进行验收。

B2.2.2 材料性能检查

如果制造单位自行在聚乙烯基本树脂中添加其他必要的添加剂或者使用回用料，审查其性能试验报告或者同用料添加记录，核查其混配料的基本性能或者回用料的添加量是否符合要求。

B2.2.3 材料标志

检查制造单位材料标志(可追溯性标志)的编制、标志方法、位置和标志移植等是否符合规定。

B2.2.4 材料复验

需要进行材料复验或者监检人员认为有必要要求制造单位进行复验的，应当审查制造单位对材料复验的项目及其结果是否符合相关标准和合同技术要求。

B2.3 制造工艺执行

审查产品制造工艺操作记录与检查记录是否符合有关安全技术规范及其相应标准的要求。必要时抽查产品制造工艺的执行情况。

注 B-1：部分产品的制造工艺如下(供参考)：

(1) 聚乙烯管材，包括原材料烘干、挤出、牵引、定径等；

(2) 带金属骨架的聚乙烯复合管材，包括加工工艺以及混配料的注入工艺；

(3) 弯头的弯制工艺等。

B2.4 焊接过程

对聚乙烯和聚乙烯复合管材为熔接，对钢制管件为补焊，对阀门为主要承压件对接焊、密封面堆焊、重大缺陷补焊。

B2.4.1 焊接人员资格

检查焊接人员资格证件(原件)，抽查实际进行焊接的焊接人员是否具备相应资格。

B2.4.2 焊接工艺执行

审查焊接检查记录，并且抽查焊接工艺、焊接返修工艺的执行情况，检查实际进行焊接的焊接人员是否按照工艺文件进行施焊。

B2.5 无损检测

B2.5.1 无损检测报告

审查无损检测报告，核查其无损检测人员是否具备相应资格，检测方法、检测标准、检测比例和结果是否符合设计、标准要求，签字手续是否齐全(注 B-2)。必要时现场监督无损检测过程。

注 B-2：本规则要求的各种检验与试验报告、记录表、卡等工作见证，按照压力管道元件制造单位质量保证体系的要求，需要质量控制系统责任人确认签字的，也应当审查是否及时进行确认签字。

B2.5.2 射线检测底片

对需要采用射线检测方法进行无损检测的产品，按照每个焊工焊缝的射线底片数的10%进行抽查，抽查范围应当包括返修片；审查射线检测底片的质量和评片的结果是否符合有关安全技术规范及其相应标准的要求。

对于采用工业电视进行RT无损检测的产品，可抽查存储的透照影像。

B2.6 热处理

审查热处理报告，核查其热处理温度自动记录曲线与热处理工艺是否一致。必要时现场抽查热处理工艺执行情况。

B2.7 外观与几何尺寸

审查检验记录，并且按照以下规定检查产品外观与主要几何尺寸是否符合产品标准要求：

(1) 实施逐批监检的，每批至少抽查1根(台、件、只)产品进行外观与主要几何尺寸检查；

(2) 实施逐台监检的，逐台进行外观与主要几何尺寸检查；

(3) 实施年度监检的，仅对抽查的产品进行外观与主要几何尺寸检查。

B2.8 重量

产品标准对重量有要求的，审查检验记录，并且按照以下规定检查产品重量是否符合产品标准要求：

(1) 实施逐批监检的，每批至少抽查1根(台、件、只)产品进行称重；

(2) 实施逐台监检的，逐台进行称重；

(3) 实施年度监检的，仅对抽查的产品进行称重。

B2.9 理化检验

审查理化检验报告，检查其检验方法、内容及其检验数值是否符合相关产品标准和合同的技术要求，签字手续是否符合规定。理化检验由制造单位自行进行的，必要时现场监督试验过程。

注B-3：部分产品理化检验项目如下(供参考)：

(1) 无缝钢管，为化学成分、金相、硬度、拉伸、夏比冲击、晶间腐蚀、非金属夹杂物、实际晶粒度等；

(2) 焊接钢管，为化学成分、金相、拉伸、夏比冲击(适用时)、落锤(适用时)，对不锈钢还要包括晶粒度测定和耐蚀性试验等；

(3) 铸铁管，为化学成分、硬度、拉伸等；

(4) 聚乙烯管材，为断裂伸长率、热稳定性(氧化诱导时间)、熔体质量流动速率等；

(5) 带金属骨架的聚乙烯复合管材，为管子纵向尺寸收缩率试验等；

(6) 钢制对接无缝管件、钢制对接有缝管件、阀门(对阀门适用于具备自铸、自锻能力的制造单位的铸件、锻件)，为化学成分、金相、硬度、拉伸、夏比冲击等；

(7) 电站用组合装置，为金相、光谱、硬度等。

B2.10 性能试验

审查性能试验报告，并且按照以下规定检查产品性能试验是否符合产品标准和合同的技术要求；

(1) 实施逐批监检的，每批至少抽查1根(台、件、只)产品进行性能试验检查；

(2) 实施逐台监检的，逐台进行性能试验检查；

(3) 实施年度监检的，仅对抽查的产品进行性能试验检查。

注B-4：部分产品性能试验项目如下(供参考)：

(1) 无缝钢管，为工艺性能试验，包括压扁、扩口等；埋弧焊钢管为导向弯曲试验；

(2) 燃气调压装置，模拟工况调试；

(3) 调节阀，为基本误差、额定行程偏差、始终点偏差、死区、回差等。

B2.11 耐压试验

审查试验报告，并且按照以下规定检查产品耐压试验的试验压力、保压时间、压力表的有效期及其试验结果是否符合规定，定期检查耐压试验的试验条件、试验设备：

(1) 实施逐批监检的，每批至少跟踪抽查1根(台、件、只)产品进行耐压试验检查；

(2) 实施逐台监检的，逐台进行耐压试验检查；

(3) 实施年度监检的，仅对抽查的产品进行耐压试验检查。

注B-5：耐压试验分为液压试验和气压试验。有关压力管道元件耐压试验的各种术语如下；

(1) 无缝钢管、铸铁管，为液压试验；

(2) 焊接钢管，为静水压试验；

(3) 聚乙烯管材，为静液压强度试验；

(4) 带金属骨架的聚乙烯复合管材，为短期静液压强度试验；

(5) 阀门(阀体)、金属波纹膨胀节、燃气调压装置，为压力试验(包括液压试验和气压试验)。

B2.12　泄漏试验

审查泄漏试验报告，并且按照以下规定检查产品泄漏试验的试验压力、保压时间、压力表的有效期及其试验结果是否符合规定，定期检查泄漏试验的试验条件、试验设备：

(1) 实施逐批监检的，每批至少跟踪抽查1根(台、件、只)产品进行泄漏试验检查；

(2) 实施逐台监检的，逐台进行泄漏试验检查；

(3) 实施年度监检的，仅对抽查的产品进行泄漏试验检查。

注B-6：泄漏试验根据试验介质的不同，分为气密性试验以及氨检漏试验、卤素检漏试验、煤油渗漏试验和氮检漏试验等。采用哪种试验方法，按照相关标准和图样要求执行。部分压力管道元件泄漏试验的各种术语如下：

(1) 铸铁管、燃气调压装置，为气密性试验；

(2) 金属波纹膨胀节，包括煤油渗漏试验、气密性试验；

(3) 阀门，一般为密封试验，有特殊要求时还包括卤素检漏试验、煤油渗漏试验和氦检漏试验。

B2.13　涂敷质量

审查检验记录，并且按照以下规定检查产品涂敷质量是否符合产品标准要求：

(1) 实施逐批监检的，每批产品至少抽查1根(台、件、只)进行涂敷质量检查；

(2) 实施逐台监检的，逐台进行涂敷质量检查；

(3) 实施年度监检的，仅对抽查的产品进行涂敷质量检查。

B2.14　安全附件

按照规定需要配置安全附件的，检查其数量、型号规格及其产品质量合格证明文件是否符合要求。

B3　产品出厂检验

B3.1　产品标志

按照以下规定检查产品标志是否符合有关规定：

(1) 实施逐批监检的，每批产品至少抽查1根(台、件、只)进行标志检查；

(2) 实施逐台监检的，逐台进行标志检查；

(3) 实施年度监检的，仅对抽查的产品进行标志检查。

B3.2　出厂文件

审查产品质量合格证明等出厂文件，检查其内容是否齐全、正确，是否符合规定，其提供的交货状态是否符合相关产品标准和合同的技术要求。

注B-7：各类产品监检适用项目如下：

(1) 无缝钢管，为B1.1、B1.3、B1.5、B2.1、B2.2.1、B2.2.3、B2.2.4、B2.5.1、B2.6、B2.7、B2.8、B2.9、B2.10、B2.11、B3.1、B3.2；

(2) 焊接钢管，为B1.1、B1.3、B1.5、B1.6、B2.1、B2.2.1、B2.2.3、B2.2.4、B2.4.1、B2.4.2、B2.5.1、B2.5.2、B2.6、B2.7、B2.9、B2.10、B2.11、B3.1、B3.2；

(3) 铸铁管，为B1.1、B1.3、B1.5、B2.1、B2.2.1、B2.2.4、B2.6、B2.7、B2.8、B2.9、B2.11、B2.12、B2.13、B3.1、B3.2；

(4) 聚乙烯及聚乙烯复合管材，为B1.1、B1.3、B1.4(适用于聚乙烯管材)、B1.5、B2.1、B2.2.1、B2.2.2、B2.2.4、B2.3、B2.7、B2.9、B2.11、B3.1、B3.2；

(5) 钢制无缝管件，为B1.1、B1.3、B1.5、B2.1、B2.2.1、B2.2.3、B2.2.4、B2.3、B2.5.1、B2.6、B2.7、B2.9、B3.1、B3.2；

(6) 钢制有缝管件，为B1.1、B1.3、B1.5、B1.6、B2.1、B2.2.1、B2.2.3、B2.2.4、B2.4.1、B2.4.2、B2.5.1、B2.5.2、B2.6、B2.7、B2.9、B3.1、B3.2；

(7) 阀门，为B1.2.1、B1.2.2、B1.2.3、B1.3、B1.5、B1.6、B2.1、B2.2.1、B2.2.3、B2.2.4、B2.4.1、B2.4.2、B2.5.1、B2.5.2、B2.6、B2.7、B2.9、B2.10、B2.11、B2.12、B3.1、B3.2；

（8）金属波纹膨胀节，为 B1.2.1、B1.2.2、B1.2.3、B1.3、B1.5、B1.6、B2.1、B2.2.1、B2.2.3、B2.2.4、B2.4.1、B2.4.2、B2.5.1、B2.5.2、B2.7、B2.11、B2.12、B3.1、B3.2；

（9）元件组合装置，其中燃气调压装置，为 B1.2.1、B1.2.2、B1.2.3、B1.3、B1.5、B1.6、B2.2.1、B2.2.3、B2.4.1、B2.4.2、B2.5.1、B2.5.2、B2.7、B2.10、B2.11、B2.12、B2.14、B3.1、B3.2；电站用组合装置，为 B1.2.1、B1.2.3、B1.3、B1.5、B1.6、B2.2.1、B2.2.3、B2.2.4、B2.4.1、B2.4.2、B2.5.1、B2.5.2、B2.6、B2.7、B2.9、B3.1、B3.2。

附件 C

压力管道元件制造监督检验项目表

编号：

制造单位			
制造单位地址			
订货单位			
制造许可证编号		监检方式	
产品品种		产品名称	
级　　别		材料牌号	
产品型号(规格)		产品标准	
产品批号/数量	/	制造日期	
产品编号			

序号	监检项目			监检类别	监检结果	工作见证	监检员	日期
1	1 资料审查	1.1　执行的规范、标准		B				
2		1.2 设计文件	1.2.1　设计图样	B				
3			1.2.2　设计计算书	B				
4			1.2.3　设计变更	B				
5		1.3　许可、型式试验文件		B				
6		1.4　定型试验报告		B				
7		1.5　工艺文件		B				
8		1.6　焊接工艺评定文件		A				
9	2 制造过程监检	2.1　产品组批		B				
10		2.2 材料	2.2.1　材料验收	B				
11			2.2.2　材料性能检查	B				
12			2.2.3　材料标志	B				
13			2.2.4　材料复验	B				
14		2.3　制造工艺执行		B				
15		2.4 焊接过程	2.4.1　焊接人员资格	B				
16			2.4.2　焊接工艺执行	B				
17		2.5 无损检测	2.5.1　无损检测报告	B				
18			2.5.2　射线检测底片	B				
19		2.6　热处理		B				
20		2.7　外观、几何尺寸		B				
21		2.8　重量		B				
22		2.9　理化检验		B				
23		2.10　性能试验		B				
24		2.11　耐压试验		B/A				

共　页　第　页

序号	监检项目		监检类别	监检结果	工作见证	监检员	日期
25	2 制造 过程 监检	2.12　泄漏试验	B				
26		2.13　涂敷质量	B				
27		2.14　安全附件	B				
28	3 产品 出厂 检验	3.1　产品标志	A				
29		3.2　出厂文件	A				
记事：(包括所抽查的产品或者样品编号、射线底片复评编号及影像的抽查情况、监检项目不符合的具体情况、实测数据、发现质量保证体系存在的问题、监检项目一次合格率以及制造单位对不符合项目的处理情况等，括号内可以不印制)							
监检：		日期：	审核：		日期：		

注：实施逐台监检时，耐压试验的制造监检类别为A类。

(本项目表包括本规则附件B列出的所有监检项目，监检机构应当根据产品品种(名称)实施的具体项目编制、填写。本括号内的内容不印制)

共　页　第　页

附件 D

压力管道元件制造单位质量保证体系实施情况检查大纲

质量保证体系实施情况检查内容应当包括检查制造单位资源条件的变化、质量控制要素的实施情况以及许可制度的执行情况。

质量保证体系实施情况检查应当在制造单位进行，可以采用对已出厂产品的技术资料和检验资料的追溯、现场检查和与制造单位相关人员座谈的形式进行。本大纲是对制造单位质量保证体系实施情况检查的基本要求，监检机构可以根据监检工作情况在满足本大纲基本要求的前提下对检查项目进行调整。

D1 制造单位资源条件的变化

D1.1 法定资格

查阅制造单位的营业执照、组织机构代码证等证件，审查制造单位的法定资格是否符合相关规定。

D1.2 人员情况

检查制造单位的技术人员、质量体系责任人员、特种设备作业和检测人员(如焊工、无损检测人员)等技术力量是否能够持续满足《压力管道元件制造许可规则》(TSG D2001)的规定。

D1.3 生产条件

检查制造单位的厂房场地和工装设备等资源条件是否能够持续满足《压力管道元件制造许可规则》(TSG D2001)的规定。

D1.4 检验与试验条件

检查制造单位的检验与试验设备装置台账，核实检验与试验设备装置的数量、能力、状态是否能够持续满足《压力管道元件制造许可规则》(TSG D2001)的规定。

D2 质量控制要素的实施情况检查项目和要求

D2.1 产品制造控制

抽取本年度已出厂的有代表性产品资料 1 至 3 份进行追溯审查，从设计、工艺、材料、焊接、热处理、无损检测、最终检验等方面检查体系实施情况。主要内容如下：

(1) 抽查产品的设计输入、输出、评审、更改、验证等环节的控制情况，检查图纸是否符合相应规范和标准，外来设计文件的审图和设计变更是否符合设计控制程序的规定；

(2) 抽查制造单位的质量计划等技术文件的编制是否符合产品标准要求，主要或者关键工序的实施是否执行工艺文件；

(3) 抽查材料(包括焊材、管材、锻件等)的采购、验收、保管、发放、代用等控制情况；抽查焊接材料的验收、保管、领用发放、烘干、回收记录，保管条件和烘干条件是否符合程序文件的规定；

(4) 抽查焊接(包括焊接工艺评定报告和试样、焊接工艺、焊工资格、施焊记录、焊接检验、焊接返修等)的控制是否符合相关标准、规范、质量保证体系文件的要求；

(5) 抽查产品的理化检验报告，审查其检验方法、检验条件和指标等是否符合产品标准和合同的技术要求，其签字手续是否符合规定；

(6) 核对热处理温度自动记录曲线与热处理工艺的一致性，审查热处理报告，检查其签字手续是否符合规定；

(7) 抽查无损检测(包括设备能力、设备校准、检测工艺、检测方法、检测时机、检测(扩探)比例、检测记录、检测报告等)的控制是否符合相关标准、规范、质量保证体系文件的要求；

（8）抽查各类检验报告、出厂资料是否符合相关法规标准要求、检验与试验标准及作业指导书的执行是否符合质量保证体系文件的规定。

D2.2 管理职责

查阅质量手册中质量方针和目标，审查质量目标的分解和考核办法及其内审记录、管理评审资料(计划、记录、报告等)。重点检查责任人员变更情况，检查履行职责情况和职责规定的合理性。

D2.3 质量保证体系文件

检查质量保证体系文件根据法规标准变更及生产实际是否及时进行修订，重点检查产品质量控制点的设置是否齐全、合理。

D2.4 文件和记录控制

检查文件的标识、修改、审批、发放、回收、保管、销毁是否按照质量保证体系文件的规定执行；检查法规标准等外来文件是否满足生产的需要；检查记录的填写、收集、归档、贮存、保管期限等方面的控制是否符合规定。

D2.5 合同控制

审查合同评审记录是否符合合同评审控制程序的规定。

D2.6 分包控制

主要工序分包时，检查分包协议、分包方评价、分包工艺的检验与试验等是否符合相应程序文件的规定，合格分包方名录是否及时修订。

理化检验、热处理、无损检测分包时，对照相应产品制造许可条件，检查是否允许分包。如果允许分包，应当检查以下内容：

（1）是否按照程序文件的规定对分包方进行了评价；

（2）分包的无损检测机构及其人员是否有相应的资质、资格；

（3）理化检验、热处理、无损检测报告是否按照程序文件的规定，是否由分包方的责任人员进行了审核；

（4）理化检验、热处理、无损检测责任人员是否对分包方的工艺和检验检测质量进行了确认；

（5）对分包方的检验检测工作进行审查(必要时)。

D2.7 设备和检验与试验装置控制

查看设备档案及台账，检查制造所使用的主要设备、工装、模具是否处于完好状态。抽查产品制造设备上的计量仪表(如电流表、电压表、压力表、温度表等)，检查是否有检定(校准)合格标志并且在有效期内。抽查检验与试验用的计量仪器、设备以及量具，检查是否符合计量程序文件的有关规定。

D2.8 不合格品(项)控制

审查产品所涉及的不合格品(项)报告，检查其评价、处置是否符合程序文件的规定。

D2.9 质量改进与服务

检查内部质量审核记录、报告，查看质量信息反馈、数据分析、处理的情况，跟踪检查涉及产品的《监检联络单》、《监检意见通知书》所提出的问题是否及时得到了改进。

D2.10 人员培训、考核及其管理

审查新上岗的质量体系责任人员、检验人员、产品性能试验人员等对产品质量有重要影响的人员是否经过培训考核，检查持证人员到期换证情况及继续教育情况。

D2.11 其他过程控制

根据产品的实际情况，审查其他过程(如锻件加工，非金属管件、管材的挤出成型，金属管件的弯制、成型，阀门装配测试过程，批量制造产品的批量管理等过程)控制情况，抽查作业指导书及相应记录。

D2.12 执行特种设备许可制度

检查特种设备许可制度的执行情况和制造许可证的使用、管理。

附件 E

压力管道元件制造单位质量保证体系实施情况检查项目表

编号：

制造单位				
制造单位地址				
制造许可证编号				
序号		检查项目	检查结果	检查记录以及备注
1	1 制造单位资源条件的变化	1.1　法定资格	□符合　□基本符合 □不符合　□无此项	
2		1.2　人员情况	□符合　□基本符合 □不符合　□无此项	
3		1.3　生产条件	□符合　□基本符合 □不符合　□无此项	
4		1.4　检验与试验条件	□符合　□基本符合 □不符合　□无此项	
5	2 质量控制要素的实施情况检查项目和要求	2.1　产品制造控制	□符合　□基本符合 □不符合　□无此项	
6		2.2　管理职责	□符合　□基本符合 □不符合　□无此项	
7		2.3　质量保证体系文件	□符合　□基本符合 □不符合　□无此项	
8		2.4　文件和记录控制	□符合　□基本符合 □不符合　□无此项	
9		2.5　合同控制	□符合　□基本符合 □不符合　□无此项	
10		2.6　分包控制	□符合　□基本符合 □不符合　□无此项	
11		2.7　设备和检验与试验装置控制	□符合　□基本符合 □不符合　□无此项	
12		2.8　不合格品(项)控制	□符合　□基本符合 □不符合　□无此项	
13		2.9　质量改进与服务	□符合　□基本符合 □不符合　□无此项	
14		2.10　人员培训、考核及其管理	□符合　□基本符合 □不符合　□无此项	
15		2.11　其他过程控制	□符合　□基本符合 □不符合　□无此项	
16		2.12　执行特种设备许可制度	□符合　□基本符合 □不符合　□无此项	
记事(记录质量保证体系检查中发现的问题以及制造单位对不符合项目的处理情况等)：				
检查：		日期：	审核：	日期：

注：(1) 对于“检查结果”为“不符合”或者“基本符合”要求的，在“记事”栏中对存在问题进行简要且准确的描述；
(2) 对存在问题按严重程度由检查人员填写《监检联络单》、或者《监检意见书》。

第　页　共　页

附件 F

特种设备监督检验联络单

编号：

______(受检单位名称)______：

经监督检验，你单位在(设备品种或者设备名称)的制造过程中，存在以下问题，请于______年___月___日前将处理结果报送监检组或者监检机构：

<table>
<tr><td>问题和意见：

监检员：　　　　　　日期：

受检单位接受人：　　　　　　日期：</td></tr>
<tr><td>处理结果：

受检单位主管负责人：　　　　　日期：　　　　　(受检单位公章)
年　月　日</td></tr>
</table>

注：本联络单一式三份：一份监检机构存档；两份送受检单位，其中一份返回监检机构(如果用于质量保证体系检查，监检员改为检查人员，括号内不印制)。

附件 G

特种设备监督检验意见通知书

编号：

___(受检单位名称)___________：

经监督检验，你单位在(设备品种或者设备名称)的制造过程中，存在以下问题，请于______年___月___日前将处理结果报送监检机构：

<table>
<tr><td colspan="3">问题和意见：

监检员：　　　　　　　　日期：

监检机构技术负责人：　　　　　　　　日期：　　　　　　　　(监检机构专用章)
年　月　日
受检单位接收人：　　　　　　　　日期：</td></tr>
<tr><td colspan="3">处理结果：

受检单位主管负责人：　　　　　　　　日期：　　　　　　　　(受检单位公章)
年　月　日</td></tr>
</table>

注：本通知书一式四份：一份监检机构存档，一份报当地安全监察机构，两份送受检单位，其中一份返回监检机构(如果用于质量保证体系检查，监检员改为检查人员，括号内不印制)。

附件 H

特种设备制造监督检验证书
（逐台、逐批）

编号：

制造单位			
制造单位地址			
订货单位			
制造许可证编号		产品品种	
产品名称		级　别	
产品型号(规格)		产品标准	
产品批号/数量	/	制造日期	
产品编号：			

按照《特种设备安全监察条例》的规定，该台(批)产品经我机构监督检验，安全性能符合<u>（有关安全技术规范）</u>的要求，特发此证书，并在压力管道元件产品上采用如下监检标志。

TS

监检员：　　　　　　日期：

审　核：　　　　　　日期：

批　准：　　　　　　日期：

监检机构：　　　　　　（监检机构检验专用章）

年　月　日

监检机构核准证号：

注：本证书一式三份，一份随出厂资料交订货单位，一份交制造单位，一份监检机构存档。

附件 J
特种设备制造监督检验报告
（年度）

编号：

<table>
<tr><td colspan="2">制造单位</td><td colspan="5"></td></tr>
<tr><td colspan="2">制造单位地址</td><td colspan="5"></td></tr>
<tr><td colspan="2">制造许可证编号</td><td colspan="2"></td><td>监检抽查日期</td><td colspan="2">年　月　日至
年　月　日</td></tr>
<tr><td>监检依据</td><td colspan="6">《特种设备安全监察条例》
《压力管道元件制造监督检验规则》（TSG D7001）
（依据的产品标准号和标准名称）</td></tr>
<tr><td rowspan="7">监检情况与结论</td><td colspan="6">产品制造质量抽查</td></tr>
<tr><td>序号</td><td>产品品种（名称）</td><td>级别</td><td colspan="2">产品编号</td><td>结论</td></tr>
<tr><td></td><td></td><td></td><td colspan="2"></td><td>（符合、不符合）</td></tr>
<tr><td></td><td></td><td></td><td colspan="2"></td><td>（符合、不符合）</td></tr>
<tr><td></td><td></td><td></td><td colspan="2"></td><td>（符合、不符合）</td></tr>
<tr><td colspan="6">压力管道元件制造质量保证体系的实施情况检查</td></tr>
<tr><td colspan="6">（符合、基本符合、不符合）《特种设备制造、安装、改造、维修质量保证体系基本要求》（TSG Z0004）规定。</td></tr>
<tr><td colspan="7">下次监检日期：　年　月　日至　年　月　日
监检员：　日期：
审　核：　日期：
批　准：　日期：
监检机构：　（监检机构检验专用章）
年　月　日
监检机构核准证号：</td></tr>
</table>

注：本报告一式两份，一份交制造单位，一份监检机构存档；如果监检结果存在“不符合”的，还应当一式四份，另外两份分别报市级、省级质量技术监督部门。

TSG 特种设备安全技术规范 TSG D7003—2010

压力管道定期检验规则
——长输(油气)管道

Periodical Inspection Regulation for Oil and Gas Pressure Pipeline

中华人民共和国国家质量监督检验检疫总局颁布
2010年8月30日

前　言

2007 年 3 月，国家质量监督检验检疫总局（以下简称国家质检总局）特种设备安全监察局（以下简称特种设备局）提出《长输（油气）管道定期检验规则》起草任务。中国特种设备检测研究院组织起草组，在总结近几年开展长输管道检验工作经验的基础上，通过充分研讨，形成了本规则草案。2008 年 1 月，在江苏省常州市召开了起草工作会议，就本规则草案进行了研讨，修改形成征求意见稿。2008 年 5 月，特种设备局以质检特函〔2008〕37 号文征求有关单位和专家的意见。根据征求的意见，起草组进行了修改形成送审稿，并且改名为《压力管道定期检验规则——长输（油气）管道》。2009 年 6 月，特种设备局将送审稿提交国家质检总局特种设备安全技术委员会审议，修改并形成了报批稿。2010 年 8 月 30 日，由国家质检总局批准颁布。

本规则充分考虑了我国长输管道的使用现状和检验水平，并且积极吸收国外发达国家关于油气管道检验的最新成果，提出了长输管道年度检查、全面检验和合于使用评价的基本要求，以指导和规范长输管道定期检验工作。

本规则主要起草单位和人员如下：

中国特种设备检测研究院	何仁洋　刘长征　杨　永　肖　勇
西南油气田安全环保与技术监督研究院	罗文华　涂　强　周方勤
上海市质量技术监督局	王善江
中国石油天然气管道局	续　理
中国石油管道检测技术有限责任公司	门建新　金　虹
上海市特种设备监督检验技术研究院	杨惠谷
江苏省特种设备安全监督检验研究院	缪春生
江苏省特种设备安全监督检验研究院常州分院	沈建强
中国石化镇海炼化分公司	徐成裕
新疆三叶管道技术有限责任公司	杨自力　陈　军　宋红旭
深圳市燃气集团有限公司	陈秋雄

目　录

压力管道定期检验规则——长输(油气)管道

第一章 总 则

第一条 为了规范在用长输(油气)管道检验工作，根据《特种设备安全监察条例》、《国务院对确需保留的行政审批项目设定行政许可的决定》、《压力管道安全管理与监察规定》，制定本规则。

第二条 本规则适用于《特种设备安全监察条例》、《压力管道安全管理与监察规定》所规定的范围内，输送介质为原油、成品油、石油气、天然气等陆上长输(油气)管道(以下简称管道)的定期检验。

第三条 管道的定期检验通常包括年度检查、全面检验和合于使用评价。

(一) 年度检查，是指在运行过程中的常规性检查。年度检查至少每年 1 次，进行全面检验的年度可以不进行年度检查；年度检查通常由管道使用单位(以下简称使用单位)长输管道作业人员进行，也可委托经国家质量监督检验检疫总局(以下简称国家质检总局)核准，具有相应资质的检验检测机构(以下简称检验机构)进行；

(二) 全面检验，是指按一定的检验周期对在用管道进行基于风险的检验。新建管道一般于投用后 3 年内进行首次全面检验，首次全面检验之后的全面检验周期按照本规则第二十三条确定；承担全面检验的检验机构，应当经国家质检总局核准，并且在核准的范围内开展工作；

(三) 合于使用评价，在全面检验之后进行。合于使用评价包括对管道进行的应力分析计算；对危害管道结构完整性的缺陷进行的剩余强度评估与超标缺陷安全评定；对危害管道安全的主要潜在危险因素进行的管道剩余寿命预测、以及在一定条件下开展的材料适用性评价。承担合于使用评价的机构(以下简称评价机构)应当具备国家质检总局核准的合于使用评价资质。

定期检验中的全面检验和合于使用评价，应当采用完整性管理理念中的检验检测评价技术，开展基于风险的检验检测，并且确定管道的事故后果严重区。事故后果严重区的确定原则按照附件 A。

第四条 属于下列情况之一的管道，应当适当缩短全面检验周期：

(一) 位于事故后果严重区内的；

(二) 1 年内多次发生泄漏事故以及受自然灾害、第三方破坏严重的；

(三) 发现应力腐蚀、严重局部腐蚀或者全面腐蚀的；

(四) 承受交变载荷，可能导致疲劳失效的；

(五) 防腐(保温)层损坏严重或者无有效阴极保护的；

(六) 风险评估发现风险值较高的；

(七) 年度检查中发现除本条前几项以外的严重问题；

(八) 检验人员和使用单位认为应当缩短检验周期的。

第五条 属于下列情况之一的管道，如超出风险可接受程度，应当立即进行全面检验和合于使用评价：

(一) 运行工况发生显著改变从而导致运行风险提高的；

(二) 输送介质种类发生重大变化，改变为更危险介质的；

(三) 停用超过 1 年后再启用的；

(四) 年度检查结论要求进行全面检验的；

(五) 所在地发生地震、滑坡、泥石流等重大地质灾害的；

(六) 有重大改造维修的。

第六条 承担管道全面检验的检验机构、合于使用评价的评价机构以及人员应当在核准范围内开展全面检验和合于使用评价工作，接受国家质检总局或者省级质量技术监督部门按照安全监察权限进行的监督，并且对其工作质量负责。

第七条 使用单位应当根据全面检验周期的要求制定管道全面检验和合于使用评价计划，安排全面检验和合于使用评价工作，并且及时向压力管道使用登记部门申报全面检验和合于使用评价计划，在合于使用评价合格有效期届满前1个月之前分别向检验机构和评价机构提出全面检验和合于使用评价要求。

定期检验前，检验机构与评价机构必须制定全面检验和合于使用评价方案(包括安全措施和应急预案)，并且征求使用单位的意见，全面检验和合于使用评价方案由检验机构和评价机构授权的技术负责人审批。

从事全面检验与合于使用评价的人员必须严格按照批准后的全面检验方案和合于使用评价方案进行全面检验与合于使用评价工作。全面检验和合于使用评价过程中根据实际情况需作调整时，必须经过检验机构和评价机构授权的技术负责人审查批准。

第八条 使用单位应当根据本规则的要求做好管道定期检验前的各项准备工作，使管道处于适合的待检状态，并且提供安全的检验环境，负责检验所需要的辅助工作，协助检验机构、评价机构进行定期检验。

检验人员应当认真执行使用单位的安全管理规定。

第二章 年度检查

第九条 承担年度检查的人员(以下简称检查人员)应当在全面了解被检管道的使用、管理情况，并且在认真调阅管道技术资料和管理资料的基础上，对管道运行记录、管道隐患监护措施实施情况记录、管道改造施工记录、检修报告、管道故障处理记录进行审查，记录审查情况。

根据审查的数据进行综合评价，重点对下列管道进行检查，确定事故容易发生的位置以及发生事故造成严重后果的位置：

(一) 穿、跨越管道；

(二) 管道出土、入土点，管道阀室、分输点，管道敷设时位置较低点；

(三) 事故后果严重区内的管道；

(四) 工作条件苛刻以及承受交变载荷的管道，如原油泵站、成品油与天然气加压站等进出口处的管道；

(五) 曾经发生过泄漏以及抢险抢修过的管道，地质灾害发生比较频繁地区的管道；

(六) 已经发现的严重腐蚀或者其他危险因素的管道。

第十条 年度检查的内容除本规则第九条的要求外，还应当包括宏观检查、防腐(保温)层检查、电性能测试、阴极保护系统测试、壁厚测定、地质条件调查、安全保护装置检验。年度检查以宏观检查和安全保护装置检验为主，必要时进行腐蚀防护系统检查，部分检查项目可结合日常巡线进行。年度检查具体内容和要求见附件B。

第十一条 年度检查的现场工作结束后，检查人员应当根据检查结果出具年度检查报告，作出下述检查结论：

(一) 允许使用，检查结果符合有关安全技术规范的规定；

(二) 进行全面检验，发现存在超出有关安全技术规范规定的缺陷，并且不能满足安全使用要求。

第十二条 有条件的使用单位应当将年度检查及其检查结论录入管道地理信息系统(GIS)、管道完整性管理信息系统(PIMS)。

第三章 全面检验与合于使用评价

第一节 全面检验

第十三条 全面检验前，检验机构应当对提交和收集的以下资料进行审查、分析：

(一) 设计图纸、文件与有关强度计算书;

(二) 管道元件产品质量证明资料;

(三) 安装监督检验证明文件、安装及其竣工验收资料;

(四) 管道使用登记证;

(五) 管道运行记录，包括输送介质压力、流量记录、压力异常波动记录、电法保护运行记录、阴极保护系统故障记录，管道修理或者改造的资料，管道事故或者失效资料，管道的各类保护措施的使用记录，管道的电法保护日常检查记录，输送介质分析报告(特别是含硫化氢、二氧化碳和游离水);

(六) 运行周期内的年度检查报告;

(七) 上一次全面检验报告、合于使用评价报告;

(八) 检验人员认为全面检验所需要的其他资料。

本条(一)至(三)款在管道投用后的首次全面检验时必须审查，以后的全面检验中可以根据需要查阅。

第十四条 全面检验前，检验机构应当根据资料分析辨识所有危害管道结构完整性的潜在危险。这些潜在危险主要分为以下几种:

(一) 固有危险，如制造与安装、改造、维修施工过程中产生的缺陷;

(二) 运行过程中与时间有关的危险，如内腐蚀、外腐蚀、应力腐蚀;

(三) 运行过程中与时间无关的危险，如第三方破坏、外力破坏、误操作;

(四) 其他危害管道安全的潜在危险。

第十五条 检验机构对资料审查分析完成后，应当按照有关安全技术规范及其相应标准进行风险预评估。承担评估工作的人员应当充分了解每种管道风险评估方法的优缺点，选择合适的风险评估方法，常用的管道风险评估方法见附件 C。

第十六条 检验机构应当根据风险预评估确定的结果，选择合适的全面检验方法。

全面检验方法有内检测、直接检测和耐压(压力)试验，详细内容见附件 D。检验机构也可选择经过国家质检总局批准的其他检验方法。

第二节 合于使用评价

第十七条 全面检验完成后，使用单位应当及时安排合于使用评价工作。

评价机构应当结合管道全面检验情况进行合于使用评价，并且确定管道许用参数与下次全面检验日期。

第十八条 有下列情况之一的管道，应当按照许用压力进行耐压强度校核:

(一) 全面减薄量超过管道公称壁厚 20%的;

(二) 操作参数发生增大的;

(三) 输送介质种类发生重大变化，改变为更危险介质的。

耐压强度校核参照相应国家标准或者行业标准的规定进行。

第十九条 有下列情况之一的管道，应当进行应力分析校核:

(一) 存在较大变形、挠曲、破坏，以及支撑件损坏等现象且无法复原的;

(二) 全面减薄量超过管道公称壁厚 30%的;

(三) 需要设置而未设置补偿器或者补偿器失效的;

(四) 法兰经常性泄漏、破坏的;

(五) 检验人员或者使用单位认为有必要的。

第二十条 对检测中发现的危害管道结构完整性的缺陷进行剩余强度评估与超标缺陷安全评定，在剩余强度评估与超标缺陷安全评定过程中应当考虑缺陷发展的影响，并且根据剩余强度评估与超标缺陷安全评定的结果提出运行维护意见。

第二十一条 根据危害管道安全的主要潜在危险因素选择管道剩余寿命预测方法。管道剩余寿命预测主要包括腐蚀寿命、裂纹扩展寿命、损伤寿命等。

其中管道腐蚀寿命预测可以采用以下公式计算：

$$RL = C \times SM \frac{t}{GR}$$

式中：

RL——管道腐蚀寿命，年；

C——校正系数，$C=0.85$；

SM——安全裕量，$SM=\frac{计算失效压力}{屈服压力}-\frac{\text{MAOP}}{屈服压力}$；

MAOP——管段许用压力，MPa；

GR——腐蚀速率，mm/y(年)；

t——名义壁厚，mm。

第二十二条 有下列情形之一的钢质管道，应当进行材料适用性评价：

(一) 材质发生劣化的；

(二) 输送介质种类发生重大变化，改变为更危险介质的。

第二十三条 应当结合全面检验和合于使用评价结果，确定管道下次全面检验日期，其全面检验周期不能大于表1的规定，并且最长不能超过预测的管道剩余寿命的一半。

表1 检验周期表

检测方法	操作条件下的应力水平			检验周期(年)
	<30% SMYS(注1)	30%~50% SMYS	≥50% SMYS	
内检测	PF>1.7 MAOP(注2)	PF>1.4 MAOP	PF>1.25 MAOP	5
	PF>2.2 MAOP	PF>1.7 MAOP	PF>1.39 MAOP	10
	PF>2.8 MAOP	PF>2.0 MAOP	不允许	15
	PF>3.3 MAOP	不允许	不允许	20
直接检测	抽样检测危险迹象(注3)	抽样检测危险迹象	抽样检测危险迹象	5
	抽样检测危险迹象	抽样检测危险迹象	检测所有危险迹象	10
	检测所有危险迹象	检测所有危险迹象	不允许	15
	检测所有危险迹象	不允许	不允许	20
耐压试验	TP(注4)>1.7 MAOP	TP>1.4 MAOP	TP>1.25 MAOP	5
	TP>2.2 MAOP	TP>1.7 MAOP	TP>1.39 MAOP	10
	TP>2.8 MAOP	TP>2.0 MAOP	不允许	15
	TP>3.3 MAOP	不允许	不允许	20

注1：SMYS表示管材规定的最小屈服强度。

注2：PF表示按照相应标准计算的失效压力。

注3：抽样检测危险迹象是指对直接检测过程中确定的危险点按照相应标准进行的检测。

注4：TP表示耐压试验压力。

第三节 全面检验、合于使用评价报告与问题处理

第二十四条 检验人员应当根据全面检验情况和所进行的全面检验项目，准确填写全面检验记录，及时出具全面检验报告。合于使用评价工作结束后，评价人员应当根据全面检验报告和所进行的合于使用评价项目，出具合于使用评价报告。合于使用评价报告中应当明确许用参数、下次全面

检验日期等。

第二十五条 使用单位应当对合于使用评价过程中要求进行处理的缺陷进行修复或者采取降压运行的措施。评价机构可以在出具报告前将需要处理的缺陷书面通知使用单位。使用单位处理完成并且经过评价机构确认后，评价机构再正式出具合于使用评价报告。

缺陷修复前，使用单位应当制订修复方案，缺陷的修复应当按照有关要求进行，相关文件记录应当存档。

使用单位对管道采取相应的修复或采取降压措施，并且经评价机构确认后，评价机构应当重新对风险预评估结果进行修正(即风险再评估)。风险评估的结果应当纳入管道使用登记工作中。

第二十六条 使用单位应当将全面检验与合于使用评价结果归档，有条件的应当将全面检验与合于使用评价结果录入管道地理信息系统(GIS)、管道完整性管理信息系统(PIMS)。

检验机构、评价机构应当按照特种设备信息化的要求，及时将全面检验、合于使用评价结果输入特种设备有关信息系统。

第四章　附　　则

第二十七条 管道工程中的输气输油站场、地下储气库中的管道与设施、通用阀门、阴极保护设施的定期检验参照工业管道、压力容器定期检验等有关要求执行。

集输管道、油(气)生产单位内部埋地管道的定期检验参照本规则执行。

第二十八条 管道的定期检验报告(包括年度检查报告、全面检验报告、合于使用评价报告)的格式见附件E。根据检验类别，选用报告目录、结论报告及其附件的格式。

第二十九条 本规则由国家质检总局负责解释。

第三十条 本规则自2010年11月1日起施行。

附件 A

长输(油气)管道事故后果严重区的确定原则

A1 输油管道事故后果严重区的确定原则

符合以下条件之一的，确定为输油管道事故后果严重区：

(1) 城市化人口密集区；

(2) 乡镇、居民与商业区等人口密集区；

(3) 商业航运水道；

(4) 油品泄漏的敏感区域，如饮用水源、自然保护、文物保护、军事设施等地区。

A2 输气管道事故后果严重区的确定原则

符合以下条件之一的，确定为输气管道事故后果严重区：

(1) 一类、二类地区(地区类别划分见注 A-1、A-2，下同)内，当管道潜在影响半径(见注 A-3)超过 200m 时，并且潜在影响半径内居民户数不小于 20 户；

(2) 三类地区；

(3) 四类地区；

(4) 潜在影响半径内有医院、学校、托儿所、养老院、监狱或其他具有难以迁移或难以疏散人群的建筑设施的区域。

注 A-1：地区类别的划分

沿管道中心线两侧各 200m 范围内，任意划分成长度为 2km 并且能包括最大聚居户数的若干地段，按照划定地段内的户数划分为四个类别。在农村人口聚集的村庄、大院、住宅楼，应当以每一独立户作为一个供人居住的建筑物计算。地区类别的具体划分如下：

(1) 一类地区，户数在 15 户或以下的区段；

(2) 二类地区，户数在 15 户以上、100 户以下的区段；

(3) 三类地区，户数在 100 户或以上的区段，包括市郊居住区、商业区、工业区、发展区和不够四类地区条件的人口稠密区，在一、二类地区内的学校、医院以及其他公共场所等人群聚集的地方；

(4) 四类地区，系指四层及四层以上楼房(不计地下室层数)普遍集中、交通频繁、地下设施多的区段。

注 A-2：高压燃气管道($1.6MPa<P\leq 4.0MPa$)的地区级别划分按照 GB 50028—2006《城镇燃气设计规范》要求。

注 A-3：天然气管道的潜在影响半径按照公式(A)计算。

$$r=0.1d_w\sqrt{p_c} \quad \text{(A)}$$

式中：

r——影响半径，m；

d_w——管道外直径，mm；

p_c——管段许用压力(MAOP)，MPa。

A3 液化石油气(LPG)的事故后果严重区确定原则

参照输气管道事故后果严重区的确定原则。

附件B

长输(油气)管道年度检查项目与要求

B1 资料审查

(1) 安全管理资料，包括使用登记证、安全管理规章制度与安全操作规则，作业人员上岗持证情况；

(2) 技术档案资料，包括定期检验报告，必要时还包括设计和安装、改造、维修等施工、竣工验收资料；

(3) 运行状况资料，包括日常运行维护记录、隐患排查治理记录、改造与维修资料、故障与事故记录。

B2 宏观检查

(1) 位置与走向，主要检查管道位置、埋深和走向(注B-1)；

(2) 地面装置，主要检查标志桩、测试桩、里程桩、标志牌(简称三桩一牌)以及锚固礅、围栏等外观完好情况、丢失情况；

(3) 管道沿线防护带，包括与其他建(构)筑物净距和占压状况；

(4) 地面泄漏情况；

(5) 跨越段，检查跨越段管道防腐(保温)层、补偿器、锚固礅的完好情况，钢结构及基础、钢丝绳、索具及其连接件等腐蚀损伤情况；

(6) 穿越段，检查管道穿越处保护工程的稳固性及河道变迁等情况；

(7) 水工保护设施情况；

(8) 检验人员认为有必要的其他检查。

注B-1：如果管线周围地表环境无较大变动、管道无沉降等情况，可以不要求。

B3 防腐(保温)层检查

主要检查入土端与出土端、露管段、阀室内管道防腐(保温)层的完好情况。检查人员认为有必要时，可对事故后果严重区管道采用检测设备进行地面不开挖检测。

B4 电性能测试(适用于有阴极保护的管道)

(1) 测试绝缘法兰、绝缘接头、绝缘短管、绝缘套、绝缘固定支墩和绝缘垫块等电绝缘装置的绝缘性能；

(2) 对采用法兰和螺纹等非焊接件连接的阀门等管道附件的跨接电缆或者其他电连接设施，测试其电连续性。

B5 阴极保护系统测试(适用于有阴极保护的管道)

(1) 管道沿线保护电位，测量时应考虑IR(注B-2)降的影响；

(2) 牺牲阳极输出电流、开路电位(当管道保护电位异常时测试)；

(3) 管内电流(当管道保护电位异常时测试)；

(4) 辅助阳极床和牺牲阳极接地电阻(牺牲阳极接地电阻应当在管道保护电位异常时测试)；

(5) 阴极保护系统运行状况，检查管道阴极保护率和运行率、排流效果，阴极保护系统设备及其排流设施。

注B-2：管道外防腐(保温)层破损部位的阴极保护电流在土壤介质中产生的电位梯度。

B6 壁厚测定

利用阀井或者探坑，对重要压力管道或者有明显腐蚀和冲刷减薄的管道进行壁厚抽样测定。

B7　地质条件调查

按照相应标准的要求，对有危险的矿产地下采空区、黄土湿陷区、潜在崩塌滑坡区、泥石流区、地质沉降区、风蚀沙埋区、膨胀土和盐渍土、活动断层等地质灾害进行地质条件调查。

B8　安全保护装置检验

参照工业管道定期检验等有关要求执行，特殊的安全保护装置参照相应标准的规定。

附件 C

常用风险评估方法

常用的管道风险评估方法有专家评估法、相对评估法、场景评估法和概率评估法等。

C1 专家评估法

该评估方法基于专家经验和相关文献资料，给出每个风险来源的失效可能性和失效后果的相对数值分值，并进一步计算管段的相对风险值。

C2 相对评估法

该评估方法基于管道运行历史，辨识其风险来源，给出影响失效可能性和失效后果的各个因素的定量权重，并进一步计算管段的相对风险值。该评估方法建立在与所评估管道有关的运行历史和大量数据的基础上，并且特别强调曾经发生的对管道运行造成影响的危险因素。该方法为完整性管理决策过程提供风险排序。与专家评估法相比，相对评估法比较复杂，要求更具体的管道系统数据。

C3 场景评估法

该评估方法是一种演绎分析方法。该方法建立模型描述导致风险的单个事件或者一系列事件，对事件的失效可能性和相应的失效后果进行分析。

该方法通常建立事件树、决策树和事故树，并通过事件树、决策树和事故树的分析确定风险值。

C4 概率评估法

该评估方法运用数理统计的概率分析方法，针对每一种风险来源，分析失效可能性和事故后果之间的数量关系及其变化规律，从而对风险进行定量评价，给出可与事先确定的可接受风险进行比较的风险值。该方法需要有建立在统计基础上的数据库支持，数据需求量大，对数据完整性、准确性要求很高，最复杂。

附件 D

长输(油气)管道全面检验项目与要求

D1　内检测

对具备内检测条件的管道，可采用管道内检测器对管道内外腐蚀状况、几何形状进行检测。当内检测发现管道有严重缺陷点时，应当进行开挖直接检验。开挖直接检验的主要内容见 D2.3.4。

内检测完成后，必要时还应进行埋地与裸露管段焊缝无损检测。

对不具备内检测条件的管道，或者以内腐蚀、应力腐蚀、外腐蚀为主要失效模式的管道，应当采用直接检测方法进行全面检验。

D2　直接检测

直接检测方法包括管道内腐蚀、应力腐蚀开裂、外腐蚀直接检测。检验机构应当根据危害管道完整性的因素选择一种或者几种直接检测方法。

D2.1　内腐蚀直接检测

管道内腐蚀直接检测应当在凝析烃、凝析水、沉淀物最有可能聚集之处，以及两相界面处(即油、水、气界面)进行；可采用多相流计算、高程点分布等方法确定检测位置。对管道进行内腐蚀直接检测时，一般在开挖后采用超声壁厚测定法进行直接检测，确定内腐蚀状况；也可采用腐蚀监测方法或者其他认可的检测手段。

内腐蚀直接检测方法的步骤主要包括预评价、间接检测、直接检验、后期评价四个步骤。

D2.1.1　预评价

预评价步骤包括收集历史数据和当前数据，根据收集的数据资料确定该方法是否可行，并确定评价区域。

D2.1.2　间接检测

该步骤主要采用流体模拟结果来预测最可能发生腐蚀的管道区域，并对腐蚀程度进行预测。

D2.1.3　直接检验

对 D2.1.1 预评价和 D2.1.2 间接检测两个过程发现的可能产生的腐蚀点进行检查，可以采用管道本体腐蚀检测技术，也可采用监测技术，确定管道内部的腐蚀状态。在条件许可时，按照一定比例(输油管道，0.6 处/km 至 1.5 处/km；输气管道，1.0 处/km 至 1.2 处/km)开挖后用漏磁检测技术、低频电磁检测技术、远场涡流检测技术、壁厚测定技术或者腐蚀扫描技术进行直接检测。

必要时还应当进行埋地管段焊缝无损检测。

D2.1.4　后期评价

该步骤包括分析 D2.1.1~D2.1.3 中收集的数据资料，评价内腐蚀直接检测方法的有效性。

D2.2　应力腐蚀开裂直接检测

对有应力腐蚀开裂严重倾向的管道，一般采用直接对管道进行无损检测的方法或者其他适宜的方法进行检查。除输送有应力腐蚀介质导致的管道内壁应力腐蚀开裂倾向外，同时满足下列所有条件的管道，一般确定为具有管道外壁应力腐蚀开裂倾向：

(1) 操作应力(注 D-1)大于 60% SMYS；

(2) 操作温度大于 38℃(注 D-2)；

(3) 与压缩机站的距离小于或者等于 32km；

(4) 使用年限大于或者等于 10 年；

(5) 除熔结环氧粉末(FBE)外的其他外防腐层。

注 D-1：操作应力计算见公式(D)。

$$\sigma_p = \frac{p_c d_w}{2t} \quad \text{(D)}$$

式中：

σ_p——操作应力，MPa；

p_c——管段最大允许操作压力(MAOP)，MPa；

d_w——管道外直径，mm；

t——管道壁厚，mm。

注 D-2：近中性 pH 值的应力腐蚀不受温度的限制。

输送介质导致应力腐蚀的管道按照相应国家标准或者行业标准进行直接检测。

必要时还应当进行埋地管段焊缝无损检测。

D2.3　外腐蚀直接检测

外腐蚀直接检测的具体项目，一般包括管线敷设环境调查、防腐(保温)层状况不开挖检测、管道阴极保护有效性检测、开挖直接检验。根据检测、检验结果，对腐蚀防护系统进行分级，原则上分为四个等级，1 级为最好，4 级为最差。

D2.3.1　管道敷设环境调查

管道敷设环境调查，一般包括环境腐蚀性检测和大气腐蚀性调查。环境腐蚀性检测，包括土壤腐蚀性以及杂散电流测试。当地物地貌环境和土壤无较大变化时，土壤腐蚀性数据可采用工程勘察或者上次全面检验报告的数据。

对可能存在大气腐蚀环境的跨越段与露管段，应当按照相应国家标准或者行业标准的规定进行大气腐蚀性调查。

D2.3.2　防腐(保温)层状况不开挖检测

对防腐(保温)层与腐蚀活性区域，采用不开挖方法进行检测，主要检测方法有直流(交流)电位梯度法、直流电位(交流电流)衰减法。检测过程中应当至少选择两种相互补充的检测方法。

D2.3.3　管道阴极保护有效性检测

对采用外加电流阴极保护或者可断电的牺牲阳极阴极保护的管道，应当采用相应检测技术测试管道的真实阴极保护极化电位；对阴极保护效果较差的管道，应当采用密间隔电位测试技术。

D2.3.4　开挖直接检验

D2.3.4.1　开挖点确定原则

根据 D2.3.1~D2.3.3 的检测结果，按照一定比例选择开挖检验点，开挖点数量的确定原则见表 D-1。开挖点的选取应当结合资料调查中的错边、咬边严重的焊接接头以及碰口与连头焊口，风险较高的管段，使用中发生过泄漏、第三方破坏的位置。

表 D-1　开挖点数量确定原则

管道类别	腐蚀防护系统质量等级			
	1	2	3	4
油管道(处/km)	不开挖	0.1	0.6~0.8	1.2~1.5
气管道(处/km)	不开挖	0.1	1.0~1.2	1.8~2.0

D2.3.4.2　开挖直接检验的方法和内容：

(1) 土壤腐蚀性检测，检查土壤剖面分层情况以及土壤干湿度，必要时可以对探坑处的土壤样品进行理化检验；

(2) 防腐(保温)层检查和探坑处管地电位检测，检查防腐(保温)层的物理性能以及探坑处管地电位，必要时收集防腐(保温)层样本，按照相应国家标准或者行业标准的要求进行防腐(保温)层性能分析；

(3) 管道腐蚀状况检测，包括金属腐蚀部位外观检查、腐蚀产物分析、管道壁厚测定、腐蚀区域的描述；

（4）管道焊缝无损检测，对开挖处的管道对接环焊缝进行无损检测，必要时还应对焊接钢管焊缝进行无损检测；无损检测一般采用射线或者超声方法，也可采用国家质检总局认可的其他无损检测方法。

对于宏观检查存在裂纹或者可疑情况的管道，处于有应力腐蚀开裂严重倾向的管段以及检验人员认为有必要时，可对管道对接环焊缝、管道碰口与连头、管道螺旋焊缝或者对接直焊缝、焊缝返修处等部位的焊缝进行无损检测。

D2.4　穿、跨越段检查

应当对穿越段进行重点检查或者检测。

对跨越管道的检查参照工业管道定期检验的有关要求进行，并且按照相应国家标准或者行业标准对跨越段附属设施进行检查。

D2.5　其他位置的无损检测

除对D2.1.3、D2.2、D2.3.4规定的检测位置进行无损检测外，必要时对下述位置的裸露管道也应当进行无损检测抽查：

（1）阀门、膨胀器连接的第一道焊接接头；

（2）跨越部位、出土与入土端的焊接接头；

（3）检验人员和使用单位认为需要抽查的其他焊接接头。

D2.6　理化检验

对有可能发生H_2S腐蚀、材质劣化、材料状况不明的管道，或者使用年限已经超过15年并且进行过与腐蚀、劣化、焊接缺陷有关的修理改造的管道，一般应当进行管道材质理化检验。

理化检验包括化学成分分析、硬度测试、力学性能测试、金相分析。

D2.6.1　化学成分分析

对材料状况不明的管道，应当分析其化学成分，分析部位包括母材和焊缝。

D2.6.2　硬度测试

对可能发生H_2S腐蚀的管道，应当进行焊接接头的硬度测试，判定管道的应力腐蚀开裂倾向的大小。硬度测试部位包括母材、焊缝及热影响区。硬度测试应当符合以下规定：

（1）对输送含H_2S介质的管道，其母材、焊缝及热影响区的最大硬度值不应超过$250HV_{10}$（22HRC）；

（2）碳钢管的焊缝硬度值不宜超过母材最高硬度的120%；

（3）合金钢管的焊缝硬度值不宜超过母材最高硬度的125%。

当焊接接头的硬度值超标时，检验人员应当根据具体情况扩大焊接接头内外部无损检测抽查比例。

D2.6.3　力学性能测试

包括管道母材横向、纵向与焊缝的屈服强度、抗拉强度、延伸率和冲击性能。

对于输送含H_2S介质应力腐蚀倾向严重或者低温工况下的钢管焊缝，避免延性断裂的冲击性能测试内容包括-10℃或者更低温度下的夏比冲击功；避免脆性断裂的冲击性能测试内容包括设计温度减10℃（公称壁厚T_n≤20mm）、设计温度减20℃（20mm<公称壁厚T_n≤30mm）、设计温度减30℃（公称壁厚T_n大于30mm）下的夏比冲击功。

对于输送无水介质或者含水分较少的天然气、原油或者成品油的钢管焊缝，冲击性能测试内容包括0℃下的夏比冲击功。

具体的测试方法按照相应国家标准或者行业标准的规定。

D2.6.4　金相分析

应当对管道母材和焊缝的显微组织、夹杂物进行金相分析。

D3　耐压(压力)试验

当内检测或直接检测不可实施时，可以采用耐压(压力)试验的方法进行检验。耐压(压力)试验按照相应国家标准或者行业标准的规定。

D4　其他要求

进行全面检验时，应当包括年度检查内容。

附件 E

报告编号：

压力管道定期检验报告

使 用 单 位：________________________

设 备 类 别：________________________

设 备 品 种：________________________

使用登记证号：________________________

压力管道代码：________________________

检 验 类 别：(年度检查、全面检验、合于使用评价)

检 验 日 期：________________________

(印制自行年度检查单位或者检验机构、评价机构名称)

长输(油气)管道年度检查报告目录

报告编号：

序号	检验项目	页码	附页、附图
1	长输(油气)管道年度检查结论报告		
2	资料审查报告		
3	宏观检查报告		
4	防腐(保温)层检查报告		
5	电性能测试报告		
6	阴极保护系统测试报告		
7	壁厚测定报告		
8	地质条件调查报告		
9	安全保护装置检验报告		

长输(油气)管道年度检查结论报告

报告编号：

<table>
<tr><td colspan="2">使用单位</td><td colspan="3"></td></tr>
<tr><td colspan="2">单位地址</td><td colspan="3"></td></tr>
<tr><td colspan="2">安全管理人员</td><td></td><td>联系电话</td><td></td></tr>
<tr><td colspan="2">邮政编码</td><td></td><td>压力管道代码</td><td></td></tr>
<tr><td colspan="2">管道名称</td><td colspan="3"></td></tr>
<tr><td colspan="2">使用登记证编号</td><td></td><td>投用日期</td><td></td></tr>
<tr><td rowspan="4">性能参数</td><td>管道长度</td><td>km</td><td>管道规格</td><td></td></tr>
<tr><td>设计压力</td><td>MPa</td><td>设计温度</td><td>℃</td></tr>
<tr><td>设计介质</td><td></td><td>管道材质</td><td></td></tr>
<tr><td>操作压力</td><td>MPa</td><td>操作温度</td><td>℃</td></tr>
<tr><td>主要依据</td><td colspan="4">《压力管道定期检验规则——长输(油气)管道》</td></tr>
<tr><td>问题与处理</td><td colspan="4">[说明检查发现的问题及其缺陷位置、程度、性质与处理意见(必要时附图或附页)，不印制]</td></tr>
<tr><td>检查结论</td><td colspan="2">□允许使用
□进行全面检验</td><td>许用参数</td><td>压力：　　MPa
温度：　　℃
介质：
其他：</td></tr>
<tr><td colspan="4">检查：　　　　日期：</td><td rowspan="2">检验机构核准证号：

(检验机构检验专用章)
年　月　日</td></tr>
<tr><td colspan="4">审批：　　　　日期：</td></tr>
</table>

共　页　第　页

(**注**：如果年度检查由使用单位自行进行，则本表右下栏的“检验机构核准证号”删除，将“检验机构检验专用章”改为使用单位的“检查专用章”或者公章。本注不印制。)

长输(油气)管道年度检查报告附页

报告编号：

序号	检查项目及其内容			检查结果	备注
1	1 资料审查	(1) 安全管理资料	使用登记证		
2			安全管理规章制度与安全操作规则		
3			作业人员上岗持证情况		
4		(2) 技术档案资料	定期检验报告		
5			设计和安装、改造、维修等施工、竣工验收资料		
6		(3) 运行状况资料	日常运行维护记录		
7			隐患排查治理记录		
8			改造、维修资料		
9			故障与事故记录		
10	2 宏观检查	(1) 位置	管道位置		
11			管道埋深		
12			管道走向		
13		(2) 地面装置	三桩一牌		
14			锚固礅		
15			围栏		
16		(3) 防护带			
17		(4) 地面泄漏情况			
18		(5) 跨越段			
19		(6) 穿越段			
20		(7) 水工保护设施			
21		(8) 其他			
22	3 防腐(保温)层				
23	4 电性能测试	(1) 电绝缘装置			
24		(2) 电连续性能			
25	5 阴极保护系统测试	(1) 保护电位			
26		(2) 牺牲阳极输出电流、开路电位			
27		(3) 管内电流			
28		(4) 辅助阳极床和牺牲阳极接地电阻			
29		(5) 阴极保护运行状况	保护率		
30			运行率		
31			排流效果		
32			阴极保护系统设备和排流设施		
33	6 壁厚测定				
34	7 地质条件调查				

共　　页 第　　页

表(续)

序号	检查项目及其内容	检查结果	备注
35	8 安全保护装置检验		
说明：			
检查： 日期：		审核： 日期：	

共 页 第 页

注：没有或者未进行的检查项目在检查结果栏打“—”；无问题或者合格的检查项目在检查结果栏打“√”；有问题或者不合格的检查项目在检查结果栏打“×”，并且在备注栏中说明。

长输(油气)管道全面检验报告目录

报告编号：

序号	检查项目	页　码	附页、附图
1	长输(油气)管道全面检验结论报告		
2	资料审查报告		
3	宏观检查报告		
4	敷设环境调查报告		
5	防腐(保温)层状况不开挖检测报告		
6	阴极保护有效性检测报告		
7	开挖直接检验报告		
8	穿、跨越段管道检查报告		
9	无损检测报告		
10	材料理化检验报告		
11	风险预评估报告		

（注：当采用内检测，内腐蚀、应力腐蚀开裂直接检测或者耐压试验方法进行全面检验时，检验机构自定全面检验报告目录。本注不印制）

长输(油气)管道全面检验结论报告

报告编号：

<table>
<tr><td colspan="2">使用单位</td><td colspan="3"></td></tr>
<tr><td colspan="2">单位地址</td><td colspan="3"></td></tr>
<tr><td colspan="2">安全管理人员</td><td></td><td>联系电话</td><td></td></tr>
<tr><td colspan="2">邮政编码</td><td></td><td>压力管道代码</td><td></td></tr>
<tr><td colspan="2">管道名称</td><td colspan="3"></td></tr>
<tr><td colspan="2">使用登记证编号</td><td></td><td>投用日期</td><td></td></tr>
<tr><td rowspan="4">性能参数</td><td>管道长度</td><td>km</td><td>管道规格</td><td></td></tr>
<tr><td>设计压力</td><td>MPa</td><td>设计温度</td><td>℃</td></tr>
<tr><td>设计介质</td><td></td><td>管道材质</td><td></td></tr>
<tr><td>操作压力</td><td>MPa</td><td>操作温度</td><td>℃</td></tr>
<tr><td>主要依据</td><td colspan="4">《压力管道定期检验规则——长输(油气)管道》</td></tr>
<tr><td>发现问题</td><td colspan="4">[说明检验发现的问题及其缺陷位置、程度、性质(必要时附图或者附页)，不印制]</td></tr>
<tr><td colspan="5">检验人员：</td></tr>
<tr><td colspan="2">编制：</td><td colspan="2">日期：</td><td rowspan="3">检验机构核准证号：

(检验机构检验专用章)
年　月　日</td></tr>
<tr><td colspan="2">审核：</td><td colspan="2">日期：</td></tr>
<tr><td colspan="2">批准：</td><td colspan="2">日期：</td></tr>
</table>

共　页　第　页

长输(油气)管道合于使用评价报告目录

报告编号：

序号	检验项目	页码	附页、附图
1	长输(油气)管道合于使用评价结论报告		
2	资料审查报告		
3	应力校核报告		
4	剩余强度评估报告		
5	超标缺陷安全评定报告		
6	剩余寿命预测报告		
7	材料适用性评价报告		
8	风险再评估报告		

长输(油气)管道合于使用评价结论报告

报告编号：

<table>
<tr><td colspan="2">使用单位</td><td colspan="3"></td></tr>
<tr><td colspan="2">单位地址</td><td colspan="3"></td></tr>
<tr><td colspan="2">安全管理人员</td><td></td><td>联系电话</td><td></td></tr>
<tr><td colspan="2">邮政编码</td><td></td><td>压力管道代码</td><td></td></tr>
<tr><td colspan="2">管道名称</td><td colspan="3"></td></tr>
<tr><td colspan="2">使用登记证编号</td><td></td><td>投用日期</td><td></td></tr>
<tr><td rowspan="4">性能参数</td><td>管道长度</td><td>km</td><td>管道规格</td><td></td></tr>
<tr><td>设计压力</td><td>MPa</td><td>设计温度</td><td>℃</td></tr>
<tr><td>设计介质</td><td></td><td>管道材质</td><td></td></tr>
<tr><td>操作压力</td><td>MPa</td><td>操作温度</td><td>℃</td></tr>
<tr><td>主要依据</td><td colspan="4">《压力管道定期检验规则——长输(油气)管道》</td></tr>
<tr><td>问题与处理意见</td><td colspan="4">[说明合于使用评价问题及其处理意见(必要时附图或者附页)，不印制]</td></tr>
<tr><td>评价结论</td><td colspan="2">□允许使用
□不允许使用</td><td>许用参数
(报废依据)</td><td>压力：　　MPa
温度：　　℃
介质：
其他：</td></tr>
<tr><td colspan="5">下次全面检验日期：　　年　月</td></tr>
<tr><td colspan="5">评价人员：</td></tr>
<tr><td colspan="3">编制：</td><td>日期：</td><td rowspan="3">评价机构核准证号：

(评价机构评价专用章)
年　月　日</td></tr>
<tr><td colspan="3">审核：</td><td>日期：</td></tr>
<tr><td colspan="3">批准：</td><td>日期：</td></tr>
</table>

共　页　第　页

TSG 特种设备安全技术规范　　TSG D7004—2010

压力管道定期检验规则
——公用管道

Periodical Inspection Regulation for
City Gas Pressure Pipeline and Thermal Pressure Pipeline

中华人民共和国国家质量监督检验检疫总局颁布
2010 年 8 月 30 日

前　　言

2007 年 3 月，国家质量监督检验检疫总局(以下简称国家质检总局)特种设备安全监察局(以下简称特种设备局)提出《公用管道定期检验规则》起草任务。中国特种设备检测研究院组织起草组，在总结近几年开展管道检验工作经验的基础上，通过充分研讨，形成了本规则草案。2008 年 1 月，在江苏常州召开了起草工作会议，就本规则草案进行了研讨，并提出了修改意见，经修改形成征求意见稿。2008 年 5 月，特种设备局以质检特函〔2008〕37 号文征求有关单位和专家的意见。根据征求的意见，起草组进行了修改形成送审稿。2009 年 6 月，特种设备局将送审稿提交国家质检总局特种设备安全技术委员会审议，并改名为《压力管道定期检验规则——公用管道》，修改形成了报批稿。其间，特种设备局多次组织起草组人员与燃气行业协会及有关单位交换意见，并且采纳了合理的建议。2010 年 8 月 30 日，由国家质检总局批准颁布。

本规则充分考虑了我国公用管道的使用现状和检验水平，并积极吸收国外发达国家关于公用管道检验的最新成果，提出了公用管道年度检查、全面检验和合于使用评价的基本要求，以指导和规范公用管道定期检验工作。

本规则主要起草单位和人员如下：

中国特种设备检测研究院	何仁洋　刘长征　杨　永　肖　勇
西南油气田安全环保与技术监督研究院	罗文华　涂　强　周方勤
中国石油天然气管道局	续　理
中国石油管道检测技术有限责任公司	门建新　金　虹
上海市质量技术监督局	王善江
上海市特种设备监督检验技术研究院	杨惠谷
江苏省特种设备安全监督检验研究院	缪春生
江苏省特种设备安全监督检验研究院常州分院	沈建强
中国石化镇海炼化分公司	徐成裕
新疆三叶管道技术有限责任公司	杨自力　陈　军　宋红旭
深圳市燃气集团有限公司	陈秋雄

目　　录

目　　录

压力管道定期检验规则——公用管道

第一章 总 则

第一条 为了规范公用管道定期检验工作，根据《特种设备安全监察条例》、《国务院对确需保留的行政审批项目设定行政许可的决定》和《压力管道安全管理与监察规定》，制定本规则。

第二条 本规则适用于《特种设备安全监察条例》、《压力管道安全管理与监察规定》规定的公用管道（以下简称管道）的定期检验。

第三条 按照定期检验方式和要求，GB1 级管道依据设计压力（P，单位为 MPa）划分为以下级别：

（一）GB1－Ⅰ级（$2.5<P\leq4.0$）、GB1－Ⅱ级（$1.6<P\leq2.5$）高压燃气管道；

（二）GB1－Ⅲ级（$0.8<P\leq1.6$）、GB1－Ⅳ级（$0.4<P\leq0.8$）次高压燃气管道；

（三）GB1－Ⅴ级（$0.2<P\leq0.4$）、GB1－Ⅵ级（$0.1<P\leq0.2$）中压燃气管道。

第四条 GB1 管道定期检验的基本方式和要求如下：

（一）GB1－Ⅰ级、GB1－Ⅱ级高压燃气管道，定期检验包括年度检查、全面检验与合于使用评价，定期检验要求（包括报告格式）参照《压力管道定期检验规则——长输（油气）管道》（TSG D7003），其中地区级别划分按照 GB 50028—2006《城镇燃气设计规范》执行；

（二）GB1－Ⅲ级次高压燃气管道，定期检验包括年度检查、全面检验与合于使用评价，定期检验要求按照本规则执行；

（三）GB1－Ⅳ级次高压燃气管道、GB1－Ⅴ级和 GB1－Ⅵ级中压燃气管道，定期检验包括年度检查和全面检验，定期检验要求按照本规则执行。

城镇燃气输配系统中的门站、调压站（器）管道及其安全保护装置、附属设施的定期检验参照工业管道、压力容器定期检验有关要求执行。

第五条 GB2 级管道，如果为管沟敷设或者架空敷设，管道本身、附属设施与安全保护装置定期检验参照工业管道、压力容器定期检验有关要求执行；如果为直埋敷设，定期检验按照本规则中压燃气管道的要求进行。

第六条 年度检查，是指在运行过程中的常规性检查。年度检查至少每年 1 次，进行全面检验的年度可以不进行年度检查。年度检查通常由管道使用单位（以下简称使用单位）公用管道作业人员进行，也可以委托国家质量监督检验检疫总局（以下简称国家质检总局）核准的具有资质的检验检测机构（以下简称检验机构）进行。

第七条 全面检验，是指按一定的检验周期对在用管道进行的基于风险的检验。新建管道的首次全面检验时间不能超过本规则第三十条表 1 的规定，首次全面检验之后的检验周期按照本规则第三十条确定。

承担管道全面检验的检验机构，应当经国家质检总局核准，其中高压燃气管道的全面检验应当由具有长输（油气）管道全面检验资质的检验机构进行。

第八条 合于使用评价，在全面检验之后进行。合于使用评价包括对管道进行的应力分析计算；对危害管道结构完整性的缺陷进行的剩余强度评估与超标缺陷安全评定；对危害管道安全的主要潜在危险因素进行的管道剩余寿命预测；以及在一定条件下开展的材料适用性评价。

承担管道合于使用评价的机构（以下简称评价机构）应当经国家质检总局核准。

第九条 属于下列情况之一的管道，全面检验周期应当适当缩短：

（一）新建 GB1－Ⅲ级次高压燃气管道、GB1－Ⅰ级和 GB1－Ⅱ级高压燃气管道首次进行全面检验的；

（二）1 年内发生 2 次影响管道安全运行的泄漏事故的；

（三）发现严重局部腐蚀或者全面腐蚀的；

（四）承受交变载荷，可能导致疲劳失效的；

（五）防腐（保温）层损坏严重的；

（六）风险评估发现风险值较高的；

（七）年度检查中发现除本条前几项以外的严重问题的；

（八）检验人员和使用单位认为应当缩短全面检验周期的。

第十条 属于下列情况之一的管道，如果超出风险可接受程度，应当立即进行全面检验，GB1-Ⅲ级次高压燃气管道还应当在全面检验基础上进行合于使用评价：

（一）运行工况发生显著改变从而导致运行风险提高的；

（二）GB1 级管道输送介质种类发生变化，改变为更危险介质的；

（三）GB1 级管道停用超过 1 年后再启用的；

（四）年度检查结论要求进行全面检验的；.

（五）所在地发生滑坡、泥石流等重大地质灾害的；

（六）有重大改造维修的。

第十一条 承担管道全面检验的检验机构、合于使用评价的评价机构以及人员应当在核准范围内开展管道全面检验和合于使用评价工作，接受质量技术监督部门的监督，并且对其工作质量负责。

第十二条 使用单位应当根据检验周期，对 GB1-Ⅲ级次高压燃气管道制定全面检验和合于使用评价计划，对 GB1-Ⅳ级次高压燃气管道、GB1-Ⅴ级和 GB1-Ⅵ级中压燃气管道、GB2 级热力管道，制定全面检验计划，并且及时向压力管道使用登记部门申报全面检验、合于使用评价计划，在合于使用评价或者全面检验有效期届满前 1 个月之前向检验机构、评价机构提出全面检验、合于使用评价要求，安排全面检验、合于使用评价工作。

定期检验前，对 GB1-Ⅲ级次高压燃气管道，检验机构与评价机构必须制定全面检验和合于使用评价方案；对 GB1-Ⅳ级次高压燃气管道、GB1-Ⅴ级和 GB1-Ⅵ级中压燃气管道、GB2 级热力管道，检验机构必须制定全面检验方案。全面检验、合于使用评价方案包括安全措施和应急预案内容。全面检验方案、合于使用评价方案应当征求使用单位的意见，经检验机构和评价机构授权的技术负责人审批。

从事全面检验与合于使用评价的人员必须严格按照批准后的全面检验、合于使用评价方案进行全面检验、合于使用评价工作。全面检验、合于使用评价过程中根据实际情况需作调整时，必须经过检验机构、评价机构授权的技术负责人审查批准。

第十三条 管道使用单位应当根据本规则的要求做好管道定期检验前的各项准备工作，使管道处于适合的待检状态，提供安全的定期检验环境，负责定期检验所需要的辅助工作，协助检验机构、评价机构进行定期检验。

检验人员应当认真执行管道使用单位的安全管理规定。

第二章 年度检查

第十四条 承担年度检查的人员（以下简称检查人员）应当在全面了解被检管道的使用、管理情况，并且在认真调阅管道技术资料和管理资料的基础上，对管道运行记录、管道隐患监护措施实施情况记录、管道改造施工记录、检修报告、管道故障处理记录进行审查，并记录审查情况。

第十五条 检查人员应当根据审查的数据进行综合评价，重点对下列管道或者位置进行检查，确定事故容易发生的位置以及事故造成严重后果的位置：

（一）穿、跨越管道；

（二）管道出土、入土点、管道分支处、敷设于位置较低点的管道，以及位于排污管下或者其他液体管道下的 GB1 级管道；

（三）曾经发生过影响管道安全运行的泄漏、较大以上(含较大)事故的管道；

（四）工作条件苛刻及承受交变载荷的管道；

（五）存在第三方破坏的管道；

（六）曾经为非机动车道或者绿化带改为机动车道的、经过空穴(地下室)的管道；

（七）位于边坡等位置的管道。

第十六条 年度检查的内容，除本规则第十四条、第十五条的要求外，还应当包括宏观检查、防腐(保温)层检查、电性能测试、阴极保护系统测试、壁厚测定、GB1 级管道介质腐蚀性调查、安全保护装置检验，必要时进行腐蚀防护系统检查。年度检查具体内容和要求见附件 A，其中部分检查项目可以结合日常巡线进行。

第十七条 年度检查的现场工作结束后，检查人员应当根据检查情况出具年度检查报告，作出下述检查结论：

（一）允许使用，检查结果符合有关安全技术规范及其相应标准的规定；

（二）进行全面检验，发现存在超出有关安全技术规范规定的缺陷，并且不能满足安全使用要求。

第十八条 有条件的使用单位应当将年度检查及其检查结论录入管道地理信息系统(GIS)、管道完整性管理信息系统(PIMS)。

第三章 全面检验与合于使用评价

第一节 全面检验

第十九条 全面检验前，检验机构应当对提交和收集的以下资料进行审查、分析：

（一）设计图纸、文件与有关强度计算书；

（二）管道元件产品质量证明资料；

（三）安装监督检验证明文件，安装及其竣工验收资料；

（四）管道使用登记证；

（五）管道运行记录，包括输送介质压力、电法保护运行记录、阴极保护系统故障记录，管道修理或者改造的资料，管道事故或者失效资料，管道的各类保护措施的使用记录，管道周围的其他施工活动，管道的电法保护日常检查记录，输送介质分析报告(特别是含硫化氢、二氧化碳和游离水)；

（六）运行周期内的年度检查报告；

（七）上一次全面检验报告、合于使用评价报告；

（八）检验人员认为全面检验所需要的其他资料。

本条(一)至(三)款在管道投用后首次全面检验时必须审查，在以后的全面检验中可以根据需要查阅。

第二十条 全面检验前，检验机构应当根据资料分析辨识危害管道结构完整性的潜在危险。这些潜在危险主要分为以下几种：

（一）固有危险，如制造与安装、改造、维修施工过程中产生的缺陷；

（二）运行过程中与时间有关的危险，如内腐蚀、外腐蚀；

（三）运行过程中与时间无关的危险，如第三方破坏、外力破坏、误操作；

(四)其他危害管道安全的潜在危险。

第二十一条 检验机构对资料审查分析完成后，应当按照有关安全技术规范及其相应标准进行风险预评估。从事评估工作的人员应当充分了解每种风险评估方法的优缺点，选择合适的风险评估方法，常用管道风险评估方法见《压力管道定期检验规则——长输(油气)管道》(TSG D7003)附件 C。

第二十二条 检验机构应当根据风险预评估确定的结果，选择合适的全面检验方法。

全面检验的检验方法有直接检测和耐压(压力)试验，详细内容见附件 B。检验机构也可以选择经过国家质检总局批准的其他检验方法。

第二节　合于使用评价

第二十三条　GB1-Ⅲ级次高压燃气管道全面检验完成后，使用单位应当及时安排合于使用评价工作。评价机构应当结合全面检验情况进行合于使用评价，并且确定管道许用参数与下次全面检验日期。

第二十四条　GB1-Ⅲ级次高压燃气管道有下列情况之一的，应当按照许用压力进行耐压强度校核：

(一) 全面减薄量超过公称壁厚 20%的；

(二) 操作参数增大的；

(三) 输送介质种类发生重大变化，改变为更危险介质的。

耐压强度校核按照 GB 50028 的相关规定进行。

第二十五条　GB1-Ⅲ级次高压燃气管道有下列情况之一的，应当进行应力分析校核：

(一) 存在较大变形、挠曲、破坏，以及支撑件损坏等现象且无法复原的；

(二) 全面减薄量超过管道公称壁厚 30%的；

(三) 需要设置而未设置补偿器或者补偿器失效的；

(四) 法兰经常性泄漏、破坏的；

(五) 无强度计算书的；

(六) 检验人员或者使用单位认为有必要的。

第二十六条　对 GB1-Ⅲ级次高压燃气管道，应当及时对检测中发现的危害管道结构完整性的缺陷进行剩余强度评估与超标缺陷安全评定。在剩余强度评估与超标缺陷安全评定过程中应当考虑缺陷发展的影响，并且根据剩余强度评估与超标缺陷安全评定的结果提出运行维护意见。

第二十七条　对 GB1-Ⅲ级次高压燃气管道，应当根据危害管道安全的主要潜在危险因素选择管道剩余寿命预测的方法。管道的剩余寿命预测主要包括腐蚀寿命、裂纹扩展寿命、损伤寿命等。

其中管道腐蚀寿命预测一般可采用以下公式计算：

$$RL = C \times SM \frac{t}{GR}$$

式中：

RL——腐蚀寿命，年；

C——校正系数，$C = 0.85$；

SM——安全裕量，$SM = \frac{\text{计算失效压力}}{\text{屈服压力}} - \frac{\text{MAOP}}{\text{屈服压力}}$；

MAOP——管段许用压力，MPa；

GR——腐蚀速率，mm/y(年)；

t——名义壁厚，mm。

第二十八条　有下列情形之一的钢质 GB1-Ⅲ级次高压燃气管道，应当进行材料适用性评价：

(一) 材质发生劣化的；

(二) 输送介质种类发生重大变化，改变为更危险介质的。

第二十九条　对 GB1-Ⅲ级次高压燃气管道，应当结合全面检验结果和合于使用评价结果，确定管道下一次全面检验日期，其全面检验周期不能大于表 1 的规定，并且最长不能超过预测的管道剩余寿命的一半。

除 GB1-Ⅲ次高压燃气管道外的其他管道，应当结合全面检验结果确定管道下一全面检验日期，其检验周期不能大于表 1 的规定。

表 1　全面检验最大时间间隔(注)

管道级别	GB1－Ⅲ级次高压燃气管道	GB1－Ⅳ级次高压燃气管道、中压燃气管道、GB2 级管道
最大时间间隔(年)	8	12

注 1：以 PE 管或者铸铁管为管道材料的管道全面检验周期不超过 15 年；

注 2：对于风险评估结果表明风险值较低的管道，经使用单位申请，负责使用登记的部门同意，全面检验周期可适当延长。

第三节　全面检验报告、合于使用评价报告与问题处理

第三十条　检验人员应当根据全面检验情况和所进行的全面检验项目，填写全面检验记录，及时出具相应的全面检验报告。GB1－Ⅵ级次高压燃气管道、GB1－Ⅴ级和 GB1－Ⅵ级中压燃气管道、GB2 级管道应当在全面检验报告中明确许用参数、下次全面检验日期等。

GB1－Ⅲ级次高压燃气管道，除出具全面检验报告外，还应当由合于使用评价人员根据全面检验报告和所进行的合于使用评价项目，及时出具合于使用评价报告。合于使用评价报告中应当明确许用参数、下次全面检验日期等。

第三十一条　使用单位应当对全面检验、合于使用评价过程中要求进行处理的缺陷，采取修复或者降压运行的措施。检验机构、评价机构可以在出具全面检验报告、使用评价报告前将需要处理缺陷通知使用单位。使用单位处理完成并且经检验机构、评价机构确认后，检验机构、评价机构再出具全面检验报告、合于使用评价报告，并且重新对风险预评估结果进行修正(即风险再评估)。风险评估的结果应当纳入管道使用登记工作中。

缺陷修复前，使用单位应当制订修复方案，缺陷的修复应当按照有关要求进行，相关文件记录应当存档。

第三十二条　使用单位应当将全面检验与合于使用评价结果归档，有条件的应当将全面检验与合于使用评价结果录入管道地理信息系统(GIS)、管道完整性管理信息系统(PIMS)。

检验机构、评价机构应当按照特种设备信息化的要求，及时将全面检验、合于使用评价结果输入特种设备有关信息系统。

第四章　附　　则

第三十三条　管道的定期检验报告(包括年度检查报告、全面检验报告：合于使用评价报告)的格式见附件 C。根据检验类别，选用报告目录、结论报告及其附件的格式。

第三十四条　本规则由国家质检总局负责解释。

第三十五条　本规则自 2010 年 11 月 1 日起施行。

附件 A

公用管道年度检查项目与要求

A1 资料审查

(1) 安全管理资料，包括使用登记证、安全管理规章制度与安全操作规则、作业人员上岗持证情况；

(2) 技术档案资料，包括定期检验报告，必要时还包括设计资料和安装、改造、维修等施工、竣工验收资料；

(3) 运行状况资料，包括日常运行维护记录、隐患排查治理记录、改造与维修资料、故障与事故记录。

A2 宏观检查

(1) 泄漏检查，主要检查管道穿、跨越段、阀门、阀井、法兰、凝水缸、补偿器、调压器、套管等组成件，铸铁管连接接口、非金属管道熔接接口(含钢塑转换接口)的泄漏情况(对管道采用相应的泄漏检测仪进行泄漏点检测或者地面钻孔检测，必要时对燃气可能泄漏扩散到的地沟、窨井、地下建(构)筑物内进行检查；对次高压燃气压力管道，必要时可以采用声学泄漏检测方法进行远距离泄漏检测)；

(2) 位置与走向检查(注 A-1)；

(3) 地面标志检查；

(4) 管道沿线地表环境调查，主要检查管道与其他建(构)筑物或者管道的净距、占压状况、管道裸露、土壤扰动情况等；

(5) 穿、跨越管段检查，主要检查穿越管道锚固墩、套管检查孔的完好情况以及河流冲刷侵蚀情况，跨越管道防腐(保温)层、补偿器完好情况，吊索、支架、管子墩架的变形、腐蚀情况；

(6) 凝水缸检查，主要检查定期排放积水情况，护盖、排水装置的泄漏、腐蚀和堵塞情况；

(7) 阀门、法兰、补偿器等管道元件的检查；

(8) 检查人员认为有必要的其他检查。

注 A-1：如果管道周围地表环境无较大变动、管道无沉降等情况，可以不要求。

A3 防腐(保温)层检查(适用于钢质管道)

主要检查入土端与出土端、露管段、阀井内、阀室内管道防腐(保温)层的完好情况。检查人员认为有必要时，可以对风险较高地段管道采用检测设备进行地面不开挖检测。

A4 电性能测试(适用于有阴极保护的钢质管道)

(1) 测试绝缘法兰、绝缘接头、绝缘短管、绝缘套、绝缘固定支墩和绝缘垫块等电绝缘装置的绝缘性能；

(2) 对采用法兰和螺纹等非焊接件连接的阀门等管道附件的跨接电缆或者其他电连接设施，测试其电连续性。

A5 阴极保护系统测试(适用于有阴极保护的钢质管道)

(1) 管道沿线保护电位，测量时应考虑 IR(注 A-2)降的影响；

(2) 牺牲阳极输出电流、开路电位(当管道保护电位异常时测试)；

(3) 管内电流(当管道保护电位异常时测试)；

(4) 辅助阳极床和牺牲阳极接地电阻(牺牲阳极接地电阻应当在管道保护电位异常时测试)；

(5) 阴极保护系统运行状况，检查管道阴极保护率和运行率、排流效果，阴极保护系统设备及其排流设施。

注 A-2：管道外防腐层破损部位的阴极保护电流在土壤介质中产生的电位梯度。

A6 壁厚测定

利用阀井或者探坑，对重要压力管道或者有明显腐蚀和冲刷减薄的弯头、三通、盲管、管径突变部位以及相邻直管部位进行壁厚抽样测定。

A7 介质腐蚀性调查(适用于燃气压力管道)

对管输介质成分测试报告进行分析，开展介质腐蚀性调查。

A8 安全保护装置检验

参照工业管道定期检验有关要求执行，特殊的安全保护装置参照现行相关标准的规定。

附件 B

公用管道全面检验项目与要求

B1　直接检测方法

直接检测方法包括管道内腐蚀直接检测、外腐蚀直接检测。检验机构应当根据危害管道完整性的危害因素选择一种或者几种直接检测方法。

B1.1　内腐蚀直接检测

管道内腐蚀直接检测应当在凝析烃、凝析水、沉淀物最有可能聚集之处进行局部内腐蚀检测，可以采用多相流计算、高程点分布等方法确定检测位置。对管道进行内腐蚀直接检测时，一般在开挖后采用超声壁厚测定等方法进行直接检测，确定内腐蚀状况；也可采用腐蚀监测方法或者其他认可的检测手段。

内腐蚀直接检测方法的步骤主要包括预评价、间接检测、直接检验、后期评价四个步骤。

B1.1.1　预评价

预评价步骤包括收集历史数据和当前数据，根据收集的数据资料确定该方法是否可行，并确定评价区域。

B1.1.2　间接检测

该步骤主要采用流体模拟结果，预测可能发生腐蚀的管道区域，并且对腐蚀程度进行预测。

B1.1.3　直接检验

对B1.1.1预评价和B1.1.2间接检测两个过程发现的可能产生的腐蚀点进行检查，可以采用管道本体腐蚀检测技术，也可采用监测技术，确定管道内部的腐蚀状态。在条件许可时，按照一定比例(0.6处/km至1.5处/km)开挖后用漏磁检测技术、低频电磁检测技术、远场涡流检测技术、壁厚测定技术或者腐蚀扫描技术进行直接检验。

必要时还应当进行埋地管段焊缝无损检测。

B1.1.4　后期评价

该步骤包括分析B1.1.1、B1.1.2、B1.1.3中收集的数据资料，评价内腐蚀直接检测方法的有效性。

B1.2　外腐蚀直接检测

外腐蚀直接检测的具体项目一般包括管道敷设环境调查、防腐(保温)层状况不开挖检测、管道阴极保护有效性检测、开挖直接检验。根据检测、检验结果，对腐蚀防护系统进行分级，原则上分为四个等级，1级为最好，4级为最差。

B1.2.1　管道敷设环境调查

管道敷设环境调查一般包括环境腐蚀性检测和大气腐蚀性调查。

B1.2.1.1　环境腐蚀性检测

环境腐蚀性检测包括土壤腐蚀性测试和杂散电流测试，基本要求如下：

(1) 根据管道经过地区土壤类型选择有代表性的位置测试土壤腐蚀性，当地物地貌环境和土壤无较大变化时，土壤腐蚀性数据可采用工程勘察或者上次全面检验报告的数据；

(2) 进行杂散电流测试时，特别需要注意有轨道交通、并行电缆线，以及其他易产生杂散电流的地方，杂散电流的测试数量依据干扰源的数量确定。

B1.2.1.2　大气腐蚀性调查

对可能存在大气腐蚀环境的跨越段与露管段，应当按照相应国家标准或者行业标准进行大气腐蚀性调查。

B1.2.2　防腐(保温)层状况不开挖检测

对防腐(保温)层与腐蚀活性区域采用不开挖检测方法进行检测，主要检测方法有直流(交流)电位梯度法、直流电位(交流电流)衰减法。检测过程中至少选择两种相互补充的检测方法。

B1.2.3 管道阴极保护有效性检测

对采用外加电流阴极保护或者可断电的牺牲阳极阴极保护的管道，应当采用相应检测技术测试管道的真实阴极保护极化电位；对阴极保护效果较差的管道，应当采用密间隔电位测试技术。

B1.2.4 开挖直接检验

B1.2.4.1 开挖点确定原则

根据B1.2.1~B1.2.3的检测结果，按照一定比例选择开挖检验点。开挖点数量的确定原则见表B-1。开挖点的选取应当结合资料调查中的错边、咬边严重的焊接接头以及碰口与连头焊口，风险较高的管段，使用中发生过泄漏、第三方破坏的位置。

表B-1 开挖点数量确定原则

压力等级	腐蚀防护系统质量等级			
	1	2	3	4
次高压(处/km)	0.05	0.1	0.6~0.8	1.2~1.5
中压(处/km)	不开挖	0.05	0.3	0.6~0.8

B1.2.4.2 开挖直接检验的方法和内容

(1) 土壤腐蚀性检测，检查土壤剖面分层情况以及土壤干湿度，必要时可以对探坑处的土壤样品进行理化检验；

(2) 防腐(保温)层检查和探坑处管地电位测试，检查防腐(保温)层的物理性能以及探坑处管地电位，必要时收集防腐(保温)层样本，按照相应国家标准或者行业标准进行防腐(保温)层性能分析；

(3) 管道腐蚀状况检测，包括金属腐蚀部位外观检查、腐蚀产物分析、管道壁厚测定、腐蚀区域的描述；

(4) 阀井(室)、调压站(室)内管道以及阀体检查；

(5) 管道焊缝无损检测，对开挖处的管道对接环焊缝进行无损检测，必要时还应当对焊接钢管焊缝进行无损检测。无损检测一般采用射线或者超声方法，也可采用国家质检总局认可的其他无损检测方法。

对于宏观检查存在裂纹或者可疑情况的管道，以及检验人员认为有必要时，可以对管道对接环焊缝、管道碰口与连头、管道螺旋焊缝或者对接直焊缝以及焊缝返修处等部位进行无损检测。

B1.3 穿、跨越段检查

应当对穿越段进行重点检查或者检测。

对跨越管道的检查参照工业管道定期检验的有关要求进行，并且按照相应国家标准或者行业标准对跨越段附属设施进行检查。

B1.4 其他位置的无损检测

除对B1.2.4条规定的检测位置进行无损检测外，必要时对下述位置的裸露管段也应当进行无损检测抽查：

(1) 阀门、膨胀器连接的第一道焊接接头；

(2) 跨越部位、出土与入土端的焊接接头；

(3) 检验人员和使用单位认为需要抽查的其他焊接接头。

B1.5 理化检验

对有可能发生H_2S腐蚀、材质劣化、材料状况不明的管道，或者使用年限已经超过15年并且进行过与腐蚀、劣化、焊接缺陷有关的修理改造的GB1-Ⅲ级次高压燃气压力管道，一般应当进行管道理化检验。

理化检验包括化学成分分析、硬度测试、力学性能测试、金相分析。

B1.5.1　化学成分分析

对材料状况不明的管道，应当分析其化学成分，分析部位包括母材、焊缝。

B1.5.2　硬度测试

对于可能发生 H_2S 腐蚀的管道，应当进行焊接接头的硬度测试。硬度测试部位包括母材、焊缝与热影响区。硬度测试应当符合以下要求：

(1) 对输送含 H_2S 介质的管道，其母材、焊缝及热影响区的最大硬度值不超过 $250HV_{10}$ (22HRC)；

(2) 碳钢管的焊缝硬度值不宜超过母材最高硬度的120%；

(3) 合金钢管的焊缝硬度值不宜超过母材最高硬度的125%。

当焊接接头的硬度值超标时，检验人员应当根据具体情况扩大焊接接头内外部无损检测抽查比例。

B1.5.3　力学性能测试

包括管道母材横向、纵向及焊缝的屈服强度、抗拉强度、延伸率和冲击性能。冲击性能测试内容包括0℃下的管道母材和焊缝的夏比冲击功。测试方法应当按照相应国家标准或者行业标准的规定。

B1.5.4　金相分析

应当对管道母材和焊缝的显微组织、夹杂物进行金相分析。

B1.6　非钢质材料的检验

B1.6.1　铸铁管的检测

对铸铁管的腐蚀状况检测，应当通过阀井(室)、露管段或者开挖等方式进行直接检验。开挖检查的抽查检测比例为0.3处/km，并且根据实际检测结论以确定是否需进一步增加抽查检测数量。检测的主要内容有铸铁管表面损伤、腐蚀情况，并且进行管道壁厚测定；当有承插口时，还应当对承插口状况进行检查。

B1.6.2　非金属管的检查

聚乙烯管和钢骨架聚乙烯复合管的检查，应当通过阀井(室)的露管段或者开挖等方式进行直接检查，开挖点位置应当选择发生过泄漏、沉降、第三方破坏等风险较大的位置、穿越位置、钢塑接头转换位置。直接检查的抽查检测比例为0.3处/km，并且根据实际检测结论以确定是否需进一步增加抽查数量。

检查主要内容有管道表面有无槽痕、凿痕或者凹痕等缺陷，管道有无老化降解(如表面粉化)等迹象，钢塑转换接头的质量状况。

B2　耐压(压力)试验

当直接检测不可实施时，可以采用耐压(压力)试验的方法进行检验。耐压(压力)试验按照相应国家标准或者行业标准的规定。

B3　其他要求

进行全面检验时，应当包括年度检查内容。

附件 C

报告编号：

压力管道定期检验报告

使 用 单 位：______________________

设 备 类 别：______________________

设 备 品 种：______________________

使用登记证号：______________________

压力管道代码：______________________

检 验 类 别：(年度检查、全面检验、合于使用评价)

检 验 日 期：______________________

（印制自行年度检查单位或者检验机构、评价机构名称）

公用管道年度检查报告目录

报告编号：

序号	检验项目	页码	附页、附图
1	公用管道年度检查结论报告		
2	资料审查报告		
3	宏观检查报告		
4	防腐(保温)层检查报告		
5	电性能测试报告		
6	阴极保护系统测试报告		
7	壁厚测定报告		
8	介质腐蚀性调查报告		
9	安全保护装置检验报告		

公用管道年度检查结论报告

报告编号：

<table>
<tr><td colspan="2">使用单位</td><td colspan="3"></td></tr>
<tr><td colspan="2">单位地址</td><td colspan="3"></td></tr>
<tr><td colspan="2">安全管理人员</td><td></td><td>联系电话</td><td></td></tr>
<tr><td colspan="2">邮政编码</td><td></td><td>压力管道代码</td><td></td></tr>
<tr><td colspan="2">管道名称</td><td colspan="3"></td></tr>
<tr><td colspan="2">使用登记证编号</td><td></td><td>投用日期</td><td></td></tr>
<tr><td rowspan="4">性能参数</td><td>管道长度</td><td>km</td><td>管道规格</td><td></td></tr>
<tr><td>设计压力</td><td>MPa</td><td>设计温度</td><td>℃</td></tr>
<tr><td>设计介质</td><td></td><td>管道材质</td><td></td></tr>
<tr><td>操作压力</td><td>MPa</td><td>操作温度</td><td>℃</td></tr>
<tr><td>主要依据</td><td colspan="4">《压力管道定期检验规则——公用管道》</td></tr>
<tr><td>问题与处理意见</td><td colspan="4">[注明检查发现的缺陷位置、程度、性质及其处理意见(必要时附图或者附页)，不印制]</td></tr>
<tr><td>检查结论</td><td colspan="2">□允许使用
□进行全面检验</td><td>许用参数</td><td>压力：　　　MPa
温度：　　　℃
介质：
其他：</td></tr>
<tr><td colspan="4">检查：　　　　　　　　日期：</td><td rowspan="2">检验机构核准证号：
(检验机构检验专用章)
年　月　日</td></tr>
<tr><td colspan="4">审批：　　　　　　　　日期：</td></tr>
</table>

共　页　第　页

(**注**：如果年度检查由使用单位自行进行，则本表右下栏的“检验机构核准证号”删除，将“检验机构检验专用章”改为使用单位的“检查专用章”或者公章。本注不印制。)

公用管道年度检查报告附页

报告编号：

序号	检查项目及其内容			检查结果	备注
1	1 资料审查	（1）安全管理资料	使用登记证		
2			安全管理规章制度与安全操作规则		
3			作业人员上岗持证情况		
4		（2）技术档案资料	定期检验报告		
5			设计和安装、改造、维修等施工、竣工验收资料		
6		（3）运行状况资料	日常运行维护记录		
7			隐患排查治理记录		
8			改造、维修资料		
9			故障与事故记录		
10	2 宏观检查	（1）地面泄漏情况			
11		（2）位置与走向	管道位置		
12			管道埋深		
13			管道走向		
14		（3）地面标志			
15		（4）管道沿线地表环境			
16		（5）跨越管段			
17		（6）穿越管段			
18		（7）凝水缸			
19		（8）阀门、法兰、补偿节等管道元件			
20		(9)其他			
21	3 防腐(保温)层				
22	4 电性能测试	（1）电绝缘装置			
23		（2）电连续性能			
24	5 阴极保护系统测试	（1）保护电位			
25		（2）牺牲阳极输出电流、开路电位			
26		（3）管内电流			
27		（4）辅助阳极床和牺牲阳极接地电阻			
28		（5）阴极保护运行状况	保护率		
29			运行率		
30			排流效果		
31			阴极保护系统设备和排流设施		
32	6 壁厚测定				
33	7 介质腐蚀性调查				
34	8 安全保护装置检验				

表(续)

序号	检查项目及其内容	检查结果	备注
说明：			
检查：	日期：	审核：	日期：

共　页　第　页

（**注**：没有或者未进行的检查项目在检查结果栏打“—”；无问题或者合格的检查项目在检查结果栏打“√”；有问题或者不合格的检查项目在检查结果栏打“×”，并且在备注栏中说明。）

公用管道全面检验报告目录

报告编号：

序号	检验项目	页码	附页、附图
1	公用管道全面检验结论报告		
2	资料审查报告		
3	宏观检查报告		
4	敷设环境调查报告		
5	防腐(保温)层状况不开挖检测报告		
6	阴极保护有效性检测报告		
7	开挖直接检验报告		
8	穿、跨越检查报告		
9	无损检测报告		
10	材料理化检验报告		
11	风险预评估报告		
12	风险再评估报告		

[**注**：(1) 风险再评估报告，仅适用于 GB1-Ⅳ级次高压燃气管道、GB1-Ⅴ级和Ⅵ级中压燃气管道、GB2 级热力管道；

(2) 采用内腐蚀直接检测或者耐压试验方法进行全面检验时，检验机构自定全面检验报告目录。本注不印制。]

公用管道全面检验结论报告(1)

报告编号：

<table>
<tr><td colspan="2">使用单位</td><td colspan="3"></td></tr>
<tr><td colspan="2">单位地址</td><td colspan="3"></td></tr>
<tr><td colspan="2">安全管理人员</td><td></td><td>联系电话</td><td></td></tr>
<tr><td colspan="2">邮政编码</td><td></td><td>压力管道代码</td><td></td></tr>
<tr><td colspan="2">管道名称</td><td colspan="3"></td></tr>
<tr><td colspan="2">使用登记证编号</td><td></td><td>投用日期</td><td></td></tr>
<tr><td rowspan="4">性能参数</td><td>管道长度</td><td>km</td><td>管道规格</td><td></td></tr>
<tr><td>设计压力</td><td>MPa</td><td>设计温度</td><td>℃</td></tr>
<tr><td>设计介质</td><td></td><td>管道材质</td><td></td></tr>
<tr><td>操作压力</td><td>MPa</td><td>操作温度</td><td>℃</td></tr>
<tr><td>主要依据</td><td colspan="4">《压力管道定期检验规则——公用管道》</td></tr>
<tr><td>问题及处理意见</td><td colspan="4">[注明检查发现的缺陷位置、程度、性质及其处理意见(必要时附图或者附页)，不印制]</td></tr>
<tr><td>检验结论</td><td colspan="2">□允许使用
□降压使用
□不允许使用</td><td>许用参数
(报废依据)</td><td>压力：　　MPa
温度：　　℃
介质：
其他：</td></tr>
<tr><td colspan="5">下次全面检验日期：　　　年　月</td></tr>
<tr><td colspan="5">检验人员：</td></tr>
<tr><td colspan="4">编制：　　　　日期：</td><td rowspan="3">检验机构核准证号：
(检验机构检验专用章)
年　月　日</td></tr>
<tr><td colspan="4">审核</td></tr>
<tr><td colspan="4">批准：　　　　日期：</td></tr>
</table>

共　页　第　页

(**注**：此表仅适用于GB1-Ⅳ级次高压燃气管道、GB1-Ⅴ级和GB1-Ⅵ级中压燃气管道、GB2级热力管道。本注不印制。)

公用管道全面检验结论报告(2)

报告编号：

<table>
<tr><td colspan="2">使用单位</td><td colspan="3"></td></tr>
<tr><td colspan="2">单位地址</td><td colspan="3"></td></tr>
<tr><td colspan="2">安全管理人员</td><td></td><td>联系电话</td><td></td></tr>
<tr><td colspan="2">邮政编码</td><td></td><td>压力管道代码</td><td></td></tr>
<tr><td colspan="2">管道名称</td><td colspan="3"></td></tr>
<tr><td colspan="2">使用登记证号</td><td></td><td>投用日期</td><td></td></tr>
<tr><td rowspan="4">技术参数</td><td>管道长度</td><td>km</td><td>管道规格</td><td></td></tr>
<tr><td>设计压力</td><td>MPa</td><td>设计温度</td><td>℃</td></tr>
<tr><td>设计介质</td><td></td><td>管道材质</td><td></td></tr>
<tr><td>操作压力</td><td>MPa</td><td>操作温度</td><td>℃</td></tr>
<tr><td>主要依据</td><td colspan="4">《压力管道定期检验规则——公用管道》</td></tr>
<tr><td>发现问题</td><td colspan="4">[说明检验发现的缺陷位置、程度、性质(必要时附图或者附页)，不印制]</td></tr>
<tr><td colspan="5">检验人员：</td></tr>
<tr><td colspan="2">编制：</td><td>日期：</td><td colspan="2" rowspan="3">检验机构核准证号：
（检验机构检验专用章）
年 月 日</td></tr>
<tr><td colspan="2">审核：</td><td>日期：</td></tr>
<tr><td colspan="2">批准：</td><td>日期：</td></tr>
</table>

共 页 第 页

（**注**：此表仅适用于 GB1-Ⅲ级次高压燃气管道。本注不印制。）

公用管道合于使用评价报告目录

报告编号：

序号	检验项目	页码	附页、附图
1	公用管道合于使用评价结论报告		
2	资料审查报告		
3	应力校核报告		
4	剩余强度评估报告		
5	超标缺陷安全评定报告		
6	剩余寿命预测报告		
7	材料适用性评价报告		
8	风险再评估报告		

公用管道合于使用评价结论报告

报告编号：

<table>
<tr><td colspan="2">使用单位</td><td colspan="3"></td></tr>
<tr><td colspan="2">单位地址</td><td colspan="3"></td></tr>
<tr><td colspan="2">管理人员</td><td></td><td>联系电话</td><td></td></tr>
<tr><td colspan="2">邮政编码</td><td></td><td>压力管道代码</td><td></td></tr>
<tr><td colspan="2">管道名称</td><td colspan="3"></td></tr>
<tr><td colspan="2">使用登记证编号</td><td></td><td>投用日期</td><td></td></tr>
<tr><td rowspan="4">性能参数</td><td>管道长度</td><td>km</td><td>管道规格</td><td></td></tr>
<tr><td>设计压力</td><td>MPa</td><td>设计温度</td><td>℃</td></tr>
<tr><td>设计介质</td><td></td><td>管道材质</td><td></td></tr>
<tr><td>操作压力</td><td>MPa</td><td>操作温度</td><td>℃</td></tr>
<tr><td>主要依据</td><td colspan="4">《压力管道定期检验规则——公用管道》</td></tr>
<tr><td>问题与处理意见</td><td colspan="4">[说明合于使用评价问题与处理意见(必要时附图或者附页)，不印制]</td></tr>
<tr><td>评价结论</td><td colspan="2">□允许使用
□不允许使用</td><td>许用参数
（报废依据）</td><td>压力：　MPa
温度：　℃
介质：
其他：</td></tr>
<tr><td colspan="5">下次全面检验日期：　　年　月</td></tr>
<tr><td colspan="5">评价人员：</td></tr>
<tr><td colspan="4">编制：　　日期：</td><td rowspan="3">评价机构核准证号：
（评价机构评价专用章）
年　月　日</td></tr>
<tr><td colspan="4">审核：　　日期：</td></tr>
<tr><td colspan="4">审批：　　日期：</td></tr>
</table>

共　页　第　页

TSG 特种设备安全技术规范 **TSG D7005—2018**

压力管道定期检验规则
——工业管道

Periodic Inspection Regulation for Industrial Pressure Piping

中华人民共和国国家质量监督检验检疫总局颁布

2018年1月26日

前　言

2008年2月，国家质量监督检验检疫总局(以下简称国家质检总局)特种设备安全监察局(以下简称特种设备局)下达了在《在用工业管道定期检验规程(试行)》(国质检锅〔2003〕108号)基础上，制定《压力管道定期检验规则——工业管道》的任务书。2010年7月，中国特种设备检测研究院组织有关专家成立修订工作组，在南京召开第一次会议，讨论修订原则、重点内容以及主要问题，并就修订工作进行了具体分工，制定了修订工作时间表。2013年8月，工作组在北京召开第二次会议，经过讨论，形成征求意见稿。2014年7月，特种设备局以质检特函〔2014〕21号文向有关部门、有关单位、专家及公民征求意见。2015年8月，工作组召开第三次会议，对征求到的意见进行研究讨论，形成送审稿。2015年10月，提交国家质检总局特种设备安全与节能技术委员会审议。2018年1月26日，由国家质检总局批准颁布。

本次修订工作的基本原则与《中华人民共和国特种设备安全法》《特种设备目录》《压力管道安全技术监察规程——工业管道》(TSG D0001)一致。根据实际使用情况以及行业发展，调整、完善不适用的内容，明确定期检验的性质、定位及检验周期的含义，统一检验结论及检验报告内容；在保证基本安全要求的基础上，建立基于损伤模式制定针对性检验方案的思想，突出检验项目的针对性、有效性和科学性；为新检验、检测技术和评定方法的应用给出渠道；吸纳基于风险的检验等成熟的科技成果，厘清与常规检验方法的关系；落实企业安全主体责任，为企业安全与发展服务。

参加本规则修订工作的主要单位和人员如下：

中国特种设备检测研究院	谢国山　修长征　李光海 孟　涛　史　进
国家质检总局特种设备局	秦先勇
合肥通用机械研究院	王　冰　胡明东
北京市质量技术监督局	由　涛
上海市质量技术监督局	王善江
南京市质量技术监督局	梁　华
上海市特种设备监督检验技术研究院	罗晓明
吉林市特种设备检验中心	胡宝林
中科(广东)炼化有限公司	王　光
中国石油天然气股份有限公司独山子石化分公司	杨瑞平
中国石油化工股份有限公司天津分公司装备研究院	李春树

目 录

压力管道定期检验规则——工业管道

1 总 则

1.1 目的

为规范在用工业管道定期检验工作，根据《中华人民共和国特种设备安全法》《特种设备目录》以及相关安全技术规范规定，制定本规则。

1.2 适用范围

本规则适用于在用工业管道(以下简称管道)的定期检验(注 1-1，注 1-2)。

注 1-1：埋地部分管段的定期检验，可以参照《压力管道定期检验规则——长输(油气)管道》(TSG D7003)的有关检验项目及相关技术标准执行。

注 1-2：动力管道(《锅炉安全技术监察规程》(TSG G0001)中锅炉范围内管道除外)按照工业管道分级条件进行划分，其定期检验参照本规则及其建造所依据的标准执行，也可参照《锅炉定期检验规则》(TSG G7002)的锅炉主要连接管道的有关检验项目及相关技术标准执行。

1.3 管道定期检验

管道的定期检验，即全面检验，是指特种设备检验机构(以下简称检验机构)按照一定的时间周期，根据本规则以及有关安全技术规范及相应标准的规定，对管道安全状况所进行的符合性验证活动。

定期检验应当在年度检查的基础上进行。

1.4 定期检验工作程序

定期检验工作的一般程序，包括检验方案制定、检验前的准备、检验实施、缺陷以及问题的处理、检验结果汇总、出具检验报告等。

1.5 定期检验安全状况等级

管道定期检验的安全状况分为 1 级，2 级，3 级和 4 级，共 4 个级别。检验机构应当根据定期检验情况，按照本规则第 3 章规定评定管道安全状况等级。

1.6 定期检验周期

1.6.1 一般规定

管道一般在投入使用后 3 年内进行首次定期检验。以后的检验周期由检验机构根据管道安全状况等级，按照以下要求确定：

(1) 安全状况等级为 1 级、2 级的，GC1、GC2 级管道一般不超过 6 年检验一次，GC3 级管道不超过 9 年检验一次；

(2) 安全状况等级为 3 级的，一般不超过 3 年检验一次，在使用期间内，使用单位应当对管道采取有效的监控措施；

(3) 安全状况等级为 4 级的，使用单位应当对管道缺陷进行处理，否则不得继续使用。

1.6.2 基于风险的检验(RBI)周期

管道定期检验可以采用基于风险的检验，其检验周期可以采用以下方法确定：

(1) 参照本规则 1.6.1 的规定，依据基于风险的检验结果可适当延长或者缩短检验周期，但是最长不超过 9 年；

(2) 以管道的剩余寿命为依据，检验周期最长不超过管道剩余寿命的一半，并且不得超过 9 年。

对于风险等级超过使用单位可接受水平的管道，应当分析产生较高风险的原因，采用针对性的检验、检测方法和措施来降低风险，将风险控制在使用单位可接受的范围内。

1.6.3 特殊规定

1.6.3.1 检验周期的缩短

有下列情况之一的管道，应当适当缩短定期检验周期：

（1）介质或者环境对管道材料的腐蚀情况不明或者腐蚀减薄情况异常的；

（2）具有环境开裂倾向或者产生机械损伤现象，并且已经发现开裂的(注 1-3)；

（3）改变使用介质，并且可能造成腐蚀现象恶化的；

（4）材质劣化现象比较明显的；

（5）使用单位未按照本规则附件 A 规定进行年度检查的；

（6）基础沉降造成管道挠曲变形影响安全的；

（7）检验中怀疑存在其他影响安全因素的。

注 1-3：环境开裂主要包括应力腐蚀开裂、氢致开裂等．机械损伤主要包括各种疲劳、高温蠕变等，参见 GB/T 30579《承压设备损伤模式识别》。

1.6.3.2 未按期进行定期检验的情况

因特殊情况未按期进行定期检验的管道，由使用单位出具书面申报说明情况，经使用单位安全管理负责人批准，征得上次承担定期检验的检验机构同意(首次检验的延期除外)，可以延期检验；或者由使用单位提出申请，按照本规则 2.6 的规定办理。

对未按期进行定期检验的管道，使用单位应当采取有效的监控与应急管理措施。

1.7 使用单位的义务

使用单位应当履行以下义务：

（1）制订管道定期检验计划，在管道定期检验有效期届满的 1 个月以前向检验机构申报定期检验；

（2）做好检验配合和安全监护工作，对所提供相关资料的真实性负责；

（3）对检验中发现的缺陷和问题，提出处理或者整改措施并且负责落实，及时将处理或者整改情况书面反馈给检验机构。

1.8 检验机构和检验人员的职责

（1）检验机构应当按照核准的检验范围从事管道的检验工作，对检验报告的真实性、准确性和有效性负责(注 1-4)；

（2）从事管道的检验和检测人员应当取得相应的特种设备检验检测人员证书，并且按照相关规定进行注册；

（3）检验机构接到使用单位的管道定期检验申报后，应当及时进行检验；

（4）检验机构应当定期对检验、检测人员进行检验工作安全培训，并且保存培训记录。

注 1-4：真实性指的是报告以客观事实为基础，不作假证；准确性指的是报告所涉及的检测数据精度符合相关要求；有效性指的是检验机构的资质、检验人员的资格符合要求，检验、检测时测量用设备、仪器和工具在检定校准有效期内，检验依据合法，报告审批程序符合要求。

1.9 新技术的应用

检验中采用新技术、新评定方法，与本规则以及相关安全技术规范的要求不一致，或者本规则以及相关安全技术规范未作要求、可能对安全性能有重大影响的，相关单位应当提供有关的研究、试验的依据、数据、结果及其检测、评定报告等技术资料，向国家质量监督检验检疫总局(以下简称国家质检总局)申报，由国家质检总局委托相关的技术机构进行技术评审。技术评审的结果经过国家质检总局批准后，方可投入应用。

1.10 信息化管理

管道的使用单位和检验、检测机构应当按照特种设备信息化工作规定，及时将所要求的检验数据上传至特种设备使用登记和检验信息系统。

2 定期检验

2.1 一般要求

定期检验一般在管道停止运行期间进行。当管道运行条件不影响检验的有效性和安全性时，也可以基于管道的损伤模式和风险水平，结合管道的使用情况制定检验策略，在运行状态下实施检验。

2.2 检验方案制定

检验前，检验机构应当制定检验方案，检验方案由检验机构的技术负责人或者授权人审查批准。对于有特殊情况的管道，检验机构应当就其检验方案征求使用单位的意见。检验人员应当严格按照批准的检验方案进行检验工作。

2.3 检验前的准备

2.3.1 资料准备及审查

检验前，使用单位一般应当向检验机构提供以下资料：

(1) 设计资料，包括设计单位资质证明、设计及安装说明书、设计图样、强度计算书等；

(2) 安装资料，包括安装单位资质证明、竣工验收资料(含管道组成件、管道支承件的质量证明文件)，以及管道安装监督检验证书等；

(3) 改造或者重大修理资料，包括施工方案和竣工资料，以及有关安全技术规范要求的改造、重大修理监督检验证书；

(4) 使用管理资料，包括《使用登记证》《使用登记表》《压力管道基本信息汇总表——工业管道》，以及运行记录、开停车记录、运行条件变化情况、运行中出现异常以及相应处理情况的记录等；

(5) 检验、检查资料，包括安全附件以及仪表的校验、检定资料，定期检验周期内的年度检查报告和上次的定期检验报告。

检验人员应当对使用单位提供的管道资料进行审查。本款第(1)至(3)项的资料，在管道投入使用后首次定期检验时必须进行审查，以后的检验视需要(如发生改造或者重大修理等)进行审查。

2.3.2 检验现场准备工作

使用单位和相关的辅助单位(如修理、维护等单位，下同)，应当按照要求做好停机后的技术性处理和检验前的安全检查，确认现场条件符合检验工作要求，做好有关的准备工作。检验前，检验现场应当至少具备以下条件：

(1) 影响检验的附属部件或者其他物体，应当按照检验要求进行清理或者拆除；

(2) 为检验而搭设的脚手架、轻便梯等设施应当安全牢固(对离地面 2m 以上的脚手架设置安全护栏等防护装置)；

(3) 需要进行检验的管道表面应当被打磨清理，特别是腐蚀部位和可能产生裂纹缺陷的部位应当被彻底清理干净，露出金属本体，进行无损检测的表面应当符合 NB/T 47013《承压设备无损检测》的要求；

(4) 管道检验时，应当保证将其与其他相连装置、设备可靠隔离，必要时进行清洗和置换；

(5) 管道检验时，应当监测检验环境中易燃、有毒、有害气体，其含量应当符合有关安全技术规范及相应标准的规定；

(6) 在高温或者低温条件下运行的管道，应当按照操作规程要求缓慢地降温或者升温，满足检验工作的要求，防止造成人员伤害和设备损伤；

(7) 应当切断与管道有关的电源，设置明显的安全警示标志，检验照明用电压不超过 24V，电缆(线)应当绝缘良好、接地可靠；

(8) 需要现场进行射线检测时，应当隔离出透照区，设置警示标志，符合相关安全规定。

2.3.3 设备仪器校验检定

按照有关规定，检验所使用的设备、仪器和测量工具应当在有效的校验或者检定期内。

2.3.4 检验工作安全要求

(1) 检验人员确认现场条件符合检验工作要求后方可进行检验工作，并且遵守使用单位的有关动火、用电、高处作业、安全防护、安全监护等规定；

(2) 检验时，使用单位管道安全管理人员、作业和维护等相关人员应当到场协助检验工作，及时提供相关资料，负责安全监护，并且提供可靠的联络手段。

2.4 检验实施

2.4.1 定期检验项目

定期检验项目应当以宏观检验、壁厚测定和安全附件的检验为主，必要时应当增加表面缺陷检测、埋藏缺陷检测、材质分析、耐压强度校核、应力分析、耐压试验和泄漏试验等项目。

2.4.2 定期检验方法和要求

2.4.2.1 宏观检验

宏观检验应当主要采用目视方法(必要时利用内窥镜、放大镜或者其他辅助检测仪器设备、测量工具)检验管道结构、几何尺寸、表面情况(例如裂纹、腐蚀、泄漏、变形等)以及焊接接头、防腐层、隔热层等。宏观检验一般应当包括以下内容：

(1) 管道结构检验，包括管道布置，支吊架、膨胀节、开孔补强、排放装置设置等；

(2) 几何尺寸检验，包括管道焊缝对口错边量、咬边、焊缝余高等；

(3) 外观检验，包括管道标志，管道组成件及其焊缝的腐蚀、裂纹、泄漏、鼓包、变形、机械接触损伤、过热、电弧灼伤，管道支承件变形、开裂，排放(疏水、排污)装置的堵塞、腐蚀、沉积物，防腐层的破损、剥落，隔热层破损、脱落、潮湿以及隔热层下的腐蚀和裂纹等。

首次定期检验时应当检验管道结构和几何尺寸，再次定期检验时，仅对承受疲劳载荷的管道、经过改造或者重大修理的管道，重点进行结构和几何尺寸异常部位有无新生缺陷的检验。

2.4.2.2 壁厚测定

壁厚测定，一般采用超声测厚方法。测定位置应当具有代表性，并应有足够的壁厚测定点数。壁厚测定应当绘制测定点简图，图中应当标注测定点位置和记录测定的壁厚值。测定点位置选择和抽查比例应当符合以下要求：

(1) 测定点的位置，重点选择易受腐蚀、冲蚀，制造成型时壁厚减薄和使用中易产生变形、积液、磨损部位，超声导波检测、电磁检测以及其他方法检查发现的可疑部位，支管连接部位等；

(2) 弯头(弯管)、三通和异径管等的测定抽查比例见表 2-1(注 2-1)；每个被抽查的管道组成件，测定位置一般不得少于 3 处；被抽查管道组成件与直管段相连的焊接接头直管段一侧的测定位置一般不得少于 3 处；检验人员认为有必要时，还可以对其余直管段进行壁厚测定抽查；

表 2-1 弯头(弯管)、三通和异径管壁厚测定抽查比例

管道级别	GC1	GC2	GC3
弯头(弯管)、三通和异径管	≥30%	≥20%	≥10%

注 2-1：管道材质为奥氏体不锈钢，或者介质无腐蚀性，或者腐蚀轻微(年均匀腐蚀速率不超过 0.05mm/年)，并且检验时已抽查部位壁厚无异常减薄情况的，抽查比例可以适当降低，但不得低于表 2-1 要求的 50%。

(3) 在检验中，发现管道壁厚有异常情况时，应当在壁厚异常部位附近增加测点，并且确定壁厚异常区域，必要时，可适当提高整条管线测定的抽查比例；

(4) 采用长距离超声导波、电磁等方法进行检测时，可以仅抽查信号异常处的管道壁厚。

2.4.2.3 表面缺陷检测

表面缺陷检测应当采用 NB/T47013 中的检测方法。铁磁性材料管道的表面缺陷检测应当优先采用磁粉检测。表面缺陷检测的要求如下：

(1) 宏观检查中发现裂纹或者有怀疑的管道，应当在相应部位进行外表面无损检测；

(2) 隔热层破损或者可能渗入雨水的奥氏体不锈钢管道，应当在相应部位进行外表面无损检测；

（3）检验人员认为有必要时，应当对支管角焊缝等部位进行外表面无损检测抽查；

（4）碳钢、低合金钢低温管道，Cr-Mo 钢管道，标准抗拉强度下限值大于或者等于 540MPa 的低合金钢管道，长期承受明显交变载荷管道以及首次定期检验的 GC1 级管道，应当在焊接接头和应力集中部位进行外表面无损检测抽查，抽查比例应当不低于焊接接头数量的 5%，并且不少于 2 个；

（5）存在环境开裂倾向的管道，可以在外表面采用其他检测方法对内表面进行抽查，抽查比例应当不低于对接焊接接头数量的 10%，并且不少于 2 个；

（6）检测中发现裂纹时，检验人员应当扩大表面缺陷检测的比例，以便发现可能存在的其他缺陷。

2.4.2.4 埋藏缺陷检测

埋藏缺陷检测一般采用 NB/T 47013 中规定的射线检测或者超声检测等方法。当检验现场无法实施射线检测或者超声检测时，可采用其他有效的检测方法。首次检验的管道应当按照表 2-2（注 2-2）规定的抽查比例进行埋藏缺陷检测，再次检验时，一般不再进行埋藏缺陷检测。当发现存在内部损伤迹象或者上次检验发现危险性超标缺陷时，应当按照不低于表 2-2 的抽查比例进行埋藏缺陷检测。

埋藏缺陷检测具体抽查比例和重点部位要求如下：

（1）GC1、GC2 级管道焊接接头超声检测或者射线检测的抽查比例见表 2-2，GC3 级管道如果未发现异常情况，一般可以不进行焊接接头超声检测或者射线检测的抽查；抽查时若发现安全状况等级 3 级或者 4 级的缺陷，应当增加抽查比例，增加的抽查比例由检验人员与使用单位结合管道运行参数和实际情况协商确定；

表 2-2 管道焊接接头超声检测或者射线检测抽查比例

管道级别	超声检测或者射线检测比例
GC1	焊接接头数量 15%且不少于 2 个
GC2	焊接接头数量 10%且不少于 2 个

注 2-2：温度、压力循环变化和振动较大管道以及耐热钢管道的抽查比例应当为表 2-2 中数值的 2 倍，并且对所抽查的焊接接头的焊缝进行 100%无损检测。

（2）抽查的部位应当从重点部位选定，重点部位包括安装和使用过程中返修或者补焊部位，检验时发现焊缝表面裂纹需要进行焊缝埋藏缺陷检测的部位，错边量超过相关安装标准要求的焊缝部位，出现泄漏的部位以及其附近的焊接接头，安装时的管道固定口等应力集中部位，泵、压缩机进出口第一道或者相邻的焊接接头，支吊架损坏部位附近的焊接接头，异种钢焊接接头，管道变形较大部位的焊接接头，使用单位要求或者检验人员认为有必要的其他部位等；

（3）检验人员认为表 2-2 所规定的抽查比例不能满足检测需要时，可以与使用单位协商确定具体抽查比例。

2.4.2.5 材质分析

根据管道实际情况，可以采用化学分析或者光谱分析、硬度检测、金相分析等方法进行材质分析。材质分析应当符合以下要求：

（1）对材质不明的管道，一般需要查明管道材料的种类和相当牌号，可以根据具体情况，采用化学分析、光谱分析等方法予以确定，再次检验时不需要进行该项目检验；

（2）对有高温蠕变和材质劣化倾向的管道，应当选择有代表性部位进行硬度检测，必要时进行金相分析；

（3）对有焊缝硬度要求的管道，应当进行焊接接头硬度检测。

2.4.2.6 耐压强度校核

当管道组成件全面减薄量超过公称厚度的 20%，或者检验人员对管道强度有怀疑时，应当进行耐压强度校核，校核用压力应当不低于管道允许（监控）使用压力。耐压强度校核参照相应管道设计标准的要求进行。

2.4.2.7 应力分析

检验人员或者使用单位认为必要时，应当对有下列情况之一的管道进行应力分析：

（1）无强度计算书，并且 $t_0 \geqslant D_o/6$ 或者 $p_0/[\sigma]_t > 0.385$ 的；

式中：

t_0——管道设计壁厚，mm；

D_o——管道设计外径，mm；

p_0——设计压力，MPa；

$[\sigma]_t$——设计温度下材料的许用应力，MPa。

（2）有较大变形、挠曲的；

（3）由管系应力引起密封结构泄漏、破坏的；

（4）要求设置而未设置补偿器或者补偿器失效的；

（5）支吊架异常损坏的；

（6）结构不合理，并且已经发现严重缺陷的；

（7）壁厚存在严重全面减薄的。

2.4.2.8 耐压试验

定期检验过程中，对管道安全状况有怀疑时，应当进行耐压试验。耐压试验由使用单位负责实施，检验机构负责检验。

耐压试验的试验参数、准备工作、安全防护、试验介质、试验过程、试验结论等应当符合《压力管道安全技术监察规程——工业管道》(TSG D0001)和 GB/T 20801《压力管道规范工业管道》的相关规定，试验压力、温度等试验参数以本次定期检验确定的允许(监控)使用参数为基础计算。

2.4.2.9 泄漏试验

对于输送极度危害、高度危害介质，或者设计上不允许有微量泄漏的管道，应当进行泄漏试验(例如气密性试验和氨、卤素、氦检漏试验)。试验方法的选择，应当符合设计文件以及《压力管道安全技术监察规程——工业管道》和 GB/T 20801 的相关要求。泄漏试验由使用单位负责实施，检验机构负责确认。

泄漏试验应当符合以下要求：

（1）气密性试验，其试验压力应当为本次定期检验确定的允许(监控)使用压力，其准备工作、安全防护、试验温度、试验介质、试验过程、试验结论等应当符合有关安全技术规范规定；成套装置中的管道，也可以用系统密封试验代替管道气密性试验；

（2）氨、卤素、氦检漏试验，应当符合设计文件、相关试验标准要求。

2.4.2.10 安全附件与仪表检验

安全附件与仪表检验应当包括以下主要内容：

（1）安全阀是否在校验有效期内；

（2）爆破片装置是否按期更换；

（3）紧急切断阀是否完好；

（4）压力表是否在检定有效期内(适用于有检定要求的压力表)。

2.5 缺陷以及问题的处理

安全状况等级定为 4 级或者定期检验发现严重缺陷可能导致停止使用的管道，应当对缺陷进行处理，缺陷处理的方式应当包括采用修理的方法消除缺陷或者进行合于使用评价。合于使用评价应当按照相关安全技术规范和标准执行。

2.6 基于风险的检验(RBI)

2.6.1 基于风险的检验应用条件

申请对大型成套装置应用基于风险检验的管道使用单位，应当经上级主管单位或者第三方机构(具有专业性、非营利性特点并且与申请单位、检验机构无利害关系的全国性社会组织)进行管道使用单位安全管理评价，其能够满足以下条件：

(1) 具有完善的管理体系和较高的管理水平；

(2) 建立健全应对各种突发情况的应急预案，并且定期进行演练；

(3) 管道运行良好，能够按照有关规定进行检验和维护；

(4) 生产装置及其重要设备资料齐全、完整；

(5) 工艺操作稳定；

(6) 生产装置采用数字集散控制系统，并且有可靠的安全联锁保护系统。

2.6.2 基于风险的检验实施

实施基于风险的检验时，应当符合以下要求：

(1) 承担基于风险检验的检验机构需经过国家质检总局核准，取得基于风险的检验资质；从事基于风险检验的检验人员应当经过相应的培训，熟悉基于风险检验的有关标准和专用分析软件；

(2) 管道使用单位应当向检验机构提出基于风险检验的书面申请，并且提交其通过安全管理评价资料，基于风险检验的检验机构应当对收到的申请资料进行审查，并且告知使用登记机关；

(3) 承担基于风险检验的检验机构应当根据管道运行状况、损伤模式、风险可接受程度等，按照《压力管道安全技术监察规程——工业管道》和相关技术标准的有关规定进行风险评估，提出检验策略(包括检验时间、内容和方法)，出具基于风险的检验报告；

(4) 管道使用单位应当根据基于风险的检验策略，制订具体的检验计划；由承担基于风险检验的检验机构负责制定具体的检验方案，并且实施检验；

(5) 对于装置运行期间风险位于可接受水平之上的管道，应当采用在线检验等方法降低其风险；

(6) 应用基于风险检验的使用单位，应当将基于风险检验的结论报送使用登记机关备案，使用单位应当落实保障管道安全运行的各项措施，承担安全使用主体责任。

2.7 动力管道定期检验的专项要求

2.7.1 检验项目

动力管道的定期检验项目除参照本规则的基本要求以外，设计文件对定期检验项目、方法和要求等有专门规定的，还应当满足其规定。根据动力管道的材质、服役时间、使用工况，必要时按照本条增加检验项目。

2.7.1.1 碳钢、低合金耐热钢动力管道

(1) 工作温度大于或者等于450℃，运行时间达到或者超过6×10^4h的，需进行硬度和金相检验，重点检验石墨化和珠光体球化损伤，运行时间达到或者超过2×10^5h的，根据金相及硬度的检验结果，必要时割管按照有关标准进行材质评定；

(2) 工作温度大于或者等于400℃并且小于450℃的，运行8×10^4h后，根据管道运行状态，随机抽查硬度和金相组织，下次抽查时间和比例根据检查结果确定；

(3) 已安装蠕变测点的动力管道，核查蠕变测量记录是否符合有关标准要求；

(4) 已运行2×10^5h以上的动力管道，经检验发现金相组织球化、蠕变损伤或者材料老化等级、蠕变应变、蠕变速率超过了有关标准要求的，应当及时处理或者更换。

2.7.1.2 9%~12% Cr系列钢制动力管道

9%~12% Cr系列钢制动力管道定期检验应当进行硬度与金相检验抽查。

2.7.2 缺陷处理

有以下情况之一的，应进行管段更换：

(1) 管道外表面有宏观裂纹和明显鼓包；

(2) 管道减薄较大，已进行强度校核计算，不能保证安全运行到下一次大修；

(3) 管道明显胀粗，不能保证安全运行到下一次大修；

(4) 管道腐蚀点深度大于壁厚30%；

（5）管道材料组织老化或者蠕变损伤等级超过相关标准规定；

（6）已产生蠕变裂纹或疲劳裂纹。

2.8 定期检验报告

定期检验工作完成后，检验人员根据检验实际情况和检验结果，按照本规则规定评定管道的安全状况等级，出具检验报告，并且明确允许(监控)运行参数以及下次定期检验的日期。

3 安全状况等级评定

3.1 评定原则

（1）管道安全状况等级应当根据定期检验的结果综合评定，以其中项目等级最低者作为评定等级；

（2）需要改造或者修理的管道，按照改造或者修理后的检验结果评定安全状况等级；

（3）安全附件与仪表检验不合格的管道，不允许投入使用。

3.2 检验项目的评级

3.2.1 管道位置或者结构评级

位置不当或者结构不合理的管道，应当按照以下要求评定安全状况等级：

（1）管道与其他管道或者相邻设备之间存在碰撞、摩擦时，应当进行调整，调整后符合安全技术规范规定的，不影响定级，否则可以定为3级或者4级；

（2）管道位置不符合安全技术规范或者标准要求，因受条件限制、无法进行调整的，但是对管道安全运行影响不大，根据具体情况可以定为2级或者3级，如果对管道安全运行影响较大，则定为4级；

（3）管道有不符合安全技术规范或者设计、安装标准要求的结构时，调整或者修复完好后，不影响定级；

（4）管道有不符合安全技术规范或者设计、安装标准要求的结构时，无法及时进行调整或者修复的，对于不承受明显交变载荷并且经定期检验未发现新生缺陷(不包括正常的均匀腐蚀)的管道可以定为2级或者3级，否则应当进行安全评定，安全评定确认不影响安全使用的，可以定为2级或者3级，否则定为4级。

3.2.2 管道组成件的材质评级

管道组成件的材质与原设计不符，材质不明或者材质劣化时，应当按照以下要求评定安全状况等级：

（1）材质与原设计不符，如果材质清楚，强度校核合格，经检验未查出新生缺陷(不包括正常的均匀腐蚀)，检验人员认为可以安全使用的，不影响定级；如果使用中产生缺陷，并且确认是用材不当所致，可以定为3级或者4级；

（2）材质不明，如果检验未查出新生缺陷(不包括正常的均匀腐蚀)，并且强度校核合格的(按照同类材料的最低强度进行计算)，可以定为3级，否则定为4级；

（3）材质劣化和损伤，发现存在表面脱碳、渗碳、球化、石墨化、回火脆化等材质劣化、蠕变、高温氢腐蚀等损伤现象或者硬度值异常；如果劣化或者损伤程度轻微，能够确认在操作条件下和检验周期内安全使用的，可以定为3级；如果已经产生不可修复的缺陷或者损伤时，根据损伤程度，定为3级或者4级；

（4）湿H_2S环境下硬度值超标，碳钢以及低合金钢管道焊接接头硬度值超过HB200但未发生应力腐蚀，检验人员认为在下一检验周期内不会发生应力腐蚀的，可以定为2级或者3级，否则定为4级。

3.2.3 管子、管件壁厚全面减薄评级

管子、管件壁厚全面减薄时，应当按照以下要求评定安全状况等级：

（1）管子、管件实测壁厚减去至下一检验周期的腐蚀量之后，不小于其设计最小壁厚，则不影响定级；

（2）耐压强度校核不合格，定为4级；

（3）应力分析结果符合相关安全技术规范或者标准要求的，不影响定级，否则，定为4级；

（4）管子无设计壁厚时，应当进行耐压强度校核，根据耐压强度校核的结果确定是否需要缩短检验周期。

3.2.4　管子壁厚局部减薄评级

管子壁厚局部减薄在制造或者验收标准所允许范围内的，则不影响定级。管子壁厚局部减薄超过制造或者验收标准所允许范围，同时满足以下条件的，按照表3-1或者表3-2定级，否则，安全状况等级定为4级：

（1）管道结构符合设计规范或者管道应力分析结果满足有关安全技术规范要求；

（2）在实际工况下，材料韧性良好，并且未出现材料性能劣化以及劣化趋向；

（3）壁厚局部减薄以及其附近无其他表面缺陷或者埋藏缺陷；

（4）壁厚局部减薄处剩余壁厚大于2mm；

（5）管道不承受疲劳载荷。

表3-1　GC2或者GC3管道所允许的局部减薄深度的最大值(mm)

壁厚局部减薄	安全状况等级			
	$p<0.3p_{L0}$		$0.3p_{L0}<p\leq 0.5p_{L0}$	
	2级	3级	2级	3级
$B/(\pi D)\leq 0.25$	$0.33t_e-C$	$0.40t_e-C$	$0.20t_e-C$	$0.25t_e-C$
$0.25<B/(\pi D)\leq 0.75$	$0.25t_e-C$	$0.33t_e-C$	$0.15t_e-C$	$0.20t_e-C$
$0.75<B/(\pi D)\leq 1.00$	$0.2t_e-C$	$0.25t_e-C$		

表3-2　GC1级管道所允许的局部减薄深度的最大值(mm)

壁厚局部减薄	安全状况等级			
	$p<0.3p_{L0}$		$0.3p_{L0}<p\leq 0.5p_{L0}$	
	2级	3级	2级	3级
$B/(\pi D)\leq 0.25$	$0.30t_e-C$	$0.35t_e-C$	$0.15t_e-C$	$0.20t_e-C$
$0.25<B/(\pi D)\leq 0.75$	$0.20t_e-C$	$0.30t_e-C$	$0.10t_e-C$	$0.15t_e-C$
$0.75<B/(\pi D)\leq 1.00$	$0.15t_e-C$	$0.20t_e-C$		

表中：

D——缺陷附近管道外径实测最大值，mm；

t_e——有效厚度，缺陷附近壁厚的实测最小值减去至下一检验周期的腐蚀量，mm；

B——缺陷环向长度实测最大值，mm；

p——管道最大工作压力，MPa；

p_{L0}——管道极限内压，按照公式(3-1)计算，MPa；

C——至下一检验周期局部减薄深度扩展量的估计值，mm。

$$p_{L0}=\frac{2}{\sqrt{3}}R_{eL}\times\ln\frac{D/2}{(D/2-t_e)} \qquad (3-1)$$

式中：

R_{eL}——管道材料的屈服强度，MPa。

3.2.5　裂纹缺陷评级

管子、管件存在表面或者埋藏裂纹缺陷时，应当打磨消除或者更换，打磨后形成的凹坑，按照3.2.4的规定进行定级。如果凹坑在允许的范围内，则不需补焊，否则应当补焊或者进行应力分析，经过补焊合格或者应力分析结果表明不影响安全使用的，可以定为2级或者3级。

特殊情况下，无法及时进行打磨消除或者更换的，需要通过合于使用评价确定管道的安全状况。

3.2.6 焊接缺陷(不包含裂纹)评级

3.2.6.1 焊接缺陷评级的基本原则

焊接缺陷在GB/T 20801所允许范围内的，则不影响定级；焊接缺陷超过GB/T 20801所允许范围(以下简称焊接超标缺陷)的，如果同时满足以下条件，则按照3.2.6.2的规定定级，否则定为4级：

(1) 管道结构符合设计规范或者应力分析结果满足有关安全技术规范；

(2) 焊接缺陷附近无新生裂纹类缺陷；

(3) 管道材料抗拉强度小于540MPa；

(4) 在实际工况下，材料韧性良好，并且未出现材料性能劣化以及劣化趋向；

(5) 最低工作温度高于-20℃的碳钢管道，或者最低工作温度小于或者等于-20℃，且大于或者等于-196℃的奥氏体不锈钢管道；

(6) 管道不承受疲劳载荷。

3.2.6.2 焊接超标缺陷评级

(1) 咬边，GC1级管道咬边深度不超过0.5mm，GC2级、GC3级管道咬边深度不超过0.8mm时，不影响定级，否则，应当打磨消除，并且按照3.2.4的规定定级；

(2) 圆形缺陷，圆形缺陷率(注3-1)不大于5%，并且单个圆形缺陷的长径小于$0.5t_e$与6mm二者中的较小值，则不影响定级，否则定为4级；

注3-1：圆形缺陷率，是指在射线底片有效长度范围内，圆形缺陷(包括圆形气孔和夹渣)投影面积占焊接接头投影面积的百分比。射线底片有效长度按照NB/T 47013的要求确定。焊接接头投影面积为射线底片有效长度与焊接接头平均宽度的乘积。

(3) 条形缺陷(包括条形气孔和夹渣，下同)，GC1级管道的条形缺陷自身高度或者宽度的最大值不大于$0.3t_e$，并且不大于5mm时，按照表3-3定级，否则定为4级；GC2级、GC3级管道的条形缺陷自身高度或者宽度的最大值不大于$0.35t_e$，并且不大于6mm时，按照表3-3定级，否则定为4级；

表3-3 各级管道所允许的单个焊接接头中条形缺陷总长度的最大值(mm)

安全状况等级	2级	3级
允许缺陷总长度的最大值	$0.50\pi D$	$1.00\pi D$

(4) 未焊透，管子的材料为20钢、Q345或者奥氏体不锈钢时，未焊透按照3.2.4规定的局部减薄定级，除20钢、Q345或者奥氏体不锈钢以外的其他材料，未焊透按照本款第(5)项未熔合定级；

(5) 未熔合，GC1级管道的单个焊接接头未熔合总长度不大于焊接接头长度的50%时，按照表3-4定级，否则定为4级；GC2级、GC3级管道未熔合的长度不限，按照表3-4定级；

表3-4 各级管道所允许的单个焊接接头中未熔合自身高度的最大值

有效厚度	安全状况等级	
	2级	3级
t_e<2.5mm	存在未熔合时，定为4级	
2.5mm≤t_e<4mm	不超过$0.15t_e$且不超过0.5mm不影响定级；否则定为4级	
4mm≤t_e<8mm	$0.15t_e$与1.0mm中的较小值	$0.20t_e$与1.5mm中的较小值
8mm≤t_e<12mm	$0.15t_e$与1.5mm中的较小值	$0.20t_e$与2.0mm中的较小值
12mm≤t_e<20mm	$0.15t_e$与2.0mm中的较小值	$0.20t_e$与3.0mm中的较小值
t_e≥20mm	3.0mm	$0.20t_e$与5.0mm中的较小值

(6) 错边，管道外壁错边量缺陷应当按照表 3-5 进行定级；错边缺陷超过表 3-5 的范围，并且管道经过长期使用，该部位在定期检验中未发现较严重缺陷时，安全状况等级可以定为 2 级或者 3 级，如果存在裂纹、未熔合、未焊透等严重缺陷的，定为 4 级。

表 3-5 错边缺陷的安全状况等级评定

管道级别	错边量	安全状况等级
GC1	外壁错边量小于公称厚度的 20%且不大于 3mm	2 级
GC2、GC3	外壁错边量小于公称厚度的 25%且小于 5mm	2 级

3.2.7 管道组成件评级

存在下述缺陷的管道组成件，应当按照以下要求评定安全状况等级：

(1) 管子表面存在皱褶、重皮等缺陷，打磨消除后，打磨凹坑按照 3.2.4 的规定定级；

(2) 管子的机械接触损伤、工卡具焊迹和电弧灼伤，应当打磨消除，打磨消除后的凹坑按照 3.2.4 的规定定级，其他管道组成件的机械接触损伤、工卡具焊迹和电弧灼伤，不影响管道安全使用的，可以定为 2 级，否则可以定为 3 级或者 4 级；

(3) 管道组成件出现变形，不影响管道安全使用的，可以定为 2 级，否则可以定为 3 级或者 4 级；

(4) 管道组成件有泄漏情况的，对泄漏部位进行处理后，不影响管道安全使用的，可以定为 3 级，否则定为 4 级。

3.2.8 管道支吊架评级

管道支吊架出现异常，修复或者更换的，不影响定级。无法及时进行修复或者更换的，应当进行应力分析或者合于使用评价，分析或评价结果不影响安全使用的，可以定为 2 级，否则可以定为 3 级或者 4 级。

3.2.9 管道耐压试验或者泄漏性试验评级

管道耐压试验或者泄漏性试验不合格，属于本身原因的，定为 4 级。

3.3 安全状况等级综合评定

安全状况等级综合评定为 1 级和 2 级的，检验结论为符合要求，可以继续使用。安全状况等级综合评定为 3 级的，检验结论为基本符合要求，有条件的监控使用。安全状况等级综合评定为 4 级的，检验结论为不符合要求，不得继续使用。

4 定期检验记录、报告及结论

4.1 检验记录及报告

检验过程应当及时记录，检验记录应当详尽、真实、准确，其记载的信息量不得少于检验报告的信息量。

现场检验工作结束后，一般应当在 30 个工作日或者约定的期限内出具《工业管道定期检验报告》(见附件 B)，其中单项报告的格式由检验机构在其质量保证体系文件中规定。定期检验结论报告应当有检验、审核、批准三级签字，批准人应当为检验机构的技术负责人或者授权人。

检验记录和检验报告(单项报告)应当由现场参加检验、检测的人员签字。检验机构应当保存检验记录和检验报告至少到下一个检验周期。

4.2 检验初步结论

由于管道运行使用的需要，检验人员可以在报告出具前，先出具《特种设备定期检验意见通知书(1)》(见附件 C)，将检验初步结论书面通知使用单位。检验人员应当对检验意见的正确性负责。

4.3 问题处理的特殊要求

检验发现存在需要处理的缺陷，检验机构可以出具《特种设备定期检验意见通知书(2)》(见附件

C），将检验情况通知使用单位。由使用单位负责委托有相应资质的单位处理缺陷，缺陷处理完成并且经过检验机构确认处理结果合于使用要求之后，再出具检验报告。使用单位在约定的时间内未完成缺陷处理工作的，检验机构可以按照实际检验情况出具定期检验报告，处理完成并且经检验机构确认后再次出具报告。

经检验发现严重事故隐患，检验机构应当出具《特种设备定期检验意见通知书(2)》，并且将情况及时告知使用登记机关。

4.4 检验结论复议

使用单位对检验结论有异议，应当在接到检验报告或者《特种设备定期检验意见通知书(2)》30个工作日内向当地或者省级人民政府负责特种设备安全监督管理的部门提请复议。

5 附 则

5.1 解释权限

本规则由国家质检总局负责解释。

5.2 施行时间

本规则自2018年5月1日起施行。2003年4月17日国家质检总局发布的《在用工业管道定期检验规程(试行)》(国质检锅〔2003〕108号)同时废止。

附件 A

工业管道年度检查要求

A1 年度检查

年度检查，即定期自行检查，是指使用单位在管道运行条件下，对管道是否有影响安全运行的异常情况进行检查，每年至少进行一次。

A2 年度检查基本要求

使用单位应当制定年度检查管理制度。年度检查工作可以由使用单位安全管理人员组织经过专业培训的人员进行，也可以委托具有工业管道定期检验资质的检验机构进行。自行实施年度检查时，应当配备必要的检验器具、设备。

A3 年度检查内容

年度检查应当至少包括对管道安全管理情况、管道运行状况和安全附件与仪表的检查，必要时应当进行壁厚测定和电阻值测量。

A3.1 管道安全管理情况检查内容

(1) 安全管理制度和操作规程是否齐全有效；

(2) 相关安全技术规范规定的设计文件、安装竣工图、质量证明文件、监督检验证书以及安装、改造、修理资料等是否完整；

(3) 安全管理人员是否持证上岗；

(4) 日常维护、运行记录、定期安全检查记录是否符合要求；

(5) 年度检查、定期检验报告是否齐全，检查、检验报告中所提出的问题是否得到解决；

(6) 安全附件与仪表校验(检定)、修理和更换记录是否齐全；

(7) 是否已按照相关要求制定专项应急预案，并且有演练记录；

(8) 是否对事故、故障以及处理情况进行了记录。

A3.2 管道运行状况检查

A3.2.1 检查内容

(1) 检查管道漆色、标志等是否符合相关规定；

(2) 检查管道组成件以及其焊接接头等有无裂纹、过热、变形、泄漏、损伤等缺陷；

(3) 外表面有无腐蚀，有无异常结霜、结露等情况；

(4) 管道有无异常振动，管道与相邻构件之间有无相互碰撞、摩擦等情况；

(5) 管道隔热层有无破损、脱落、跑冷以及防腐层破损等情况，必要时可以采用红外热成像检测、热流密度检测等技术手段进行监测和节能评价；

(6) 检查支吊架有无脱落、变形、腐蚀、损坏，主要受力焊接接头有无开裂，支架与管道接触处是否积水，恒力弹簧支吊架转体位移指示是否符合要求，变力弹簧支吊架有无异常变形、偏斜、失载，刚性支吊架状态、转导向支架间隙、阻尼器和减振器位移、液压阻尼器液位是否符合要求等情况；

(7) 检查阀门表面有无腐蚀，阀体表面裂纹、严重缩孔、连接螺栓是否松动等情况；

(8) 检查放空(气)阀和排污(水)阀设置位置是否合理，有无异常集气、积液等情况；

(9) 检查法兰有无偏口以及异常翘曲、变形、泄漏，紧固件是否齐全、有无松动、腐蚀等情况；

(10) 检查波纹管膨胀节表面有无划痕、凹痕、腐蚀穿孔、开裂以及波纹管波间距是否符合要求，有无失稳现象，铰链型膨胀节的铰链、销轴有无变形、脱落、损坏现象，拉杆式膨胀节的拉杆、螺栓、连接支座是否符合要求等情况；

(11) 对有阴极保护装置的管道，检查其保护装置是否完好；

(12) 对有蠕胀测量要求的管道，检查管道蠕胀测点或者蠕胀测量带是否完好；

(13) 检查人员认为有必要的其他检查。

A3.2.2 检查重点部位

检查时，应当重点考虑以下部位：

(1) 压缩机、泵的进、出口部位；

(2) 补偿器、三通、弯头(弯管)、异径管、支管连接、阀门连接以及介质流动的死角等部位；

(3) 支吊架易损坏部位以及附近的管道组成件和焊接接头；

(4) 曾经发生过影响管道安全运行问题的部位；

(5) 处于生产流程要害部位以及与重要装置或者设备相连接的管段；

(6) 工作条件苛刻以及承受交变载荷的管段；

(7) 基于风险的检验分析报告中给出的高风险管段；

(8) 上次定期检验提出重点监控的管段。

A3.3 壁厚测定

需要重点管理的管道或者有明显腐蚀的弯头、三通、异径管以及相邻直管段等部位，应当采取定点或者抽查的方式进行壁厚测定。壁厚测定的布点和测定频次应当依据腐蚀部位测量结果确定。

定点测厚的测点位置应当在单线图上标明，并且在年度检查报告中给出壁厚测定结果。发现壁厚异常时，应当适当增加壁厚测定点，必要时对所测管道的所有管段和管件进行壁厚测定。

A3.4 电阻值测量

应当对输送易燃、易爆介质的管道，以抽查方式进行防静电接地电阻值和法兰间接触电阻值测定。防静电接地电阻值应当不大于100Ω，法兰间接触电阻值应当小于0.03Ω。

A3.5 安全附件与仪表检查

A3.5.1 一般要求

安全附件与仪表应当符合安全技术规范及相应现行国家标准的要求。存在下列情况之一的安全附件与仪表，不得投入使用：

(1) 无产品合格证和铭牌的；

(2) 性能不符合要求的；

(3) 逾期不检查、不校验、不检定的；

(4) 无产品监督检验证书的(相关安全技术规范有要求的)。

A3.5.2 安全阀检查内容

(1) 安全阀选型是否符合设计要求；

(2) 安全阀是否在校验有效期内，整定压力是否符合管道的运行要求；

(3) 弹簧式安全阀调整螺钉的铅封装置是否完好；

(4) 如果安全阀和排放口之间设置了截断阀，截断阀是否处于全开位置以及铅封是否完好；

(5) 安全阀是否泄漏；

(6) 放空管是否通畅，防雨帽是否完好。

在检查中，如果发现选型错误、超过校验有效期或者有泄漏现象，使用单位应当采取有效处理措施，确保管道的安全运行，否则应当暂停该管道运行。

A3.5.3 爆破片装置检查内容

(1) 爆破片是否超过产品说明书规定的使用期限；

(2) 爆破片安装方向是否正确，产品铭牌上的爆破压力和温度是否符合运行要求；

(3) 爆破片装置有无渗漏；

(4) 爆破片在使用过程中是否有未超压爆破或者超压未爆破的情况；

(5) 与爆破片夹持器相连的放空管是否通畅，放空管内是否存水(或者冰)，防水帽、防雨片是否完好；

（6）爆破片装置和管道间设置截断阀的，截断阀是否处于全开状态，铅封是否完好；

（7）爆破片装置和安全阀串联使用时，如果爆破片装置设置在安全阀出口侧，检查与安全阀之间所装压力表和截断阀，以及二者之间的压力、疏水和排放能力是否达到要求；如果爆破片装置设置在安全阀进口侧，检查与安全阀之间所装压力表有无压力指示，截断阀打开后有无气体漏出。

在检查中，如果发现爆破片装置存在超过规定使用期限、安装方向错误、爆破压力和温度不符合或者爆破片和安全阀串联使用时有异常情况，使用单位应当采取有效处理措施，确保管道的安全运行，否则必须暂停该管道运行。

A3.5.4　阻火器装置检查内容

（1）阻火器装置安装方向是否正确（限单向阻火器）；

（2）阻火器装置标定的公称压力、适用介质和温度是否符合运行要求；

（3）阻火器装置是否有泄漏及其他异常情况。

在检查中，发现阻火器装置存在安装方向错误、标定的参数不符合运行要求、本体泄漏、超过规定的检定或者检修期限、出现凝结、结晶或者结冰等，使用单位应当采取有效处理措施，确保管道的安全运行，否则必须暂停该管道运行。

A3.5.5　紧急切断阀检查内容

（1）紧急切断阀铭牌是否符合要求；

（2）紧急切断阀是否泄漏及其他异常情况；

（3）紧急切断阀的过流保护装置动作是否达到要求。

在检查中，发现紧急切断阀存在铭牌内容不符合要求或者阀体泄漏、紧急切断阀动作异常等情况，使用单位应当采取有效处理措施，确保管道的安全运行，否则必须暂停该管道运行。

A3.5.6　压力表检查内容

（1）压力表选型是否符合要求；

（2）压力表定期检修维护制度，检定有效期及其封签是否符合要求；

（3）压力表外观、精度等级、量程、表盘直径是否符合要求；

（4）在压力表和管道之间设置三通旋塞或者针形阀的位置、开启标记及其锁紧装置是否符合要求；

（5）同一系统上各压力表的读数是否合理。

在检查中，发现压力表选型错误、表盘封面玻璃破裂、表盘刻度模糊不清、封签损坏、超过检定有效期限、弹簧管泄漏、指针松动或者扭曲、外壳腐蚀严重、三通旋塞或者针形阀开启标记不清以及锁紧装置损坏等情况，使用单位应当采取有效处理措施，确保管道的安全运行，否则必须暂停该管道运行。

A3.5.7　测温仪表检查内容

（1）测温仪表定期校验和检修是否符合要求；

（2）测温仪表量程与其检测的温度范围是否匹配；

（3）测温仪表及其二次仪表的外观是否符合要求。

在检查中，发现测温仪表超过规定的校验、检修期限，仪表及其防护装置破损或者仪表量程选择错误等情况，使用单位应当采取有效处理措施，确保管道的安全运行，否则必须暂停该管道运行。

A4　年度检查报告及结论

年度检查工作中，检查人员应当进行记录，检查工作完成后，应当分析管道使用安全状况，出具检查报告（报告格式见附录 a）。按照以下要求作出年度检查结论，年度检查结论分为符合要求、基本符合要求和不符合要求：

（1）符合要求，指未发现影响安全使用的缺陷或者只发现轻度的、不影响安全使用的缺陷，可以在允许的参数范围内继续使用；

（2）基本符合要求，指发现一般缺陷，经过使用单位采取措施后能够保证管道安全运行，可以在监控条件下使用，并且在检查结论中，应当注明监控条件、监控运行需要解决的问题及其完成期限；

（3）不符合要求，指发现严重缺陷，不能保证管道安全运行的情况，不允许继续使用，必须停止运行或者由检验机构进行进一步检验。

年度检查由使用单位自行实施时，检查记录和年度检查报告应当由使用单位安全管理负责人或者授权的安全管理员审查批准。

使用单位应当将年度检查报告及其记录(单项报告)存档保存，保存期限至少到下一个定期检验周期。

附件 a

报告编号：

工业管道年度检查报告

装 置 名 称：________________________

管 道 名 称：________________________

使用单位名称：________________________

单 位 内 编 号：________________________

检 查 日 期：________________________

（印制检查单位名称）

工业管道年度检查结论报告

报告编号：

<table>
<tr><td colspan="2">管道名称</td><td colspan="2"></td><td colspan="2">管道级别</td><td></td></tr>
<tr><td colspan="2">起始—终止位置</td><td colspan="2"></td><td colspan="2">单位内编号</td><td></td></tr>
<tr><td colspan="2">使用登记证编号</td><td colspan="5"></td></tr>
<tr><td colspan="2">使用单位名称</td><td colspan="5"></td></tr>
<tr><td colspan="2">管道使用地点</td><td colspan="5"></td></tr>
<tr><td colspan="2">安全管理人员</td><td colspan="2"></td><td colspan="2">联系电话</td><td></td></tr>
<tr><td colspan="2">安全状况等级</td><td colspan="2"></td><td colspan="2">下次年度检查日期</td><td></td></tr>
<tr><td>检查依据</td><td colspan="6">《压力管道安全技术监察规程——工业管道》(TSG D0001)
《压力管道定期检验规则——工业管道》(TSG D7005)</td></tr>
<tr><td>问题及其处理</td><td colspan="6">[检查发现的缺陷位置、性质、程度及处理意见(必要时附图或者附页)]</td></tr>
<tr><td rowspan="3">检查结论</td><td rowspan="3">(符合要求、
基本符合要求、
不符合要求)</td><td colspan="5">允许(监控)工作条件</td></tr>
<tr><td>压力</td><td>MPa</td><td>温度</td><td colspan="2">℃</td></tr>
<tr><td>介质</td><td></td><td>其他</td><td colspan="2"></td></tr>
<tr><td>说明</td><td colspan="6">(监控运行需要解决的问题及完成期限)</td></tr>
<tr><td colspan="4">检查：　　　　　　　　日期：</td><td colspan="3" rowspan="3">(检查单位检查专用章或者公章)
年　月　日</td></tr>
<tr><td colspan="4">审核：　　　　　　　　日期：</td></tr>
<tr><td colspan="4">批准：　　　　　　　　日期：</td></tr>
</table>

共　页　第　页

工业管道年度检查报告附页

报告编号：

序号	检查项目		检查结果	备注
1	安全管理情况			
2	管道本体及运行情况			
3	安全附件与仪表检查情况	安全阀		
		爆破片装置		
		阻火器装置		
		紧急切断阀		
		压力表		
		测温仪表		
4	电阻值测量			
5	壁厚测定			

共　页　第　页

附件 B

报告编号：

工业管道定期检验报告

装 置 名 称：______________________________

管 道 名 称：______________________________

使用单位名称：______________________________

单 位 内 编 号：______________________________

检 验 类 别：（首次定期检验、定期检验）

检 验 日 期：______________________________

（印制检验机构名称）

注意事项

1. 本报告为依据《压力管道定期检验规则——工业管道》(TSG D7005)对在用工业管道进行定期检验的结论报告，检验结论代表该工业管道在检验时的安全状况。

2. 本报告应当由计算机打印输出，或者用钢笔、签字笔填写，字迹要工整，涂改无效。

3. 本报告无检验、审核、批准人员签字和检验机构的核准证号、检验专用章或者公章无效。

4. 本报告一式两份，由检验机构和使用单位分别保存。

5. 使用单位对本报告结论如有异议，请在收到报告书之日起 15 日内，向检验机构提出书面意见。

检验机构地址：
邮政编码：
联系电话：
电子邮件：

工业管道定期检验结论报告

报告编号：

<table>
<tr><td colspan="2">管道名称</td><td colspan="2"></td><td colspan="2">单位内编号</td><td colspan="2"></td></tr>
<tr><td colspan="2">管道级别</td><td colspan="2"></td><td colspan="2">起始—终止位置</td><td colspan="2"></td></tr>
<tr><td colspan="2">使用单位名称</td><td colspan="2"></td><td colspan="2">使用登记证编号</td><td colspan="2"></td></tr>
<tr><td colspan="2">使用单位地址</td><td colspan="6"></td></tr>
<tr><td colspan="2">使用单位统一社会信用代码</td><td colspan="2"></td><td colspan="2">邮政编码</td><td colspan="2"></td></tr>
<tr><td colspan="2">安全管理人员</td><td colspan="2"></td><td colspan="2">联系电话</td><td colspan="2"></td></tr>
<tr><td colspan="2">设计使用年限</td><td colspan="2">年</td><td colspan="2">投入使用日期</td><td colspan="2"></td></tr>
<tr><td>检验依据</td><td colspan="7">《压力管道安全技术监察规程——工业管道》(TSG D0001)
《压力管道定期检验规则——工业管道》(TSG D7005)</td></tr>
<tr><td>问题及其处理</td><td colspan="7">[检查发现的缺陷位置、性质、程度及处理意见(必要时附图或者附页，也可以直接注明见某单项报告)]</td></tr>
<tr><td rowspan="4">性能参数</td><td>管道直径</td><td colspan="2">mm</td><td colspan="2">管道长度</td><td colspan="2">m</td></tr>
<tr><td>管道壁厚</td><td colspan="2">mm</td><td colspan="2">设计压力</td><td colspan="2">MPa</td></tr>
<tr><td>设计温度</td><td colspan="2">℃</td><td colspan="2">工作压力</td><td colspan="2">MPa</td></tr>
<tr><td>工作温度</td><td colspan="2">℃</td><td colspan="2">工作介质</td><td colspan="2"></td></tr>
<tr><td rowspan="5">检查结论</td><td colspan="7">安全状况等级评定为　　　　级</td></tr>
<tr><td rowspan="3">(符合要求、
基本符合要求、
不符合要求)</td><td colspan="6">允许(监控)工作条件</td></tr>
<tr><td>压力</td><td colspan="2">MPa</td><td>温度</td><td colspan="2">℃</td></tr>
<tr><td>介质</td><td colspan="2"></td><td>其他</td><td colspan="2"></td></tr>
<tr><td colspan="7">下次定期检验日期：　　年　月</td></tr>
<tr><td>说明</td><td colspan="7">(包括变更情况)</td></tr>
<tr><td colspan="3">检验：</td><td colspan="2">日期：</td><td colspan="3" rowspan="3">检验机构核准证号：

(检验机构检验专用章或者公章)
年　月　日</td></tr>
<tr><td colspan="3">审核：</td><td colspan="2">日期：</td></tr>
<tr><td colspan="3">批准：</td><td colspan="2">日期：</td></tr>
</table>

共　页　第　页

工业管道定期检验结论报告附页

报告编号：

序号	检验项目	检验结果	备注
1	资料审查		
2	宏观检验		
3	壁厚测定		
4	耐压强度校核		
5	磁粉检测		
6	渗透检测		
7	射线检测		
8	超声检测		
9	化学成分分析		
10	硬度检测		
11	金相分析		
12	泄漏试验		
13	安全附件与仪表检验		
14	耐压试验		

共　页　第　页

附件 C

特种设备定期检验意见通知书(1)

编号：

使用单位		
工业管道名称	单位内编号	检验结论意见
有关情况说明：		
本通知的有效期：　　　　年　月　日止		
检验人员：　　　　日期：　　　　（检验机构检验专用章或者公章） 年　月　日		
使用单位安全管理人员：　　　　日期：		

注：本通知书适用于检验结论不存在问题，或者虽然存在问题但不需要使用单位回复意见的情况，是在检验报告出具前对检验结果出具的有效结论意见，一式两份，检验机构、使用单位各一份，本通知在有效期内有效。

特种设备定期检验意见通知书(2)

编号：

______（填写使用单位名称）______：

经检验，你单位在（填写装置名称）（管道名称：______，管道级别：______单位内编号：______），存在以下问题，请于______年___月___日前将处理结果报送我机构。

问题和意见：   检验人员：　　　　日期： 检验机构技术负责人：　　　　日期：　　　　（检验机构检验专用章或者公章） 年　月　日 使用单位安全管理人员：　　　　日期：
处理结果：   使用单位安全管理人员：　　　　日期：　　　　（使用单位公章） 年　月　日

注：本通知书适用于检验中发现问题，需要使用单位进行处理的情况，一式三份，一份由检验机构存档，两份送使用单位，其中一份使用单位应当在要求的时间内返回给检验机构。当发现严重隐患时，应当增加一份报压力管道使用登记机关。

压力管道监督检验规则

Pressure Pipe Supervision Inspection Regulation

国家市场监督管理总局颁布
2020 年 5 月 16 日

前　言

2014 年 10 月，原国家质量监督检验检疫总局（以下简称原质检总局）特种设备安全监察局（以下简称特种设备局）下达《压力管道安装监督检验规则》（以下简称《安装监检规则》）的修订任务书。

2015 年 4 月，中国特种设备检测研究院组织相关专家成立起草工作组，在广州召开第一次会议，讨论《安装监检规则》修订的原则、重点内容以及拟解决的主要问题，并且对修订工作进行具体分工，制定修订工作时间表。

2015 年 11 月，起草工作组在北京召开第二次会议，对草案进行讨论和修改，形成征求意见稿。2016 年 4 月，特种设备局以质检特函〔2016〕13 号文对外征求基层部门、相关单位和专家以及社会公众的意见。2016 年 8 月，起草工作组在北京召开第三次会议，对征求到的意见进行研究讨论，修改后形成送审稿。

2017 年 5 月，特种设备局将送审稿提交原质检总局特种设备安全与节能技术委员会审议，起草工作组根据审议意见修改后，形成报批稿。

随着政府职能转变和行政许可改革的推进，为与《市场监管总局关于特种设备行政许可有关事项的公告》（2019 年第 3 号）和《特种设备生产和充装单位许可规则》（TSG 07—2019）相协调，起草工作组按照特种设备局要求，增加压力管道元件制造监督检验（监督检验以下简称监检）的相关内容。2019 年 4 月，召开第四次会议，针对规则中增加的压力管道元件制造监检相关内容进行讨论，经修改后形成《压力管道监督检验规则》（TSG D7006—2020）（以下简称监检规则）报批稿。

2020 年 5 月 16 日，本规则由国家市场监督管理总局批准颁布。

本次修订工作的基本原则是：

1. 与《中华人民共和国特种设备安全法》《特种设备目录》协调一致，将现行《压力管道安装安全质量监督检验规则》（国质检锅〔2002〕83 号）修订为特种设备安全技术规范；

2. 根据《压力管道元件制造监督检验规则（埋弧焊钢管与聚乙烯管）》（TSG D7001—2005）、《压力管道安装安全质量监督检验规则》（国质检锅〔2002〕83 号）实施情况以及行业发展，调整完善相关内容，明确压力管道元件制造监检和压力管道安装、改造和重大修理监检的性质和定位；

3. 监检规则修订工作基于特种设备安全管理的要求，本着服务于企业发展的理念，结合近年来我国特种设备安全监管工作改革和国际上先进的安全管理经验；

4. 规范监检工作中各相关单位、机构、人员的义务和职责，以及监检程序、内容和要求；

5. 突出监检项目的针对性、有效性、科学性，提出对压力管道元件、长输管道、公用管道、工业管道的专项监检要求。

目　录

压力管道监督检验规则

1 总 则

1.1 目的

为了规范压力管道元件制造监督检验(监督检验以下简称监检)以及压力管道安装、改造和重大修理(安装、改造和重大修理以下统称施工)监检工作，根据《中华人民共和国特种设备安全法》《特种设备安全监察条例》，制定本规则。

1.2 适用范围

1.2.1 制造监检

本规则适用于《特种设备目录》规定范围内以下压力管道元件制造过程的监检工作：

(1) 埋弧焊钢管、聚乙烯管(注 1-1)；

(2) 元件组合装置中的燃气调压装置、减温减压装置、工厂化预制管段(注 1-2)、流量计(壳体)(注 1-3)。

注 1-1：不包括带金属骨架的聚乙烯管和纤维增强聚乙烯管。

注 1-2：工厂化预制管段是指制造单位在工厂内根据施工设计图将压力管道元件焊接组装后整体出厂的管道元件产品，不包括安装单位在施工现场进行的管道预制。

注 1-3：锅炉范围内管道中使用的减温减压装置、工厂化预制管段、流量计(壳体)可以按照锅炉相关规定进行制造监检。

1.2.2 施工监检

本规则适用于《特种设备目录》规定范围内压力管道(长输管道、公用管道和工业管道)以下施工过程的监检工作：

(1) 安装过程；

(2) 改造或者重大修理(应急抢修的管道施工过程除外)(注 1-4)，一次性更换相同介质的管道总长度大于 100 米的过程。

注 1-4：压力管道改造，是指改变管道规格、材质、结构布置或者改变管道介质、压力、温度等工作参数，致使管道性能参数或者管道结构发生变化的活动。

压力管道重大修理，是指对管道采用焊接方法更换管段以及阀门、管子矫形、受压部件焊补、带压密封和带压封堵等。

1.3 基本要求

压力管道监检，是在受检单位自检合格的基础上，由承担监检工作的检验机构(以下简称监检机构)，依据本规则对压力管道元件制造或者压力管道施工[以下简称制造(施工)]过程实施的监督和满足基本安全要求的符合性验证。监检机构和受检单位应当签订监检合同，明确双方的责任和义务。监检不能代替受检单位的自检。

应当进行监检而未经监检或者监检不合格的压力管道元件和压力管道，不得投入使用。

1.4 受检单位

受检单位，是指在制造(施工)过程中，其工作质量对压力管道安全性能产生直接影响的单位，包括压力管道元件制造单位以及压力管道的建设单位(或者其委托单位，下同)、设计单位、施工单位、无损检测机构等。

受检单位应当做好以下工作：

(1) 压力管道元件制造单位、设计单位、施工单位、无损检测机构建立质量保证体系并且保持有效实施；

（2）提供必要的工作条件，确定监检工作联络责任人员，做好监检配合工作；

（3）压力管道元件制造单位在产品制造前，向监检机构提出监检申请，提交生产计划，及时提供真实有效的受检资料（注1-5）；

（4）建设单位负责协调落实监检事宜，向监检机构提出监检申请或者要求施工单位提出监检申请，及时协调解决施工和监检工作相关问题；

（5）施工单位协助建设单位或者按照其要求向监检机构提出监检申请，提交施工进度计划；

（6）施工单位和无损检测机构及时向监检机构告知施工和检测进度，并且提供真实有效的受检资料（注1-5）。

注1-5：受检资料，是指与受检产品、施工项目有关的技术资料、检查记录、检验和检测记录、试验和检测报告、焊接作业人员和无损检测人员资格明细表等。

1.5 监检机构和监检人员

（1）承担制造（施工）监检工作的监检机构应当取得负责特种设备安全监督管理的部门（以下简称特种设备安全监管部门）核准的相应资质，承担监检工作的检验人员（以下简称监检人员）应当具有相应资格；

（2）监检机构应当向受检单位提供监检大纲（方案）以及监检人员资格情况，并且在制造、施工现场公示监检单位以及监检人员名称；监检大纲（方案）包括监检项目、监检内容和要求；

（3）受检单位违反相关法律、法规和本规则，并且未在规定期限内回复监检意见书的行为，监检机构可以暂停监检工作，并且按照本规则2.3条的规定报告有关部门；

（4）监检人员应当遵守受检单位的安全作业管理规定；

（5）监检人员应当按照受检单位提出的生产计划、施工进度或者检测进度，检查确认受检单位现场准备工作，及时到场监检；

（6）监检人员应当妥善保管受检单位提供的受检资料；

（7）监检机构和监检人员应当按照协议对受检单位提供的受检资料予以保密。

1.6 管理要求

压力管道元件制造单位和建设单位、设计单位、施工单位、无损检测机构、监检机构等，应当严格执行本规则，并且按照特种设备安全技术规范信息化管理的规定，及时将所要求的数据录入特种设备信息化管理系统。

2 一般要求

2.1 监检程序

监检程序，一般包括受理申请、监检准备、监检实施和出具监检证书等。

2.1.1 受理申请

压力管道元件制造单位、建设单位（或者施工单位）应当在制造或者施工前向监检机构提出压力管道监检申请。

监检机构接受监检申请后，应当向申请单位提供监检合同范本，并告知申请单位需要提供的相关资料清单。

2.1.2 监检准备

监检机构按照本规则和质量计划（施工组织设计），结合制造（施工）的实际情况编制监检大纲（方案），组成监检项目组，指定监检项目组负责人，配备必要的监检人员，配置检测仪器等。

2.1.3 监检实施

监检机构应当根据本规则2.2条以及本规则《压力管道元件制造监督检验专项要求》（见附件A）、《长输管道施工监督检验专项要求》（见附件B）、《公用管道施工监督检验专项要求》（见附件C）、《工业管道施工监督检验专项要求》（见附件D）的要求，结合压力管道技术特性和实际情况，将监检项目、监检内容和要求等书面告知受检单位。对于长输管道，监检机构应当以会议形式向受检单位进行监检方案交底。

监检时，监检人员应当根据监检大纲(方案)开展监检工作。监检人员可以通过资料审查、实物检查、现场监督，依据安全技术规范以及相关标准、设计文件等对监检项目进行监检，给出监检结论。

2.1.4 出具监检证书

监检工作完成后，所有监检项目结论均符合本规则要求，监检机构应当在监检合同规定的期限内出具《特种设备监督检验证书》(以下简称监检证书，见附件E)。对于压力管道施工监督检验，监检证书还应当附压力管道数据表(见附表e)和压力管道监督检验报告(以下简称监检报告)。

压力管道施工监检，监检人员可以在监检证书和监检报告出具前，先出具《特种设备监督检验意见通知书(1)》[以下简称监检意见书(1)，见附件F]，将监检初步结论书面通知建设单位和施工单位。

2.2 监检工作内容和方法

2.2.1 监检工作内容

(1) 通过对压力管道安全性能有影响的工序的监检，对压力管道元件制造过程、压力管道施工过程以及结果是否满足安全技术规范要求进行符合性验证；

(2) 对制造(施工)单位质量保证体系实施状况进行评价。

2.2.2 监检方法

监检一般采用资料审查、实物检查和现场监督等方法，具体要求如下：

(1) 资料审查，监检人员应当按照本规则规定的项目和要求，对受检单位提供的受检资料进行审查，审查其内容是否符合安全技术规范以及相关标准的要求；

(2) 实物检查，监检人员应当按照本规则规定的项目和要求，对受检单位自检合格项目进行复查，验证其结果是否真实、正确，是否符合安全技术规范以及相关标准的要求；

(3) 现场监督，监检人员应当按照本规则规定的项目和要求，现场对制造(施工)活动进行监督，监督制造(施工)活动是否满足安全技术规范以及相关标准、质量保证体系文件的要求。

本规则对抽查数量有明确规定的，按照其规定；没有明确规定的，应当根据受检单位质量保证体系实施状况和抽查的项目种类，在监检大纲(方案)中明确抽查数量和抽查方法。

监检工作应当进行记录(包括相关会议记录等)，记录应当真实、准确，具有可追溯性。

2.2.3 监检项目分类

监检项目分为A类、B类和C类，其要求如下：

(1) A类，是对压力管道安全性能有重大影响的关键项目，当制造(施工)过程进行到该类项目点时，受检单位应当提前通知监检人员到达现场，监检人员现场监督该项目的实施，其结果得到监检人员现场确认合格并且签字后，方可继续制造(施工)；

(2) B类，是对压力管道安全性能有较大影响的重点项目，监检人员一般进行现场监督或者实物检查，如果不能及时到达现场，受检单位在自检合格后可以继续进行该项目的制造(施工)，监检人员随后对该项制造(施工)结果进行现场检查，确认该项目是否符合要求；

(3) C类，是对压力管道安全性能有影响的检验项目，监检人员通过审查受检单位相关的自检报告、记录等资料，确认该项目是否符合要求；

(4) 监检项目设为C/B类时，监检人员可以选择C类，当本规则其他相关条款或者相关标准、设计文件规定需要现场检查时，监检人员应当选择B类。

监检过程发现制造(施工)质量的共性问题，并且监检机构认为有必要时，可以根据实际工作情况对监检项目类别进行调整，调整后的类别应当高于原类别。

2.2.4 监检要求

压力管道元件制造和长输管道、公用管道以及工业管道的施工监检项目、方法和要求应当符合附件 A 至附件 D 的规定，制造(施工)单位质量保证体系实施状况评价应当符合《质量保证体系实施状况评价》(见附件 G)的规定。

2.3 监检发现问题的处理

监检人员在监检过程中发现严重问题(注 2-1)，以及现场实施操作的焊接作业人员、无损检测人员资格不符合要求时，应当及时报告监检机构，由监检机构向受检单位发出《特种设备监督检验意见通知书(2)》[以下简称监检意见书(2)，见附件 F]。对压力管道施工监检还应当同时报告接受告知的特种设备安全监管部门，并且书面告知建设单位。

监检人员在监检过程中发现一般问题(注 2-2)，应当及时向受检单位发出《特种设备监督检验联络单》(以下简称监检联络单，见附件 H)，要求受检单位针对提出的问题进行整改。监检人员应当对整改情况进行跟踪确认。

注 2-1：严重问题，是指监检项目不合格并且不能纠正；受检单位质量保证体系实施严重失控；对《监检联络单》提出的问题拒不整改；有许可资质要求的，已不再具备相应的许可条件；严重违反特种设备许可制度(如发生涂改、伪造、转让或者出卖特种设备许可证，向无特种设备许可证的单位出卖或者非法提供质量证明文件)。

注 2-2：一般问题，是指除注 2-1 所列的严重问题外，影响压力管道元件或者压力管道安全性能和质量保证体系实施的问题。

受检单位接到监检意见书(2)或者监检联络单，应当采取有效的整改措施，并且在规定时限内对监检意见书(2)或者监检联络单所列出的问题予以整改。整改完成后，将相关见证资料报送监检机构，监检人员接到受检单位的整改见证资料后，应当对整改见证资料进行审查确认。

监检人员对受检单位提供的检测结果有怀疑或者发现检测的项目结论不符合安全技术规范时，监检人员应当要求受检单位进行复验或者补充试验。

监检机构在发现受检单位存在违规行为不予改正、出具虚假报告或者提供虚假文件资料时，应当及时向压力管道元件制造地或者接受压力管道施工告知的特种设备安全监管部门，以及设计许可、制造许可、安装许可或者无损检测核准证的发证机关书面报告；压力管道施工监检，还应当书面告知建设单位。

2.4 施工监检报告

压力管道施工监检报告至少包括以下内容：

(1) 压力管道建设基本情况；

(2) 受检单位基本情况(包括现场焊接作业人员和无损检测人员资格明细表)以及现场施工情况；

(3) 监检工作内容和检验结果；

(4) 监检过程中发现问题的处理情况；

(5) 监检结论。

2.5 监检资料存档

监检工作完成后，监检机构应当及时将监检资料分类、标识、编目，建立档案，监检资料保存期限应当不少于压力管道使用年限。

2.5.1 压力管道元件制造监检资料

压力管道元件制造监检资料至少包括以下内容：

(1) 监检证书；

(2) 监检完成后的质量计划复印件、监检记录以及监检人员签字(章)确认的受检单位提供的相应检验、试验报告等有关的监检工作见证资料；

(3) 监检联络单、监检意见书(2)；

(4) 监检机构质量管理体系文件中规定存档的其他资料。

2.5.2 压力管道施工监检资料

压力管道施工监检资料至少包括以下内容：

(1) 监检申报资料以及监检协议；

(2) 监检大纲(方案);

(3) 监检记录以及A类和B类监检项目的监检工作见证资料;

(4) 监检联络单、监检意见书(1)、监检意见书(2);

(5) 监检证书(含压力管道数据表、监检报告);

(6) 监检机构质量管理体系文件中规定存档的其他资料。

3 附　　则

3.1 争议处理

监检过程中，受检单位与监检机构之间发生争议时，可以向压力管道元件制造地、压力管道施工所在地设区的市级特种设备安全监管部门申请处理，必要时，还可以向上一级特种设备安全监管部门提出申诉。

3.2 解释权限

本规则由国家市场监督管理总局负责解释。

3.3 施行时间

本规则自2020年9月1日起施行，原质检总局颁布的《压力管道安装安全质量监督检验规则》(国质检锅〔2002〕83号)、《压力管道元件制造监督检验规则(埋弧焊钢管与聚乙烯管)》(TSG D7001—2005)、《压力管道元件制造监督检验规则》(TSG D7001—2013)同时废止。

本规则实施之前发布的其他相关文件和规定，其要求与本规则不一致的，以本规则为准。

附件 A

压力管道元件制造监督检验专项要求

A1 通用要求

A1.1 适用范围

适用范围按照本规则 1.2.1 条的规定。

A1.2 监检方式

（1）埋弧焊钢管、聚乙烯管，采用逐批监检方式；

（2）元件组合装置，一般产品按照订货合同采用逐台监检方式；对于具有相同设计文件、相同工艺文件和相同质量计划的产品，可以采用逐批监检方式。

A1.3 产品组批

（1）埋弧焊钢管，同机组、同牌号、同外径、同壁厚、同工艺、生产周期不超过 7 天、数量不超过 200 根为一批；产品质量稳定，连续 1 年未发现质量问题的，可以增加组批数量，但是每批不得超过 600 根；增加组批数量的，产品安全性能如果出现问题，应当恢复原组批数量；

（2）聚乙烯管，同一混配料、同一设备和工艺并且连续生产的同一规格的管材，生产周期不超过 10 天、数量不超过 200 吨为一批；产品质量稳定，连续 1 年未发现质量问题的，可以增加组批数量，但是每批不得超过 600 吨；增加组批数量的，产品安全性能如果出现问题，应当恢复原组批数量；

（3）元件组合装置，具有相同设计文件、相同工艺文件和相同质量计划的产品，可以为一批。

A2 监检项目及要求

A2.1 生产许可资质和型式试验文件（C 类）

（1）审查制造单位是否具备相应许可资质，其产品是否取得型式试验证书，并且在有效期内；

（2）审查埋弧焊钢管、聚乙烯管的型式试验报告（证书）是否覆盖监检产品；

（3）审查元件组合装置中的压力管道元件，是否按照安全技术规范要求取得压力管道元件制造许可证书和型式试验证书；

（4）元件组合装置设计外委的，审查其是否由具有相应压力管道设计资质的单位进行设计，以及设计总图的批准程序是否符合要求；按照压力容器或者锅炉设计的，从其规定。

A2.2 设计文件（C 类）

审查设计文件，包括以下内容：

（1）设计文件批准程序是否符合安全技术规范以及质量保证体系文件的规定；

（2）外来设计文件是否按照质量保证体系的要求进行确认；

（3）设计采用的安全技术规范以及相关标准、元件组合装置中的压力管道元件材料标准是否现行、有效；

（4）设计文件上注明的无损检测要求、热处理要求、耐压试验和泄漏试验要求是否符合安全技术规范以及相关标准、合同的要求，设计图样批准程序是否符合规定；

（5）产品标准有强度校核要求时，强度计算书是否齐全，审批手续是否符合要求；

（6）设计变更（含材料代用），是否有设计单位的书面批准文件。

A2.3 工艺文件

A2.3.1 加工、组对与装配工艺文件（C 类）

（1）审查产品加工、组对与装配工艺文件是否完整齐全，批准程序是否符合质量保证体系文件的要求；

（2）埋弧焊钢管产品标准中有工艺验证要求的，审查其工艺验证报告是否符合产品标准的要求；

工厂化预制管段产品标准中有制造工艺确认要求的，审查其制造工艺报告是否符合产品标准的要求。

A2.3.2　焊接、热处理、无损检测工艺文件(C类)

审查焊接工艺评定报告、焊接作业指导书等焊接工艺文件，以及焊接接头焊后热处理工艺文件、无损检测工艺文件，是否符合安全技术规范以及相关标准的要求，批准程序是否符合质量保证体系文件的要求。

A2.4　质量计划(C类)

审查产品质量计划的内容是否符合安全技术规范以及相关产品标准、设计文件的规定，其设置的控制点和要求是否符合质量保证体系文件的要求。

A2.5　材料

材料包括产品原材料、焊接材料、主要零部件、密封元件以及其他外购件，聚乙烯管产品混配料。

A2.5.1　材料质量证明书(C类)

审查材料质量证明书原件或者复印件内容是否齐全，是否符合相关标准和合同的技术要求；复印件应当加盖经营单位公章和经办负责人章。

A2.5.2　材料标志与可追溯性(B类)

抽查材料实物标志是否符合材料标准，是否与材料质量证明书相符。现场检查制造单位生产场地的材料标志方法、标志移植等是否符合质量保证体系文件的要求。

A2.5.3　材料验收(C类)

审查材料验收文件是否符合质量保证体系文件的要求。

聚乙烯管应当对每批混配料进行核对，检查产品选用的混配料(等级)是否符合产品设计文件和产品标准的要求，检查混配料牌号是否符合工艺文件的要求。

A2.5.4　材料复验

产品标准、设计文件有材料复验要求的，监检项目包括以下内容：

(1)审查制造单位对材料复验的项目和结果是否符合相关标准和设计文件的技术要求(C类)；

(2)现场抽查埋弧焊钢管产品的钢板(钢带)的产品分析、聚乙烯管产品混配料的性能复验等过程是否符合安全技术规范以及相关标准的要求(B类)。

A2.6　制造工艺(C/B类)

审查产品制造工艺操作记录与检查记录是否符合安全技术规范以及相关标准、工艺文件的要求，必要时抽查产品制造工艺的执行情况是否符合要求。

A2.7　焊接

A2.7.1　焊接作业人员(B类)

核查焊接作业人员(以下简称焊工)资格证及其持证合格项目和数量是否符合安全技术规范以及焊接工艺文件的要求。

A2.7.2　焊接工艺(B类)

审查焊接检查记录，并且抽查焊接工艺、焊缝标识、焊接工艺纪律的执行情况是否符合要求。抽查管道焊缝返修工艺、返修审批手续、返修检查检测记录(报告)是否符合安全技术规范以及相关标准、设计文件、质量保证体系文件的要求。

A2.8　无损检测

A2.8.1　人员资格(B类)

核查无损检测人员资格证、执业注册证及其持证合格项目是否有效并且满足产品检测要求。

A2.8.2　无损检测报告(C类)

审查无损检测报告，检查其检测方法、检测标准、检测比例和结果是否符合相关标准和设计文件要求，签字手续是否齐全。

A2.8.3　射线检测底片或者数字图像抽查(B类)

采用射线检测(胶片)方法进行无损检测的产品，按照每个焊工焊接的焊缝射线底片数10%进行抽查并且记录，抽查范围应当包括返修片；审查射线检测底片的质量和评片的结果是否符合有关安全技术规范以及相关标准的要求。

采用数字射线检测的产品，抽查存储的数字图像。

A2.8.4 无损检测现场抽查(B类)

埋弧焊钢管监检时，每批次至少现场抽查1根钢管的无损检测过程，检查其是否符合安全技术规范以及相关标准、设计文件的要求。

A2.9 热处理

(1) 抽查热处理设备用测温记录仪表是否符合计量检定要求(B类)；

(2) 抽查热处理记录、报告曲线、硬度检测报告是否符合安全技术规范以及相关标准、热处理工艺文件的要求(C类)。

A2.10 外观与几何尺寸

(1) 抽查外观与几何尺寸(B类)；

(2) 审查外观与几何尺寸检验记录，对于埋弧焊钢管、聚乙烯管，还应当审查制造单位的抽检规则是否符合产品标准的要求(C类)。

A2.11 重量(C类)

产品标准对重量有要求的，审查其检查记录是否符合产品标准的要求。

A2.12 性能检验

(1) 聚乙烯管，审查耐压试验、断裂伸长率、热稳定性、熔体质量流动速率的检验方法、报告、检验结果是否满足产品标准和合同的技术要求(C类)；

(2) 聚乙烯管以外其他产品有性能试验要求的，审查其检验报告，检查其检验方法、内容及其结果是否符合相关产品标准和合同的技术要求，审查签字手续是否符合质量保证体系文件的规定(C类)；

(3) 现场抽查埋弧焊钢管的力学性能试验过程，检查是否符合相关产品标准的要求(B类)。

A2.13 耐压试验(A类)

现场监督检验耐压试验过程，审查试验报告。检查产品耐压试验介质、试验压力、试验环境温度、保压时间、压力表的直径、量程、精度、检定有效期和试验结果是否符合产品标准的规定。

埋弧焊钢管，每批至少抽查1根产品的耐压试验进行现场监督检验。聚乙烯管抽查耐压试验过程。

A2.14 泄漏试验

(1) 审查泄漏试验报告，检查产品泄漏试验的试验介质、介质温度、试验压力、试验环境温度、保压时间，压力表的直径、量程、精度、检定有效期和试验结果是否符合安全技术规范以及产品标准、设计文件的规定(C类)；

(2) 定期检查泄漏试验的试验条件、试验设备是否满足安全技术规范和质量保证体系文件的要求(B类)。

A2.15 涂敷质量(B类)

审查检验记录，并且按照以下规定检查产品实物的涂敷质量是否符合产品标准要求：

(1) 实施逐批监检的，每批产品至少抽查1根(台)进行涂敷质量检查；

(2) 实施逐台监检的，逐台进行涂敷质量检查。

A2.16 产品出厂检验

A2.16.1 产品标志(B类)

按照以下规定检查产品实物标志是否符合安全技术规范以及产品标准的规定：

(1) 实施逐批监检的，每批产品至少抽查1根(台)进行标志检查；

(2) 实施逐台监检的，逐台进行标志检查。

A2.16.2 出厂文件(C类)

审查制造单位产品质量合格证明、使用(安装)说明书等出厂文件，检查其内容是否齐全、正确，是否符合产品标准规定，交货状态是否符合安全技术规范以及产品标准、合同的技术要求。

附件 B

长输管道施工监督检验专项要求

B1 适用范围

适用于《特种设备目录》范围内，依据 GB 50251《输气管道工程设计规范》、GB 50253《输油管道工程设计规范》、GB/T 34275《压力管道规范　长输管道》设计，产地、储存库、使用单位间的用于输送油气商品介质的压力管道，包括原油、成品油、天然气、煤层气、煤制气、页岩气、液化石油气等长距离油气输送管道的施工监检(注 B-1)。

注 B-1：长输管道站场内压力管道，施工监检按照本规则附件 D 执行，其监检机构应当具有工业管道安装监督检验资质。

B2 监检项目与要求

B2.1　受检单位资质(C 类)

审查设计单位、施工单位和无损检测机构是否具备相应许可(核准)资质。

B2.2　设计文件(C 类)

抽查设计文件，审查包括以下内容：

(1) 设计文件的批准程序是否符合安全技术规范以及质量保证体系文件的要求；

(2) 施工图是否按照质量保证体系文件的规定进行审查；

(3) 强度计算书、管道应力分析计算书的审批手续是否齐全；

(4) 设计变更(含材料代用)是否有设计单位的书面批准文件；

(5) 设计采用的安全技术规范以及相关标准、压力管道元件的材料标准是否为有效版本；

(6) 设计文件上注明的无损检测、防腐、耐压试验和泄漏试验要求是否符合安全技术规范以及相关标准的规定。

B2.3　施工组织设计(C 类)

审查施工组织设计是否符合安全技术规范以及设计文件的要求，批准程序是否符合质量保证体系文件的要求。

B2.4　材料

材料包括压力管道元件和安全附件等。

B2.4.1　材料验收

(1) 抽查供货方提供的压力管道元件以及安全附件制造单位的许可资质是否符合安全技术规范的要求(C 类)；

(2) 实施制造监检的压力管道元件，抽查监检证书是否齐全；有型式试验要求的，抽查型式试验报告(证书)是否符合安全技术规范以及相关标准的要求(C 类)；

(3) 安全技术规范没有制造许可、型式试验、制造监检要求的其他管道组成件(注 B-2，下同)，审查光谱分析、硬度、金相、无损检测和耐压试验等报告，必要时可进行现场抽查复验是否符合相关标准和设计文件的要求(C/B 类)；

(4) 境外制造的压力管道元件以及安全附件，审查其是否按照安全技术规范要求取得型式试验证书，其制造单位是否取得相应的制造许可资质(C 类)；

(5) 抽查压力管道元件以及安全附件产品质量证明文件原件或者复印件，其内容是否符合设计文件规定的材料验收标准及其提出的特殊要求；复印件应当加盖经营单位公章和经办负责人章(C 类)；

(6) 抽查压力管道元件以及安全附件产品验收的见证资料是否符合质量保证体系文件的要求(C 类)；

(7) 需要进行材料复验、无损检测的，抽查材料复验报告、无损检测报告的批准手续是否符合质量保证体系文件的规定，其试验项目、验收要求和结果是否符合安全技术规范以及相关标准、设计文件的要求(C类)；

(8) 受检单位使用境外牌号材料制造压力管道元件以及安全附件的，审查所使用的境外牌号材料是否符合安全技术规范以及相关标准的要求(C类)；

(9) 使用要求技术评审的材料制造压力管道元件以及安全附件的，审查材料是否通过了技术评审，并且已经履行了相应的批准手续(C类)。

注 B-2：其他管道组成件，包括有色金属以及有色金属合金制管件、铸造管件、管接头、耐压软管、紧固件、绝缘接头、低温绝热管、直埋夹套管和管路中的节流装置(如孔板)等，但不包括已纳入压力容器、压力管道元件和安全附件管理范围的产品。

B2.4.2 材料标志移植(B类)

现场抽查压力管道管子、管件标志移植，当压力管道元件用材料包含特殊材料(注B-3，下同)时，应当对所有种类的特殊材料进行抽查。

注 B-3：特殊材料是指标准抗拉强度下限值大于540MPa的低合金钢，奥氏体-铁素体不锈钢、低温钢、有色金属以及受检单位首次施焊的材料(含满足上述条件的复合钢材)。

B2.4.3 材料代用(C类)

施工过程中存在材料代用时，审查是否有设计单位的书面批准文件。

B2.5 阀门(C类)

审查阀门的施工资料和耐压试验记录(报告)是否符合相关标准和设计文件的要求。

B2.6 管口加工、弯制、组对(C类)

抽查焊缝布置、管口坡口加工、现场管道弯制、管道组对检查记录是否符合相关标准和设计文件的要求。

B2.7 焊接

B2.7.1 焊工(B类)

核查现场施焊的焊工资格证及其持证合格项目是否符合安全技术规范以及焊接工艺文件的规定，相应的持证焊工是否与长输管道施工单位建立劳动关系。

B2.7.2 焊接工艺文件(C类)

审查焊接工艺评定报告、焊接作业指导书等焊接工艺文件是否符合安全技术规范以及相关标准的要求，批准程序是否符合质量保证体系文件的要求。

B2.7.3 焊接材料

(1) 抽查焊接材料的质量证明文件是否符合相关材料标准和设计文件的要求(C类)；

(2) 抽查焊接材料的验收、保管、发放、使用、回收的管理是否符合质量保证体系文件的要求(B类)。

B2.7.4 施焊(B类)

(1) 抽查实际施焊参数、施焊记录、焊缝标识是否符合焊接工艺文件的要求；

(2) 抽查焊接接头外观质量是否符合安全技术规范以及相关标准、设计文件的要求，抽查数量不少于每个施工机组焊接接头总数的1%。

B2.7.5 焊缝返修(C类)

抽查焊缝返修工艺以及返修审批手续、返修检查检测记录(报告)是否符合安全技术规范以及设计文件、质量保证体系文件的要求。

B2.8 无损检测

B2.8.1 一般要求

(1) 检查无损检测机构是否能够在施工现场有效实施质量保证体系(B类)；

(2) 审查无损检测机构是否按照相关标准的要求制定了检测方案(C类)；

(3) 抽查无损检测机构在检测过程中发现问题的处理是否符合安全技术规范以及相关标准、质量保证体系文件的要求(C 类)。

B2. 8. 2 无损检测人员(B 类)

核查现场作业的无损检测人员资格证、执业注册证及其持证合格项目是否有效并且满足要求，是否与现场公示的一致。

B2. 8. 3 无损检测工艺文件(C 类)

审查无损检测工艺文件是否符合安全技术规范以及相关标准的要求，批准程序是否符合质量保证体系文件的要求。

B2. 8. 4 无损检测记录、报告(C 类)

抽查无损检测记录、报告，其无损检测时机、比例、位置、执行的标准和合格级别是否符合安全技术规范以及相关标准、设计文件的要求。

B2. 8. 5 射线检测底片(B 类)

抽查并且记录射线检测底片(采用数字射线检测的，为数字图像，下同)是否符合安全技术规范以及相关标准、设计文件的要求。

抽查射线检测底片的数量和部位至少满足以下要求：

(1) 抽查焊接接头检测底片数量不少于底片总数量的 5%，并且包括每个施工单位施焊的焊接接头，其中管道分段试压后的对接焊接接头不少于其总数量的 50%；

(2) 穿跨越段抽查底片数量不少于穿跨越段底片总数量的 10%，返修部位抽查底片数量不少于返修部位底片总数量的 50%，并且包括每个施工单位施焊的焊接接头；

(3) 审查射线检测底片质量和缺陷评定质量，发现评片质量不符合相关标准和设计文件的要求时，应当增加底片的抽查比例。

B2. 8. 6 射线检测现场抽查(B 类)

监检机构应当现场对压力管道焊接接头进行射线检测抽查，检测结果是否符合安全技术规范以及相关标准、设计文件的要求。

抽查数量和部位至少满足以下要求：

(1) 抽查比例不少于焊接接头总数量的 1‰，并且不少于 2 个焊接接头，其中包括每个施工单位施焊和检测机构检测的焊接接头；

(2) 抽查结果不合格时，应当对同一施工单位以及无损检测机构负责范围内的焊接接头加倍现场检测抽查。

B2. 9 防腐、保温(C 类)

(1) 抽查管道防腐以及保温材料质量证明文件是否符合相关标准和设计文件的要求；

(2) 抽查管道防腐、补口、补伤以及保温质量记录是否符合相关标准和设计文件的要求；

(3) 抽查管道下沟前防腐层电火花检测，牺牲阳极、外加电流阴极保护质量记录(报告)是否符合相关标准和设计文件的要求；

(4) 抽查静电接地施工、检查记录(报告)是否符合安全技术规范以及相关标准、设计文件的要求。

B2. 10 穿跨越工程(C 类)

(1) 抽查穿跨越工程的管道结构、焊缝布置施工检查记录是否符合相关标准和设计文件的要求；

(2) 抽查穿跨越工程施工、检查记录(报告)是否符合相关标准和设计文件的要求；

(3) 抽查套管防腐绝缘检查记录(报告)是否符合相关标准和设计文件的要求；

(4) 抽查绝缘支撑检查记录(报告)是否符合相关标准和设计文件的要求。

B2. 11 安全附件

(1) 抽查安全阀、紧急切断阀的安装位置、规格和型号是否符合设计文件的要求(B 类)；

(2) 抽查安全阀校验报告，检查整定压力、回座压力以及密封试验压力是否符合安全技术规范

以及相关标准、设计文件的要求(C类);

(3) 抽查紧急切断阀性能测试报告，检查其性能是否符合安全技术规范以及设计文件的要求(C类)。

B2.12 耐压试验(A类)

(1) 审查耐压试验方案是否符合安全技术规范以及相关标准、设计文件、质量保证体系文件的要求;

(2) 检查压力表的直径、量程、精度、检定有效期，试验介质、介质温度、试验环境温度是否符合安全技术规范以及相关标准、设计文件、试验方案的要求;

(3) 现场确认耐压试验压力以及保压时间，耐压试验结果是否符合安全技术规范以及相关标准、设计文件的要求;

(4) 审查试验记录、报告是否符合安全技术规范以及相关标准、设计文件的要求。

B2.13 泄漏试验

(1) 抽查泄漏试验方法和试验报告是否符合安全技术规范以及相关标准、设计文件的要求(C类);

(2) 抽查压力表的直径、量程、精度、检定有效期，试验介质、介质温度、试验环境温度、试验压力是否符合安全技术规范以及相关标准、设计文件、试验方案的要求(B类);

(3) 穿跨越工程水域大型穿越段，监检人员应当确认试验条件是否符合安全技术规范以及相关标准要求，并且进行现场监督(A类)。

B2.14 干燥与置换(C类)

抽查试验后管道干燥、介质置换记录内容是否符合相关标准、设计文件的要求。

附件 C

公用管道施工监督检验专项要求

C1 适用范围

适用于《特种设备目录》范围内公用管道的施工监检(注 C-1)。

注 C-1：燃气管道的门站、各类燃气厂站、储配站、调压站内压力管道，施工监检按照本规则附件 D 执行，其监检机构应当具有工业管道安装监督检验资质。

C2 监检项目与要求

C2.1 受检单位资质(C 类)

审查设计单位、施工单位和无损检测机构是否具备相应许可(核准)资质。

C2.2 设计文件(C 类)

抽查设计文件，审查包括以下内容：

(1) 设计文件的批准程序是否符合安全技术规范以及质量保证体系文件的要求；

(2) 施工图是否按照质量保证体系文件的规定进行审查；

(3) 强度计算书、管道应力分析计算书的审批手续是否齐全；

(4) 设计变更(含材料代用)是否有设计单位的书面批准文件；

(5) 设计采用的安全技术规范以及相关标准、压力管道元件的材料标准是否为有效版本；

(6) 设计文件上注明的无损检测、防腐、耐压试验和泄漏试验要求是否符合安全技术规范以及相关标准的规定。

C2.3 施工组织设计(C 类)

审查施工组织设计是否符合安全技术规范以及设计文件的要求，批准程序是否符合质量体系文件的要求。

C2.4 材料

材料包括压力管道元件和安全附件等。

C2.4.1 材料验收

(1) 抽查供货方提供的压力管道元件以及安全附件制造单位的许可资质是否符合安全技术规范的要求(C 类)；

(2) 实施制造监检的压力管道元件，抽查监检证书是否齐全；有型式试验要求的，抽查型式试验报告(证书)是否符合安全技术规范以及相关标准的要求(C 类)；

(3) 安全技术规范没有制造许可、型式试验、制造监检要求的其他管道组成件，审查光谱分析、硬度、金相、无损检测和耐压试验等报告，必要时可进行现场抽查复验是否符合相关标准和设计文件的要求(C/B 类)；

(4) 境外制造的压力管道元件以及安全附件，审查其是否按照安全技术规范要求取得型式试验证书，其制造单位是否取得相应的制造许可资质(C 类)；

(5) 抽查压力管道元件以及安全附件产品质量证明文件原件或者复印件，其内容是否符合设计文件规定的材料验收标准及其提出的特殊要求；复印件应当加盖经营单位公章和经办负责人章(C 类)；

(6) 抽查压力管道元件以及安全附件产品验收的见证资料是否符合质量保证体系文件的要求(C 类)；

(7) 需要进行材料复验、无损检测的，抽查材料复验报告、无损检测报告的批准手续是否符合质量保证体系文件的规定，其试验项目、验收要求和结果是否符合安全技术规范以及相关标准、设计文件的要求(C类)；

(8) 受检单位使用境外牌号材料制造压力管道元件以及安全附件的，审查所使用的境外牌号材料是否符合安全技术规范以及相关标准的要求(C类)；

(9) 使用要求技术评审的材料制造压力管道元件以及安全附件的，审查材料是否通过了技术评审，并且已经履行了相应的批准手续(C类)；

(10) 聚乙烯管和管件的验收，如果管子存放超过4年，管件存放超过6年，应当审查是否重新抽样进行了性能检验，检验内容是否符合安全技术规范以及相关标准要求，合格后方可使用(C类)。

C2.4.2 材料标志移植(B类)

现场抽查压力管道管子、管件标志移植，当压力管道元件用材料包含特殊材料时，应当对所有种类的特殊材料进行抽查。

C2.4.3 材料代用(C类)

施工过程中存在材料代用时，审查是否有设计单位的书面批准文件。

C2.5 阀门(C类)

审查阀门的施工资料和耐压试验记录(报告)是否符合相关标准和设计文件的要求。

C2.6 管口加工、弯制、组对(C类)

抽查焊缝布置、管口坡口加工、现场管道弯制、管道组对检查记录是否符合相关标准和设计文件的要求。

C2.7 焊接

C2.7.1 焊工(B类)

核查现场施焊的焊工资格证及其持证合格项目是否符合安全技术规范以及焊接工艺文件的规定。

C2.7.2 焊接工艺文件(C类)

审查焊接工艺评定报告、焊接作业指导书等焊接工艺文件是否符合安全技术规范以及相关标准的要求，批准程序是否符合质量保证体系文件的要求。

C2.7.3 焊接材料

(1) 抽查焊接材料的质量证明文件是否符合相关材料标准和设计文件的要求(C类)；

(2) 抽查焊接材料的验收、保管、发放、使用、回收的管理是否符合质量保证体系文件的要求(B类)。

C2.7.4 施焊(B类)

(1) 抽查实际施焊参数、施焊记录、焊缝标识是否符合焊接工艺文件的要求；

(2) 抽查焊接接头外观质量是否符合安全技术规范以及相关标准、设计文件的要求，抽查数量不少于每个施工机组焊接接头总数的1%，其中聚乙烯热熔对接接头，至少抽查1处进行卷边切除检验。

C2.7.5 焊缝返修(C类)

抽查焊缝返修工艺以及返修审批手续、返修检查检测记录(报告)是否符合安全技术规范以及设计文件、质量保证体系文件的要求。

C2.8 无损检测

C2.8.1 一般要求

(1) 检查无损检测机构是否能够在施工现场有效实施质量保证体系(B类)；

(2) 审查无损检测机构是否按照相关标准的要求制定了检测方案(C类)；

(3) 抽查无损检测机构在检测过程中发现问题的处理是否符合安全技术规范以及相关标准、质量保证体系文件的要求(C类)。

C2.8.2 无损检测人员(B类)

核查现场作业的无损检测人员资格证、执业注册证及其持证合格项目是否有效并且满足要求，是否与现场公示的一致。

C2.8.3　无损检测工艺文件(C类)

审查无损检测工艺文件是否符合安全技术规范以及相关标准的要求，批准程序是否符合质量保证体系文件的要求。

C2.8.4　无损检测记录、报告(C类)

抽查无损检测记录、报告，其无损检测时机、比例、位置、执行的标准和合格级别是否符合安全技术规范以及相关标准、设计文件的要求。

C2.8.5　射线检测底片(B类)

抽查并且记录射线检测底片(采用数字射线检测的，为数字图像，下同)是否符合安全技术规范以及相关标准、设计文件的要求。

抽查射线检测底片的数量和部位至少满足以下要求：

(1) 抽查焊接接头检测底片数量不少于底片总数量的20%，并且包括每个施工单位施焊的焊接接头；

(2) 抽查穿跨越段和返修部位底片数量不少于相应穿跨越段和返修部位底片总数量的50%；

(3) 审查射线检测底片质量和缺陷评定质量，当发现评片质量不符合相关标准和设计文件的要求时，应当增加底片的抽查比例。

C2.8.6　射线检测现场抽查(B类)

监检机构应当现场对压力管道焊接接头进行射线检测抽查，检测结果是否符合安全技术规范以及相关标准、设计文件的要求。

抽查数量和部位至少满足以下要求：

(1) 抽查比例不少于焊接接头总数量的2‰，并且不少于2个焊接接头，其中包括每个施工单位施焊和检测机构检测的焊接接头；

(2) 抽查结果不合格时，应当对同一施工单位以及无损检测机构负责范围内的焊接接头加倍现场检测抽查。

C2.9　防腐、保温(C类)

(1) 抽查管道防腐以及保温材料质量证明文件是否符合相关标准和设计文件的要求；

(2) 抽查管道防腐、补口、补伤以及保温质量记录是否符合相关标准和设计文件的要求；

(3) 抽查管道下沟前防腐层电火花检测，牺牲阳极、外加电流阴极保护质量记录(报告)是否符合相关标准和设计文件的要求；

(4) 抽查静电接地施工、检查记录(报告)是否符合安全技术规范以及相关标准、设计文件的要求。

C2.10　穿跨越工程(C类)

(1) 抽查穿跨越工程的管道结构、焊缝布置施工检查记录是否符合相关标准和设计文件的要求；

(2) 抽查穿跨越工程施工、检查记录(报告)是否符合相关标准和设计文件的要求；

(3) 抽查套管防腐绝缘检查记录(报告)是否符合相关标准和设计文件的要求；

(4) 抽查绝缘支撑检查记录(报告)是否符合相关标准和设计文件的要求。

C2.11　安全附件

(1) 抽查安全阀、紧急切断阀的安装位置、规格和型号是否符合设计文件的要求(B类)；

(2) 抽查安全阀校验报告，检查整定压力、回座压力以及密封试验压力是否符合安全技术规范以及相关标准、设计文件的要求(C类)；

(3) 抽查紧急切断阀性能测试报告，检查其性能是否符合安全技术规范以及设计文件的要求(C类)。

C2.12　耐压试验(A类)

(1) 审查耐压试验方案是否符合安全技术规范以及相关标准、设计文件、质量保证体系文件的要求；

（2）检查压力表的直径、量程、精度、检定有效期，试验介质、介质温度、试验环境温度是否符合安全技术规范以及相关标准、设计文件、试验方案的要求；

（3）现场确认耐压试验压力以及保压时间，耐压试验结果是否符合安全技术规范以及相关标准、设计文件的要求；

（4）审查试验记录、报告是否符合安全技术规范以及相关标准、设计文件的要求。

C2.13　泄漏试验

（1）抽查压力表的直径、量程、精度、检定有效期，试验介质、介质温度、试验环境温度、试验压力是否符合安全技术规范以及相关标准、设计文件、试验方案的要求（B类）；

（2）抽查泄漏试验方法和试验报告是否符合安全技术规范以及相关标准、设计文件的要求（C类）。

C2.14　干燥与置换（C类）

抽查试验后管道干燥、介质置换记录内容是否符合相关标准、设计文件的要求。

附件 D

工业管道施工监督检验专项要求

D1　适用范围

适用于《特种设备目录》范围内工业管道(注 D-1)的施工监检。

工业管道施工监检的范围，还包括安装单位在施工现场进行预制管道的焊接、热处理、安装、防腐、检查、检测、试验。

注 D-1：不包括《锅炉安全技术监察规程》(TSG G0001)中锅炉范围内管道。

D2　监检项目与要求

D2.1　受检单位资质(C 类)

审查设计单位、施工单位和无损检测机构是否具备相应许可(核准)资质。

D2.2　设计文件(C 类)

抽查设计文件，审查包括以下内容：

(1) 设计文件的批准程序是否符合安全技术规范以及质量保证体系文件的要求；

(2) 施工图是否按照质量保证体系文件的规定进行审查；

(3) 强度计算书、管道应力分析计算书的审批手续是否齐全；

(4) 设计变更(含材料代用)是否有设计单位的书面批准文件；

(5) 设计采用的安全技术规范以及相关标准、压力管道元件的材料标准是否为有效版本；

(6) 设计文件上注明的无损检测、防腐、耐压试验和泄漏试验要求是否符合安全技术规范以及相关标准的要求。

D2.3　施工组织设计(C 类)

审查施工组织设计是否符合安全技术规范以及设计文件的要求，批准程序是否符合质量保证体系文件的要求。

D2.4　材料

材料包括压力管道元件和安全附件等。

D2.4.1　材料验收

(1) 抽查供货方提供的压力管道元件以及安全附件制造单位的许可资质是否符合安全技术规范的要求(C 类)；

(2) 实施制造监检的压力管道元件，抽查监检证书是否齐全；有型式试验要求的，抽查型式试验报告(证书)是否符合安全技术规范以及相关标准的要求(C 类)；

(3) 安全技术规范没有制造许可、型式试验、制造监检要求的其他管道组成件，审查光谱分析、硬度、金相、无损检测和耐压试验等报告，必要时可进行现场抽查复验是否符合相应标准和设计文件的要求(C/B 类)；

(4) 境外制造的压力管道元件以及安全附件，审查其是否按照安全技术规范要求取得型式试验证书，其制造单位是否取得相应的制造许可资质(C 类)；

(5) 抽查压力管道元件以及安全附件产品质量证明文件原件或者复印件，其内容是否符合设计文件规定的材料验收标准及其提出的特殊要求；复印件应当加盖经营单位公章和经办负责人章(C 类)；

(6) 抽查压力管道元件以及安全附件产品验收的见证资料是否符合质量保证体系文件的要求(C 类)；

(7) 需要进行材料复验、无损检测的，抽查材料复验报告、无损检测报告的批准手续是否符合质量保证体系文件的规定，其试验项目、验收要求和结果是否符合安全技术规范以及相关标准、设计文件的要求(C类)；

(8) 受检单位使用境外牌号材料制造压力管道元件以及安全附件的，审查所使用的境外牌号材料是否符合安全技术规范以及相关标准的要求(C类)；

(9) 使用要求技术评审的材料制造压力管道元件以及安全附件的，审查材料是否通过了技术评审，并且已经履行了相应的批准手续(C类)。

D2.4.2 材料标志移植(B类)

现场抽查压力管道管子、管件标志移植，当压力管道元件用材料包含特殊材料时，应当对所有种类的特殊材料进行抽查。

D2.4.3 材料代用(C类)

施工过程中存在材料代用时，审查是否有设计单位的书面批准文件。

D2.5 阀门(C类)

审查阀门的施工资料和耐压试验记录(报告)是否符合相关标准和设计文件的要求。

D2.6 焊接

D2.6.1 焊工(B类)

核查现场施焊的焊工资格证及其持证合格项目是否符合安全技术规范以及焊接工艺文件的规定。

D2.6.2 焊接工艺文件(C类)

审查焊接工艺评定报告、焊接作业指导书等焊接工艺文件是否符合安全技术规范以及相关标准的要求，批准程序是否符合质量保证体系文件的要求。

D2.6.3 焊接材料

(1) 抽查焊接材料的质量证明文件是否符合相关材料标准和设计文件的要求(C类)；

(2) 抽查焊接材料的验收、保管、发放、使用、回收的管理是否符合质量保证体系文件的要求(B类)。

D2.6.4 组对(C类)

抽查管道组对记录和检查记录是否符合相关标准和设计文件的要求。

D2.6.5 施焊(B类)

(1) 抽查实际施焊参数、施焊记录、焊缝标识是否符合焊接工艺文件的要求；

(2) 抽查焊接接头外观质量是否符合安全技术规范以及相关标准、设计文件的要求；抽查数量，GC1级管道不少于每个施工机组焊接接头总数的5%，其他管道不少于每个施工机组焊接接头总数的2%。

D2.6.6 焊缝返修(C类)

抽查焊缝返修工艺以及返修审批手续、返修检查检测记录(报告)是否符合安全技术规范以及设计文件、质量保证体系文件的要求。

D2.7 热处理(C类)

(1) 审查焊接接头焊后热处理工艺文件，其内容是否符合安全技术规范以及相关标准要求，批准程序是否符合质量保证体系文件的要求；

(2) 抽查热处理设备用测温记录仪表是否符合计量检定要求；

(3) 抽查热处理记录、报告曲线、硬度检测报告是否符合安全技术规范以及设计文件、热处理工艺的要求。

D2.8 无损检测

D2.8.1 一般要求

(1) 检查无损检测机构是否能够在施工现场有效实施质量保证体系(B类)；

(2) 审查无损检测机构是否按照相关标准的要求制定了检测方案(C类)；

(3) 抽查无损检测机构在检测过程中发现问题的处理是否符合安全技术规范以及相关标准、质量保证体系文件的要求(C类)。

D2.8.2 无损检测人员(B类)

核查现场作业的无损检测人员资格证、执业注册证及其持证合格项目是否有效并且满足要求，是否与现场公示的一致。

D2.8.3 无损检测工艺文件(C类)

审查无损检测工艺文件是否符合安全技术规范以及相关标准的要求，批准程序是否符合质量保证体系文件的要求。

D2.8.4 无损检测记录、报告(C类)

抽查无损检测记录、报告，其无损检测时机、比例、位置、执行的标准和合格级别是否符合安全技术规范以及相关标准、设计文件的要求。

D2.8.5 射线检测底片(B类)

抽查并且记录射线检测底片(采用数字射线检测的，为数字图像，下同)是否符合安全技术规范以及相关标准、设计文件的要求。

抽查射线检测底片的数量和部位至少满足以下要求：

(1)抽查焊接接头检测底片数量不少于底片总数量的5%，并且包括每个施工单位施焊的焊接接头，其中包括固定焊焊接接头和返修部位；

(2)审查射线检测底片质量和缺陷评定质量，当发现评片质量不符合相关标准和设计文件的要求时，应当增加底片的抽查比例。

D2.8.6 射线检测现场抽查(B类)

监检机构应当现场对压力管道焊接接头进行射线检测抽查，检测结果是否符合安全技术规范以及相关标准、设计文件的要求。

抽查数量和部位至少满足以下要求：

(1)抽查比例不少于焊接接头总数量的1‰，并且不少于2个焊接接头，其中包括每个施工单位施焊和检测机构检测的焊接接头；

(2)抽查结果不合格时，应当对同一施工单位以及无损检测机构负责范围内的焊接接头加倍现场检测抽查。

D2.9 防腐、保温(C类)

(1)抽查管道防腐以及保温材料质量证明文件是否符合相关标准和设计文件的要求；

(2)抽查管道防腐、补口、补伤以及保温质量记录是否符合相关标准和设计文件的要求；

(3)抽查管道下沟前防腐层电火花检测，牺牲阳极、外加电流阴极保护质量记录(报告)是否符合相关标准和设计文件的要求；

(4)抽查静电接地施工、检查记录(报告)是否符合安全技术规范以及相关标准、设计文件的要求。

D2.10 穿跨越工程(C类)

(1)抽查穿跨越工程的管道结构、焊缝布置施工检查记录是否符合相关标准和设计文件的要求；

(2)抽查穿跨越工程施工、检查记录(报告)是否符合相关标准和设计文件的要求；

(3)抽查套管防腐绝缘检查记录(报告)是否符合相关标准和设计文件的要求；

(4)抽查绝缘支撑检查记录(报告)是否符合相关标准和设计文件的要求。

D2.11 现场制作(预制)与安装

(1)抽查现场预制管道的焊接、焊后热处理质量(B类)；

(2)抽查管道布管与连接方式、穿跨越、补偿装置、支撑件的检查试验记录(报告)是否符合安全技术规范以及相关标准、设计文件的要求(C/B类)。

D2.12 安全附件

(1)抽查安全阀、爆破片装置和紧急切断阀的安装位置、规格和型号是否符合设计文件的要

求(B 类);

(2) 抽查安全阀校验报告，检查整定压力、回座压力以及密封试验压力是否符合安全技术规范以及设计文件的要求(C 类);

(3) 抽查紧急切断阀性能测试报告，检查其性能是否符合安全技术规范以及设计文件的要求(C 类)。

D2.13 耐压试验与替代性试验

D2.13.1 耐压试验(A 类)

(1) 审查耐压试验方案是否符合安全技术规范以及相关标准、设计文件、质量保证体系文件的要求;

(2) 检查压力表的直径、量程、精度、检定有效期，试验介质、介质温度、试验环境温度是否符合安全技术规范以及相关标准、设计文件、试验方案的要求;

(3) 现场确认耐压试验压力以及保压时间，耐压试验结果是否符合安全技术规范以及相关标准、设计文件的要求;

(4) 审查试验记录(报告)是否符合安全技术规范以及相关标准、设计文件的要求。

D2.13.2 替代性试验(A 类)

现场条件不允许使用液体、气体介质进行耐压试验时，审查和现场监督以下替代性试验相关内容:

(1) 审查是否依据安全技术规范以及相关标准、设计文件的要求进行管道系统的柔性(应力)分析;

(2) 现场检查替代性试验的过程，试验介质、介质温度、试验环境温度、试验压力、保压时间和试验结果是否符合安全技术规范以及相关标准、设计文件的要求;

(3) 审查不少于焊接接头总数 50%的无损检测报告和底片。

D2.14 泄漏试验

(1) 抽查压力表的直径、量程、精度、检定有效期，试验介质、介质温度、试验环境温度、试验压力是否符合安全技术规范以及相关标准、设计文件、试验方案的要求(B 类);

(2) 抽查泄漏试验方法和试验报告是否符合安全技术规范以及相关标准、设计文件的要求(C 类)。

D2.15 吹扫、清洗(C 类)

抽查耐压试验后的吹扫或者清洗记录内容是否符合安全技术规范以及设计文件的要求。

附件 E

特种设备监督检验证书
(压力管道元件制造)

证书编号：

制造单位			
许可证编号			
产品类别		产品品种	
产品名称		产品编号	
产品型号(规格)		产品标准	
产品批号/数量	/	制造日期	年 月 日

按照《中华人民共和国特种设备安全法》《特种设备安全监察条例》的规定，该台(批)产品经本机构实施监督检验，安全性能符合(有关安全技术规范或者规范性文件)的要求，特发此证书。

监督检验人员： 日期：

审核： 日期：

批准： 日期：

监督检验机构： (监督检验机构检验专用章)

年 月 日

监督检验机构核准证编号：

注：本证书一式三份，一份监督检验机构存档，两份送制造单位，其中一份由制造单位随产品出厂资料交付。

特种设备监督检验证书
（压力管道安装、改造和重大修理）

证书编号：

工程名称			
工程地址			
工程总投资	万元	压力管道级别	
开工日期		交工日期	
建设单位			
设计单位		许可证编号	
施工单位		许可证编号	
检测机构		核准证编号	
监督检验受理文号			
监督检验起止日期			

按照《中华人民共和国特种设备安全法》《特种设备安全监察条例》的规定，该压力管道的施工经本机构实施监督检验，安全性能符合<u>（有关安全技术规范或者规范性文件）</u>的要求，特发此证书。

附：1. 压力管道数据表
2. 压力管道监督检验报告

监督检验人员：　　　　日期：

审核：　　　　日期：

批准：　　　　日期：

监督检验机构：　　　　（监督检验机构检验专用章）

年　月　日

监督检验机构核准证编号：

注：本证书一式三份，一份监督检验机构存档，两份送交施工单位，其中一份由施工单位随竣工资料交付建设单位。

附表 e

压力管道数据表

证书编号：

序号	管道名称	管道编号	管道级别	材质	介质	管道规格			起止点		设计条件		工作条件		备注（图号）
						公称直径（mm）	公称壁厚（mm）	管道长度（m）	起点	终点	温度（℃）	压力（MPa）	温度（℃）	压力（MPa）	

注：本表作为《压力管道监督检验证书(压力管道安装、改造和重大修理)》的附表。

附件 F

特种设备监督检验意见通知书(1)

编号：

施工类别	（安装、改造、重大修理）	工程名称	
建设单位			
施工单位			
管道名称	管道编号	竣工日期	监督检验结论意见

有关情况说明：

本通知书的有效期：　　　　年　月　日止

监督检验人员：　　　　日期：　　　　（监督检验机构检验专用章或者公章）

年　月　日

施工单位主管负责人：　　　　日期：

建设单位项目负责人：　　　　日期：

注：本通知书只用于施工监督检验结论符合要求，是在监督检验报告出具前对检验结果出具的有效结论意见。一式三份，一份监督检验机构存档，施工单位、建设单位各一份，本通知在有效期内有效。

特种设备监督检验意见通知书(2)

编号：

______(受检单位名称)______：

经监督检验，发现你单位在(产品名称、产品批号或者编号/施工工程名称)的压力管道(制造/施工)过程中，存在以下影响安全性能的问题，请于______年___月___日前将处理结果报送监督检验机构。

<table>
<tr><td>问题和意见：(相关证实性材料、记录、报告附后)

监督检验人员：　　　　日期：
监督检验机构技术负责人：　　　　日期：　　　　(监督检验机构检验专用章或者公章)
年　月　日
受检单位接收人：　　　　日期：</td></tr>
<tr><td>处理结果：

受检单位主管负责人：　　　　日期：　　　　(受检单位公章)
年　月　日
建设单位项目负责人：　　　　日期：　　　　(建设单位公章)
年　月　日</td></tr>
<tr><td>整改结果的确认：[包括确认方法，如制造(施工)技术和质量资料确认、现场检查确认、其他方法；相关证实性材料、记录、报告可附后]

监督检验人员：　　　　日期：</td></tr>
</table>

注：本通知书一份监督检验机构存档；两份送交受检单位，其中一份按照要求的日期返回监督检验机构，确认后存档；对于压力管道施工监检，还应当一份报接受告知的特种设备安全监管部门，一份送交建设单位。

附件 G

质量保证体系实施状况评价

G1 基本要求

监检机构根据监检人员在监检过程中发现的制造(施工)单位资源条件变化情况、质量保证体系的保持和改进情况、许可制度的执行情况和发现的问题及其处理情况，对其单位的质量保证体系实施状况进行评价。

压力管道元件制造监检，每年至少进行一次质量保证体系实施情况评价；压力管道施工监检，应当按照工程项目进行质量保证体系实施情况评价。

评价后，监检机构应当及时出具评价报告，评价报告应当送交压力管道元件制造(施工)单位。

G2 资源条件的变化情况

检查制造(施工)单位的管理人员、技术人员、检测人员、作业人员等人员条件，以及场地、厂房、办公场所、仓库等工作场所，生产设备、工艺设备、检测仪器、试验装置等设备设施，资源条件是否能够持续满足《特种设备生产和充装单位许可规则》的要求以及制造(施工)现场的实际需求，质量保证体系人员是否能够保持稳定，并且有效履行职责。

检查压力管道施工单位项目部的资源条件是否能够满足施工现场实际需求。

G3 质量保证体系的保持和改进

G3.1 质量体系文件

检查压力管道元件制造单位质量保证体系文件是否根据安全技术规范以及相关标准变更、生产实际及时进行修订，重点检查产品质量计划中控制点的设置是否齐全、合理。审查压力管道施工单位项目部质量保证体系控制要素的设置和质量保证措施的制定是否齐全、合理。

G3.2 文件和记录控制

检查文件的审核、批准、标识、发放、修改、回收、保管(方式、设施等)以及销毁是否按照质量保证体系文件的规定执行；检查安全技术规范以及标准等外来文件是否满足生产的需要，受控文件是否为有效版本；检查记录的填写、确认、收集、归档、保管与保管期限、销毁等方面的控制与质量保证体系文件的符合性。

G3.3 受委托(分包)方控制

检查对理化、热处理、无损检测等受委托(分包)方的评价和管理与质量保证体系文件的符合性。

G3.4 设备设施控制

检查制造(施工)单位所使用的主要生产设备、工艺设备、检测仪器、试验装置等设备设施的控制与质量保证体系文件的符合性。

G3.5 不合格品(项)控制

检查不合格品(项)的控制与质量保证体系文件的符合性。

G3.6 人员培训、考核及管理

检查质量保证体系人员、检测人员、作业人员等对产品或者施工质量有重要影响的人员继续教育和持证情况。

G3.7 质量改进与服务控制

检查质量信息的处理、客户投诉的处置、内部审核和管理评审与质量保证体系文件的符合性。

G4　执行特种设备许可制度

产品有许可要求时，检查特种设备许可制度的执行和许可证的使用管理与安全技术规范的符合性。

G5　监检过程中发现的问题及处理

检查《特种设备监督检验联络单》《特种设备监督检验意见通知书》(2)的处理与质量保证体系文件的符合性，处理结果与安全技术规范以及相关标准、设计文件规定的符合性。

附件 H

特种设备监督检验联络单

编号：

____(受检单位名称)___________________：

经监督检验，发现你单位在(产品名称、产品批号或者编号/施工工程名称)的压力管道(制造/施工)过程中，存在以下影响安全性能的问题，请于________年____月____日前将处理结果报送监督检验机构。

问题和意见：(相关证实性材料、记录、报告附后)   监督检验人员：　　　　　　日期： 受检单位接收人：　　　　　　日期：
处理结果：(相关证实性材料、记录、报告附后)   受检单位项目负责人：　　　　　　日期： 建设单位项目负责人：　　　　　　日期：
整改结果的确认：[包括确认方法，如制造(施工)技术和质量资料确认、现场检查确认、其他方法；相关证实性材料、记录、报告可附后] 监督检验人员：　　　　　　日期：

注：本联络单一份监督检验机构存档；两份送交受检单位，其中一份按照要求的日期返回监督检验机构，确认后存档；对于压力管道施工监检，还应当一份送交建设单位。

相关规章和规范历次制(修)订情况

1.《压力管道安装安全质量监督检验规则》(原质检总局，国质检锅〔2002〕83 号，2002 年 3 月 21 日颁布，2002 年 3 月 21 日实施)。

2.《压力管道元件制造监督检验规则(埋弧焊钢管与聚乙烯管)》(TSG D7001—2005，原质检总局，国家质检总局公告 2005 年第 160 号，2005 年 11 月 8 日颁布，2006 年 1 月 1 日实施)。

3.《压力管道元件制造监督检验规则》(TSG D7001—2013，原质检总局，国家质检总局公告 2013 年第 10 号，2013 年 1 月 16 日颁布，2013 年 7 月 1 日实施)。2013 年 6 月 13 日，质检总局办公厅下发了“关于暂缓实施《压力管道元件制造监督检验规则》的通知”(质检办特函〔2013〕583 号)。

TSG 特种设备安全技术规范　　　　TSG ZF001—2006

安全阀安全技术监察规程

Safety Technical Supervision Regulations for Safety Valves

中华人民共和国国家质量监督检验检疫总局颁布

2006 年 10 月 27 日

目　录

安全阀安全技术监察规程

第一条 为了保证锅炉、压力容器和压力管道的安全运行，根据《特种设备安全监察条例》(以下简称《条例》)的有关规定，制定本规程。

第二条 本规程适用于《条例》所规定的锅炉、压力容器和压力管道等设备(以下简称设备)上所用的最高工作压力大于或者等于0.02MPa的安全阀。

安全阀有关的术语见附件A。

第三条 安全阀的材料、设计、制造、检验、安装、使用、校验和维修等，应当严格执行本规程。

安全阀的安全技术要求见附件B。

第四条 安全阀制造单位应当取得《特种设备制造许可证》。国家质量监督检验检疫总局(以下简称国家质检总局)统一管理境内、外安全阀制造许可工作，并且颁发特种设备制造许可证，制造许可证的有效期为4年。获得《特种设备制造许可证》的制造单位，应当按照TSG D2001—2006《压力管道元件制造许可规则》附件B的要求在其制造的产品上使用“许可标记”和许可证号。

安全阀制造许可分为A，B两级，国家质检总局具体负责境外及境内A级许可申请的受理和审批；国家质检总局委托省、自治区、直辖市质量技术监督局《以下简称省级质量技术监督部门)负责其辖区内B级许可申请的受理和审批。

安全阀制造许可程序包括申请、受理、产品试制、型式试验、鉴定评审、审批、发证等。具体许可程序按照有关规定进行。试制产品应当是代表其所申请级别的最高规格的产品。

安全阀制造许可条件见附件C。安全阀部件有制造许可要求的，应当按照相应安全技术规范的要求取得《特种设备制造许可证》。

第五条 安全阀有以下情况之一的，应当进行产品试制并且通过型式试验；

(一) 新产品投产前或者停止生产1年以上又重新生产；

(二) 产品的结构、工艺等方面有重大改变影响安全性能；

(三) 制造许可要求；

(四) 产品安全性能存在问题，省级以上质量技术监督部门要求。

安全阀的型式试验内容和要求见附件D。

第六条 安全阀制造单位许可申请被受理后，应当按照鉴定评审和型式试验要求的规格与数量试制产品，并且按照附件D的要求，约请国家质检总局公布的安全阀型式试验机构进行产品型式试验。

安全阀型式试验程序包括约请与受理、设计审查、抽样、检验与试验、出具型式试验报告和型式试验证书。

第七条 从事使用中的安全阀校验的单位应当具有与校验工作相适应的校验技术负责人、技术人员，以及校验装置、仪器和场地。

具备条件的安全阀使用单位，可以自行进行安全阀的校验工作。没有校验能力的使用单位，可以委托有安全阀校验资格的检验检测机构进行。

进行在用设备检验，安全阀使用单位自行进行安全阀校验时，应当将校验报告提交负责该设备检验的检验检测机构。

从事使用中的安全阀的运行维护、拆卸检修、校验工作的人员应当取得《特种设备作业人员证》。

安全阀校验方法见附件E、附件F、附件G。

第八条 本规程由国家质检总局负责解释。

第九条 本规程自2007年1月1日起施行。

附件A

术　语

A1　安全阀

一种自动阀门，它不借助任何外力而利用介质本身的力来排出一额定数量的流体，以防止压力超过额定的安全值。当压力恢复正常后，阀门再行关闭并阻止介质继续流出。

A2　直接载荷式安全阀

一种仅靠直接的机械加载装置如重锤、杠杆加重锤或弹簧来克服由阀瓣下介质压力所产生作用力的安全阀。

A3　平衡式安全阀

一种采取措施将背压对动作特性(整定压力、回座压力以及排量)的影响降低到最小限度的安全阀。

A4　先导式安全阀

一种依靠从导阀排出介质来驱动或控制的安全阀，该导阀本身应是一种直接载荷式安全阀。

A5　带动力辅助装置的安全阀

该安全阀借助一个动力辅助装置(例如：气压、液压、电磁等)，可以在压力低于正常整定压力时开启。

A6　整定压力

安全阀在运行条件下开始开启的预定压力，是在阀门进口处测量的表压力。在该压力下，在规定的运行条件下由介质压力产生的使阀门开启的力同使阀瓣保持在阀座上的力相互平衡。

A7　整定压力偏差

安全阀多次开启，其整定压力的偏差值。

A8　冷态试验差压力

安全阀在试验台上调整到开始开启时的进口静压力。该压力包含了对背压力及温度等运行条件所做的修正。

A9　排放压力

整定压力加超过压力。

A10　额定排放压力

有关标准或者规范规定的排放压力上限值。

A11　超过压力

超过安全阀整定压力的压力增量，通常用整定压力的百分数表示。

A12　回座压力

安全阀排放后其阀瓣重新与阀座接触，即开启高度变为零时的进口静压力。

A13　启闭压差

整定压力与回座压力之差。通常用整定压力的百分数来表示；而当整定压力小于0.3MPa时，则以MPa为单位表示。

A14　背压力

安全阀排放出口处压力。它是排放背压力和附加背压力的总和。

A15　排放背压力

由于介质流经安全阀及排放系统而在阀出口处形成的压力。

A16　附加背压力

安全阀即将动作前在其出口处存在的静压力，是由其他压力源在排放系统中引起的。

A17　密封试验压力

进行密封试验时的进口压力，在该压力下测量通过阀瓣与阀座密封面间的泄漏率。

A18　开启高度

阀瓣离开关闭位置的实际升程。

A19　流道面积

阀进口端至关闭件密封面间流道的最小横截面积，用来计算无任何阻力影响时的理论流量。

A20　流道直径

对应于流道面积的直径。

A21　帘面积

当阀瓣在阀座上方升起时，在其密封面之间形成的圆柱面形或者圆锥面形通道面积。

A22　提升装置(扳手)

是手动开启安全阀的装置。它利用外力来降低使安全阀保持关闭的弹簧载荷。

A23　理论排量

流道横截面积与安全阀流道面积相等的理想喷管的计算排量，以质量流量或容积流量表示。

A24　排量系数

实际排量与理论排量的比值。

A25　额定排量系数

排量系数与减低系数(取0.9)的乘积。

A26　额定排量

实际排量中允许作为安全阀应用基准的那一部分。额定排量可以取以下三者之一：

(1) 实际排量乘以减低系数(取0.9)；
(2) 理论排量乘以排量系数，再乘以减低系数(取0.9)；
(3) 理论排量乘以额定排量系数。

A27　频跳

安全阀阀瓣快速异常地来回运动，运动中阀瓣接触阀座。

A28　颤振

安全阀阀瓣快速异常地来回运动，运动中阀瓣不接触阀座。

A29　卡阻

安全阀阀瓣在开启或者关闭中产生的卡涩现象。

附件 B

安全阀安全技术要求

B1　材料

B1.1　承压件及弹簧材料

安全阀的承压件及弹簧材料应当符合相关安全技术规范以及表 B-1 的要求。

表 B-1　安全阀主要材料标准

序号	标准号	标准名称
1	GB/T 699—1999	优质碳素结构钢
2	GB/T 1220—1992	不锈钢棒
3	GB/T 1221—1992	耐热钢棒
4	GB/T 1222—1984	弹簧钢
5	GB/T 3077—1999	合金结构钢
6	GB/T 4357—1989	碳素弹簧钢丝
7	GB/T 4423—1992	铜及铜合金拉制棒
8	GB/T 5218—1999	合金弹簧钢丝
9	GB/T 12225—2005	通用阀门　铜合金铸件技术条件
10	GB/T 12228—1989	通用阀门　碳素钢锻件技术条件
11	GB/T 12229—2005	通用阀门　碳素钢铸件技术条件
12	GB/T 12230—2005	通用阀门　不锈钢铸件技术条件
13	GB/T 13808—1992	铜及铜合金挤制棒
14	GB/T 15008—1994	耐蚀合金棒
15	GB/T 18983—2003	油淬火-回火弹簧钢丝
16	YB(T)11—1983	弹簧用不锈钢丝
17	TB/T 5103—1993	油淬火-回火碳素弹簧钢丝
18	TB/T 5104—1993	油淬火-回火硅锰合金弹簧钢丝
19	TB/T 5136—1993	阀门用铬钒弹簧钢丝
20	JB/T 5263——2005	电站阀门铸钢件技术条件
21	JB/T 7248—1994	阀门用低温钢铸件技术条件

采用未列入表 B-1 的材料时，应当有使用实例，经型式试验机构认可后，向国家质检总局备案。

安全阀的承压件材料，应当适应工作介质、最高操作压力、最高和最低操作温度，以便保证安全阀可靠运行。

用于安全阀的弹簧材料，其选取应当充分考虑工作介质和温度的影响，弹簧应当采用耐腐蚀材料或者在弹簧表面涂(镀)上一层耐腐蚀防锈材料；用于高温或低温场合的弹簧，应当充分考虑温度对弹簧变形量的影响以及弹簧材料的蠕变或冷脆性。

B1.2　阀瓣和阀座的材料

安全阀阀瓣和阀座的材料必须能够抗冲击、耐腐蚀，不允许采用铸铁材料。工艺参数较高的安全阀，其密封表面推荐采用较硬的耐蚀材料。

B1.3 导向表面材料

安全阀的导向表面材料（包括导套与反冲盘、导套与衬套之间的表面）应当采用耐腐蚀材料，而且表面应当能够耐磨，并且具有一定的硬度，能够防止卡阻。

B1.4 焊接连接的零件材料

安全阀中采用焊接连接的零件材料的含碳量应当不大于0.25%。

B2 结构与设计

B2.1 安全阀的性能

安全阀的性能应当符合本规程及其相应的国家标准或者行业标准（以下简称相应标准）的有关要求。直接采用国外标准时，应当将标准原文及其中译文报国家质检总局备案。

B2.2 安全阀进出口公称通径

安全阀进出口公称通径应当符合相应标准。

液体安全阀的公称通径至少为15mm。

B2.3 安全阀的公称压力

安全阀的公称压力应当按照相应标准，依据阀门材质、工作温度和整定压力进行选取。

B2.4 提升装置（扳手）

用于蒸汽或者高温热水系统中的安全阀，应当为直接载荷式，并且应当装有可靠的提升装置（扳手）。

设计规定安全阀设置提升装置（扳手）的，当安全阀进口压力大于整定压力75%时，提升装置应当能够将阀瓣从阀座上提起，而除去外力后提升装置不应当卡住，阀瓣应当能够顺利回座。

B2.5 防止重锤自行移动的装置

重锤式安全阀应当有防止重锤自行移动的装置。

B2.6 动力源和电源接口

带动力辅助装置安全阀必须有可靠的动力源和电源接口。

B2.7 阀座的固定

安全阀的阀座应当可靠固定在阀体上，不得松动。

B2.8 导向机构

为了确保安全阀动作可靠和密封性，安全阀应当设有运动零件的导向机构，导向机构要考虑热胀冷缩等温度因素。

B2.9 螺纹连接

进出口采用螺纹连接的安全阀，应当考虑拧紧螺纹所用扳手的工作面，以免正常安装时损坏安全阀零件。

B2.10 焊接工艺评定

安全阀阀体采用焊接连接、密封面采用堆焊合金材料时，应当对其进行焊接工艺评定。

B2.11 防松装置

为了防止调整弹簧压缩量的机构（例如调整螺钉）松动，以及随意改变已经调整好的状态，安全阀必须设置防松装置。

B2.12 铅封

安全阀的外部调整机构均应当设有铅封部位，以便调试合格后进行铅封。拆卸、重装、调试后应当重新进行铅封。铅封应当是必须被破坏后才能进行调整的形式。

B2.13 排泄孔

安全阀阀体设计应当力求减少介质沉积污垢的影响。蒸汽和液体使用的安全阀需要在低于阀座密封面的集液最低部位设置排泄孔。

公称通径大于65mm的安全阀，其排泄孔直径不小于9.5mm；公称通径小于或者等于65mm的安全阀，其排泄孔直径不小于6.5mm。

B2.14 流通面积

安全阀的流通面积应当能够通过所需要的最大排放量。出口排放面积必须大于或者等于进口面积，且出口排放面积必须达到足够的要求，以防止排放背压影响安全阀的正常性能。

B2.15 弹簧

安全阀的弹簧应当符合以下要求：

（1）宜采用圆柱螺旋压缩弹簧；

（2）安全阀的结构能够防止排出的介质直接冲蚀弹簧，尤其是热的腐蚀性流体；

（3）弹簧设计能够保证在安全阀全开启时，弹簧的变形量等于弹簧最大变形量的20%~80%，弹簧设计的最大切应力不大于许用切应力的80%。

B2.16 波纹管式安全阀的特殊要求

波纹管式安全阀还应当符合以下要求：

（1）阀盖应当设置一个泄出孔，以保证波纹管内腔与大气相通，对于可燃的或者腐蚀性介质，该泄出孔用管子连接到安全场地，以防止波纹管破损后介质外泄造成危险；

（2）波纹管的设计能够承受安全阀的最大出口背压，材质选取要适应工作介质和温度。

B2.17 设计文件

B2.17.1 设计文件内容

安全阀设计文件的编制应当符合本规程及其相应标准。编制设计文件时，应当考虑到保证安全阀正常运行以及达到其最佳参数。设计文件至少包括以下内容：

（1）设计任务书；

（2）计算书；

（3）总图及其零部件图；

（4）安装及其使用维护、校验说明资料。

B2.17.2 设计任务书

至少包括以下内容：

（1）安全阀类型；

（2）安全阀制造标准（如采用企业标准，应当经过型式试验机构审查）；

（3）安全阀材质；

（4）安全阀使用条件（介质、压力、温度等）；

（5）安全阀检验、试验和验收标准。

B2.17.3 总图

安全阀总图包括主视图和必要的侧视图、细节详图，并且至少包括以下内容：

（1）安全阀设计、制造和验收的规程或者相应标准；

（2）安全阀型号；

（3）安全阀公称压力（压力级）；

（4）整定压力；

（5）背压值；

（6）工作介质；

（7）工作温度；

（8）流道直径；

（9）开启高度；

（10）额定排放压力；

（11）启闭压差（或者回座压力）；

（12）导向机构；

(13) 安全阀公称通径；

(14) 安装尺寸及最大外形尺寸；

(15) 零部件清单及其材质。

安全阀总图应当有设计、审核、批准人员的签字。

B3 制造

B3.1 一般要求

B3.1.1 原材料及半成品

原材料以及半成品应当符合图纸或者技术文件所要求的相应标准，并附有质量证明文件。

B3.1.2 零部件加工

安全阀的零部件加工必须符合设计文件要求。安全阀的零部件加二、装配、试验，必须编制工艺规程(工艺卡)，并有质量跟踪记录。

铸件内外表面应当光洁，无锈蚀、氧化皮脱落等。

B3.1.3 弹簧

B3.1.3.1 节距

弹簧各圈之间的节距要均匀。

B3.1.3.2 强压处理

为了保证弹簧长期工作时的稳定，弹簧应当进行强压处理(加温强压处理)，并且符合以下要求：

(1) 弹簧在室温下从自由高度压到并圈高度 3 次后，停放 10min，检测其自由高度的残余变形量，不得大于自由高度的 0.5%；

(2) 同规格、同一热处理炉的弹簧，测定规定负荷下的变形量(或者刚度)，其偏差不得大于 10%。

B3.1.3.3 宏观质量

弹簧不允许存在裂纹、发纹、夹杂或者其他影响使用的缺陷，必要时应当进行无损检测。

B3.1.3.4 质量证明

弹簧制造单位应当逐件提供弹簧的性能测试报告、热处理报告及合格证。安全阀制造单位要求时，应当提供无损检测报告。弹簧入厂后必须逐件检测，验收合格后方可安装在安全阀上。

B3.1.4 金属波纹管

应当符合以下要求：

(1) 焊缝无裂纹、夹杂、气孔以及过烧等缺陷；

(2) 波纹管制造单位提供波纹管的质量证明文件。

B3.2 出厂检验

B3.2.1 检验项目

每台安全阀应当进行以下项目的出厂检验，每项出厂检验合格后方可出厂：

(1) 耐压(液压强度)试验以及封闭式安全阀出口侧的气密性试验；

(2) 整定压力调整；

(3) 密封试验；

(4) 制造单位与用户合同规定的检验项目。

B3.2.2 耐压(液压强度)试验

应当符合以下要求：

(1) 安全阀耐压(液压强度)试验在涂(喷)漆之前进行；

(2) 封闭安全阀阀座的密封面，对安全阀进口侧体腔进行耐压(液压强度)试验，最小试验压力为安全阀公称压力(压力级)的 1.5 倍；

(3) 对于向大气排放的安全阀或者仅在排放时产生背压力的安全阀，不要求在阀体出口排放侧

进行耐压(液压强度)试验;

(4) 当安全阀承受附加背压或者安装于封闭的排放系统时，则需要在阀体出口排放侧部位进行耐压(液压强度)试验，试验压力为最大背压力的1.5倍;

(5) 耐压(液压强度)试验持续时间按GB/T 12241—2005《安全阀　一般要求》的规定，并且对阀体(盖)各表面和连接处进行宏观检查。如果试验过程中没有出现变形、裂缝与泄漏等现象，则表明耐压(液压强度)试验合格。

B3.2.3　气密性试验

对于封闭式安全阀，整体组装后，应当进行气密性试验。气密性试验应当符合以下要求:

(1) 试验只在阀体出口排放侧部位进行，压力为最大背压力，并且不小于0.2MPa;

(2) 试验持续时间3min，不允许泄漏;

(3) 试验时要注意安全，达到试验压力一定时间后再进行气密性检查。

B3.2.4　整定压力的调整

应当符合以下要求:

(1) 调整在专用的试验台上进行，所采用的试验介质流体应当符合B3.2.6的规定;

(2) 调整至少要连续进行3次，所测出的数值偏差不超过整定压力的±3%或者相关安全技术规范的规定;

(3) 在试验台上进行调整时，需要考虑到背压以及温度影响的修正。

B3.2.5　密封试验

安全阀在整定压力调整完成后进行安全阀阀瓣与阀座间的密封试验。密封试验应当符合以下要求:

(1) 试验介质流体符合B3.2.6的规定;

(2) 空气或者其他气体用安全阀的密封试验方法见附件F，液体(水)、蒸汽用安全阀的密封试验方法见GB/T 12243—2005《弹簧直接载荷式安全阀》;

(3) 对于封闭式安全阀进行密封试验时，需要安装阀帽等有关零件;

(4) 密封试验要求应当符合GB/T 12243的规定。

B3.2.6　试验介质

安全阀试验所用的试验介质流体及其要求如下:

(1) 用于蒸汽的安全阀，其试验应当用蒸汽进行，当试验装置能力有限时，可以用空气代替进行试验，但应当在运行装置(设备)上进行调试;

(2) 用于空气或者其他气体的安全阀，其试验可以用空气进行，储存空气的储罐容积应当不小于$1m^3$;

(3) 用于液体的安全阀，其试验可以用水进行。

用水进行安全阀试验合格后，应当采用气吹或者烘干的方法将水清除;奥氏体不锈钢安全阀用水进行试验时，水中氯离子含量不得超过25mg/L。

B3.2.7　检验记录及报告

所有检验的原始数据应当归档，进行处理、计算后出具检验报告。

B3.3　试验装置

制造单位必须具备出厂检验内容的安全阀试验装置，并且应当符合以下要求:

(1) 试验装置能够满足安全阀设计参数和试验要求，试验能力不低于校验用装置;

(2) 试验装置所采用的测量仪表和设备，符合国家现行法规规定的计量要求，测量仪表和设备的测量范围与精度应当根据被测量数值及其允许误差进行选择，测量仪表和设备应当定期进行检定;

(3) 试验装置的压力测量仪表的误差不大于仪表量程的0.5%，被测压力在仪表量程的1/3至2/3范围内，测压点位置能够保证测得的是介质静压力;

（4）测定安全阀开启高度的仪表分辨率不低于0.02mm。

B3.4 标志

B3.4.1 标志内容

在安全阀铭牌上或者安全阀外表面至少有以下内容的明显标志，其中产品编号应当为阀体上的永久性标志：

（1）安全阀制造许可证编号及标志；

（2）制造单位名称；

（3）安全阀型号；

（4）制造日期及其产品编号；

（5）公称压力(压力级)；

（6）公称通径；

（7）流道直径或者流道面积；

（8）整定压力；

（9）阀体材料；

（10）额定排量系数或者对某一流体保证的额定排量。

B3.4.2 铭牌材料及其固定

铭牌应当用耐腐蚀材料制造，而且必须牢固固定在阀体或者阀盖外表面。

B3.4.3 出厂资料

每台安全阀交付用户时，制造单位必须随产品附带以下资料：

（1）质量证明文件；

（2）安全阀简图以及材料明细表；

（3）安装及其使用维护、校验说明书；

（4）制造单位与用户合同规定的有关文件。

B3.4.4 质量证明文件

安全阀质量证明文件至少包括以下内容：

（1）制造许可证编号；

（2）制造单位名称；

（3）产品名称；

（4）安全阀型号；

（5）产品编号；

（6）制造日期；

（7）公称通径；

（8）流道直径或者流道面积；

（9）公称压力(压力级)；

（10）整定压力(冷态试验差压力)；

（11）排放压力；

（12）开启高度；

（13）启闭压差(或者回座压力)；

（14）适用温度；

（15）适用介质；

（16）阀体材料；

（17）背压力(适用时)；

（18）额定排量系数或者某一流体保证的额定排量；

（19）制造依据的标准；

(20) 出厂检验报告;

(21) 其他特殊要求;

(22) 检查人员签章以及制造单位检验章。

B3.4.5 产品制造档案

每台安全阀出厂后，制造单位必须将以下资料归档备查：

(1) 图纸;

(2) 材料质量证明文件;

(3) 制造过程中的质量跟踪记录;

(4) 出厂检验报告。

B3.5 装运和保管

B3.5.1 装运

安全阀的装运应当符合以下要求：

(1) 安全阀出厂前，除法兰面以外的所有外表面都必须涂有油漆(耐腐蚀材料除外)，法兰面进行油封以防止腐蚀;

(2) 螺纹孔用保护塞封堵，临时用的堵塞能够同永久性的金属塞明显区分开;

(3) 安全阀的进出口法兰都加装堵盖保护，以防止装运中法兰面受到损伤，并且防止杂物进入;

(4) 安全阀用箱包装，运输中能够始终保护竖直状态，并且不晃动，严禁推倒搬运。

B3.5.2 保管

安全阀的保管条件应当符合以下要求：

(1) 安全阀在室内竖直存放，进出口以及通气孔用堵盖封堵;

(2) 环境气氛中不含有能够引起安全阀腐蚀的有害气体。

B4 安装

B4.1 安装位置

安全阀的安装位置应当符合以下要求：

(1) 在设备或者管道上的安全阀竖直安装;

(2) 一般安装在靠近被保护设备，安装位置易于维修和检查;

(3) 蒸汽安全阀装在锅炉的锅筒、集箱的最高位置，或者装在被保护设备液面以上气相空间的最高处;

(4) 液体安全阀装在正常液面的下面。

B4.2 进出口管道

安全阀的进出口管道应当符合以下要求：

(1) 安全阀的进口管道直径不小于安全阀的进口直径，如果几个安全阀共用一条进口管道时，进口管道的截面积不小于这些安全阀的进口截面积总和;

(2) 安全阀的出口管道直径不小于安全阀的出口直径，安全阀的出口管道接向安全地点;

(3) 安全阀出口的排放管上如果装有消音器，必须有足够的流通面积，以防止安全阀排放时所产生的背压过高而影响安全阀的正常动作及其排放量;

(4) 安全阀的进出口管道一般不允许设置截断阀，必须设置截断阀时，需要加铅封，并且保证锁定在全开状态，截断阀的压力等级需要与安全阀进出口管道的压力等级一致，截断阀进出口的公称通径不小于安全阀进出口法兰的公称通径。

B4.3 安装前检查

安全阀安装前，应当进行宏观检查、整定压力和密封试验，有特殊要求时，还应当进行其他性能试验。

B5 使用

B5.1 选用

安全阀的选用应当符合以下要求：

(1) 安全阀适用于清洁、无颗粒、低黏度的流体；

(2) 全启式安全阀适用于排放气体、蒸汽或者液体介质，微启式安全阀一般适用于排放液体介质，排放有毒或者可燃性介质时必须选用封闭式安全阀。

B5.2 日常检修

安全阀在使用中应当按照以下要求做好日常检修和维护工作：

(1) 安全阀使用单位需要经常检查安全阀的密封性能及其与管路连接处的密封性能；

(2) 运行中安全阀开启后，需要检查其有无异常情况，并且进行记录；

(3) 如果运行中发现安全阀不正常(泄漏或者其他故障)时，需要及时进行检修或者更换；

(4) 锅炉运行中，安全阀需要定期进行手动排放试验，锅炉停止使用后又重新启用时，安全阀也需要进行手动排放试验。

B6 定期检查

B6.1 在线检查和检测

B6.1.1 在线检查和检测的含义与人员要求

在线检查和检测是指在在线状态下(安全阀安装在设备上受压或不受压状态下)对安全阀进行的检查和检测。从事在线检测的人员应当在设备操作、在线检测装置使用以及现场问题处理等方面受过专业培训并取得特种设备作业人员证书。

B6.1.2 检查内容

在线检查包括以下内容：

(1) 安全阀安装是否正确；

(2) 安全阀的资料是否齐全(铭牌、质量证明文件、安装号、校验记录及报告)；

(3) 安全阀外部调节机构的铅封是否完好；

(4) 有无影响安全阀正常功能的因素；

(5) 必须设置截断阀的情况时，其安全阀进口前和出口后的截断阀铅封是否完好并且处于正常开启位置；

(6) 安全阀有无泄漏；

(7) 安全阀外表有无腐蚀情况；

(8) 为波纹管设置的泄出孔应当敞开和清洁；

(9) 提升装置(扳手)动作有效，并且处于适当位置；

(10) 安全阀外部相关附件完整无损并且正常。

B6.1.3 检测方法

在线检测方法如下：

(1) 采用被保护系统及其压力进行试验；

(2) 采用其他压力源进行试验；

(3) 采用辅助开启装置进行试验。

B6.1.4 检测工作的基本要求

在线检测工作还应当符合以下基本要求：

(1) 在线检测前，对被检测的安全阀按 B6.1.2 进行检查；

(2) 在线检测时，检测单位制定切实可行的检测程序，并且做好各项物质准备和技术准备；

(3) 在线检测时，使用单位的主管技术人员必须到场，当发现有偏离正常操作状况的迹象时，必须立即停止并且及时采取措施，确保安全；

(4) 在线检测过程中必须注意防止高温、噪声以及介质泄漏对人员的伤害；

(5) 在线检测装置能够保证安全阀的基本性能要求；

(6) 做好在线检查和检测记录并且存档。

B6.2　离线检查

离线检查是指在离线状态下，将安全阀从设备上拆下，对安全阀进行的检查。

B6.2.1　离线检查条件

当出现以下情况时，应当进行安全阀的离线检查：

(1) 安全阀校验有效期已经到期；

(2) 在线运行时，安全阀出现故障或者性能不正常；

(3) 安全阀从被保护设备上拆卸。

B6.2.2　检查内容

离线检查的内容如下，其中(1)、(5)、(6)属于检查时需要做的拆卸、更换和装配工作：

(1) 从被保护设备上拆卸安全阀；

(2) 宏观检查；

(3) 检查整定压力；

(4) 分解安全阀，并且对零件进行清洗和检查；

(5) 零件的检修和更换；

(6) 重新装配安全阀；

(7) 调整整定压力；

(8) 检查阀座及其密封垫片的密封性；

(9) 完成必须的记录。

B6.2.3　检查工作基本要求

离线检查工作还应当符合以下基本要求：

(1) 在进行安全阀检查和维修前，其设备如果在运行状态，需要采取预防措施维持被保护设备的安全，并且采取措施防止阀体及其连接部件内残存的有毒、易燃介质造成事故；

(2) 离线检查前，必须获得每台安全阀自从上次检查后在线运行期间异常情况的记录；

(3) 每个从被保护设备上拆卸的安全阀，需要携带一个可以识别的标签，标明设备号、工位号、整定压力、最后一次校验日期；

(4) 安全阀拆卸下来时，必须做好计划以便尽量减少离线持续时间，并且在工艺管线上采取相应的安全措施。

B6.2.4　处理

安全阀有以下情况时，应当停止使用并且更换，其中有(1)至(5)项问题的安全阀应当予以报废：

(1) 阀瓣和阀座密封面损坏，已经无法修复；

(2) 导向零件锈蚀严重，已经无法修复；

(3) 调节圈锈蚀严重，已经无法进行调节；

(4) 弹簧腐蚀，已经无法使用；

(5) 附件不全而无法配置；

(6) 历史记录丢失；

(7) 选型不当。

B6.3　校验

B6.3.1　校验周期

安全阀的校验周期应当符合以下要求：

(1) 安全阀定期校验，一般每年至少一次，安全技术规范有相应规定的从其规定；

(2) 经解体、修理或更换部件的安全阀，应当重新进行校验。

B6.3.2　校验周期的延长

当符合以下基本条件时，安全阀校验周期可以适当延长，延长期限按照相应安全技术规范的规定：

（1）有清晰的历史纪录，能够说明被保护设备安全阀的可靠使用；

（2）被保护设备的运行工艺条件稳定；

（3）安全阀内件材料没有被腐蚀；

（4）安全阀在线检查和在线检测均符合使用要求；

（5）有完善的应急预案。

对生产需要长周期连续运转时间超过1年以上的设备，可以根据同类设备的实际使用情况和设备制造质量的可靠性以及生产操作采取的安全可靠措施等条件，并且符合本规程要求，可以适当延长安全阀校验周期。

B7　技术档案

安全阀的制造单位、使用单位、校验单位都应当建立安全阀技术档案。

B7.1　制造单位的档案

安全阀制造单位的技术档案内容按B3.4.5规定。

B7.2　使用单位的技术档案

安全阀使用单位的技术档案应当包括以下内容：

（1）安全阀制造单位的产品质量证明文件、安装及其使用维护、校验说明书；

（2）安全阀定期检查记录及报告；

（3）延期校验的批准文件；

（4）安全阀的日常使用状况和维护保养记录；

（5）安全阀运行故障和事故记录。

B7.3　维护、检修和校验单位的技术档案

安全阀维护、检修和校验单位的技术档案应当包括安全阀维护、检修记录和安全阀定期校验记录及报告。安全阀报废时，还应当有报废安全阀的有关记录档案。

附件 C

安全阀制造许可条件

C1 安全阀制造许可项目

见表 C-1。

表 C-1 安全阀制造许可项目

许可项目		代表产品的范围	产品限制范围
品种(名称)	级别		
安全阀	A1	各种安全阀	产品名称、规格
	A2	公称压力小于 10.0MPa 的各种安全阀	
	B	(1) 公称压力小于 1.6MPa，且工作温度高于或者等于-20℃的无毒非易燃气体(含蒸汽)介质用安全阀； (2) 最高工作温度小于或者等于沸点的液体介质用安全阀	

注：(1) A 级制造许可可以覆盖 B 级制造许可，A1 级制造许可可以覆盖 A2 级制造许可。

(2) 根据制造条件和提供的试制产品，可以限制某种安全阀的制造项目，如低于-20℃的低温安全阀等。

C2 安全阀制造许可条件

C2.1 法定资格

安全阀制造单位应当具有企业法人资格或者经制造所在地政府部门合法注册。

C2.2 注册资金和职工数

见表 C-2。

表 C-2 安全阀制造单位注册资金和职工数

注册资金和全职员工人数	许可级别		
	A1	A2	B
注册资金	≥300 万元	≥200 万元	≥100 万元
全职员工人数	≥60 人	≥40 人	≥30 人

C2.3 专业人员

C2.3.1 质量控制系统责任人员

安全阀制造单位应当设置设计、工艺、材料、理化、焊接、无损检测、热处理、检验等质量控制系统责任人员。

C2.3.2 技术人员

见表 C-3。

表 C-3 技术人员比例和专业

技术人员比例及专业	许可级别		
	A1	A2	B
人员比例	≥总人员数的 10%	≥总人员数的 8%	≥总人员数的 6%
人员专业	化工机械、流体、机械相关的专业人员不少于 3 人	化工机械、流体、机械相关的专业人员不少于 2 人	流体、机械相关的专业人员至少 1 人

C2.3.3　检测人员

C2.3.3.1　无损检测人员

见表 C-4。

表 C-4　无损检测人员数量

许可级别	A1	A2	B
人员数量	磁粉、渗透Ⅱ级各 2 人项	渗透Ⅱ级 1 人	根据生产需要

C2.3.3.2　理化检验人员

A1 级和 A2 级许可制造单位至少有 1 名理化检验人员。

C2.3.4　焊接人员

A1 级和 A2 级许可制造单位至少有 1 名持证焊接人员，B 级许可制造单位根据生产需要确定是否配备持证焊接人员。

C2.4　生产条件

C2.4.1　厂房场地

生产厂房建筑面积要求见表 C-5。

表 C-5　生产厂房建筑面积

许可级别	A1	A2	B
建筑面积	≥1400mm^2	≥900mm^2	≥600mm^2

C2.4.2　生产工序

安全阀制造一般应当有毛坯和原材料的采购与验收、表面处理(毛坯抛丸、酸洗)、深冷处理(低温安全阀)、弹簧卷制及处理、密封面堆焊、焊前和焊后的热处理、无损检测、阀杆尖端淬火、机加工(车、铣、磨、钻)、研磨、装配、试验和最终检验等生产工序。

上述工序中，弹簧卷制、无损检测、A2 级和 B 级许可制造单位的弹簧热处理及安全阀表面处理工序可以分包。

C2.4.3　生产设备

见表 C-6。

表 C-6　主要生产设备

许可级别	主要生产设备
A1	有满足生产需要的切割设备，数控机床不少于 6 台，各类加工设备(车、铣、磨、钻床等)应满足加工需求，与制造产品相适应的弹簧热处理设备和弹簧强压处理设备，至少有 1 台等离子堆焊设备，焊接设备 2 台，堆焊硬质合金需有焊前预热和焊后热处理设备，有表面处理设备，阀门密封面专用研磨机 2 台
A2	有满足生产需要的切割设备，数控机床不少于 3 台，各类加工设备(车、铣、磨、钻床等)应满足加工需求，有满足堆焊工艺要求的焊接设备 2 台，堆焊硬质合金需有焊前预热和焊后热处理设备，阀门密封面专用研磨机 1 台
B	各类加工设备(车、铣、磨、钻床等)应满足加工需求，根据生产需要配置焊机

C2.5　检测手段

C2.5.1　理化检验设备

见表 C-7。

表 C-7 理化检验设备

许可级别	理化检验设备
A1	能分析碳、硅、锰、硫、磷、铬、钼、镍、钛、钒等10个以上元素的定量化学成分分析设备，光谱定性分析设备(看谱镜)，硬度计(测HB，HRC)至少1台
A2	硬度计(测HB，HRC)至少1台
B	根据需要配置

C2.5.2 检验与试验设备

见表C-8。

表 C-8 检验与试验设备

设备名称	许可级别		
	A1	A2	B
安全阀试验装置	有满足出厂检验项目需要的试验装置，并且有进行安全阀动作性能和排量试验的试验装置	有满足出厂检验项目需要的试验装置	
壁厚测量装置	1台超声波测厚仪，另配有测量壁厚的专用卡尺		有测量壁厚的专用卡尺
安全阀低温试验装置	有低温介质条件下的整定压力试验和密封试验装置		—
试验用压力源	气源压力满足试验要求		
试压泵	至少1台，应当与产品最高试验压力需要相适应		
弹簧试验机	满足弹簧性能试验要求		
压力表	一个试验系统需有2只压力表，其中一个精度为0.5级以上，量程应覆盖产品压力级范围		

C2.5.3 工艺装备和存储条件

有满足产品加工需要的车、铣、刨、磨、钻等胎模具，有产品焊接用的工装(如转胎)，有气密试验要求的空气储罐，有液氮储罐(低温试验用)。

注：(1) 制造单位分包或者采购的原料、零部件、生产工序或者检验工作，其工作质量及产品质量仍由制造单位对用户负责；

(2) 安全阀制造单位无损检测分包时，分包单位应当持有相应专业无损检测资格或者能力；

(3) 安全阀制造单位应当按照特种设备制造质量管理体系的要求，结合本单位具体情况建立、实施并持续改进安全阀制造质量管理体系，并且形成质量管理体系文件。

附件 D

安全阀型式试验

D1　安全阀型式试验项目及其内容和要求

安全阀的型式试验包括设计审查和安全阀样品的检验与试验。

D1.1　设计审查

设计审查包括设计文件和制造工艺文件审查。

D1.1.1　设计文件审查

设计文件审查主要内容和要求如下：

(1) 设计图纸、设计计算书等设计文件齐全；

(2) 设计参数等数据的选用及其来源符合要求，设计采用的计算方法正确，必要时，应当进行验证计算；

(3) 影响产品安全性能的结构设计符合技术法规和标准的要求；

注：当制造单位生产的产品，相关安全技术规范或标准中无相应产品结构型式或设计计算方法时，制造单位在提交审查的设计计算书中应有其产品工作原理介绍或设计计算方法的说明。

(4) 设计文件所采用的规范、标准符合要求；

(5) 阀体、阀盖、阀杆、阀瓣、阀座和弹簧类等主要零件材料的选用符合要求；

(6) 密封面堆焊和其他有焊接处理的技术要求完善；

(7) 有关技术要求和热处理的规定符合工艺要求；

(8) 有无损检测要求的，无损检测方法、部位能够满足要求。

D1.1.2　制造工艺文件审查

制造工艺文件审查的主要内容和要求如下：

(1) 制造工艺文件齐全；

(2) 主要工序的作业文件能够满足制造要求；

(3) 焊接工艺评定与焊接工艺适应需要；

(4) 热处理工艺符合规定；

(5) 检验与试验项目齐全；

(6) 检验与试验的验收要求符合规定。

D1.2　样品检验与试验

样品检验与试验的主要内容和要求如下：

(1) 外观质量符合要求；

(2) 样品的标志符合规定；

(3) 原材料的质量，包括化学成分、力学性能符合要求；

(4) 耐压(液压强度)试验合格；

(5) 密封试验合格；

(6) 动作性能(包括整定压力、排放压力、回座压力、开启高度、机械性能)符合规定；

(7) 排量或排量系数试验符合规定；

(8) 低温介质用安全阀，还应当进行低温介质条件下的整定压力试验和密封试验。

D2　安全阀型式试验的覆盖范围

相同名称、型号或者相同结构和作用原理(必要时也包括材料)的安全阀，其型式试验的覆盖范围如下：

（1）$DN^* \leqslant 2DN$；

（2）$PN<1.6$MPa 时，$PN^*<1.6$MPa；

（3）1.6MPa$\leqslant PN<10$MPa 时，$PN^*<10$MPa；

（4）$PN\geqslant 10$MPa 时，$PN^*\leqslant PN$。

注：PN，DN 分别为样品的公称压力、公称通径，PN^*，DN^* 分别为覆盖产品的公称压力、公称通径。

D3 安全阀型式试验抽样规则

用于型式试验的安全阀样品按名称、型号(结构)随机抽取 2 件不同规格的样品(一般应当为大直径、低压力和小直径、高压力的组合)进行型式试验。一般情况下，型式试验的样品抽样基数应不少于 5 件。

当型式试验不合格需要复验时，应当加倍抽取复验样品。

D4 安全阀型式试验方法

安全阀的型式试验方法按附件 B 的有关要求和 GB/T 12242—2005《压力释放装置性能试验规范》的要求进行。

低温介质用安全阀所进行的低温介质条件下的整定压力和密封试验方法见附件 H。

D5 型式试验结果的判定与处理

D5.1 判定原则

安全阀设计审查和样品的检验与试验结果都符合附件 B 的有关要求时，型式试验判定为合格。

D5.2 审查结果处理

D5.2.1 设计审查

设计审查后，型式试验机构应当及时与制造单位沟通，当设计文件、制造工艺文件不符合相关规定时，型式试验机构应当向制造单位提出书面整改意见，并且确认制造单位的整改情况。

D5.2.2 检验与试验

当同一检验与试验项目有一件样品不符合要求时，允许进行该检验与试验项目的复验，当该项目的复验样品均符合要求时，则判定该项目的样品检验与试验合格，否则该项目的样品检验与试验不合格。

D6 型式试验其他要求

型式试验方案的制定、样品抽样和标识、试验人员、试验设备及场所、试验记录、制造检验数据的认可、专业设备试验的监督、样品管理等，除符合本规程有关规定外，其他的应当符合 TSG D7002—2006《压力管道元件型式试验规则》附件 A 的有关规定。

D7 安全阀型式试验报告、证书和型式试验情况汇总

安全阀型式试验后，型式试验机构应当出具特种设备型式试验报告(见附录 D-1)，型式试验合格的，还应当出具特种设备型式试验证书(见附录 D-2)。

型式试验报告和型式试验证书一般一式三份。一份制造单位保存，一份型式试验机构存档，一份用于办理有关许可。

型式试验机构应当每年填写《安全阀型式试验情况汇总表》(见附录 D-3)，并且上报国家质检总局。

附录 D-1

报告编号：

特种设备型式试验报告

产 品 品 种：　　安全阀

产 品 名 称：　　（弹簧式安全阀）

型 号 规 格：

申 请 单 位：

制 造 单 位：

型式试验类别：　　（新结构、首次制造）

（印制型式试验机构名称）

注意事项

1. 本报告是依据《安全阀安全技术监察规程》，对安全阀进行型式试验的结论报告。

2. 报告应当由计算机打印输出，或者用钢笔、签字笔填写，字迹要工整，涂改无效。

3. 本报告无试验、审核、批准人员签字和型式试验机构的核准证号、检验专用章或者公章无效，并且骑缝盖注检验专用章或者公章。

4. 本报告一式三份，一份申请单位保存，一份型式试验机构存档，一份用于办理有关许可。

5. 本报告仅对样品本身有效。

6. 申请单位对本报告结构如有异议，请在收到报告书之日起 15 个工作日内，向型式试验机构提出书面意见。

型式试验机械地址：
邮政编码：
联系电话：

目　　录

安全阀型式试验结论

报告编号：

申请单位名称			
制造单位名称			
制造单位地址			
设计单位名称			
产品名称		样品型号规格	
设计日期		总图图号	
产品编号/批号		抽样日期	
抽样基数		抽样数量	
抽样单位			
试验依据	（依据的检验与试验方法标准、验收标准、制造标准等）		
设计审查意见			
检验(试验)结论			
备注			
试验负责人：	日期：	型式试验机构核准证号：	
审核：	日期：		
批准：	日期：	（型式试验机构试验专用章） 年 月 日	

共 页 第 页

一、样品主要参数

报告编号：

序号	项　　目	单位	数值
1	公称通径	mm	
2	公称压力(压力级)	MPa	
3	流道直径或者流道面积	mm/mm²	
4	适用介质	/	
5	适用温度	℃	
6	整定压力(冷态试验差压力)	MPa	
7	额定排放压力	MPa	
8	开启高度	mm	
9	启闭压差(或者回座压力)	MPa	
10	额定排量系数或者某一流体保证的额定排量	kg/h	
11	阀体材料		
12	阀瓣和阀座的材料		
13	弹簧(波纹管)材料		

共　页　第　页

二、样品主要结构型式

报告编号：

结构型式：
样品照片：

共　页　第　页

三、设计审查

报告编号：

制造规范、标准		设计规范、标准	

序号	设计审查项目及其内容		审查结果	备注
1	设计文件审查	(1) 设计文件		
2		(2) 设计数据		
3		(3) 设计计算		
4		(4) 结构设计		
5		(5) 规范、标准的采用		
6		(6) 主要零部件材料的选用		
7		(7) 焊接处理技术		
8		(8) 有关技术要求		
9		(9) 热处理		
10		(10) 无损检测		
11	制造工艺文件审查	(1) 制造工艺文件		
12		(2) 工序作业指导书		
13		(3) 焊接工艺评定与焊接工艺		
14		(4) 热处理工艺		
15		(5) 检验与试验项目		
16		(6) 检验与试验的验收要求		

结论：

审查：	日期：	审核：	日期：

共　页　第　页

四、样品检验与试验

报告编号：

序号	样品编号	检验与试验项目	结果	结论	备注
结论：					
审查： 日期：			审核： 日期：		

注：附分项检验与试验，当需要时，应当绘制测点位置图，使用试验设备及其仪器的说明(包括名称、型号、编号等)

共 页 第 页

附录 D-2

特种设备型式试验证书
(安全阀)

证书编号：TSX ××××××××××××××

制　造　单　位：________________

单　位　地　址：________________

产　品　名　称：________________

产　品　型　号：________________

型式试验报告编号：________________

经型式试验，确认符合《安全阀安全技术监察规程》的要求。本证覆盖以下规格产品：

(型式试验机构名称、盖章)

年　月　日

附注：

特种设备型式试验证书编号说明

1 特种设备型式试验证书编号方法

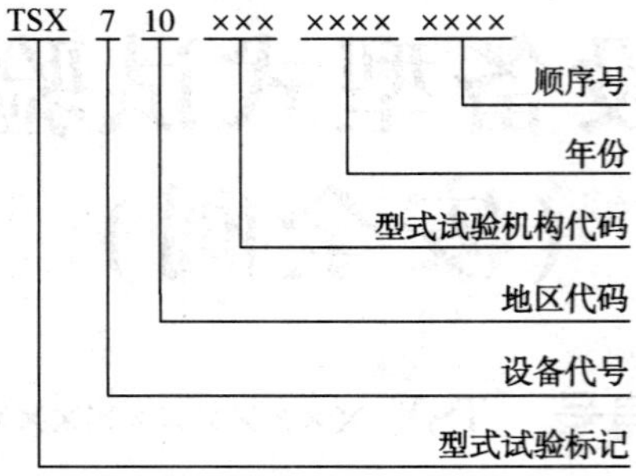

2 标记和编号说明

2.1 “TSX”

为特种设备型式试验标记。

2.2 设备代码

按照国家质检总局公布的《特种设备目录》，安全阀的代码的头一位数字，用“7”表示。

2.3 地区代码

核准型式试验机构的特种设备监督管理部门所在地的地区代码。由国家质检总局核准的型式试验机构，用“10”表示。

2.4 型式试验机构代码

为国家质检总局统一公布并且编号的特种设备型式试验机构核准号的流水编号，用3位阿拉伯数字表示。

2.5 年份

为出具型式试验报告的年份，用4位阿拉伯数字表示。

2.6 顺序号

为型式试验机构当年发出试验合格证的流水编号，用4位阿拉伯数字表示。如果编号超过9999，可以采取英文字母代替，如其流水编号为10099，则可依次编为A099。

附录 D-3

安全阀型式试验情况汇总表

（可横向印制）

型式试验机构（公章）：　　　　　　　　负责人：

上报日期：　　　　　　　　　　　　　　编号：

序号	制造单位名称	产品名称（品种）	产品型号	产品规格	报告编号	签发日期

附件 E

安全阀校验与修理

E1 校验设备

E1.1 安全阀校验装置的组成

安全阀校验装置由校验台、气源和管路等组成(参见附件 G)。

E1.2 校验气源

应当符合以下要求：

(1) 可配备空气压缩机，也可用若干气瓶并联或其他形式提供气源；

(2) 配有一定容积的储气罐，储气罐的容积应当与校验安全阀的用气量相适应，应当不小于 $1m^3$；

(3) 如果气源压力高于储气罐的设计压力时，必须在气源与储气罐之间装设可靠的减压装置。

E1.3 校验介质

应当符合以下要求：

(1) 用于蒸汽的安全阀，其试验需要用蒸汽进行，当试验装置能力有限时，如果可以在安装后进行调试，可以用空气代替蒸汽进行试验；

(2) 用于空气或者其他气体的安全阀，其试验可以用空气进行；

(3) 用于液体的安全阀，其试验可以用水进行。

E1.4 校验台及校验仪表

应当符合以下要求：

(1) 校验台配有足够容积的试验容器；

(2) 校验台上装有两块规格相同的压力表，其精度等级不应当低于 1.0 级，压力表的量程为安全阀校验压力的 1.5~3.0 倍，压力表必须定期进行检定，检定周期为 6 个月；

(3) 需要测量安全阀阀瓣是否开启时，必须装设自动测量记录仪表。

E2 校验周期和校验项目

E2.1 校验周期

安全阀的校验周期按照 B6.3.1，B6.3.2 执行。

E2.2 校验项目

安全阀的校验项目和校验内容应当符合以下规定：

(1) 安全阀的校验项目包括整定压力和密封性能，有条件时可以校验回座压力，整定压力试验不得少于 3 次，每次都必须达到本规程及其相应标准的合格要求；

(2) 安全阀的整定压力和密封试验压力，需要考虑到背压的影响和校验时的介质、温度与设备运行的差异，并且予以必要的修正；

(3) 检修后的安全阀，需要按照本规程和产品合格证、铭牌、相应标准、使用条件，进行整定压力的试验。

E3 校验方法

E3.1 校验前的检查

安全阀校验前要对安全阀进行清洗，并且进行宏观检查，然后将安全阀解体，检查各零部件。发现阀瓣和阀座密封面、导向零件、弹簧、阀杆有损伤、锈蚀、变形等缺陷时，应该进行修理或者更换。对于阀体有裂纹、阀瓣与阀座粘死、弹簧严重腐蚀变形、部件破损严重并且无法维修的安全阀应该予以报废。

E3. 2 整定压力校验

缓慢升高安全阀的进口压力，升压到整定压力的90%以后，升压速度应当不高于0. 01MPa/s。当测到阀瓣有开启或者见到、听到试验介质的连续排出时，则安全阀的进口压力被视为此安全阀的整定压力。当整定压力小于或者等于0. 5MPa时，实测整定值与要求整定值的允许误差为±0. 015MPa；当整定压力大于0. 5MPa时，允许误差为±3%整定压力。

E3. 3 密封试验

整定压力调整合格后，应该降低并且调整安全阀进口压力进行密封试验。当整定压力小于或者等于0. 3MPa时，密封试验压力应当比整定压力低0. 03MPa；当整定压力大于0. 3MPa时，密封试验压力为90%整定压力。

当密封试验以气体为试验介质时，对于封闭式安全阀，可用泄漏气泡数表示泄漏率，其试验装置和试验方法可按附件F要求，合格标准按照GB/T 12243或其他安全技术规范、标准的规定；对于非封闭式安全阀，在一定时间内未听到气体泄漏声即可认为密封试验合格。

当密封试验以水为试验介质时，其试验方法和要求应当符合GB/T 12243的有关规定。

E4 校验记录、铅封和报告

安全阀校验应当按照以下要求做好记录、铅封，并且出具报告：

(1) 校验过程中，校验人员需要及时记录校验的相关数据(见附录E-1)；

(2) 经校验合格的安全阀，需要及时重新铅封，防止调整后的状态发生改变，铅封处一面为校验单位的代号标识，另一面为校验人员的代号标识；

(3) 铅封处还必须挂有标牌，标牌上有校验机构名称及代号，校验编号，安装的设备编号，整定压力和下次校验日期；

(4) 校验合格的安全阀需要根据校验记录出具安全阀校验报告(见附录E-2)，并且按校验机构质量管理体系的要求签发。

附录 E-1

安全阀校验记录

编号：

使用单位			
设备代码		要求整定压力	MPa
工作介质		安全阀型号	
公称通径	mm	阀座口径	mm
制造单位			
制造许可证编号		压力级别范围	MPa 至 MPa
产品编号		出厂日期	
校验方式		校验编号	
校验介质		校验介质温度	℃
检查与校验			
外观检查			
拆卸检查			
试验次数	第 1 次	第 2 次	第 3 次
实际整定压力	MPa	MPa	MPa
密封试验压力	MPa	MPa	MPa
校验结论		校验有效期	
备注：			
校验：	日期：	检验报告编号：	

附录 E-2

安全阀校验报告

报告编号：

使用单位			
单位地址			
联系人		联系电话	
设备代码		安装位置	
安全阀类型	□弹簧式　□先导式　□重锤式	安全阀型号	
工作压力	MPa	工作介质	
要求整定压力	MPa	执行标准	
校验方式		校验介质	
整定压力	MPa	密封试验压力	MPa
校验结果			
维护检修情况说明：			
校验日期		下次校验日期	
校验：　　日期：		（检验机构核准编号）： （校验机构校验专用章） 年　月　日	
审批：　　日期：			

注：使用单位自行进行安全阀校验的，不需要有检验机构核准编号，校验专用章可以用进行安全阀校验的使用单位有关部门的章(或者专用章)。

附件 F

用空气进行密封试验的推荐方法

F1 试验装置

在安全阀的排放出口侧安装一个集漏管，如图 F-1 所示，用于测量泄漏率。管子出口端面和轴线垂直并且保持光滑。管端面插入水面下 12.5mm，并且和水面平行。

为防止安全阀意外起跳而发生事故，集漏管应当与安全阀出口牢固连接。

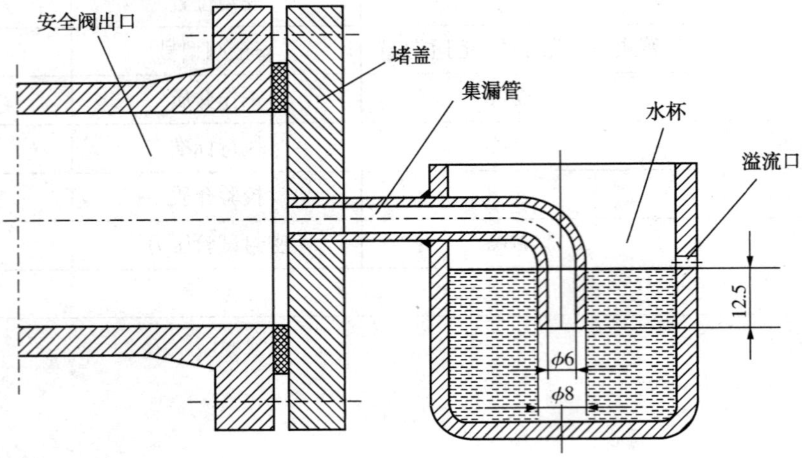

图 F-1 检漏方法示意

F2 试验介质

试验介质为常温下的空气(或者氮气)。

F3 试验布置

安全阀应当竖直安装在试验装置(台)上，出口侧如图 F-1 所示。安全阀所有敞口处如阀帽、排泄孔、出口等都应当封闭。

F4 密封试验压力

按标准规定的密封试验压力值。

F5 泄漏率检查

泄漏率检查，按照以下要求进行：

(1) 泄漏率检查前，安全阀的整定压力已经调整好，并且已经检查确认安全阀所有连接部位的密封性；

(2) 密封试验压力保持时间见表 F-1：

表 F-1 密封试验压力保持时间

公称通径 DN(mm)	保持时间(min)
≤50	≥1
65~125	≥2
≥150	≥5

(3) 观察泄漏检查时间不少于 1min。

图 F-2 所示试验装置可以直接测量泄漏率，但一般用于较大泄漏率情况。

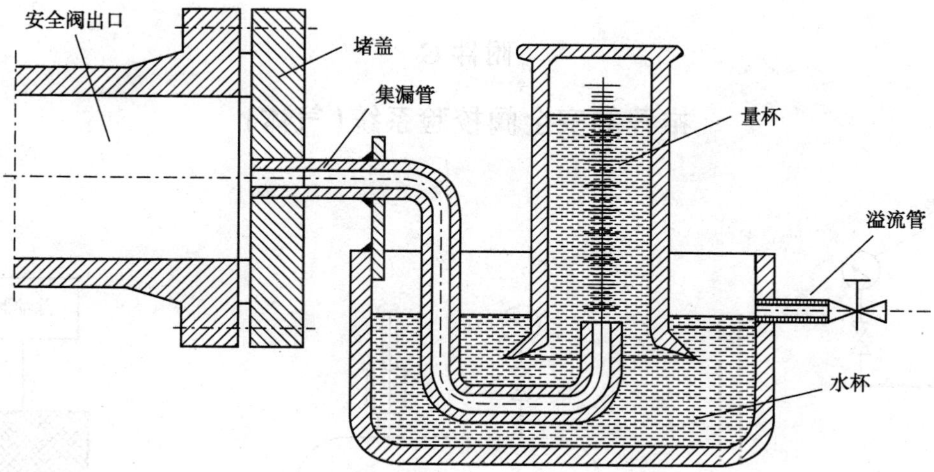

图 F-2　检漏方法示意(适用于较大泄漏率的测量)

附件 G

推荐的安全阀校验系统(气体)

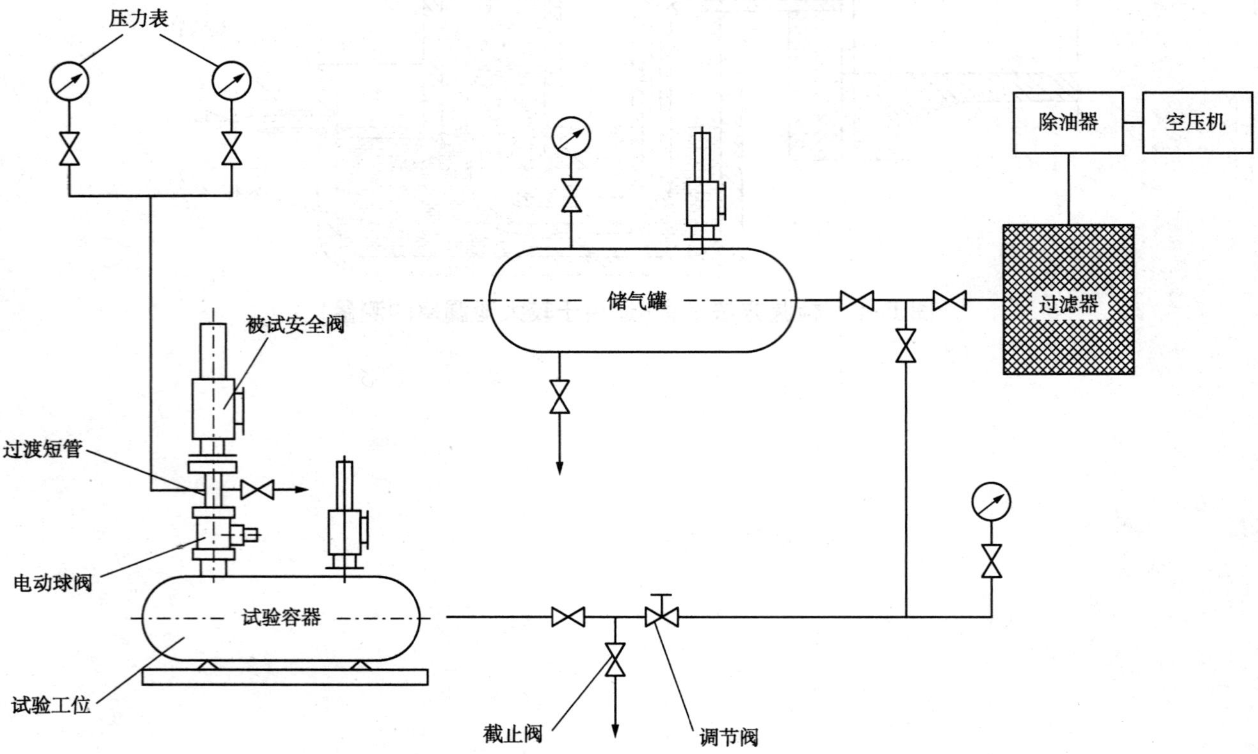

注：试验容器容积一般不小于 0.5m³，储气罐容积一般不小于 1m³。管道通径不小于 25mm。

附件 H

安全阀低温试验的推荐方法

H1　试验设备

应当符合以下要求：

（1）安全阀试验装置由试验台、管路及配有一定容积的低温介质（液氮或其他有低温蒸发特性的介质）储存容器和试验容器等组成（参见图 H-1），储气罐的容积与试验安全阀的用气量相适应；

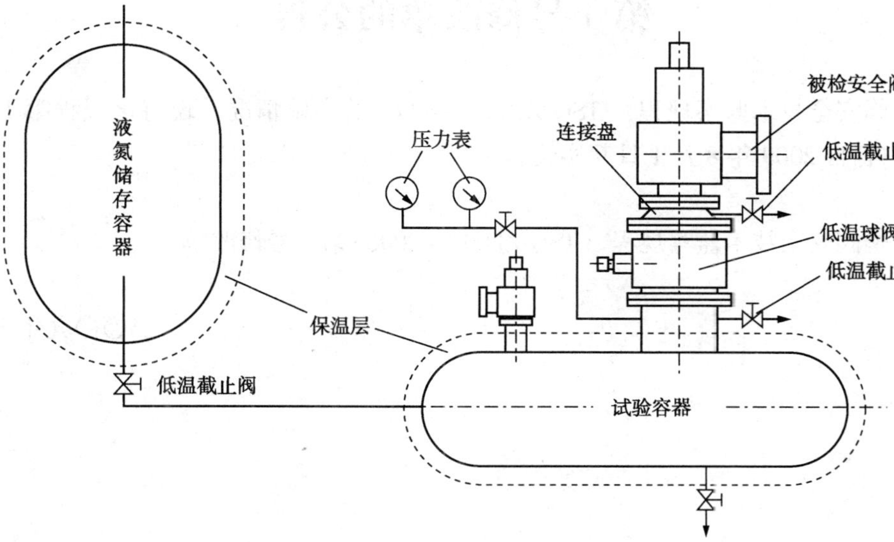

图 H-1　推荐的安全阀低温试验系统

（2）试验台上必须装有两块规格相同的压力表，其中有一块表的精度等级不应低于 0.5 级，压力表的量程为安全阀试验压力的 1.5 倍~3.0 倍，压力表必须定期进行检定。

H2　试验项目

安全阀低温试验项目为整定压力和密封性。整定压力试验不得少于 3 次，每次都应当达到设定整定压力并在允许整定压力偏差的范围内。

H3　试验方法

H3.1　整定压力试验

将安全阀安装在试验容器的连接盘上，在管道内连续通过液氮或其他有低温蒸发特性的介质，使安全阀充分冷却后，关闭液氮储存容器的低温截止阀后再关闭试验容器连接盘上的截止阀，让管道内的低温介质自然气化压力升高，观察安全阀整定压力及开启后能否回座。

安全阀的整定压力试验结果，应当符合规定的整定压力并在 GB/T 12243 允许整定压力偏差的范围内。

H3.2　密封试验

安全阀起跳后，开启试验容器连接盘上的截止阀，泄压到安全阀整定压力的 70%时，关闭该截止阀，让管道内的低温介质自然气化压力升高，通过该截止阀使试验容器内的压力维持在整定压力的 90%，观察安全阀出口的泄漏情况。

密封试验时，阀门出口应无泄漏现象。

中华人民共和国
国家质量监督检验检疫总局公告

2009年第43号

关于公布《安全阀安全技术监察规程》第1号修改单的公告

根据《安全阀安全技术监察规程》(TSG ZF001—2006)的实施情况，现将该规程第1号修改单予以公告。修改内容自2009年8月1日起实施。

附件：《安全阀安全技术监察规程》(TSG ZF001—2006)第1号修改单

二〇〇九年五月八日

附件：

《安全阀安全技术监察规程》(TSG ZF001—2006)
第1号修改单
(对2006年12月第1版的修改)

一、正文修改

修改条款	原文内容	修改后内容
第六条 第二款	安全阀型式试验程序包括约请与受理、设计审查、抽样、检验与试验、出具型式试验报告和型式试验证书。	安全阀型式试验程序包括约请与受理、设计审查、抽样、检验与试验、出具型式试验报告和型式试验证书。鉴定评审机构在评审时应当核实型式试验报告是否符合要求。
第七条 第二款	具备条件的安全阀使用单位，可以自行进行安全阀的校验工作。没有校验能力的使用单位，可以委托有安全阀校验资格的检验检测机构进行。	安全阀使用单位具备安全阀校验能力，向省级质量技术监督部门告知后，可以自行进行安全阀的校验工作。没有校验能力的使用单位，应当委托有安全阀校验资格的检验检测机构进行。

二、附件B 《安全阀安全技术要求》修改

(一) 表B-1序号第17、18、19中内容的修改

原表内容			修改后内容		
序号	标准号	标准名称	序号	标准号	标准名称
17	TB/T 5103—1993	油淬火—回火碳素弹簧钢丝	17	YB/T 5103—1993	油淬火—回火碳素弹簧钢丝
18	TB/T 5104—1993	油淬火—回火硅锰合金弹簧钢丝	18	YB/T 5103—1993	油淬火—回火硅锰合金弹簧钢丝
19	TB/T 5136—1993	阀门用铬钒弹簧钢丝	19	YB/T 5136—1993	阀门用铬钒弹簧钢丝

(二) 条款修改

修改条款	原文内容	修改后内容
B2.17.2(1)	安全阀类型	安全阀结构型式
B3.1.3.2 第一款	为了保证弹簧长期工作时的稳定，弹簧应当进行强压处理(加温强压处理)，并且符合以下要求：	为了保证弹簧长期工作的稳定，弹簧应当进行强压处理(安全阀流道直径小于或者等于8mm，且公称压力小于1.6MPa的弹簧除外)，并且提供强压处理报告，其结果应当符合以下要求：
B3.1.3.4	弹簧制造单位应当逐件提供弹簧的性能测试报告、热处理报告及合格证。安全阀制造单位要求时，应当提供无损检测报告。弹簧入厂后必须逐件检测，验收合格后方可安装在安全阀上。	弹簧制造单位应当逐件提供弹簧的性能测试报告和同规格、同一热处理炉的热处理报告与合格证；安全阀制造单位要求时，还应当提供无损检测报告。弹簧入厂验收合格后方可使用在安全阀上。

三、附件C《安全阀制造许可条件》修改

(一) 表C-1中“产品限制范围”内容的修改

原文内容	修改后内容
产品限制范围	产品限制范围
产品名称、规格	产品结构型式、规格(指公称通径、公称压力)

（二）表 C-4 中“A1”内容的修改

原文内容	修改后内容
A1	A1
磁粉、渗透Ⅱ级各 2 人项	(A1)磁粉、渗透Ⅱ级各 1 人项

（三）表 C-5 的修改

	许可级别	A1	A2	B
原文内容	建筑面积	≥1400mm^2	≥900mm^2	≥600mm^2
修改后内容	建筑面积(m^2)	≥1400	≥900	≥600

（四）条款的修改

修改条款	原文内容	修改后内容
C2.4.2	安全阀制造一般应当有毛坯和原材料的采购与验收、表面处理(毛坯抛丸、酸洗)、深冷处理(低温安全阀)、弹簧卷制及处理、密封面堆焊、焊前和焊后的热处理、无损检测、阀杆尖端淬火、机加工(车、铣、磨、钻)、研磨、装配、试验和最终检验等生产工序。 上述工序中，弹簧卷制、无损检测、A2 级和 B 级许可制造单位的弹簧热处理及安全阀表面处理工序可以分包。	安全阀制造一般应当有毛坯和原材料的采购与验收、深冷处理(低温安全阀)、弹簧卷制与强压处理、密封面堆焊、焊前和焊后的热处理、无损检测、机加工(车、铣、磨、钻)、研磨、装配、试验和最终检验等生产工序。 上述工序中，弹簧制造、无损检测可以分包。
在 C2.5.3 注(3)后增加一项：“(4)安全阀制造单位的理化分析检测可以分包。”，并且相应的将(3)的最后的标点符号“。”改为“；”		

（五）表 C-6“A1”内容的修改

原文内容		修改后内容	
A1	有满足生产需要的切割设备，数控机床不少于 6 台。各类加工设备(车、铣、磨、钻床等)应满足加工要求，与制造产品相适应的弹簧热处理设备和弹簧强压处理设备，至少有 1 台等离子堆焊设备，焊接设备 2 台，堆焊硬质合金需有焊前预热和焊后热处理设备，有表面处理设备，阀门密封面专用研磨机 2 台	A1	有满足生产需要的切割设备，数控机床不少于 6 台。各类加工设备(车、铣、磨、钻床等)应满足加工要求，焊接设备 2 台，堆焊硬质合金需有焊前预热和焊后热处理设备，阀门密封面专用研磨机 2 台

（六）表 C-7“A1”内容的修改

原文内容		修改后内容	
A1	能分析碳、硅、锰、硫、磷、铬、钼、镍、钛、钒等 10 个以上元素的定量化学成分分析设备，光谱定性分析设备(看谱镜)，硬度计(测 HB，HRC)至少 1 台	A1	能分析碳、硅、锰、硫、磷、铬、钼、镍、钛、钒等 10 个以上元素的定量化学成分分析设备，硬度计(测 HB，HRC)至少 1 台

（七）表 C-8“壁厚测量装置”内容的修改

	设备名称	许可级别		
		A1	A2	B
原文内容	壁厚测量装置	1 台超声波测厚仪，另配有测量壁厚的专用卡尺		有测量壁厚的专用卡尺
修改后内容	壁厚测量装置	至少有 1 台超声波测厚仪		有测量壁厚的专用卡尺

四、附件 D《安全阀型式试验》有关条款修改

（一）条款修改

修改条款	原文内容	修改后内容
D1. 1. 2	在该条最后加一款“前款规定的制造工艺文件审查由鉴定评审机构在进行制造许可鉴定评审时结合产品评审工作进行。”	
D2 第一款	相同名称、型号或者相同结构和作用原理(必要时也包括材料)的安全阀，其型式试验的覆盖范围如下：	相同的结构型式和作用原理(必要时也包括材料)的安全阀，其型式试验的覆盖范围如下：
D3 第一款 第一句	用于型式试验的安全阀样品按名称、型号(结构)随机抽取 2 件不同规格的样品(一般应当为大直径、低压力和小直径、高压力的组合)进行型式试验。	用于型式试验的安全阀样品按结构型式随机抽取 2 件不同规格的样品(一般应当为大直径、低压力和小直径、高压力的组合)进行型式试验。

（二）附录 D-1《特种设备型式试验报告》有关内容修改

原“三、设计审查”表格废止，修改为下表：

三、设计文件审查

编号：

制造规范、标准		设计规范、标准	
序号	审查项目及其内容	审查结果	备注
1	设计图纸、计算书		
2	设计数据选用和采用计算方法		
3	结构设计		
4	采用的规范、标准		
5	主要零件材料的选用		
6	堆焊等焊接技术要求		
7	有关技术要求、热处理规定		
8	无损检测方法、检测部位		
结论：			
审查：　　日期：		审核：　　日期：	

五、附件 E《安全阀校验与修理》有关条款修改

修改条款	原文内容	修改后内容
E3.2 第三句	当整定压力小于或者等于 0.5MPa 时，实测整定值与要求整定值的允许误差为±0.015MPa；当整定压力大于 0.5MPa 时，允许误差为±3%整定压力。	整定压力偏差应当符合 GB/T 12243 或者相应规范标准的要求。
附录 E-1 表第四行第三列	阀座口径	流道直径

主题词：特种设备　规程　公告

印送：中国特检院，办公厅、特种设备局，存档(2)。

国家质检总局办公厅　　　　2009 年 5 月 12 日印发

TSG 特种设备安全技术规范 TSG ZF003—2011

爆破片装置安全技术监察规程

Safety Technical Supervision Regulations for Bursting Disc Devices

中华人民共和国国家质量监督检验检疫总局颁布
2011 年 5 月 10 日

前　言

2008 年 1 月，国家质量监督检验检疫总局(以下简称国家质检总局)特种设备安全监察局(以下简称特种设备局)向中国特种设备检测研究院(以下简称中国特检院)下达了《爆破片装置安全技术监察规程》起草任务书，中国特检院于 2009 年 3 月组织有关专家成立了起草组并在北京召开第一次起草组工作会议，对起草组组长提交的初稿进行了讨论，提出了修改意见。2009 年 11 月，起草组在北京召开了第二次起草组工作会议对初稿讨论修改，形成了征求意见稿。2010 年 1 月，特种设备局以质检特函[2010]1 号文对外征求有关单位和专家的意见。2010 年 5 月，根据征求到的意见，起草组在北京召开会议，研究处理征求到的意见并形成送审稿。2010 年 8 月，特种设备局将送审稿提交国家质检总局特种设备安全技术委员会审议，起草组根据审议意见修改后形成报批稿。2011 年 5 月 10 日，本规程由国家质检总局批准颁布。

本规程起草工作在充分吸取爆破片装置事故教训和大量的调研工作以及试验数据的基础上，提出了对爆破片装置的基本安全要求，对爆破片装置的安全监察工作进行了规定，明确了爆破片装置的设计、材料、制造、检验、安装、使用等过程以及制造许可、型式试验、监督检验工作的要求。

本规程主要起草单位和人员如下：

沈阳特种设备检测研究院	张志毅　宋绪鲜
国家质量监督检验检疫总局	杜顺学
辽宁省质量技术监督局	周　震
中国特种设备检测研究院	甘晓东
沈阳航天新光安全系统有限公司	金志伟
大连理工安全装备有限公司	喻健良
上海华理安全装备有限公司	吴全龙
上海市气体工业协会	周伟明　顾雪铭
上海市特种设备监督检验技术研究院	徐维普
中国成达工程有限公司	曾志中
成都成航工业安全系统有限责任公司	杨佳斌

目　录

爆破片装置安全技术监察规程

第一条 为了保障特种设备的爆破片装置安全性能，加强爆破片装置的安全监察工作，根据《特种设备安全监察条例》(以下简称《条例》)，制定本规程。

第二条 本规程适用《条例》所规定特种设备使用的爆破片装置。

爆破片装置由爆破片和夹持器等零部件组成，本规程所涉及的有关爆破片装置术语见附件 A。

第三条 本规程规定了爆破片装置的材料、设计、制造、检验、安装、使用等过程以及制造许可、型式试验、监督检验工作的基本安全要求。相应技术标准、管理制度等的有关规定不得低于本规程要求。

爆破片装置安全技术要求见附件 B。

第四条 爆破片装置制造单位应当取得相应的特种设备制造许可。国家质量监督检验检疫总局(以下简称国家质检总局)负责境内、外爆破片装置制造许可的受理和审批。

《特种设备制造许可证》的有效期为 4 年。持有制造许可的爆破片装置制造单位，应当采用适当方式在产品上标注“TS”许可标志和《特种设备制造许可证》编号。

爆破片装置制造许可程序包括申请、受理、产品试制、型式试验、鉴定评审、审批、发证等。具体许可程序按照相关规定进行。

爆破片装置制造许可条件见附件 C。

第五条 爆破片装置有以下情况之一的应当进行型式试验，其中第(一)、(二)、(三)项在型式试验前应当进行产品试制：

(一) 申请制造许可证的；

(二) 新产品投产前的；

(三) 产品的结构、工艺等方面有重大改变，影响安全性能的；

(四) 制造许可证换证的；

(五) 制造单位停产超过 6 个月重新进行生产的；

(六) 产品安全性能存在问题的。

爆破片装置型式试验项目与要求见附件 D。

第六条 爆破片装置制造单位在许可申请受理后，应当按照鉴定评审和型式试验要求的规格与数量进行产品试制，试制产品应当是许可申请爆破片装置型式中有代表性的产品。

爆破片装置制造单位应当按照附件 D 的要求，约请国家质检总局公布的爆破片装置型式试验机构进行产品型式试验。

爆破片装置型式试验程序包括约请与受理、产品技术资料审查、抽样、检验与试验、出具型式试验报告和型式试验证书。

第七条 爆破片装置型式试验应当按照产品的型式进行。爆破片装置制造单位投入批量生产的爆破片装置型式必须是经型式试验合格的。

第八条 爆破片装置制造单位应当按照批准的许可范围进行产品制造，并且接受特种设备检验检测机构对爆破片装置制造过程的监督检验。

爆破片装置制造监督检验要求见附件 E。

第九条 本规程由国家质检总局负责解释。

第十条 本规程自 2011 年 11 月 1 日起施行。

附件 A

术　语

A1　爆破片装置

爆破片装置是由爆破片(或爆破片组件)和夹持器(或支承圈)等零部件组成的非重闭式压力泄放装置。

在设定的爆破温度下，爆破片两侧压力差达到预定值时，爆破片即刻动作(破裂或者脱落)，泄放介质。

A1.1　爆破片

在爆破片装置中，因超压而迅速动作的压力敏感元件。

A1.2　爆破片组件

是指爆破片、背压托架、加强环、防腐保护膜或者密封膜等两种或者两种以上零件组合成的组件。

A1.2.1　加强环

是指爆破片组件中，与爆破片边缘紧密贴(结)合，起到增强其边缘刚度作用的环圈状零件。

A1.2.2　背压托架

是指爆破片组件中，用以防止因系统在背压工况时，引发爆破片意外破坏的支撑架(或者托架)，包括以下两种：

(1) 张开形背压托架，爆破片爆破时发生破裂的背压托架；

(2) 非张开形背压托架，爆破片爆破时不发生破裂的背压托架。

A1.2.3　防腐保护膜

是指爆破片组件中，受腐蚀性介质影响时，为了防止腐蚀破坏而附加的金属或者非金属薄膜。

A1.2.4　密封膜

是指爆破片组件中，对开缝型爆破片起密封作用的薄膜。

A1.3　夹持器

爆破片装置中，具有定位、支撑、密封等功能，并且能够保证爆破片准确动作的独立夹紧部件。

A1.4　支撑圈

用机械方式或者焊接方式固定爆破片位置，并且具有支撑爆破片受力、保证爆破片准确动作的功能，但是不能独立起到夹紧作用的环圈状零件。

A2　泄放接管

连接于爆破片装置的泄放侧，用于爆破片装置泄压后将介质引至指定地点的接管。

A3　背压差

泄放侧高于入口侧压力的差值。

A4　涂层、镀层

(1) 涂层，采用喷涂的方法，在爆破片或者夹持器等零部件的表面所涂覆一定厚度的金属或者非金属层；

(2) 镀层，采用电镀或者化学镀的方法，在爆破片或者夹持器等零部件表面覆盖一定厚度的金属层。

A5　制造范围

一个批次爆破片标定爆破压力相对于设计爆破压力允许的偏差范围。

A6　批次

具有相同的型式、规格、标定爆破压力和爆破温度，并且材料(牌号、炉批号、规格)以及制造工艺相同，连续生产一定数量的爆破片装置为一个批次。

A7　爆破压力

在设定的爆破温度下，爆破片动作时两侧的压力差值。

A7.1　设计爆破压力

在特种设备设计时，根据特种设备工作条件和有关安全技术规范要求，在所设计爆破温度下，爆破片应当具备的动作压力值。

A7.2　最高(最低)爆破压力

设计爆破压力与制造范围和爆破压力允差的代数和。

A7.3　试验爆破压力

爆破片装置进行爆破试验时，实测的爆破压力值。

A7.4　标定爆破压力

在规定的爆破温度下，从同一批次爆破片中抽取样品，经过爆破试验确定的实测爆破压力算术平均值。当爆破片制造范围取为零时，标定爆破压力为设计爆破压力。

A7.5　爆破压力允差

试验爆破压力相对于标定爆破压力的最大允许偏差。

A8　爆破温度

爆破片达到爆破压力时，爆破片的膜片温度。

A9　泄放面积

爆破片装置用于泄放介质最小横截面的流通面积。

A10　泄放量

爆破片装置爆破后，单位时间内通过泄放面积能够泄放介质的流量，又称爆破片装置泄放能力。

A11　安全泄放量

被爆破片装置保护的系统在单位时间内必须泄放的介质流量。

A12　流阻系数

经专用试验装置测试，介质通过爆破片装置所损失的速度头(速度平方除以重力加速度的二分之一)表示的无量纲项。

A13　型式试验

对爆破片装置样品所实施的检验与试验，以验证爆破片装置的安全性能符合相关安全技术规范及其相应标准的规定。

A14　爆破片装置类别

分为正拱形、反拱形、平板形和石墨型。

A15　爆破片装置型式

分为正拱普通型、正拱开缝型、正拱带槽型、反拱开缝型、反拱带槽型、反拱脱落型、反拱刀架型、反拱鳄齿型、平板普通型、平板开缝型、平板带槽型、石墨可更换型和石墨不可更换型等。

附件 B

爆破片装置安全技术要求

B1 材料

用于制造爆破片装置的材料，应当符合以下要求：

（1）具有良好的与使用条件相适应的耐腐蚀性能、力学性能和工艺性能，能够满足有关安全技术规范及其相应标准要求；

（2）材料制造单位能够对材料质量进行有效控制，并且向爆破片装置制造单位提供材料质量证明文件。

B2 设计

爆破片装置的设计应当符合本规程和有关安全技术规范及其相应标准要求。如果采用国外、境外标准时，标准的安全技术要求应当符合本规程的规定，还应当将标准原文以及中文译文送国家质检总局委托的技术组织或者技术机构审查，并且报国家质检总局备案。

B2.1 设计单位

爆破片装置设计工作应当由爆破片装置制造单位承担。

B2.2 设计文件

B2.2.1 设计文件内容

爆破片装置设计文件的编制应当符合本规程和有关安全技术规范及其相应标准要求。爆破片装置设计文件至少应当包括以下内容：

（1）设计任务书；

（2）设计图样；

（3）设计说明书；

（4）安装、使用说明书。

B2.2.2 设计任务书

爆破片装置必须按照设计任务书要求进行设计，设计任务书中的原始数据与设计要求至少包括以下内容：

（1）操作参数，包括设备的工作压力，工作温度范围，压力波动范围和频度，设备的容积，设备内部气、液、固相所占容积或者比例，介质最大流量，可以保证设备安全的最小安全泄放量，爆破片的设计爆破压力和爆破温度，泄放后可能产生的爆破片背压工况，介质性质，泄放速度，以及可能对安全泄放的影响因素等；

（2）介质的名称及其特性，包括介质组成，各组分含量或者比例，各组分分压及其氧化性，易结晶程度和腐蚀性、相态、黏度、毒性、可燃爆特性等；

（3）安装泄放接管及其法兰等零部件的技术要求；

（4）爆破片装置使用单位要求的主体材料牌号；

（5）制造、验收标准。

B2.2.3 设计爆破压力

爆破片装置设计爆破压力应当根据各类承压设备的有关安全技术规范及其相应标准确定。

B3 制造与检验

B3.1 基本要求

B3.1.1 设计修改

爆破片装置制造单位对设计文件修改时，应当取得委托单位的书面意见，并且对修改的部分作详细记载和备案。

B3.1.2 外购、外协零部件

爆破片装置制造单位采用的外购、外协零部件应当符合设计图样和技术文件要求，并且应当索取质量证明文件。

B3.1.3 爆破片与零部件加工

爆破片与零部件(加强环、背压托架、防腐保护膜、密封膜、夹持器、支撑圈以及其他外协的附件)加工应当符合设计图样和技术文件要求。爆破片零部件加工、装配、试验应当编制工艺规程(工艺卡)以及制造过程质量控制表(卡)。

B3.2 出厂检验

爆破片装置出厂检验，至少包括爆破片装置所有零部件、组件的外观检查和爆破片装置爆破试验。

B3.2.1 外观检查

爆破片装置采用的所有零部件、组件应当进行外观检查，还应当逐片进行爆破片表面质量检查和夹持器密封面表面质量检查。

B3.2.2 爆破片装置爆破试验

B3.2.2.1 试验装置

爆破片装置制造单位应当具备完成爆破试验的试验装置。试验装置应当符合有关安全技术规范及其相应标准要求。

B3.2.2.2 试验介质

爆破片装置爆破试验所使用的试验介质应当与爆破片装置实际使用介质的相态一致。可以采用水、矿物油或者其他无腐蚀性液体做为液态试验介质，空气、氮气或者其他惰性气体做为气态试验介质。

B3.2.2.3 试验样品

爆破片装置表面质量检验符合有关安全技术规范及其相应标准、设计图样要求后，在同一批次爆破片装置中，随机抽取规定数量样品进行爆破试验。

B3.2.2.4 试验数据

经过爆破试验，在爆破温度下实测爆破压力的算术平均值，为该批次爆破片装置产品出厂所标注的标定爆破压力与爆破温度。

B3.2.3 检验、试验记录和报告

爆破片装置的全部检验、试验的原始数据、记录和报告，应当按照产品批次收集、整理、计算和归档，以此出具检验、试验报告。

B3.3 标志

B3.3.1 标志内容

爆破片装置制造单位应当在每只爆破片铭牌上标注明显标志，标志内容至少包括以下项目：

(1)《特种设备制造许可证》编号以及标志；

(2) 爆破片装置制造单位名称或者注册商标；

(3) 爆破片型号；

(4) 批次编号和产品编号；

(5) 爆破片与夹持器的材料牌号；

(6) 规格(夹持器代号或者泄放口公称直径)；

(7) 标定爆破压力；

(8) 爆破压力允差；

(9) 爆破温度；

(10) 最小泄放面积；

(11) 流阻系数(需要时，注 B)；
(12) 监检标志；
(13) 制造日期；
(14) 泄放方向。

上述第(1)、(2)、(6)项也应当在每只爆破片夹持器厚度方向的边缘上标注。

注 B：流阻系数用以下代号表示：

K_{RG}——爆破片装置采用干态空气或者惰性气体验证；

K_{RL}——爆破片装置采用液体验证；

K_{RGL}——爆破片装置采用干态空气或者惰性气体和液体验证。

B3.3.2　铭牌

(1) 铭牌应当采用与爆破片相同或者其他耐腐蚀材料制造，并且采用焊接或者铆接等方法与爆破片装置连接；无法焊接或者铆接时，应当采用其他方法固定连接；

(2) 铭牌的标志应当采用刻蚀、模压、钢印等方法标注，其字符高度不小于 2mm，明显易读；

(3) 爆破片装置安装后，铭牌应当便于查看。

B3.4　出厂资料

爆破片装置交付用户时，爆破片装置制造单位随产品至少提供以下资料：

(1) 产品合格证；
(2) 爆破片装置装配简图；
(3) 安装、使用说明书；
(4) 产品质量证明书(按批次向用户提供，符合 B3.5 的规定)；
(5) 爆破片装置安全性能监督检验证书；
(6) 制造单位与用户合同规定的有关文件。

B3.5　产品质量证明书

爆破片装置产品质量证明书至少包括以下内容：

(1) 产品名称；
(2) 批次编号；
(3) 产品型号；
(4) 制造(批次)数量；
(5) 产品规格(夹持器代号或者泄放口公称直径)；
(6) 材料牌号；
(7) 适用介质、温度；
(8) 设计爆破压力；
(9) 制造范围；
(10) 标定爆破压力；
(11) 爆破压力允差；
(12) 爆破温度；
(13) 流阻系数(需要时，注 B)；
(14) 制造标准；
(15) 合格标记，检验人员印章；
(16) 制造单位名称，《特种设备制造许可证》编号，检验专用印章或者公章；
(17) 制造日期。

B3.6　产品技术档案

每批次爆破片装置出厂后，制造单位应当建立产品技术档案，并且至少将以下资料归档：

(1) 设计图样、设计说明书以及制造工艺文件；

(2) 材料质量证明文件；

(3) 制造过程质量控制表(卡)，检验、试验原始数据，记录和报告；

(4) 出厂检验报告；

(5) 产品质量证明书；

(6) 爆破片装置制造监督检验证书；

(7) 用户反馈信息、售后服务或者维修记录以及事故现场调查与分析记录和事故处理记录等。

产品技术档案保存期限应当不少于4年。

B3.7 装运和保管

B3.7.1 包装

(1) 爆破片装置应当配有专用包装盒(箱)，包装盒(箱)应当能够防止爆破片装置在1m高处落下时受到损伤，还应当避免爆破片的拱面受到挤压而影响安全性能；

(2) 每个包装盒(箱)外表面应当标注爆破片名称、型号、规格、数量、制造单位、制造年月，包装盒(箱)内应当装有爆破片装置的产品合格证和安装、使用说明书。

B3.7.2 运输

爆破片装置应当经包装后，才能够运输，在运输、搬动过程中应当避免碰撞、冲击、潮湿和污染。

B3.7.3 保管

爆破片装置应当在原包装盒(箱)内贮存，保持贮存环境干燥和防止挤压。

B4 选用

B4.1 适用与不适用范围

B4.1.1 爆破片装置适用场合

(1) 设备操作异常时，压力增加速度过快，安全阀不适用的；

(2) 设备运行中不允许介质有任何微量泄漏的；

(3) 介质易产生沉淀物、黏性胶状物等有可能导致安全阀失效的；

(4) 介质腐蚀性较强的；

(5) 泄压面积很大、泄放压力过高或者过低等，安全阀不适用的其他场合的。

B4.1.2 爆破片装置不适用情况

(1) 经常超压或者温度波动过大的；

(2) 反拱形爆破片装置不适用于高黏度或者可能在拱面大面积产生结晶介质的。

B4.2 爆破片装置选用要求

(1) 选用爆破片装置作为安全附件，应当综合考虑设备的工作压力、温度、介质、泄放要求等因素，还应当根据不同型式爆破片装置的技术特点进行选择；当爆破片装置与安全阀装置串联使用时，应当选择无碎片或者非脱落型爆破片装置；

(2) 在确定爆破片装置泄放面积时，应当考虑爆破片爆破后张开程度、残留碎片(含背压托架及其附件的残片等)对爆破片泄放能力的影响；还应当考虑到介质的超音速泄放、泄放背压、高温、气体电离、泄放介质二次爆炸、回火等因素对于泄放能力的影响；

(3) 选用爆破片装置的泄放能力，应当大于或者等于被保护的特种设备安全泄放量。

设计单位应当向使用单位提供特种设备安全泄放量和爆破片装置安全泄放面积的计算书；不能够进行计算时，设计单位应当会同设计委托单位或者使用单位，协商选用爆破片装置。

B5 安装

(1) 拆开爆破片装置包装盒(箱)后，应当认真检查爆破片有无损伤，拱面有无被挤压的痕迹，确认无损伤或者被挤压时，才可以进行安装；

(2) 爆破片装置安装前应当认真阅读安装、使用说明书，按照安装、使用说明书的要求正确安装；

（3）应当按照正确方向将夹持器安装到夹持法兰中，均匀拧紧夹持法兰的螺栓；

（4）在爆破片装置安装过程中不得损伤爆破片的拱面，不得在爆破片与夹持器间随意附加密封垫片，不允许自行对夹持器进行任何修理加工；

（5）爆破片装置的铭牌，在安装后应当便于查看，安装位置以及方向应当避免人员刮碰，并且不得与其他设备之间产生摩擦；

（6）对盛装易燃易爆介质或者毒性程度为中度以上危害介质以及贵重介质的承压设备，应当在爆破片装置的泄放侧设置泄放接管，将介质排放到安全地点，并且应当进行妥善处理，不得直接排入大气；

（7）若有两个或者两个以上爆破片装置采用排放汇集管时，汇集管的截面积不得小于各爆破片装置泄放接管截面积的总和。

B6　使用

使用单位应当对爆破片装置进行日常检查、定期检查以及定期更换，并且保留爆破片装置使用技术档案。

B6.1　日常检查

使用单位应当经常检查爆破片装置是否有介质渗漏现象。如果爆破片为外露式安装时，应当查看爆破片是否有表面损伤、腐蚀和明显变形等现象。

B6.2　定期检查

爆破片装置定期检查周期可以根据使用单位具体情况作出相应的规定，但是定期检查周期最长不得超过1年。定期检查应当包括以下内容：

（1）检查爆破片装置安装方向是否正确，核实铭牌上的爆破压力和爆破温度是否符合运行要求；

（2）检查爆破片外表面有无损伤和腐蚀情况，是否有明显变形，有无异物黏附，有无泄漏等；

（3）爆破片装置与安全阀串联使用时，检查爆破片装置与安全阀之间的压力指示装置，确认爆破片装置、安全阀是否泄漏；

（4）检查排放接管是否畅通，是否有严重腐蚀，支撑是否牢固；

（5）带刀架的夹持器，检查其刀片(如有可能)是否有损伤缺口或者刀口变钝；

（6）如果在爆破片装置与设备之间安装有截止阀，检查截止阀是否处于全开状态，铅封是否完好。

B6.3　更换

B6.3.1　爆破片更换

爆破片更换周期应当根据设备使用条件、介质性质等具体影响因素，或者设计预期使用年限合理确定，一般情况下爆破片装置更换周期为2至3年。对于腐蚀性、毒性介质以及苛刻条件下使用的爆破片装置应当缩短更换周期。

爆破片装置出现以下情况时，应当立即更换：

（1）存在B6.2中(1)～(3)所述问题；

（2）设备运行中出现超过最小爆破压力而未爆破；

（3）设备运行中出现使用温度超过爆破片装置材料允许使用温度范围；

（4）设备检修中拆卸；

（5）设备长时间停工后(超过6个月)，再次投入使用。

B6.3.2　夹持器更换

爆破片更换时，应当对夹持器做相应的清洗和检查，如果存在以下情况，应当将夹持器送交原制造单位进行维修或者报废处理：

（1）夹持器出现变形、裂纹或者有较大面积腐蚀；

（2）夹持器密封面损坏；

（3）带刀架夹持器的刀片损伤或者变钝；

（4）存在其他影响爆破片正常安装或者正常工作的问题。

B6.4 改造、维修

爆破片只能与原制造单位提供的夹持器配套使用。爆破片装置的所有零部件，使用单位不得自行改造、维修。

B6.5 爆破片装置使用技术档案

使用单位应当建立爆破片装置使用技术档案。使用技术档案应当包括以下内容：

（1）爆破片装置产品质量证明文件、安装、使用说明书；

（2）爆破片装置定期检查记录、报告；

（3）爆破片装置日常使用记录；

（4）爆破片装置或者零部件更换记录；

（5）爆破片装置运行故障、事故以及维修记录。

附件 C

爆破片装置制造许可条件

C1 爆破片装置制造许可项目

特种设备制造许可项目品种为“爆破片装置”，产品许可范围是按照规格、爆破压力、爆破温度等作为限制条件。

注 C-1：由于爆破片装置制造许可涵盖了产品设计的内容，因此在爆破片装置制造许可鉴定评审时，应当包含对爆破片设计人员考核的要求。

C2 爆破片装置制造许可条件

C2.1 法定资格

爆破片装置制造单位应当具有企业法人资格或者在所在地政府部门合法注册。

C2.2 基本要求

(1) 拥有适应爆破片装置研发、设计、制造、试验必要的专业技术人员、检验人员和技术工人；

(2) 拥有满足爆破片装置制造必要的设计与生产条件，包括制造场地、原材料和产品存放场地、设计办公条件、生产设备和工艺装备等；

(3) 拥有适应爆破片装置产品设计、制造需要以及产品质量检验、试验要求的检测手段和条件，包括检测仪器、理化检验设备、无损检测设备、计量器具和与产品出厂检验项目相适应的试验条件；

(4) 拥有有关的安全技术规范及其相应标准；

(5) 具备爆破片装置产品设计、主要生产工序和完成最终检验工作的能力。

注 C-2：

(1) 爆破片装置制造单位的理化检验、无损检测工作可以外委；

(2) 爆破片装置制造单位无损检测工作外委时，外委单位应当具备相应的核准资格和能力；

(3) 爆破片装置制造过程中外委的工作质量和产品质量，由爆破片装置制造单位负责。

C2.3 质量保证体系

爆破片装置制造单位应当按照《特种设备制造、安装、改造、维修质量保证体系基本要求》(TSG Z0004)的要求，结合本单位实际情况和产品特性，建立爆破片装置的设计、制造质量保证体系，并且有效实施。

C2.4 注册资金和职工人数

爆破片装置制造单位的注册资金应当不少于300万元，在册职工数应当不少于30人。

C2.5 专业人员

C2.5.1 质量控制系统责任人员

爆破片装置制造单位应当设置设计、工艺、材料、焊接、热处理、理化、无损检测、检验等质量控制系统责任人员。

注 C-3：

(1) 制造单位质量控制系统责任人员可以根据产品质量控制的实际情况和产品技术特性进行设置；如果产品制造无焊接、无损检测过程时，可以不设置相关质量控制系统责任人员；

(2) 如果制造单位的理化检验、无损检测由外委单位承担时，应当设置相应的质量控制系统责任人员，负责对外委单位工作质量的控制。

C2.5.2 技术人员

爆破片装置制造单位在册的设计、工艺与检验技术人员不少于职工总人数的20%，其中机械、材料、模具等相关专业技术人员不少于5人。担任设计、校核以及审核的专业技术人员应当具有工程师以上(含工程师)职称的人数不少于 3 人，并且担任爆破片装置设计工作已持续 2 年以上(含 2 年)，其中至少有 1 名具有高级工程师职称。

C2.5.3　无损检测人员

爆破片装置产品标准有无损检测要求时，爆破片装置制造单位应当具有超声检测Ⅱ级、渗透检测Ⅱ级资格的无损检测人员各不少于 2 人项。

C2.5.4　理化检验人员

爆破片装置制造单位理化检验人员中，至少应当有 1 名具有助理工程师以上(含助理工程师)职称的技术人员。

C2.5.5　焊接人员

爆破片装置有焊接要求时，爆破片装置制造单位应当至少具有 2 名持证焊接人员，持证项目应当满足产品焊接的要求。

C2.6　生产条件

C2.6.1　厂房场地

爆破片装置制造单位的生产厂房建筑面积不少于 $1000m^2$。

C2.6.2　生产工序

爆破片装置制造单位应当根据爆破片装置型式设置原材料、零部件的采购与验收、下料、成型、开缝、刻槽、机械加工、热处理、装配、爆破试验和最终检验等制造工序(如果产品标准有要求时，还应当设置其他相应工序)。

C2.6.3　生产设备

爆破片装置制造单位的主要生产设备应当满足产品制造需要。生产设备的数量要求见表 C-1。

表 C-1　生产设备数量要求

生产设备名称	数量要求(不少于)
下料设备(冲床、剪床、电火花和激光切割)	4 台
液压机	6 台
模具、胎夹具(下料、成形和刻槽)	40 套
机加工设备	6 台
焊接设备	2 台
热处理设备(包括真空热处理设备)	2 台

C2.6.4　工艺装备和存储条件

爆破片装置制造单位应当拥有满足产品加工需要的各类工艺装备和摆放各类工艺装备、模具、胎夹具的空间、架具等存储条件。

C2.7　检测手段

C2.7.1　检验与试验设备

检验与试验设备的要求见表 C-2。

表 C-2　检验与试验设备要求

设备名称	设备要求
爆破片试验装置	满足出厂检验项目要求的爆破压力标定装置和性能试验装置
疲劳试验装置	满足爆破片装置产品疲劳试验要求的液体和气体介质疲劳试验装置
密封性试验设备	满足爆破片装置的泄漏测试装置以及爆破片与夹持器组合件检漏装置
试验压力源	满足试验要求的气压源和液压源
试压泵	满足产品试验要求的液压试验泵

表 C-2 检验与试验设备要求(续)

设备名称	设备要求
压力表	满足爆破片装置爆破试验要求的压力表，精度不低于1级，2.5MPa以下的每个系列压力表不低于0.4级
检测器具	内外径、拱高以及其他几何形状等尺寸精密测量器具
计量器具	压力变送器、温度表(计)、压力表、热电偶等计量器具应当满足产品的测试要求，并且在检定有效期内

C2.7.2 理化检验设备

爆破片装置制造单位的材料理化检验等仪器设备应当满足产品标准的要求。

C2.7.3 无损检测设备

爆破片装置制造单位的无损检测设备应当满足产品标准的要求。

附件 D

爆破片装置型式试验要求

D1　型式试验程序具体要求

型式试验程序具体要求如下：

(1) 爆破片装置型式试验申请；

(2) 型式试验机构对爆破片装置型式试验申请的受理；

(3) 确定型式试验抽样方式和样品的类别、型式、规格、数量；

(4) 产品技术资料审查；

(5) 爆破片装置制造单位准备试验用样品，型式试验机构按照抽样规则抽取样品，并且在抽取的样品上标注样品专用标志；

(6) 爆破片装置制造单位将样品进行包装，采取专人送达的方式，将样品送至型式试验机构指定地点；

(7) 爆破片装置制造单位和型式试验机构人员共同拆箱，确认样品是否符合型式试验要求；

(8) 进行爆破片装置型式试验时，爆破片装置制造单位可以派员作为型式试验观察人员在试验现场进行观察；

(9) 型式试验机构试验完成后，应当及时整理试验数据，在规定时限内出具试验报告及证书。

D2　型式试验抽样规则

依据爆破片装置制造单位的制造许可申请和实际情况，型式试验样品应当由型式试验机构在爆破片装置制造现场抽取。型式试验抽样原则如下：

(1) 样品应当是经过爆破片装置制造单位检验，符合相应产品标准、技术条件要求的成品；

(2) 抽取样品时，应当考虑样品在规格、压力、材质等方面的代表性；

(3) 每种型式爆破片装置随机抽取不少于 3 种规格样品；

(4) 同一规格的样品应当在同批次产品中抽取；

(5) 所抽取每种规格样品的基数不得少于需要进行型式试验所需爆破片装置数量的 3 倍；

(6) 当型式试验结论为不合格需要复验时，应当在同批次产品中加倍抽取复验样品；

(7) 当可以确定因为试验操作和设备原因致使试验失误时，允许在同批次产品中再抽取样品重新进行试验。

D3　型式试验覆盖范围

根据爆破片装置的结构、规格、材料等特性，每种型式所抽取样品的型式试验结论覆盖该型式中全部规格的产品。

D4　型式试验项目、内容和要求

爆破片装置型式试验项目，包括技术资料审查和试验样品的检验与试验。具体的试验项目、内容和要求，除符合本规程外，还应当按照相应标准规定进行。

D4.1　产品技术资料审查

爆破片装置制造单位应当提供的产品技术资料主要内容和要求如下：

(1) 设计参数等数据的选用及其来源符合要求；

(2) 设计文件所采用的有关安全技术规范及其相应标准符合要求；

(3) 检验和试验方法的选择符合有关安全技术规范及其相应标准要求。

D4.2　试验样品检验与试验

检验与试验的主要项目如下：

（1）外观质量与几何尺寸检验；

（2）试验样品标志；

（3）密封性试验（需要时）；

（4）爆破试验；

（5）泄放量试验；

（6）流阻系数测试（需要时）；

（7）疲劳试验（需要时）。

注 D：需要时是指安全技术规范及其标准有明确规定的。

D5 型式试验方法

爆破片装置的型式试验方法按照本规程及其相应标准的要求进行。

D5.1 外观质量与几何尺寸

使用专用量具，检查外观表面质量和测量爆破片的尺寸是否符合产品图样的要求。

D5.2 试验样品标志

检查、核对试验样品标志是否完整并且符合本规程及其相应标准的要求。

D5.3 密封性试验

在专用试验装置上进行爆破片装置的密封性试验。

D5.4 爆破试验

在专用爆破试验装置上，每一规格分别进行3只爆破片装置的爆破试验，记录爆破压力，将实际爆破压力与标定爆破压力进行比对。

D5.5 泄放量试验

在专用泄放量试验装置上，对3只同规格爆破片装置进行泄放量试验，计算平均值，即为该型号、规格爆破片装置的泄放量。

D5.6 流阻系数测试

在专用流阻系数测试装置上，可以采用单一规格法确定所测试规格爆破片装置的流阻系数；或者采用三规格法（同一型式中的3种不同规格）确定该型式爆破片装置的流阻系数。

D5.7 疲劳试验

根据不同类别爆破片装置的试验压力要求，按照相应标准规定，进行规定次数的循环压力疲劳试验后，再进行爆破试验，实际爆破压力应当符合相应标准规定；或者按照相应标准规定进行循环压力极限次数的疲劳试验，爆破片装置不发生破坏。

D6 型式试验结论的判定与处理

D6.1 判定原则

爆破片装置技术资料审查和试验样品的各项检验、试验结论均满足有关安全技术规范及其相应标准、产品技术文件的要求，型式试验判定为“符合”。

D6.2 产品技术资料审查

审查爆破片装置设计文件以及产品出厂资料是否符合有关安全技术规范及其相应标准要求。

型式试验机构在对爆破片装置技术资料审查时，应当及时与爆破片装置制造单位进行交流沟通。当设计文件不符合有关安全技术规范及其相应标准时，型式试验机构应当向爆破片装置制造单位提出书面整改意见。爆破片装置制造单位在接到书面整改意见后，应当在规定时限内进行整改，并且将整改的设计文件及时报送型式试验机构。型式试验机构应当对爆破片装置制造单位的整改情况进行确认。若整改后的设计文件与试验样品不一致时，爆破片制造单位应当重新提供试验样品。

D6.3 试验与复验

当同一试验项目有一只试验样品不符合有关安全技术规范及其相应标准要求时，允许进行该试验项目的复验，复验的试验样品数量为2倍原试验样品数量，并且复验只能进行一次。当该项目的复验的试验样品均符合有关安全技术规范及其相应标准要求时，则判定该项目的试验结论为“复验符合”，否则该项目的试验结论为“不符合”。

型式试验结论为“不符合”的，爆破片制造单位在一年后方可重新申请进行型式试验。

D6.4 考核性试验

在《特种设备制造许可证》换证时，爆破片装置制造单位应当选择具有代表性的爆破片装置试验样品，作为持证期间制造的产品进行考核性试验。抽取的试验样品型式、规格、数量、方法等应当由受理机关或者型式试验机构与爆破片装置制造单位商定。

D7 型式试验其他要求

型式试验方案的制定、试验样品抽样和标识、试验人员、试验设备及场所、试验记录、检验数据的认可、专用设备试验的监督、试验样品管理等要求，由型式试验机构制定，并且应当符合有关安全技术规范及其相应标准的规定。

D8 型式试验报告、证书和型式试验情况汇总

爆破片装置型式试验后，型式试验机构应当出具《特种设备型式试验报告》(见附件 D-1)，型式试验结论为“符合”的，还应当出具《特种设备型式试验证书》(见附件 D-2)。

《特种设备型式试验证书》应当按照“特种设备型式试验证书编号说明”的要求进行证书编号(见附件 D-3)。

《特种设备型式试验报告》和《特种设备型式试验证书》一式三份，两份交爆破片装置制造单位保存(其中一份提交鉴定评审机构)，一份由型式试验机构存档。

型式试验机构应当每年填写《爆破片装置型式试验情况汇总表》(见附件 D-4)，并且上报国家质检总局。

附件 D-1

报告编号：

特种设备型式试验报告

（爆破片装置）

产 品 型 式：______________________________

型号／规格：______________________________

委 托 单 位：______________________________

制 造 单 位：______________________________

（印制型式试验机构名称）

注意事项

1. 本报告是依据《爆破片装置安全技术监察规程》，对爆破片装置进行的型式试验结论报告。

2. 本报告应当由计算机打印输出，或者用钢笔、签字笔填写，字迹要工整，涂改无效。

3. 本报告无试验、审核、批准人员签字和型式试验机构的核准号、试验专用章或者公章无效，并且应当加盖骑缝试验专用章或者公章。

4. 本报告一式三份，两份委托方保存(其中一份用于办理有关许可)，一份型式试验机构存档。

5. 本报告仅对样品本身负责。

6. 委托方若对本报告结果有异议，请在收到报告之日起 15 日内向试验机构提出书面意见。

型式试验机构地址：
邮政编码：
电话：
传真：
E-mail：

目　录

（**注**：爆破片装置密封性试验报告，爆破片装置泄放量试验报告等报告格式由型式试验机构编制。本注不印制）

一、爆破片装置型式试验结论报告

报告编号：

<table>
<tr><td>委托单位名称</td><td colspan="3"></td></tr>
<tr><td>制造单位名称</td><td colspan="3"></td></tr>
<tr><td>制造单位地址</td><td colspan="3"></td></tr>
<tr><td>设计单位名称</td><td colspan="3"></td></tr>
<tr><td>产品型式</td><td></td><td>样品型号/规格</td><td>/</td></tr>
<tr><td>设计日期</td><td></td><td>总图图号</td><td></td></tr>
<tr><td>产品批号</td><td></td><td>抽样日期</td><td></td></tr>
<tr><td>抽样基数</td><td></td><td>抽样数量</td><td></td></tr>
<tr><td>样品编号</td><td></td><td>抽样单位</td><td></td></tr>
<tr><td>试验依据</td><td colspan="3"></td></tr>
<tr><td>资料审查意见</td><td colspan="3"></td></tr>
<tr><td>检验与试验结论</td><td colspan="3"></td></tr>
<tr><td>备注</td><td colspan="3"></td></tr>
<tr><td>试验负责人：</td><td>日期：</td><td colspan="2" rowspan="3">型式试验机构核准证号：
（型式试验机构试验专用章）
年 月 日</td></tr>
<tr><td>审核：</td><td>日期：</td></tr>
<tr><td>批准：</td><td>日期：</td></tr>
</table>

共 页 第 页

二、爆破片装置主要参数

报告编号：

序号	项目	单位	数值
1	爆破片装置型式	—	
2	型号	—	
3	规格	mm	
4	材质	—	
5	设计爆破压力	MPa	
6	爆破温度	℃	
7	制造范围	—	
8	标定爆破压力	MPa	
9	爆破压力允差	—	
10	适用介质	—	
11	适用温度	℃	
12	流阻系数	—	
13	制造日期	—	
14	夹持器编号	—	
15	夹持器泄放口最小直径	mm	
备注			

共　页　第　页

三、爆破片装置产品技术资料审查报告

报告编号：

<table>
<tr><td colspan="3">审查情况及结论：</td></tr>
<tr><td>备注</td><td colspan="2"></td></tr>
<tr><td colspan="2">编制：　　　　日期：</td><td>审核：　　　　日期：</td></tr>
</table>

共　页　第　页

四、爆破片装置外观和几何尺寸检验报告

报告编号：

产品型式、批号			检验日期	
检验项目	要求	试验编号	检验结果	结论
外观质量	裂纹、锈蚀、微孔、气泡、夹渣和凹坑等	1		
		2		
		3		
几何尺寸	根据设计图样	1		
		2		
		3		
检验照片				
备注				
试验：	日期：	审核：	日期：	

共 页 第 页

五、爆破片装置爆破试验报告

报告编号：

<table>
<tr><td>试验日期</td><td colspan="2"></td><td>环境温度</td><td>℃</td></tr>
<tr><td>试验介质</td><td colspan="2"></td><td>标定爆破压力</td><td>MPa</td></tr>
<tr><td>爆破压力允差</td><td colspan="2"></td><td>爆破温度</td><td>℃</td></tr>
<tr><td>产品型式、批号</td><td>试验编号</td><td colspan="2">爆破压力(MPa)</td><td>结论</td></tr>
<tr><td rowspan="3"></td><td>1</td><td colspan="2"></td><td></td></tr>
<tr><td>2</td><td colspan="2"></td><td></td></tr>
<tr><td>3</td><td colspan="2"></td><td></td></tr>
<tr><td>试验照片</td><td colspan="4"></td></tr>
<tr><td>结论</td><td colspan="4"></td></tr>
<tr><td>备注</td><td colspan="4"></td></tr>
<tr><td colspan="2">试验：　　　　日期：</td><td colspan="3">审核：　　　　日期：</td></tr>
</table>

共　页　第　页

六、爆破片装置流阻系数测试报告

报告编号：

<table>
<tr><td>试验日期</td><td colspan="2"></td><td>环境温度</td><td>℃</td></tr>
<tr><td>试验介质</td><td colspan="2"></td><td>相对分子量</td><td></td></tr>
<tr><td>基点压力</td><td colspan="2">MPa</td><td>基点温度</td><td>℃</td></tr>
<tr><td>产品型式、批号</td><td>试验编号</td><td colspan="2">测得的排放量(kg/h)</td><td>流阻系数</td></tr>
<tr><td rowspan="3"></td><td>1</td><td colspan="2"></td><td></td></tr>
<tr><td>2</td><td colspan="2"></td><td></td></tr>
<tr><td>3</td><td colspan="2"></td><td></td></tr>
<tr><td>试验照片</td><td colspan="4"></td></tr>
<tr><td>结论</td><td colspan="4"></td></tr>
<tr><td>备注</td><td colspan="4"></td></tr>
<tr><td colspan="2">试验：　　　　日期：</td><td colspan="3">审核：　　　　日期：</td></tr>
</table>

共　页　第　页

七、爆破片装置疲劳试验报告

报告编号：

试验日期		环境温度		℃
试验介质		试验压力上限		MPa
试验频率		试验压力下限		MPa
产品型式、批号	试验编号	疲劳次数	爆破压力(MPa)	结论
	1			
	2			
	3			
试验照片				
结论				
备注				
试验：	日期：	审核：	日期：	

共　页　第　页

八、附表 1 压力-时间曲线

报告编号：

试验编号	曲线图
1	
2	
3	
试验：　　　　日期：	审核：　　　　日期：

共　页　第　页

九、附表 2 温度-时间曲线

报告编号：

试验编号	曲线图
1	
2	
3	
试验： 日期：	审核： 日期：

共 页 第 页

附件 D-2

特种设备型式试验证书

（爆破片装置）

证书编号：

制　造　单　位：____________________
制造单位地址：____________________
产　品　型　式：____________________
产　品　型　号：____________________
型式试验报告编号：____________________

经型式试验，确认符合《爆破片装置安全技术监察规程》要求，覆盖本型式的以下规格产品：

证书有效期至　　年　月　日

（型式试验机构名称、盖章）
年　月　日

附件 D-3

特种设备型式试验证书编号说明

1　特种设备型式试验证书编号方法

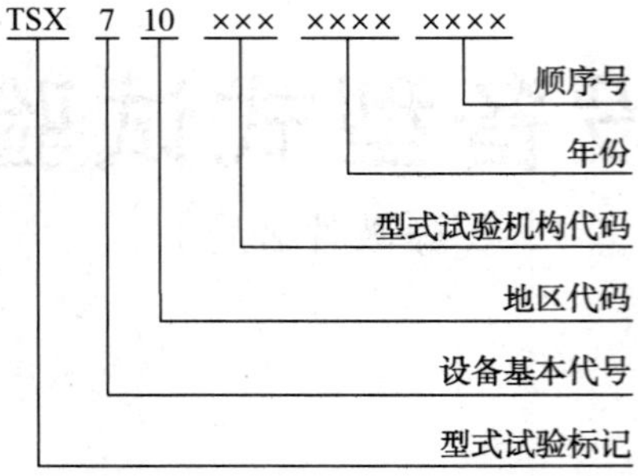

2　标记和编号说明

2.1　“TSX”

为特种设备型式试验标记。

2.2　设备基本代码

按照国家质检总局公布的《特种设备目录》，爆破片装置代码的头一位数字，用“7”表示。

2.3　地区代码

核准型式试验机构的特种设备安全监察部门所在地的地区代码。由国家质检总局核准的型式试验机构，用“10”表示。

2.4　型式试验机构代码

为国家质检总局统一公布和编号的特种设备型式试验机构核准号(流水编号)，用3位阿拉伯数字表示。

2.5　年份

为出具型式试验报告的年份，用4位阿拉伯数字表示。

2.6　顺序号

为型式试验机构当年发出特种设备型式试验证书的流水编号，用4位阿拉伯数字表示。如果编号超过9999，可以采取英文字母代替，如其流水编号为10001，则可依次编为A001。

附件 D-4

爆破片装置型式试验情况汇总表

（可横向印制）

型式试验机构（公章）： 负责人：

上报日期： 编号：

序号	制造单位名称	产品型式（名称）	产品型号	产品规格	报告编号	签发日期

附件 E

爆破片装置制造监督检验要求

E1　监督检验

本要求规定的爆破片装置制造监督检验(以下简称监检)，是指特种设备使用的爆破片装置制造过程中，在爆破片装置制造单位(以下简称制造单位)自检合格的基础上，对制造过程中涉及爆破片装置安全性能项目进行的监督验证工作。

E2　监检机构以及监检人员

爆破片装置制造监检工作应当由国家质检总局核准的检验检测机构(以下简称监检机构)承担。

监检人员应当持有国家质检总局或者省级质量技术监督部门颁发的相应资格证书。

监检机构应当为监检人员配备必要的检验和检测工具，对监检人员进行法规、安全技术规范及其相应标准等相关知识的培训和定期考核。

监检机构应当根据爆破片装置制造单位的实际情况和产品特性编制《爆破片装置制造监督检验大纲》(以下简称《监检大纲》)。《监检大纲》应当对监检工作依据、监检人员、监检方式、监检项目、监检工作程序、不符合项目的处理等提出相应的规定。

监检机构和监检人员对爆破片装置制造单位提供的技术文件应当予以保密。

E3　制造单位

爆破片装置制造单位应当设置专人配合监检机构和监检人员开展监检工作，及时提供相关资料和为监检工作提供必要的办公条件。

E4　监检范围

实施监检的爆破片装置产品，应当是爆破片装置制造单位许可范围内的产品。

监检工作应当在爆破片装置制造现场的制造过程中，按照产品批次，逐批实施。

E5　监检依据

爆破片装置制造监检工作应当依据有关安全技术规范及其相应标准、设计图样和订货合同(以下简称合同)的技术要求进行。监检项目与监检内容按照《爆破片装置安全性能监督检验项目表》(以下简称《监检项目表》)(见附件E-1)的要求进行。

E6　监检内容

爆破片装置监检工作内容包括：

(1) 根据《监检项目表》规定的监检工作内容进行爆破片装置制造过程中涉及产品安全性能的监督验证；

(2) 对爆破片装置制造单位质量保证体系实施进行监督检查。

E7　监检项目

E7.1　设计文件

(1) 审查图纸的签字、更改；

(2) 审查产品企业标准技术评审和备案；

(3) 审查产品型式试验报告。

E7.2　制造过程

(1) 审查原材料质量证明书或者有效的复印件；

(2) 检查材料标记与标记移植；

（3）审查焊接记录、热处理报告以及温度自动记录；

（4）审查无损检测报告；

（5）审查爆破试验报告以及标定爆破压力计算结果（包括样品抽取）；

（6）审查产品质量证明书；

（7）检查爆破片装置的外观、标志内容。

E7.3　质量保证体系

监检人员发现质量保证体系实施存在问题，应当及时向制造单位提出，监检单位对制造单位质量保证体系实施的检查每年至少进行一次，对发现的问题应当记录。

E8　监检方式

E8.1　监检工作方式

（1）制造现场进行巡查；

（2）对制造单位提供的产品质量文件、资料、实物进行现场审查和检查；

（3）现场监督确认检验试验结论；

（4）对产品进行抽查验证和现场监督；

（5）在制造单位提供的检验报告、记录等工作见证上签字确认；

（6）如果对制造单位提供的工作见证有怀疑或者检查发现不符合要求时，要求进行复验或者补充检验。

E8.2　监检项目分类

监检项目分为A类和B类（详见《监检项目表》）。根据《监检大纲》的要求，监检人员在对制造单位制造活动现场进行巡查的基础上，按照以下要求进行监检：

（1）A类监检项目，对文件资料、实物进行现场检查或者现场监督、确认结果，判断是否符合要求，未经现场监检确认或者监检确认不合格的，不得流转至下一道工序；

（2）B类监检项目，按照《检监项目表》的规定或者随机抽查文件资料、报告、记录表（卡），必要时抽查实物或者进行现场监督，确认结果，判定是否符合要求。

E9　监检工作基本要求

E9.1　监检人员和监检时间

（1）监检机构应当根据制造单位实际情况配备相应数量的监检人员，监检人员名单应当由监检机构以书面形式通知制造单位；

（2）制造单位应当向监检机构提供爆破片装置生产计划，及时通知监检人员生产进度，以便监检人员开展监检工作。

E9.2　监检联络单与监检意见通知书

（1）监检机构或者监检人员发现制造单位出现部分监检项目不合格、产品质量不稳定、质量保证体系实施不正常等一般问题时，监检人员应当及时向制造单位发出《特种设备监督检验联络单》（以下简称《监检联络单》）（见附件E-2）；

（2）监检机构或者监检人员发现制造单位出现严重问题（注E-1），监检机构应当向制造单位签发《特种设备监督检验意见通知书》（以下简称《监检意见通知书》）（见附件E-3），并且同时报送所在地的市（地）级质量技术监督部门；如果制造单位对提出的监检意见拒不接受或者不能及时纠正时，监检机构应当及时向上级质量技术监督部门报告；

注E-1：严重问题，是指对产品安全性能有较大影响的问题。例如监检项目不合格而不能够纠正，制造单位质量保证体系实施严重失控，制造单位对《监检工作联络单》提出的问题拒不改进，制造单位已经不再具备制造许可条件，制造单位在制造和管理活动中有违反制造许可的有关规定等问题。

（3）制造单位对监检人员发出的《监检工作联络单》和监检机构发出的《监检意见通知书》，应当在规定的期限内及时处理和回复；若对监检结果有异议，应当在15日内书面向监检机构提出复检要求；对复检结果仍有异议时，可以书面向所在地的市(地)级质量技术监督部门或者省级质量技术监督部门提出，必要时，可以直接向国家质检总局提出；

(4) 经过监检合格的产品，监检机构应当及时汇总和审查监检工作见证资料，在15个工作日内出具《爆破片装置安全性能监督检验证书》(以下简称《监检证书》)见附件E-4；《监检证书》一式三份，一份交由制造单位随产品出厂资料交付使用单位，另二份分别由监检机构和制造单位存档，并且进行产品监检一次合格率的统计(注E-2)。

注E-2：产品监检一次合格率，是指按照监检项目为分母，以发现不符合项为分子的百分比。制造单位对不符合项，经过整改后，再次监检不符合的，仍然作为不符合项加入分子中(分母保持不变，以此类推)。

E10　爆破试验不符合的处理

监检中，如果发现爆破试验不合格，则该批次产品报废处理。

附件 E-1

爆破片装置安全性能监督检验项目表

制造单位：________________ 产品型式(名称)：________________

产品型号：________________ 产品批号：________本批共________只

材料牌号：________________ 监检证书编号：________________

序号	监检项目	类别	检查结果	工作见证	监检员	确认日期
1	设计文件	A				
2	材料质量证明书	B				
3	材料标记与标记移植	B				
4	焊接记录、热处理报告和记录	B				
5	无损检测报告	B				
6	爆破试验及标定爆破压力	A/B				
7	产品质量证明书	B				
8	外观、标志	B				
记事：（记载制造单位质量保证体系实施中发现的问题、产品监检一次合格率的统计等。本说明可不印制）						
其他说明：						

注：监检项目表中第 6 项，可在不大于 30 个批次的产品中选择一个批次按 A 类监检，其他批次按 B 类监检。

附件 E-2

特种设备监督检验联络单

编号：

____（制造单位）____：

经监督检验，你单位在爆破片装置（产品批号）的制造过程中，存在以下问题，请于______年____月____日前将处理结果报送监检组或者监检机构：

<table>
<tr><td>问题和意见

监检员：　　　　　　日期：

制造单位接收人：　　　　　　日期：</td></tr>
<tr><td>处理结果

制造单位主管负责人：　　　　　　日期：　　　　　　（制造单位章）
年　月　日</td></tr>
</table>

注：本联络单一式三份，监检机构一份，制造单位二份（其中一份返回监检机构）。

附件 E-3

特种设备监督检验意见通知书

编号：

____(制造单位)____：

经监督检验，你单位在爆破片装置(产品批号)的制造过程中，存在以下问题，请于____年___月___日前将处理结果报送监检机构：

<table>
<tr><td>问题和意见

监检员：　　　　日期：

监检机构技术负责人：　　　　日期：　　　　(监检机构章)
年　月　日

制造单位接收人：　　　　日期：</td></tr>
<tr><td>处理结果

制造单位主管负责人：　　　　日期：　　　　(制造单位章)
年　月　日</td></tr>
</table>

注：本通知书一式四份，安全监察机构一份，监检机构一份，制造单位二份(其中一份返回监检机构)。

附件 E-4

爆破片装置安全性能监督检验证书

证书编号：

制造单位：________________________

制造许可证号：____________________

产品名称：________________________　　产品型式型号：____________________

产品批号：________________________　　产品数量：________________________

产品标准：________________________　　制造日期：________________________

依据《特种设备安全监察条例》、《爆破片装置安全技术监察规程》及其有关安全技术规范的规定，该批产品经我机构监督检验，安全性能符合规定。特发此证。

在爆破片装置铭牌部位标注如下监检标志。

TS

监　检：　　　　　　　　日期：

审　核：　　　　　　　　日期：

批　准：　　　　　　　　日期：

监检机构：　　　　　　　　　　　　（监检专用章）

年　月　日

检验检测机构核准证编号：

注：此证书一式三份、使用单位、监检机构和制造单位各一份。

监检机构地址：　　　　　　　　联系电话：

《爆破片装置安全技术监察规程》(TSG ZF003—2011)
第1号修改单

一、“正文”的修改

1. 第三条修改为：

“本规程规定了爆破片装置的材料、设计、制造、检验、安装、使用等过程以及制造许可、型式试验工作的基本安全要求，相关爆破片装置的技术标准以及有关单位、机构的管理制度等，不得低于本规程的规定。

“爆破片装置安全技术要求见附件B。”

2. 第四条修改为：

“爆破片装置制造单位应当取得相应的《特种设备制造许可证》和《特种设备型式试验证书》。国家质量监督检验检疫总局(以下简称国家质检总局)负责境内、外爆破片装置制造许可的受理和审批。

“《特种设备制造许可证》有效期为4年。爆破片装置制造单位应当采用适当方式在产品上标注‘TS’许可标志、《特种设备制造许可证》编号和许可级别。

“爆破片装置制造许可分为A、B两级，A级爆破片装置制造单位制造的产品应用不做限制，B级爆破片装置制造单位的产品限用于第Ⅰ类、第Ⅱ类固定式压力容器、气瓶及气瓶阀门，GC2、GC3级压力管道。

“爆破片装置制造许可程序包括申请、受理、产品试制、型式试验、鉴定评审、审批、发证等，具体许可程序按照相关规定进行。爆破片装置制造许可条件见附件C。”

3. 第八条修改为：

“爆破片装置的制造单位应当按照批准的许可范围进行产品制造，并且接受特种设备型式试验机构对爆破片装置安全质量的抽查检验。

“特种设备型式试验机构应当合理安排抽查检验，督促爆破片装置制造单位在持证期间的产品安全质量持续保持一致，抽查检验的范围在4年内应当覆盖制造许可的产品形式，检验的项目和合格指标不低于型式试验的项目和合格指标。”

二、“附件A”的修改

1. 删除A5内容，将原A6~A15编号依次改为A5~A14。

2. 将原A7.2条修改为：

“A6.2 最大(最小)爆破压力

“设计爆破压力与爆破压力允差的代数和。”

3. 删除原A7.4条。

4. 将原A7.5条改为：

“A6.4 爆破压力允差

“试验爆破压力相对于设计爆破压力的最大允许偏差。”

三、“附件B”的修改

1. 将B3.2.2.4条修改为：

“B3.2.2.4　试验数据

“经过爆破试验，所抽样品在爆破温度下实测爆破压力必须在该批次爆破片爆破压力允差范围内。”

2. 将B3.3.1条修改为：

“B3. 3. 1　标志内容

“爆破片装置制造单位应当在每只爆破片装置铭牌上标注明显标志，标志内容至少包括本条要求的内容。

“B3. 3. 1. 1　爆破片铭牌

“(1)《特种设备制造许可证》编号、许可级别以及标志；

“(2) 爆破片装置制造单位名称；

“(3) 爆破片型号；

“(4) 批次编号和产品编号；

“(5) 制造标准号；

“(6) 规格(或者泄放口公称直径)；

“(7) 设计爆破压力；

“(8) 爆破压力允差；

“(9) 爆破温度；

“(10) 最小泄放面积；

“(11) 流阻系数(需要时，注 B)；

“(12) 制造日期；

“(13) 泄放方向；

“(14) 与其相配的夹持器型号或者代号。

“B3. 3. 1. 2　夹持器铭牌

“(1)《特种设备制造许可证》编号、许可级别以及标志；

“(2) 爆破片装置制造单位名称；

“(3) 批次编号和产品编号；

“(4) 夹持器的型号或者代号；

“(5) 夹持器的材料牌号；

“(6) 规格(或者泄放口公称直径)；

“(7) 公称压力或者压力等级；

“(8) 泄放方向。

“注 B：流阻系数用以下代号表示：

“—爆破片装置采用干态空气或者惰性气体验证；

“—爆破片装置采用液体验证；

“—爆破片装置采用干态空气或者惰性气体和液体验证。”

3. 将 B3. 4 条修改为：

“B3. 4　出厂资料和文件

“爆破片装置制造单位在产品交付用户时，应当随产品至少提供以下资料和文件：

“(1) 产品合格证；

“(2) 爆破片装置装配简图；

“(3) 安装、使用说明书；

“(4) 产品质量证明书(按批次向用户提供，符合 B3. 5 的规定)；

“(5) 制造单位与用户合同规定的有关文件。”

4. 将 B3. 5 条改为：

“B3. 5　产品质量证明书

“爆破片装置产品质量证明书至少包括以下内容：

“(1) 产品名称；

“(2) 批次编号；

“(3) 产品型号;

“(4) 制造(批次)数量;

“(5) 产品规格(夹持器代号或者泄放口公称直径);

“(6) 材料牌号;

“(7) 适用介质、温度;

“(8) 设计爆破压力;

“(9) 爆破压力允差;

“(10) 爆破温度;

“(11) 流阻系数(需要时,注 B);

“(12) 制造标准;

“(13) 合格标记、检验人员印章;

“(14) 制造单位名称、《特种设备制造许可证》编号、许可级别、检验专用印章或者公章;

“(15) 制造日期;

“(16) 产品安全质量不低于同型式型式试验结果的申明。”

5. 将 B3.6 条修改为:

“B3.6 产品技术档案

“每批次爆破片装置出厂后,制造单位应当建立产品技术档案,并且至少将以下技术资料和文件归档:

“(1) 设计图样、设计说明书以及制造工艺文件;

“(2) 材料质量证明文件;

“(3) 制造过程质量控制表(卡),检验、试验原始数据,记录和报告;

“(4) 出厂检验报告;

“(5) 产品质量证明书;

“(6) 用户反馈信息、售后服务或者维修记录以及事故现场调查与分析记录和事故处理记录等。

“产品技术档案保存期限应当不少于 6 年。”

四、“附件 C”的修改

1. 将 C1 条修改为:

“C1 爆破片装置制造许可项目

“特种设备制造许可项目的种类为‘安全附件’,品种为‘爆破片装置’(爆破片装置制造许可项目见表 C-1)。产品许可范围按照型式、规格、爆破压力、爆破温度作为限制条件。

“注 C-1:由于爆破片装置制造许可涵盖了产品设计的内容,因此在爆破片装置制造许可鉴定评审时,应当包含爆破片设计人员考核的要求。”

2. 将 C2.5.2 条修改为:

“C2.5.2 技术人员

“爆破片装置制造单位技术人员要求见表 C-2。”

3. 将 C2.6.1 条修改为:

“C2.6.1 厂房场地

“爆破片装置制造单位的生产厂房建筑面积,A 级不少于 $3000m^2$;B 级不少于 $1000m^2$。”

4. 将 C2.6.3 条修改为:

“C2.6.3 生产设备

“爆破片装置制造单位的主要生产设备应当满足产品制造需要。主要生产设备的要求见表 C-3。”

5. 将 C2.7.1 条修改为:

“C2.7.1 检验与试验设备

"检验与试验设备的要求见表 C-4。"

6. 在原文 C2 前增加表 C-1：

表 C-1　爆破片装置制造许可项目

许可项目				许可范围
种类	品种	级别	型式	
安全附件	爆破片装置	A	正拱普通型 正拱开缝型 正拱带槽型	产品的型式、规格、爆破压力、爆破温度限制范围见《特种设备型式试验证书》(爆破片装置)
		B	反拱开缝型 反拱带槽型 反拱脱落型 反拱刀架型 反拱鳄齿型 平板普通型 平板开缝型 平板带槽型 石墨可更换型 石墨不可更换型	产品限用于第Ⅰ类、第Ⅱ类固定式压力容器，气瓶及气瓶阀门，GC2、GC3 级压力管道。产品的型式、规格、爆破压力、爆破温度限制范围见《特种设备型式试验证书》(爆破片装置)

7. 在原文 C2.5.3 前增加表 C-2：

表 C-2　爆破片装置制造单位技术人员要求

技术人员	许可级别	
	A	B
技术人员比例	≥35%	≥20%
专业人员人数	机械、材料、模具相关专业不少于 8 人	机械、材料、模具相关专业不少于 5 人
设计人员人数	具有工程师以上(含工程师)职称人数不少于 5 人；其中至少有 1 人担任爆破片装置设计工作已持续 5 年以上，且至少有 2 名高级工程师	具有工程师以上(含工程师)职称人数不少于 3 人，其中至少有 1 人担任爆破片装置设计工作已持续 2 年以上，且至少有 1 名高级工程师

8. 将原表 C-1 修改为表 C-3：

表 C-3　主要生产设备要求(台、套)

生产设备名称	许可级别	
	A	B
下料设备(冲床、剪床、电火花和激光切割)	≥6(其中至少包括 1 台激光切割设备)	≥4
液压机	≥8(其中至少 1 台≥300 吨)	≥6
模具(种类和规格应与申请许可品种相适应)	≥150	≥40
机械加工设备	≥10(其中至少包括 2 台数控加工设备)	≥6
焊接设备	≥3	≥2
热处理设备(包括至少 1 台真空热处理设备)	≥3	≥2

9. 将原表 C-2 修改为表 C-4：

表 C-4 检验与试验设备要求(台、套)

检验与试验设备名称	许可级别	
	A	B
爆破片试验装置(带有试验数据自动记录功能)	≥3	≥2
疲劳试验装置(带有试验数据自动记录功能的液体、气体介质试验装置)	液体、气体介质试验装置各≥1	
密封性试验装置	满足爆破片装置检漏要求的试验装置及氦质谱检漏设备	
试验压力源及高、低温试验装置	具有与产品相适应的压力源及高、低温试验条件的装置	
计量、检测器具	压力表(传感器)、温度计(传感器)、几何形状的测量器具的数量、量程、精度满足产品的测试要求，并且在检定有效期内	

五、"附件 D"的修改

1. D2 条修改为：

"D2 型式试验抽样规则

"型式试验样品应当由型式试验机构在制造现场确认爆破片装置制造过程，并且按照要求抽取样品以及进行封样处理。

"型式试验抽样原则如下：

"(1) 抽样人员应当熟悉所抽样品的结构与制造工艺，并且持有相应型式试验人员资格证书；

"(2) 型式试验样品应当是经过爆破片装置制造单位检验，符合相应安全技术规范及其产品标准、设计文件要求的成品；

"(3) 抽取型式试验样品应当考虑到产品规格、压力、材质、温度参数的代表性以及申请许可范围的极限参数产品等因素；

"(4) 每种型式爆破片装置随机抽取不少于 3 种规格样品；

"(5) 同一规格的样品应当在同批次产品中抽取；

"(6) 所抽取每种规格样品的基数不得少于需要进行型式试验所需爆破片装置数量的 3 倍；

"(7) 当型式试验结论为不合格需要复验时，应当在同批次产品中加倍抽取复验样品；

"(8) 当可以确定因为试验操作和设备原因致使试验失误时，允许在同批次产品中再抽取样品重新进行试验；

"(9) 非重复充装气瓶的爆破片装置还需增加焊接状态的样品。"

2. 将 D4.2 条修改为：

"D4.2 试验样品检验与试验

"检验与试验的主要项目如下：

"(1) 外观质量与几何尺寸检验；

"(2) 试验样品标志；

"(3) 密封性试验(需要时)；

"(4) 爆破试验；

"(5) 泄放量试验；

"(6) 流阻系数测试(需要时)；

"(7) 疲劳试验(需要时)。

"注 D：需要时是指安全技术规范及其标准有明确规定或用户有要求的。"

3. 将 D5.4 条修改为：

“D5.4 爆破试验

“在专用爆破试验装置上，每一规格分别进行 3 只爆破片装置的爆破试验，记录爆破压力，试验爆破压力不得超过该爆破片装置的最大和最小爆破压力。”

4. 将 D6.3 条修改为：

“D6.3 验证试验与复验

“当同一试验项目有一只试验样品不符合有关安全技术规范及其相应标准要求时，允许进行该项目的复验，复验的试验样品数量为 2 倍原试验样品数量，并且复验只能进行一次。当该项目的复验的试验样品均符合有关安全技术规范及其相应标准要求时，则判定该项目的试验结论为‘复验符合’，否则该项目的试验结论为‘不符合’。

“当型式试验不合格时，应当分析不合格原因，排除工艺性、材料缺陷可能性等，并写入最终报告。

“型式试验结论为‘不符合’的，爆破片制造单位在一年后方可重新申请进行型式试验。”

5. 将 D6.4 条修改为：

“D6.4 验证试验

“在《特种设备制造许可证》换证时，应当对爆破片装置制造单位许可项目中每种型式的爆破片装置进行型式试验，作为持证期间制造的产品验证试验。

“抽取的试验样品规格、数量、方法等由型式试验机构确定。”

6. 取消附件 D-1 中的“二、爆破片装置主要参数”中的“制造范围”和“标定爆破压力”两项。

取消“五、爆破片装置爆破试验报告”中的“标定爆破压力”一项。

六、附件 D-2 修改为：

特种设备型式试验证书

（爆破片装置）

证书编号：TSX ××××××××××××××

制造单位名称：____________________

制造单位地址：____________________

产品型式：____________________

产品型号：____________________

型式试验报告编号：________________

经型式试验，确认符合《爆破片装置安全技术监察规程》的要求。本证书适用于以下爆破片装置的产品范围：

（注：型式试验报告所适用的产品范围应当按照产品爆破压力、爆破温度、公称直径，由爆破片装置型式试验机构填写。本注不印制）

本证书有效期至　　年　月　日

（印制型式试验机构名称）

（型式试验机构章）

年　月　日

七、删除附件 E

附件 4

破片，试验，装置，型式，爆破

质检总局关于发布《特种设备使用管理规则》等 3 个安全技术规范及 4 个修改单的公告 （2017 年第 4 号）

根据《中华人民共和国特种设备安全法》《特种设备安全监察条例》的规定，质检总局制定了《特种设备使用管理规则》《电梯维护保养规则》《场（厂）内专用机动车辆安全技术监察规程》3 个特种设备安全技术规范；结合实施情况，对《锅炉安全技术监察规程》（TSG G0001—2012）、《移动式压力容器安全技术监察规程》（TSG R0005—2011）、《爆破片装置安全技术监察规程》（TSG ZF003—2011）、《特种设备安全管理负责人考核大纲》的部分内容进行了修改，现予批准发布施行。

《特种设备注册登记与使用管理规则》（质技监局锅发〔2001〕57 号）自 2017 年 8 月 1 日废止。

名　　称	编号	批准日期	施行日期
特种设备使用管理规则	TSG 08—2017	2017-01-16	2017-08-01
电梯维护保养规则	TSG T5002—2017	2017-01-16	2017-08-01
场（厂）内专用机动车辆安全技术监察规程	TSG N0001—2017	2017-01-16	2017-06-01
《锅炉安全技术监察规程》第 1 号修改单	TSG G0001—2012	2017-01-16	2017-06-01
《移动式压力容器安全技术监察规程》第 2 号修改单	TSG R0005—2011	2017-01-16	2017-06-01
《爆破片装置安全技术监察规程》第 1 号修订单	TSG ZF003—2011	2017-01-16	2017-03-01
《特种设备安全管理负责人考核大纲》第 1 号修改单	国质检特函〔2013〕84 号　附件 2	2017-01-16	2017-08-01

附件：

1.《锅炉安全技术监察规程》（TSG G0001—2012）第 1 号修改单

2.《移动式压力容器安全技术监察规程》（TSG R0005—2011）第 2 号修改单

3.《爆破片装置安全技术监察规程》（TSG ZF003—2011）第 1 号修改单

4.《特种设备安全管理负责人考核大纲》第 1 号修改单

质检总局

2017 年 1 月 16 日